【그림1】 색채분할화

【그림2】 바움테스트

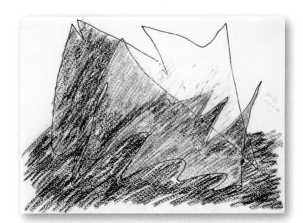

【그림3】 자유연상화 (테두리 없음)

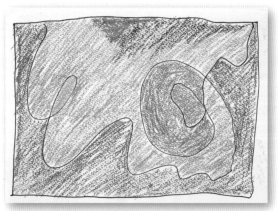

【그림4】 자유연상화 (테두리 있음)

【그림5】 모래놀이치료

【그림6】 모래놀이치료

【그림7】 풍경구성법

【그림8】색채분할화

【그림9】바움테스트

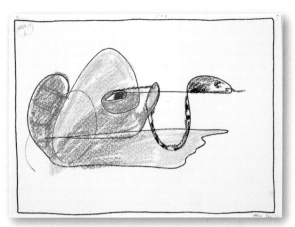

【그림10】 자유연상화 (테두리 있음)

【그림11】 자유연상화 (테두리 없음)

【그림12】 풍경구성법

아주
조용한
치료

Silence in
Psychotherapy

테라피스트,
침묵으로
치료하다

사이쇼 하즈키 지음
전화윤 옮김

글항아리

차례

| 일러두기 |

- 본문에 출처가 명기되지 않은 참고문헌은 권말에 정리해 표기했다.
- 본문에서 고딕체로 표시한 곳은 저자가 강조한 곳이고 ( )도 모두 저자가 단 것이다.
- 각주는 모두 옮긴이의 것이다.
- 일본에 심리치료가 도입되는 과정과 특유의 예술치료 발전사를 다룬 원서 3장은 우리나라의 심리치료 역사와 거리감이 있는 점을 고려해 「부록」으로 실었다.
- 이 책에 두루 쓰인 '테라피스트therapist'는 어문 규정상 외래어 표기법에 어긋나지만 관용적으로 널리 쓰이는 표기를 따랐다.

축어록 상上

크레용. 색은 많을수록 좋겠지요. 도화지는 A3 스케치북으로 한 권 있으면 될 겁니다.

검정 사인펜도 준비해오세요. 굵기가 다른 걸로 두세 종류.

크레용은 국가마다 색이 다릅니다. 영국은 흑갈색 계열이 많고 녹색은 적어요. 건메탈gunmetal이라고……. 금속처럼 어두운 회색이 나란히 들어 있지요. 네덜란드는 렘브란트의 이름이 붙은 상품이 있는데 갈색이 많고요. 일본은 녹색이 많아요.

아마도 나라마다 문화와 풍경이 다르기 때문일 겁니다.

왜 이런 걸 아느냐 하면, 옛날에 내 비서가 사쿠라 크레파스 다니는 사람과 결혼해서 그래요. 다른 나라 샘플을 여러 종류 보내준 적이 있거든요.

　나는 신주쿠에 위치한 세카이도라는 대형 문구점 3층에서 그림을 그리기 위한 준비물을 고르고 있었다. 화가나 미대생들이 다니는 전문점이니만큼 같은 화구라도 물감, 크레용, 파스텔 등 종류가 다양하고 색깔, 모양, 개수까지 각양각색이라 선택하기 벅찰 정도였다. 같은 시리즈인데도 인물화를 그리는지 풍경화를 그리는지에 따라 다른 제품을 쓰도록 나온 것도 있었다. 안료도 동그랗게 굳히는 방법이 있고 사각형으로 굳히는 방법이 따로 있는 걸까. 도화지에 테스트해보니 종이 군데군데에 요철이 슬며시 하얗게 드러나는 제품, 움푹한 곳에 물감이 고여 빈틈없이 칠하기 쉬운 제품, 얇은 선을 그리기 쉬운 제품, 다른 색을 섞어 쓰도록 나온 제품, 수용성 제품 등이 있었다. 몇십 가지 색상이 든 세트 중에 확실히 네덜란드 제품이 갈색 계열의 색이 풍부하여 차분하게 느껴졌다. 독일제는 깊은 파랑이 인상적이었다. 이것저것 고민하다가 이번엔 그림 실력이 중요한 게 아니라고 마음을 다잡고, 어릴 적부터 익숙한 사쿠라 크레파스 50개들이를 구입했다.

　다음 주, 나는 나카이 히사오中井久夫에게서 미술치료를 활용한 카운슬링을 받기로 했다. 나카이는 정신과 의사 자격으로 환자를 진료하기 시작한 1960년대 중반부터 치료에 그림을 도입했다. 이후 미술치료는 고베대학 의학부 정신신경과 교수직을 퇴임한 1997년까지, 약 30년 동안 변함없이 나카이의 치료법 중 하나였다.

1960년대, 조현병(과거의 정신 분열병, 분열병*) 환자 가운데 자발적으로 그림을 그리는 사람의 비율은 2퍼센트 정도였다고 알려져 있다. 그런데 나카이가 담당한 조현병 입원환자 중에서는 그 비율이 80퍼센트를 넘는다. 매우 드문 일이다. 종이를 건네며 여기에 자유롭게 그림을 그려보세요, 라고 해도 이는 조현병 환자에게 쉬운 일이 아니기 때문이다. 그런데도, 그린다. 이러한 일이 어떻게 가능할까. 만약 어떤 테크닉이 있다고 한다면 그것은 무엇일까. 근본적으로, 그림 그리기가 어떻게 치료법이 되는 것일까. 그 과정을 직접 체험하고 느껴보고 싶었다.

전화 통화에서 나카이는 이미 반세기 가까이 지난 어느 날의 일을 들려주었다. 도쿄대학 의학부 부속 병원 분원에서 무급 연구생으로 환자들을 담당했을 때의 일이다. 나카이는 환자를 '클라이언트'라고 불렀다.

내가 언어라는 것의 한계를 느끼고 있을 때 자발적으로 그림을 그리기 시작한 클라이언트가 두 명 있었습니다. 도쿄

---

* 본 책에서는 언급하는 시기에 따라 '분열병' '정신분열병' 등으로도 표기한다.

대학 분원에서 처음으로 담당한 클라이언트들이었어요.

환자의 그림이라고 하면 화집으로도 발간된 『프린츠호른 컬렉션』* 같은 작품이 잘 알려져 있지요. 고독 속에서 그려진 환자의 그림은 생기가 없고 딱딱하며, 때로는 장식이 지나치고 괴물처럼 느껴지기도 합니다. 그래도 팔립니다. 환자의 작품으로서요. 하지만 그런 환자는 치료가 나아가야 할 방향과는 다른 지점에서 멈춰버립니다. 그러다 끝까지 안 낫는 게 아닐까 하는 우려도 있었습니다.

그런데 내 클라이언트가 가지고 온 그림은 그렇지 않더군요. 가만히 보고 있으면 자신이 전하고 싶은 생각이 배어나왔어요. 아름답고 애틋했지요.

그 뒤로는 클라이언트들에게 부정적 영향을 주지 않고 아름다운 그림을 자연스럽게 그리게 만드는 보조 기법을 모색하게 되었습니다. 보조 기법은 유럽의 화가들이 편하게 그림을 그릴 수 있게 해준 기법인데, 맨 처음에 정신과 의사들이 도입한 게 아닐까 해요. 레오나르도 다빈치가 하늘의 구름과 물의 흐름에서 영감을 받아라, 벽의 얼룩을 보고 무엇이 보이는지 떠올려보라고 주문했던 것처럼요.

---

* 독일의 정신과 의사 한스 프린츠호른이 1922년에 펴낸 『정신질환자들의 조형 작업 Bildnerei der Geisteskranken』을 말한다. 수록된 정신질환자들의 조형 작품에서 나타나는 특징들을 카를 구스타프 융의 심리학 개념을 통해 이해해보려는 시도였다.

그림은 반드시 일대일 상담 자리에서 그리도록 했습니다. 그림을 매개로 하면 치료관계가 안정되거든요. 말의 리듬과 높낮이가 살아납니다. 자연스러운 어조로 대화를 나눌 수 있게 되고 기분도 자연스럽게 전달되지요.

언어는 아무래도 논리에 치우치지 않습니까. 선악이든, 옳고 그름이든, 인과관계의 시시비비를 따지지요. 그림은 그런 인과관계에서 해방시켜줍니다. 메타포, 은유를 쓸 수 있으니까요. 상담하는 동안 클라이언트의 내면에서 메타포가 자연스럽게 생겨납니다. 그림은 클라이언트의 메시지예요. 클라이언트는 말로 하지 않기 때문에 모르지만, 회복과정에 있을수록 그 상태가 그림으로 나타납니다. 남루한 육체에 불과했던 이가 소년으로, 물속 공룡이 기모노를 벗어던지고 아기로. 이런 식으로 그림이 변화해갑니다. 눈앞에서 회복이 일어나는 겁니다.

나는 클라이언트의 그림을 거의 가지고 있지 않습니다. 클라이언트의 화집을 내지 않았던 이유는 클라이언트로 장사하는 듯한 느낌이 치료에 방해가 될 걸 알았기 때문입니다. 그림을 그리실 거면 판타지가 작동하기 쉬운 오전에 오세요. 머리도 맑고, 그편이 좋겠습니다.

입춘이 2주 정도 지난 2월의 어느 날, 고베시 다루미구에 있

는 나카이의 집을 향해 긴 언덕길을 올랐다. 입김이 여전히 하얗게 피어올랐다. 언덕을 깎아 만든 고지대 주택가에는 처마 밑이나 움푹 들어간 배수로처럼 해가 들지 않는 곳에 뭉쳐진 눈이 남아 있었다. 이 지역은 식물이 위로 뻗어나가지 못할 만큼 견고한 암반 위에 직접 주택을 지은 데다, 나카이의 집은 경량 철골 슬레이트로 짠 조립식 주택인지라 한신·아와지 대지진 당시 진원에서 북쪽으로 불과 4킬로미터 떨어진 곳에 있었음에도 피해를 거의 입지 않았다. 마침 나카이가 고베대학에 재직 중인 시절이었다. 그는 복구 지원을 위하여 달려온 의사들의 사령탑이 되어 피해 지역의 응급정신과를 지휘했고, 그 활동은 이후 마음돌봄こころのケア 사례로 알려진다.

그날은 내가 나카이의 집을 처음 방문하고 3년이 되어가던 무렵이었다. 지진 당시 피해가 없었던 게 훗날 어떠한 의미로는 운신의 폭을 좁게 만들었다는 나카이의 수기를, 언덕을 걸어 올라갈 때마다 떠올리곤 했다.

약속한 오전 10시, 현관 벨을 눌렀다. 평소에는 줄곧 인터뷰어로서 나카이와 마주 앉았지만, 이날은 사정이 조금 달랐다. 내쪽에서 청한 일이기는 해도 수검자로서 상담을 받는 입장이 된 것이다. 지금까지 뚜껑을 덮은 채 직시하지 않으려고 했던 것들을 드러내버리지는 않을까. 불안과 긴장으로 아침부터 온몸이 딱딱하게 굳어 있었다.

잠시 기다리자 "네" 하는 나카이의 목소리가 집 안에서 들려왔다. 몇십 초 후 생각지도 못하게 2층 창문의 커튼이 열리더니 나카이가 고개를 내밀고 천천히 손을 흔들었다. 그 미소를 보자 내 안에서 바짝 날을 세우고 있던 무언가가 스르르 녹아 흘러가는 듯했다.

"자, 어디에 앉으시면 좋으려나요."

나카이가 창가 쪽 식탁에 놓인 그릇과 신문을 느릿느릿 치우며 말한다.

"테이블의 3분의 1은 해가 드는 게 좋더군요."

나카이가 그렇게 말하고 왼손으로 해가 드는 자리를 권한다. 나카이는 맞은편이 아닌 모서리에 자리를 잡고 내 손의 움직임을 대각선 오른편에서 가까이 볼 수 있도록 앉는다. 나는 가지고 간 스케치북과 크레파스, 사인펜을 케이스에서 꺼내 테이블 위에 올려놓는다.

"아, 이건 중국산이네요."

나카이가 사쿠라 크레파스를 보고 혼잣말처럼 중얼거린다. 케이스 가장자리를 보니 '메이드 인 차이나'라고 쓰여 있다. 일본 제품을 산 줄 알았는데 생산 공장이 중국에 있는 모양이다.

"중국산이라 어떻단 얘기는 아니고요, 내가 쓰던 무렵엔 뚝뚝 잘 부러졌거든요. 옛날 일이지만……. 햇빛, 불편하진 않으신가요?"

특별히 신경 쓰이지 않아서 괜찮습니다, 라고 대답한다.

나카이는 스케치북의 표지를 넘기고 A3 도화지 한 장을 뜯어 반으로 접더니 금에 맞추어 두 장으로 자른다. A3는 절반인 A4 크기가 된다.

"그럼 사인펜을 주시겠어요?"

"유성이랑 수성을 준비해왔는데 어떤 걸 드릴까요?"

"아무거나 괜찮습니다."

나카이는 두꺼운 수성 펜을 들어 종이에 테두리를 그린다. 펜 끝이 천천히 종이 위를 미끄러지는 소리가 들린다. 테두리를 두르자 흰 종이가 흡사 액자처럼 보인다. 나카이가 종이를 내 앞으로 내밀며 말한다.

"이 공간을 나눠보시겠어요? 상하좌우, 직선이든 곡선이든 상관없습니다."

"몇 개로 나누는 건가요?"

"정해진 규칙은 없어요."

나는 사인펜을 쥐고 도화지를 가로 방향으로 놓은 다음 10초 정도 생각한 뒤, 가운데를 기준으로 왼편에 두꺼운 세로 선을 한 줄 긋는다. 좌우 면적이 다른 이분할이다.

"되셨나요?"

"네."

"그럼 좋습니다. 이제 색을 정해서 칠해보세요."

10초쯤 생각한 뒤 나눈 면적의 좁은 쪽을 갈색 크레파스로 칠하기 시작한다. 오른쪽 위부터 비스듬한 선을 그으며 칠하다가 문득 아, 이거 혹시 한 가지 색만 칠하면 안 되는 건가, 라는 의문이 들어 나카이에게 묻는다.

"아뇨, 아뇨, 덧칠하셔도 좋고……."

어떠한 방식이든 괜찮다는 걸까. 단색은 재미가 없을 테니 자그럼, 말하고서 군데군데 금색과 빨강으로 포인트를 준다. 나카이는 내 그림을 관찰한다거나 하지 않고 편안하게 의자에 앉아 있다. 나는 그를 기다리게 만드는 것이 미안해서 조금 서둘러 색칠한다.

……이 정도면 되려나 하고 크레파스를 내려놓는다.

"이제 되셨나요? 이런 느낌이군요."

나카이가 도화지를 가로 방향으로 놓는다[그림 1]. 세로로 놓는 것보다 가로로 놓는 편이 좋아서 네, 하고 끄덕인다. 나카이가 조금 전에 잘라둔 다른 A4 용지에 다시 테두리를 그린다.

"나무를 한 그루 그려보세요. 방향은 상관없어요."

아, 바움테스트baum test*구나 생각하며 네, 하고 대답한다. 일본에서는 유실수를 그리도록 하는 검사가 잘 알려졌지만 나카이는 그저 "나무를 한 그루 그려보세요"라고만 말하고 열매에 대해서는 언급하지 않는다. 역시 10초쯤 생각한 뒤 도화지를 가로로

---

* 열매가 열리는 나무를 그리게 하는 심리검사법을 가리킨다.

놓고 중심선에서 오른편에 삼나무 한 그루를 그린다. 나무 꼭대기는 잘려 있다. 열매는 없다.

"그럼 색칠해서 마무리해주시겠어요?"

"아, 네."

나카이가 천천히 일어나 창문을 살짝 연다.

나뭇가지는 조금 전과 똑같은 갈색에 밝은 갈색과 황토색을 섞어 칠하고 잎은 진녹색을 바탕으로 칠한 뒤 피콕그린과 비리디언 그린을 더하여 그러데이션을 넣는다.

나카이는 보온병을 들어 찻주전자에 뜨거운 물을 따르다가 이건 선물 받은 건데 무슨 차일까, 초콜릿도…… 하고 혼잣말을 중얼거리며 두 사람 몫의 홍차를 끓인다. 코끝에 달콤한 향기가 감돈다. 크레파스가 도화지 위를 달리는 소리가 들린다. 색칠하는 데 시간이 걸려 송구하다는 생각이 다시 머릿속을 스친다[그림2].

나카이가 기르는 고양이 푸가 야옹, 하고 운다.

"완성했네요. 몇 미터 정도 됩니까?"

"5미터는 넘는 것 같습니다."

"오호."

"그래서 꼭대기가 안 보입니다."

"종이를 이어 붙이면 꼭대기를 그릴 수 있겠어요?"

"네……. 아뇨. 어떻게 되려나, 으음. 제 시점에서는 나무 꼭대기가 보이지 않는 느낌입니다."

"그렇군요⋯⋯. 피로하진 않아요?"

"괜찮습니다."

"괜찮다는 말은 조금 더 할 수 있다는 뜻일까요?"

"하하⋯⋯."

이후에도 나는 중간중간 괜찮습니다, 라고 대답한다.

"두 장을 비교하면 어느 쪽이 더 그리기 쉬웠나요?"

"나무가 더 구체적이라서 그리기 쉬웠습니다."

"아, 그렇군요."

나카이는 도화지 한 장을 새로 뜯어 이등분하더니 그중 한 장에 다시 테두리를 그린다.

"이 안에 자유롭게 연상한 그림을 그려보세요. 어떻게 그리든다 좋아요. 에잇, 모르겠다 하고."

에잇, 모르겠다? 자유롭게 그리라는데 어떻게 해야 하나. 이럴 때는 깊이 생각하지 말고 가보자. 마음속으로 에잇, 모르겠다하고 사인펜을 빙빙 돌려 곡선을 그린다.

왠지 유치원생이 된 기분이다.

"하하하."

나카이가 몹시 감탄하자 나도 모르게 큭큭 웃음이 나온다.

"굳이 보려고 한다면 무엇이 보이나요?"

엇, 하고 당황한다. 자유연상이라고 했으니 구체적인 무언가를 그려보고자 한 것이 아니다. 문득 번뜩하는 것은 있다. 간략하게 그린 지도다.

"오호, 지도……로군요. 자, 이번에는 테두리를 그리지 않을 테니까 마찬가지로 이 종이에 자유롭게 낙서하듯이 그려보세요."

새하얀 도화지에 자유롭게 그려보라니, 어렵다. 어디서부터 손을 대야 할지 모르겠다. 불안정한 기분이다. 잠시 생각한 다음 그리기 시작하지만, 이번엔 이상하게도 곡선이 아니라 예각의 뾰족한 직선만으로 된 그림이 완성되었다.

"아하. 오호라, 이게 무엇인가요?"

"글쎄요…… 꽤 오래전에 노토반도*의 나나오에 갔을 때 바다를 봤는데, 그때의 거친 파도가 떠올랐습니다."

"그래요. 그럼 색칠을 해서 바다를 완성해보세요."

나는 망설임 없이 검은색 크레파스를 들고 파도의 머리부터 힘있게 칠해나간다. 군데군데 갈색으로 칠하고 음영을 준다[그림3].

"나나오의 바다로군요. 낮인가요, 밤인가요?"

"새벽이에요."

"아하."

"아직 해뜨기 전이라 어두워서 아주 무섭던 기억이 있는데 그 이미지가 아닐까 싶습니다."

"오호, 이쪽도 한번 완성해보세요."

---

* 이시카와石川현 북부의 반도로, 일대가 현이 관리하는 국립공원으로 지정되어 있다.

"이건 지도 모양이 나타나기 시작했으니 아예 지리부도처럼 색칠하겠습니다."

"오⋯⋯."

첫 번째 곡선 그림에는 황토색과 녹색, 바다를 나타내는 파란색을 칠한다[그림 4]. 여전히 색칠하는 시간이 걸리는 것이 죄송스러워 서두르게 된다. 나카이에게는 대체 어떻게 보일지 신경도 쓰인다.

"지도라고요. 대륙일까요?"

"반도입니다."

"어느 정도 넓이인가요?"

"한반도 넓이 정도 되려나요."

"아하⋯⋯ 그걸 그린 지도?"

"아, 네."

"이 네 장 중에선 어떤 그림이 제일 그리기 쉬웠습니까?"

"아무래도 나무겠죠."

"가장 힘들었던 건? 저항이 느껴졌다든가."

"지도인 것 같습니다."

"가장 좋은 건?"

"나무요."

"으음. 긴장되셨나요? 빨리 마치려고 했다든가."

"네. 크레파스 중 지금까지 거의 써본 적 없는 색깔이 많아서,

여러 색을 써보고 싶은 사심이 방해가 되었습니다."

"사심이 아니라 개척 정신이겠지요. 스무 색 정도로 충분했습니까?"

시간에 신경 쓰느라 초조해하는 기색이 전해진 것일까. 이것저것 다른 색을 시도해보고 싶다는 마음을 자책하는 게 아니라 개척 정신으로 보아야 한다고 한다.

"그럼 여기까지 몇 분 정도 걸린 것 같아요?"

"삼십 분 정도일까요."

"대충 맞춰졌네요. 보통 네 장 정도 그리면 쉬었다가 얘기를 듣는데, 어떻게 하시겠어요?"

"그러면 잠깐 쉬겠습니다"라고 말하고 홍차를 마신다.

"일반적으로는 아침이 그림 그리기에 좋은데, 어떠십니까?"

"저는 아침형이라서 아침 일찍부터 일을 하니까요, 오전 중에 하니 머리가 맑아지고 좋습니다."

"이런 건 처음인가요?"

"종이 한 장에 여러 명이 돌아가면서 그리는 놀이치료는 심리치료 수업 때 해본 적이 있지만, 오늘 같은 활동은 처음입니다."

"자유연상화 그릴 때 이렇게 그려보자, 해놓고 마음먹은 대로 잘 되지 않은 적은 없으셨고요?"

"그러게요. 나무는 몇 번씩 그려도 꼭대기가 안 그려졌습니다. 참고서적에서 나무 그림을 몇 번 본 적이 있는데, 잎이 무성하게 달린 상록수가 도화지 한가운데 우직하게 서서 뿌리를 내린 그림이 있었어요. 열매도 가지가 휘어지게 달려 있었고요. 그렇게는 못 그리겠어서요. 아무래도 키 큰 침엽수가 그려져서 꼭대기가 잘립니다."

"그렇겠네요. ……오늘은 네 장 그렸는데 힘들진 않았나요?"

"딱히 힘들진 않습니다."

부드러운 햇살에 마음이 편안하다. 현관에 도착할 때까지 안고 있던 긴장감은 완전히 사라졌다. 지금까지 내가 그린 것은 순서대로 색채분할, 바움테스트라고 불리는 나무 그림 검사, 그리고 자유연상화로, 모두 해외에서 개발된 미술치료법에 나카이가 고안한 '테두리 기법'을 더한 것이다. 나카이는 명령 투가 아닌, 그리고 싶지 않으면 거부할 여지를 주는 어조로 말했다. 내 손이나 그림을 계속 관찰하지도 않았다. 색칠하는 동안은 홍차를 끓이거나 고양이를 어르거나 하면서 재촉하지 않고 배려해주었다. "아하" "오호" 하는 작은 반응은 당신이 그리는 그림을 관심 있게 지켜보고 있어요, 라는 신호 같았다. 그림을 완성했을 때도 점쟁이처럼 알아맞히는 게 아니라 함께 감상하며 이런저런 느낌을 나누기만 했다.

나무의 가장 윗부분을 그리지 못하는 경우는 청년기까지의 수검자에게 자주 나타나는데, 이는 미래를 향해 희망을 품고 노력하지만 순진하고 주의력이 결핍된 것이라는 해석을 바움테스트 참고 도서에서 읽은 적이 있다. 성인이라면 공상을 많이 하고 지적 목표를 성취하려는 욕구가 강한 사람일 수 있다는 해석은, 항상 지나치게 높은 목표를 설정하고서 숨도 제대로 쉬지 못한 채 발버둥 치는 내 모습을 그대로 담고 있었다. 그러나 나카이는 이 부분에 대해서도 해석하려 들지 않았다.

테두리를 그린 그림과 그리지 않은 그림, 양쪽을 다 경험해보니 테두리가 있으면 보호받는다고 해야 할까, 이 테두리 안의 세계는 내 뜻대로 해도 된다는 허락을 받은 듯 기분이 둥글고 부드러워졌다. 한편 테두리가 없을 때는 직선만 그린 점에서 유추할 수 있듯이, 어딘가 날카롭고 공격적인 기분이 들었다. 나나오의 바다를 떠올린 데는 스스로 놀랐다. 내게는 사연이 있는 바다인 까닭이다.

여기까지 30분. 환자들로 붐비는 대기실, 컨베이어 벨트 위에 놓인 듯 진료실에 들어가자마자 나오는 3분 진료가 일반적인 도시의 정신과 의원에서 이러한 방식은 쉽지 않으리라.

자, 이제 기록을 시작해볼까. 지난 5년 동안 더듬더듬 탐사한 심리치료 세계의 주변부에 대하여. 내가 본 카운슬링의 세계, 비밀 유지 의무라는 우산 아래 사람과 사람 사이에 오가는 마음과 침묵에 대하여.

제1장

소년과
모래상자

———

2008년 초여름.

"그쪽도 이 세계를 취재하려면 자기 자신을 알아야겠네요."

기무라 하루코木村晴子가 내게 말했다.

카운슬러 기무라는 오사카시립대학 1학년이던 1967년 가을, 일본임상심리학회에서 심리학자 가와이 하야오河合隼雄의 강연을 들었다. 그때 소개된 모래놀이치료에 감명을 받아 일찍이 자신의 연구 주제로 삼아왔다. 같은 분야의 동료들은 모래놀이치료를 현재의 모습으로 발전시켰다는 의미에서 모래놀이치료의 선구자라 불리는 분석심리학자 도라 칼프의 이름을 본떠, 기무라를 '일본의 도라 칼프'라고 부른다.

가와이가 없는 지금, 기무라는 당시를 알고 있는 몇 안 되는 증언자 중 한 사람이자, 고베대학 퇴임 후 고난대학에 초청받아 문학부 교수로 재직하던 나카이 히사오와 동시대를 함께한 동료이기도 하다.

내가 기무라를 찾아간 계기는 2007년 7월에 세상을 떠난 가와이 하야오를 특집으로 다룬 몇몇 잡지를 읽다가 우연히 알게 된 논문 한 편 때문이었다.

「중도 실명 여성의 모래놀이상자 제작」(2007)이라는 제목의 논문은 삼십대에 망막색소변성으로 실명한 여성을 대상으로, 회기당 약 1시간 반씩 총 50회의 모래놀이치료를 3년에 걸쳐 정기적으로 진행하는 과정을 기록했다. 평소에도 모래놀이치료를 희망하는 사람들이 찾아오긴 했으나 전맹全盲 시각장애인은 처음인지라, 기무라는 카운슬링의 진행 방식을 신중하게 검토했다고 한다.

이전에도 모래놀이치료라는 이름은 알고 있었다. 모래가 깔린 상자 안에 인형이나 건물, 나무 등의 미니어처 완구를 배치하는 놀이를 통한 심리치료 기법이다. 이 치료법이 앞을 보지 못하는 사람을 대상으로 진행되었다는 것, 게다가 3년이라는 긴 시간 동안 지속되었다는 것이 놀라웠다. 세상에는 이렇게 차분하고 신중하게 시간을 들여 내담자와 마주하는 카운슬러가 있구나, 라는 감동도 있었다. 두 사람 사이에는 어떤 말이 오갔을까. 한정된 시간 동안 대체 무슨 일이 일어났을까. 모래가 담긴 상자에 인형과 나무와 집을 배치하고 꾸미는 일로 어떻게 마음이 회복되는 것일까. 막연한 의문이 샘솟기 시작했다.

그리하여 기무라가 운영하는 효고兵庫현 아시야芦屋시의 아시야 모래놀이치료 연구소를 방문한 날, 나는 앞서 했던 말을 들었다. 그 순간 내 마음속을 스친 것은, 나는 나 자신에 대해서는 이미 잘 알고 있다는 반발심이었다.

애초에 왜 모래놀이치료였을까. 이야기는 거슬러 올라간다.

나는 카운슬링에 대하여 미심쩍은 감정을 느끼고 있었다. 먼저 비용부터 천차만별이다. 대강의 요금 기준은 있으나 실제로는 없는 것과 마찬가지여서, 50분당 5000엔 정도부터 비싸게는 1만~2만 엔을 지불한다. 보험 적용이 되지 않아 어쩔 수 없다고 해도 이러면 대체 무엇을 기준으로 삼아야 할지 알 수가 없다.

개인적으로는 과거 두세 번 심료내과心療内科*와 정신과에서 진료를 받은 적이 있다. 그때는 약만 처방받고 카운슬링은 받지 않았다. 다만 그 후에 우울감이 있는 지인이 카운슬러를 연달아 바꾸면서도 여전히 고통스러워하고 있다거나 등교거부를 하는 남자아이가 카운슬링을 받았으나 선생님과 맞지 않아 중단했다

---

* 심리적인 원인에서 비롯된 신체 질환을 다루는 진료과로, 정신과와 내과의 성격을 두루 갖고 있다.

는 이야기를 들으면서, 카운슬링 현장은 어떻게 돌아가고 있는 건가 의문을 품기도 했다.

마침 그 무렵 재판이 진행 중이던, 카운슬러를 사칭한 생물학자 사건도 영향을 미쳤다. 피고는 상담을 받으러 온 여성을 '재양육'한다며 자택에서 목욕을 함께 하고 잠을 같이 잤다. 이 내담자가 카운슬링 중에 성폭력을 당했다는 혐의로 형사소송을 제기한 것이다. 재판은 생물학자 측의 패소로 종결되었지만, 그 정도 신체 접촉을 동반하는 종류의 심리치료가 있다는 점 자체를 이해하기 힘들었다. 이 사건이 특수한 사례라고 해도, 비밀 유지 의무라는 대의명분을 내건 채 닫힌 공간에서는 무슨 일이 벌어지고 있을까. 의문은 점점 더 깊어져갔다.

무엇보다 카운슬링이라는 말 자체가 모호하다. 전문 용어로 사용될 때 좁은 의미의 '카운슬링counseling'은 '언어적 대화'(『심리치료법 개인 수업心理療法個人授業』, 2004)로 문제를 해결해나가는 심리치료법 중 하나다. 일반적으로는 언어적 대화뿐만 아니라 더 넓은 의미로, 예컨대 그림을 그리거나 모래놀이를 하는 등의 심리치료를 비롯하여 정신적으로 힘든 사람들을 상담하는 일 전반을 '카운슬링'이라고 부르는 듯하다. 현재로서는 심리치료라는 개념에 포함되어야 할 카운슬링이, 역으로 심리치료를 포함하고 있는 셈이다. 전문가의 세계와 비전문가의 세계 양쪽에서 이러한 의미의 역전이 일어나고 있다. '카운슬링 룸'이나 '카운슬링 센터'와 같은 간판을 내걸고 모래놀이치료, 인지행동치료 등 다양한 심리치료를 하는 카운슬러도 있어 상황을 더 복잡하게 만들고 있다(이 책에서는 '카운슬링'을 보통의 넓은 의미로 사용하기로 한다).

카운슬링을 실시하는 사람을 뜻하는 '카운슬러counselor'라는 말은 더욱 모호하다. 임상심리사, 심리치료사, 정신분석가, 산업카운슬러, 인증심리사, 인증카운슬러, 인증임상심리카운슬러……. 호칭은 다양한데, 개중에는 의심스러운 직책으로 자칭하는 사람도 있다.

임상심리사처럼 문부과학성 인가 공익재단법인 일본임상심리사자격인증협회가 지정하는 대학원에서 석사학위를 취득하고 졸업 후 자격시험을 치러야 얻을 수 있는 자격이 있는가 하면, 기관의 강좌를 몇 개월 수강한 것만으로도 자격증이 수여되는 자격도 있다. 심리 관련직은 아직 국가공인 자격증이 없어 불가피하겠지만, 이렇게 호칭과 자격이 난립한 상황은 치료가 필요한 이들을 혼란에 빠뜨릴 뿐이다.*

자격 취득 후 철저한 수련을 거쳐야 하는 임상심리사도 자신의 경력에 본인이 어떠한 학과를 공부했고, 누구를 사사했으며, 어떠한 치료법이 전문인지 써놓은 이가 많아 고개를 갸웃하게 된다. 음악가나 다도인, 요리사라면 그럴 법하지만 사람의 마음을 치료하는 데 왜 사제관계가 필요한지, 왜 특정 학과를 내세울 필요가 있는지 도통 이해되지 않았다.

병을 치료할 때는 대개 의사가 환자를 진찰하고 그 증상에 따라 치료법이 선택된다. 그 의사가 할 수 없는 수술이나 치료법이 있으면, 환자는 다른 병원과 의사를 소개받는다. 요즘은 주치의 이외의 의사에게 2차 소견을 구하는 것도 당연한 일이 되었다. 심리적 부조화 가운데 우울증, 양극성 장애(과거의 조울증), 조현병 등 특정한 시점에 특정적인 변화를 초래하는 질환은 정신과 의사가 의학적 치료 대상으로 다루어 진단하고 투약을 비롯한 치료 행위를 실시한다. 이 흐름은 다른 진료과도 마찬가지다. 약물로는 해결할 수 없는, 그 사람이 그 사람이기에 지닌 특징, 말하자면 성격과 대인관계와 환경이 증상에 영향을 미칠 때는 증상의 개선을 목표로 심리사회적 개입을 실시하는psychosocial intervention 것 역시 의사의 책임이다.

정신치료는 의사의 치료 계획 아래 의료 행위로서 실시되는

---

* 현재 국내의 심리상담 관련 자격 또는 명칭도 심리치료사, 상담심리사, 심리상담사, 임상심리사, 정신보건임상심리사 등으로 혼재되어 있다. 최근에는 심리상담 업계에서 통용되던 기존의 다양한 민간 자격증을 '심리사'로 통합해 자격증이 아닌 면허제를 도입하자는 논의를 둘러싸고 갈등이 불거진 바 있다. 보건복지부가 한국심리학회에 정책 연구 용역을 의뢰한 '심리서비스 법률 1안'은 심리사의 자격 조건을 '심리학과' 졸업자로 한정하자는 내용을 골자로 삼는다. 2021년 5월에 이 사실이 알려지면서 한국상담심리학회, 한국상담학회 등 관련 학회와의 갈등이 수면 위로 부상했다. 한편 일본은 2015년 9월 공인심리사법公認心理師法이 국회를 통과하여 2017년 9월부터 시행되고 있다.

심리적 지원을 말하는데, 현재는 인지행동치료와 같이 의·과학적 근거가 확보되어 의료보험이 적용되는 종류도 있다.

한편 병이라고 부를 수 없어 정신과 의사가 치료 대상으로 삼지 않는 심리적 부조화, 예를 들면 인간관계에서의 고민이나 등교거부*를 다루는 카운슬러는 의료 행위와는 관계가 없고 심리학적 지식을 토대로 심리적 지원을 한다. 이때의 개입을 심리치료라고 부른다(정신의학과 심리학에서 '사이코테라피Psycotherapy'를 각기 다른 번역어로 사용하면서 혼란의 원인이 되고 있다. 이후 '심리치료'로 통일한다).**

카운슬러는 수많은 심리치료 기법 중 자신 있는 치료법을 내세우지만, 내담자는 그것이 어떤 것인지 잘 모를뿐더러 궁금해하지도 않는다. 하염없이 이 괴로운 마음을 어떻게든 해주었으면 하고 그곳에 간다. 이야기를 그저 듣기만 하는 카운슬러도 있고 심리검사를 하거나 순서도처럼 생긴 도표를 그리게 하는 카운슬러도 있다. 자신이 전문으로 하는 심리치료법이 내담자에게

---

* 일본에서는 당초 학교공포증, 학교거부증의 의미로 한국과 똑같이 '등교거부'라는 말이 쓰였으나 등교를 하지 않는 상황이 반드시 본인의 심신 상태에만 기인하는 것이 아니라 가정, 학교, 지역사회 등 다양한 요인에서 비롯된다는 인식이 널리 퍼지면서 등교하지 않는 상태 자체를 강조하는 '불등교不登校'라는 표현이 정착했다.

** 일반적으로 'Psychotherapy'를 정신의학에서는 '정신치료'로, 심리학에서는 '심리치료'로 번역한다.

맞지 않음을 어렴풋이 느끼더라도 다른 카운슬러를 소개하는 일은 거의 없다. 이 카운슬러와는 궁합이 나쁘다든가, 이 카운슬러가 적용하는 방법은 자신에게 유용하지 않다고 느낀 내담자 쪽에서 다시 방문하지 않을 뿐이다.

카운슬러는 내담자가 오지 않는 것을 실패로 여긴다고 들었는데, 어째서 더 빨리 내담자의 입장이 되어 다른 방법을 모색하거나 다른 카운슬러를 소개하지 않는 것일까.

어떤 자격을 취득하여 어떤 방식으로 치료에 임할 것인가. 그러한 기본조차 정립되어 있지 않은 세상에 미증유의 카운슬링과 심리학 열풍이 불고 있다. 저출생의 영향으로 모든 대학이 신입생 확보에 고심하고 있는 요즘, 심리학과만은 상황이 다르다. 국공립·사립을 막론하고 경쟁률이 높은 추세라 심리학 계열 학과를 신설·증설하는 대학도 있다. 범죄나 사고, 재해가 일어나면 낯익은 카운슬러와 학자들이 텔레비전, 신문, 잡지에 등장하여 정신건강 면에서 지원이 필요하다고 입 모아 외친다. 심리적인 처치야 물론 중요하지만 뭔가 본질적인 부분을 외면하고 있는 건 아닌지…….

가와이 하야오의 별세가 보도된 것은 2007년 7월, 내가 카운슬링에 대하여 의문을 품고 있던 무렵이었다. 가와이라고 하면 일반 독자를 대상으로 한 왕성한 집필활동, 저명한 작가들과의 교류, 플루트 연주자로서의 음악활동, 만년의 문화청 장관으로서의 업적이 뚜렷한데, 사실 본업은 심리학자이며 일본인 최초의 융 심리학 분석가이자 카운슬러로서 일본 카운슬링 업계를 이끌어왔다.

각계에서 그의 죽음을 애도하는 목소리가 이어지는 가운데 내 눈에 띈 것이 가와이의 본업에서 중요한 업적으로 평가받는 모래놀이치료였다. 서점에 가면 전문 서적을 여러 권 구할 수 있어 모래놀이치료에 관한 지식과 정보는 쉽게 얻을 수 있었지만 그 치료가 어떤 이들을 대상으로 어떻게 실시되는지는 알 수 없었다.

입문서를 읽는 셈치고, 일러스트레이터 미나미 신보南伸坊가 학생이 되어 선생님 역할의 가와이 하야오에게 심리치료 지도를 받는 책, 『심리치료법 개인 수업』을 읽어보니 가와이는 이렇게 말하고 있었다.

"아무튼 건강한 사람과 문제를 안고 있는 사람은 완전히 다릅니다."

어떻게 다른가. 문제를 안고 있는 사람은 모래상자를 어떻게 꾸미는가. 미나미가 묻자 가와이는 몇 가지 예를 든다.

"상자의 절반만 쓰는 사람이 있지요."

"네, 모서리를 꼭 비워두는 사람도 있고."

"상자 안을 예쁘게 꾸며놓고는 물 주세요, 하길래 가져다주니까 홍수다! 하면서 애써 만든 걸 완전히 없애버린 아이가 있었습니다. 어려운 가정의 아이였지요."

"뱀을 쓰는 사람도 있고요. 상자에 뱀을 이렇게 놓고 톱을 빌려주세요, 라고 합니다. 어떻게 하려나 지켜봤더니 뱀을 통째로 썰어버리더군요."

"인형을 갖고 마른 모래 쪽에서 '홉!', 젖은 모래 쪽에서 '스텝!'이라고 외치고는 '점프!'라면서 방을 뛰쳐나간 사람도 있었고요."

미나미는 여기서 "헉"이라고 말했다고 쓰고 있다. 나도 헉, 했다. 예술적 재능을 요구한 것도 아니고 작품을 보여주려 한 것도 아닌데 그렇게 허를 찌르는, 말 그대로 아이디어 넘치는 모래놀이가 펼쳐지고 있었다. 가와이는 말한다. "고민이 깊은 사람은 표현하지 않을 수 없는 무언가를 가져온다. 그것이 자연스럽게 나타나므로 박력이 있는 것도 당연하다. (⋯) 본인조차 도통 짐작할 수 없는 미지의 X가 모래놀이 안에서 모습을 드러낸다고 하는 편이 적절한 것 같다. '드러내야지' 한다고 드러나는 게 아니다." 즉 의도하지 않고 만들어진다는 것이다.

이런 건 직접 체험해봐야 한다고 결심한 뒤, 검색으로 알게 된 카운슬러 몇 명의 지도를 받아 미니어처 완구로 모래상자를 꾸며보기도 했고 워크숍에서 낯모르는 사람들과 함께 모래놀이 치료를 받아보기도 했다. 그러나 어떻게 놀이를 하는 것만으로 인간의 마음과 이른바 '마음의 병'을 알 수 있는지, 심지어 그것을 어떻게 치료할 수 있는지 알 수는 없었다.

그러던 어느 날, 모래놀이치료를 특집으로 다룬 잡지에서 우연히 기무라 하루코의 논문 「중도 실명 여성의 모래놀이상자 제작」을 발견했다. 보여주려고 만든 것이 아님은 물론이고, 소품도 모래상자도 볼 수 없는 사람이 어떻게 모래놀이치료를 받을까? 어떻게 치료가 가능할까? 이쯤 되니 기무라와 그 여성을 만나지 않을 수 없었다.

기무라에게는 이미 자신의 학문 체계를 세웠다고 할 수 있는,『모래놀이치료의 기초적 연구와 실천箱庭療法 基礎的研究と實踐』(1985)이라는 저서가 있었다. "일본 모래놀이치료 발전의 큰 업적 중 하나"라는 가와이의 찬사가 실린 서문에 이어서, 기무라가 연구한 구체적 사례들이 소개되어 있다.

한곳에 차분히 있지 못하는 초등학교 3학년 여자아이. 아직 소변을 못 가리는 초등학교 5학년 여자아이. 5년간 무려 90회에 걸쳐 거의 같은 모래상자를 꾸민 발달장애 남자아이……. 중도 실명 성인 여성의 사례도 놀라웠지만, 발달장애아와 마주 앉아 마지막까지 거의 차도가 없던 모래상자를 5년 동안이나 지켜봤다는 사실이 놀라웠다.

발달장애는 오늘날에 이르러서야 선천적으로 뇌의 중추신경계에 어떤 기능부전이 발생해 성장과정에서 학습과 대인관계 등의 부자유를 초래하는 장애임이 밝혀졌지만, 그 당시에는 조금 이상한 사람, 곤란한 사람이라는 단편적인 이미지로 인식되었고 원인도 부모의 양육 방식에 있다고 여겨졌다. 그 시절에 어떻게 그토록 열정적으로 내담자를 치료할 수 있었을까. 나는 내가 가진 카운슬러의 이미지를 뒤집은 기무라의 카운슬링이 실제로 어떤지 알고 싶었다.

기무라 하루코가 운영하는 효고현 아시야시의 '아시야 모래놀이치료연구소'는 한신고베선 아시야가와 역에서 산 쪽으로 내려가 철로와 나란한 길을 10분 정도 걷다보면 나오는, 조용한 아파트 중 한 집이었다. 기무라는 파킨슨병 증상으로 보행에 지장이 있어 그를 보조하기 위한 대학원생 제자 한 명이 동석했다. 미리 편지로 전해둔 취재 개요를 다시 설명하자 기무라는 "봐, 엄청난 주제지?" 하고 제자에게 눈을 찡긋하며 웃었다.

기무라가 처음 모래놀이치료와 만나게 된 것은 1967년 가을, 오사카시립대학에서 개최된 일본임상심리학회 제3회 학술대회에서였다. 가정학부 아동학과 1학년에 재학 중이던 기무라는 같은 과 학생 전원이 학술대회 진행에 동원되었을 때 심포지엄 행사장 담당을 맡아 패널의 슬라이드를 영사하는 일을 도왔다. 기무라는 그때 의사와 카운슬러 등의 치료자는 '테라피스트', 내담자와 환자는 '클라이언트'라고 불린다는 것을 처음 알았다(이 책에서도 이에 따라 의사와 카운슬러를 총칭할 때는 테라피스트, 내담자와 환자를 총칭할 때는 클라이언트로 표기한다).

연사들이 차례차례 발표를 이어갔다. 아이들과 놀이치료를 하는 '플레이테라피playtherapy'를 소개하는 사람도 있었고, 클라이언트의 심리를 분석하는 사람도 있었다. 그러나 다들 말만으로 해석을 끌고 간다는 데 거부감이 들었다. 억지로 끼워 맞춘 듯해, 뭔가 이상해, 사람의 마음을 갖고 노는 거잖아 하는 불신마저 일었다.

그런데 가와이 하야오의 발표가 시작되자 장내 분위기는 일변했다. 이제 막 심리학을 배우기 시작한 기무라도 모든 청중이 가와이에게 주목하고 있음을 알 수 있었다. 일본인 최초의 융 심리학파 분석가가 무슨 이야기를 할 것인가 하는 기대와 관심이었다. 행사장은 이상하리만큼 열기로 휩싸였다.

스위스의 정신분석학자 카를 구스타프 융에 관한 책으로는 당시에도 독일문학 연구자인 다카하시 요시타카高橋義孝가 번역한 저작집이 있었다. 그러나 꿈과 신화의 해석은 종교적·철학적 배경을 알아야만 이해할 수 있는 난해함 탓에 극히 일부에게만 알려져 있었다. 오히려 그 시절의 정신과 의사와 심리학자들은 융을 경원시했다고 할 수 있다.

그러나 가와이는 융 심리학의 본거지인 스위스의 융 연구소에서 3년간 직접 융학파의 분석 훈련을 받으며 분석심리학을 더 깊이 이해하여 분석가 자격을 취득한 뒤 1965년 귀국했다. 이때 그가 융 심리학과 함께 일본에 들여온 것이 독일어로 잔트슈필sandspiel, 영어로 샌드플레이sandplay라 불리는 훗날의 모래놀이치료였다.

가와이의 신호에 맞춰 슬라이드를 넘기던 기무라는 자신이 점점 가와이의 이야기와 사진에 빠져들고 있음을 깨달았다. 집과 인형과 철도 모형 등 다양한 미니어처 소품을 활용한 모래놀이에 관한 발표였다. 환자가 구체적인 언어로 설명하지는 않아도 메시지가 전달되었다. 잘은 몰라도 무언가가 일어나고 있다는 것이 느껴졌다. 막연하지만 인간에게는 내면세계가 있다는 사실을 기무라는 알 수 있었다. 주위를 둘러보니 모두 가와이의 발표에 몰입해 있었다. 이 사람은 대체 뭘까. 가와이 하야오에 대한 기무라의 첫인상이었다.

당시 가와이가 소개한 모래놀이치료란 어떤 것이었나. 그날에 이르기까지의 과정을 간략히 살펴보고자 한다.

모래놀이치료는 1929년, 융 심리학과 관계없이 탄생했다. 영국의 소아과 의사 마거릿 로언펠드가 자신의 생각과 느낌을 말로 잘 전달하지 못하는 아이들을 위하여 특별히 준비한 모래 놀이터 또는 모래상자에 미니어처 인형을 배치함으로써 속마음을 표현하도록 한 놀이치료, '세계기법*'이 그 원형이다. 놀이치료란 놀이를 통해 아이의 숨겨진 감정을 표현시켜 치료에 활용하는 심리치료 기법으로, 당시에는 프로이트의 정신분석 이론을 적용하는 방식이 주류였다. 그러나 로언펠드는 놀이치료에 분석적 결론을 내리는 것을 피했고 아이들에게 일방적인 해석을 강요하지 않았다.

평범한 가정주부였다가 융의 지도로 아동심리치료사의 소질을 발견한 도라 칼프는, 로언펠드에게서 이 기법을 배워 스위스로 귀국한 뒤 이를 융의 분석심리학적 요소를 가미한 스타일로 발전시켰다. 과정에 대해서는 후술하겠지만 가와이는 언어를 경유한 커뮤니케이션에 서툴고 분재와 상자 정원(작은 상자 안에 꾸미는 미니어처 정원)을 만드는 전통을 가진 일본인에게 모래놀이치료가 적합함을 직감하고 이를 일본에 도입했다.

그러나 가와이는 이 치료법을 바로 발표하지 않았다. 그 대신 유학 전부터 강사를 맡고 있던 덴리대학 교육상담실과 촉탁 카운슬러로 채용되어 있던 교토시 카운슬링 센터(교토시 교육위원회 교육상담 부문, 현 어린이 상담센터 '파트너')를 거점 삼아 동료들과 모래놀이치료를 체험하고 토론하는 등 연구를 거듭하여 서서히 임상에 응용하는 식으로 사례를 늘려나갔다.

모래상자의 크기는 대개 안쪽을 기준으로 가로 72, 세로 57, 높이 7센티미터. 바깥쪽은 검게, 안쪽은 파랗게 칠해져 있다. 모

---

* 로언펠드는 아이들의 내면세계를 표현할 수 있도록 한다는 뜻으로 이를 '세계기법'이라고 명명했다.

래를 파면 물이 드러나는 느낌을 내기 위해서다. 여기에 햇볕에 말려 체로 고른 모래를 3분의 2 정도 채운다. 허리께에 놓으면 상자 전체가 한 번에 시야에 들어온다. 가와이는 여기저기에서 구입한 장난감 피규어*를 일어선 상태에서 고를 수 있도록 치료실 선반에 진열했다.

교토시 카운슬링 센터에서 가와이의 지도로 모래놀이치료를 임상에 응용하기 시작한 카운슬러 중에는 훗날 스기야마여학원 대학 교수가 된 단케檀溪 심리상담실의 니시무라 스에오西村洲衛男가 있다. 니시무라는 가와이가 스위스에서 귀국한 지 얼마 지나지 않은 1965년 12월, 센터에서의 본격적인 모래놀이치료를 앞두고 필요한 피규어를 사러 간 날을 기록하고 있다.

"교토시 사무관인 하마다 씨라는 분한테 이끌려 아동보호시설 헤이안 양육원에 갔습니다. 거기서 가와이 선생님이 모래놀이치료 상자를 보여주셨지요. 그다음 하마다 씨가 마루부쓰(훗날 긴테쓰近鐵 백화점의 전신)로 데려가더니, 니시무라 군, 장난감을 원하는 만큼 사게, 하며 2만5000엔을 건네주셨습니다. 당시 월급 정도 됩니다. 그걸로 산 게 집, 인형, 철도 모형…… 그날은 옥상의 원예 코너에는 안 갔는데, 나중에 생각해보니 원예 매

---

* 이후 '피규어'로 표기한다.

장에 모래놀이 재료가 많이 있었을 텐데 싶더군요. 시조고바시四
条小橋의 가와라정河原町 쪽에 있는 카메라 상점에도 재료가 있을
것 같아서 가보기도 했고, 고조자카五条坂의 야시장을 돌면서 이
것저것 준비물을 사 모았지요."

가와이가 특히 신중하게 다루었던 부분은 융의 '상징이론'이
었다. 모래놀이치료를 계속하다보면 어느 정도 비슷한 배치가
나타나기 시작한다. 만다라* 표현이 그중 하나로, 자기 안에서 대
립하는 감정을 통합하는 자기 상징의 의미가 있으나 아무래도
이런 점을 처음부터 강조하면 미심쩍게 여길 위험이 있었다. 무
엇보다 사례를 축적하는 일이 중요하다고 생각한 가와이는 이
상징 해석에 관해서는 전혀 언급하지 않았고, 카운슬러들에게는
환자의 모래놀이를 "해석하기보다는 감상한다는 마음으로" 볼
것을 지시하며 치료자와 환자의 관계가 가장 중요한 출발점임을
강조했다. '상자정원치료箱庭療法'라는 이름은 가와이와 동료들의
이러한 실천 속에서, 누가 먼저 부르기 시작했는지 모르게 붙여
진 것이다.

가와이를 중심으로 실시한 모래놀이치료 사례가 일본에 최초
로 소개된 것은 그가 스위스 유학에서 귀국한 이듬해인 1966년

---

* 산스크리트어로 '원' 또는 '중심'이라는 뜻으로, 융은 이를 인간 전체 정신의 상징
화라고 보았다.

10월, 도쿄가정대학에서 열린 일본임상심리학회 제2회 학술대회에서였다. 이후 교토시 카운슬링 센터에 문의와 격려가 빗발치자, 그다음 해에 발표 내용을 엮은 사례집이 최초로 발간되었다. 기무라 하루코가 처음 참가한 제3회 학술대회 때에는 가와이 하야오와 모래놀이치료에 대한 관심이 한층 더 높아져 있었다.

기무라는 그날 학술대회에서 학교공포증(현재의 등교거부)을 비롯하여 야뇨증, 부주의와 과잉행동, 충동성이 특징인 오늘날의 ADHD, 즉 주의력 결핍 과잉 행동 장애 아동들의 사례를 보았다. 주의력이 산만하고 학교에서 싸움을 일삼던 초등학생 남자아이는 초기에는 괴물과 동물들이 난입하는 과격한 전투 장면만 표현했으나 회기를 거듭하는 동안 안정을 찾아 토지를 경작하는 풍경을 만들고는 카운슬러를 떠났다. 친구를 울리기만 하던 공격적인 유치원생은 초반에 동물이며 자동차며 물고기며 집이며, 아무튼 손에 잡히는 피규어를 닥치는 대로 던져넣으면서 모래상자를 무질서하게 꾸몄고 중간에는 격렬한 전쟁을 표현하나 싶더니 마지막에는 무기와 전투기를 쌍방이 마주 보게 만들고 그 사이에 선을 그어 "전쟁은 끝났다"라고 말하는 것으로 일 년 남짓 이어진 카운슬링을 종료했다.

슬라이드로 모래놀이치료의 흐름을 보던 기무라는 자신도 뭔가 알 것 같다는 기쁨을 느꼈다. 마침 신입생으로서 느끼던 대학생활의 신기함도 어느 정도 사라지고 장래에 무엇을 목표로 해야 할지 이리저리 머릿속으로 굴려보던 참이었다. 아무것도 모르는 자신에게도 재미가 느껴진다는 점에 흥분했다. 하지만 오사카시립대학에는 모래놀이치료를 전문 분야로 삼은 지도 교수가 없었다. 기무라는 전공을 결정하는 3학년부터 자폐 아동을 대상으로 음악치료를 하는 야마마쓰 다다후미山松質文 교수의 세미나 팀에서 놀이를 통하여 아이들과 소통하는 놀이치료를 배우기로 했다.

현재의 국제진단기준(정신질환 진단 및 통계 편람DSM)에서 전반적 발달장애에 포함된 자폐증*은 1960년대 후반 특정 생물학적 요인에 따른 선천성 뇌기능장애로 판명되었으나, 이런 사실은 최근에야 일반인들에게 알려졌다. 여전히 이렇다 할 치료법은 없고, 치료 교육이라고 하여 개별 또는 집단으로 그림책을 읽거나 장난감을 가지고 놀며 커뮤니케이션 능력의 발달을 촉진함으로써 적응력을 높이는 방법이 표준 훈련법으로 쓰인다. 야마마쓰는 원래 아동 놀이치료를 연구하다가 아직 치료 교육이 등장하지 않았던 1959년, 한 자폐 아동과의 만남을 계기로 음악이 그들의 정서와 운동 발달에 큰 영향을 준다는 사실을 깨닫고 당시로서는 획기적인 자폐 아동 대상 음악치료를 실시하고 있었다.

---

* 2013년 발표된 DSM-5는 자폐증, 아스퍼거 증후군, 전반적 발달장애를 묶어 자폐 스펙트럼 장애Autism Spectrum Disorders, ASD로 정의했다.

기무라는 회상한다.

"놀이치료를 공부하던 어느 날 야마마쓰 선생님이 말을 거시더군요. 자네 말이야, 그림을 그리니까 모래놀이 같은 건 어떨까. 가와이 하야오라는 사람이 이번에 집중 강의를 하러 온다고 하니 소개해줄게. 어때? 모래놀이로 심리치료를 해볼 수 있지 않겠나 하시더군요. 그게 가와이 하야오 선생님의 강의를 직접 듣게 된 계기였어요."

아동학과 학생이라고 해서 반드시 심리학 관련 직업을 목표로 하지는 않는다. 대부분이 초등학교 교사, 유치원 교사, 보육사 등을 꿈꾼다. 야마마쓰는 아이들과 장난감을 가지고 함께 놀며 미술부에도 소속되어 그림을 그리는 기무라를 보고 혹시 카운슬러를 하면 잘하지 않을까, 나아가 그 예술 감각을 모래놀이치료에 살려볼 수 있지 않을까 하고 생각했다. 기무라는 이날을 계기로 가와이가 강사로 초빙된 대학원의 집중 강의를 청강하고 이따금 가와이의 조언을 듣게 되었다.

기무라가 첫 클라이언트를 맡게 된 것은 출산을 앞둔 전임자가 휴직하고 기무라가 바통을 이어받은 때였다.

기무라에게 첫 임상 경험을 선사한 이 클라이언트가 바로 5년간 약 90회기에 걸쳐 거의 같은 패턴의 모래상자를 꾸민 소년 Y였다. 증례 기록 「자폐 경향 아동의 모래놀이 표현」(1985)과 기무라의 기억에 의지하여 이 사례를 살펴보고자 한다.

Y를 담당하기 전, 기무라는 전임자로부터 Y의 가정환경과 지금까지의 상황에 대한 설명을 들었다. Y의 아버지는 회사원, 어머니는 전업주부이고 세 살 아래의 여동생이 있었다. 신체적으로는 튼튼하고 건강하게 자랐지만 어린 시절부터 같은 길로 다니는 데 집착하거나 자기 전에 같은 순서로 장난감을 줄 세우는 습관이 있었다.

Y가 유치원에 입학하여 집단생활을 경험하고부터 다른 아이들과의 차이가 눈에 띄기 시작했다. 친구들과 어울리지 못하고 손을 잡는 것도 싫어했다. 어머니는 선생님이 이런 이상한 아이는 처음이라고 말했을 때 큰 충격을 받았다고 전임자에게 털어놓았다.

초등학교에 들어가서도 Y는 여전히 정서적 반응과 언어 표현에 서툴렀다. 한편으로는 철도와 지도, 달력과 시각표에 강한 관심을 보였고 몇 년 후의 날짜와 요일을 아주 잘 알았다. 부모는 사교성을 익혀 활달하게 자라는 여동생을 볼 때마다 Y가 걱정되어 나름으로 찾아본 결과 자폐증임을 확신하고, 자폐 아동을 대상으로 실제적인 음악치료를 실시하는 오사카시립대학에 상담 차 찾아온 것이다. 당시 오사카시립대학에는 야마마쓰가 재직 중이었다. Y가 초등학교 1학년이던 해 11월의 일이다.

그로부터 40년 후 기무라는 Y가 대학병원에서 전반적 발달장애 확정 진단을 받았다는 사실을 Y의 어머니가 보낸 편지를 통하여 전해 듣게 되지만, 그들이 처음 만났던 1960~1970년대만 해도 진단 기준은 모호했다. 야마마쓰의 의뢰를 받은 정신과 의사는 Y가 자폐 경향은 있지만 자폐증이라고는 말할 수 없다는 진단을 내린 바 있었다.

전임자는 이미 주 2회, 회기당 50분간 총 30회의 놀이치료를 반년 정도 실시한 상태였다. 다만 그때까지 정서적인 교감을 느끼지 못했고 대화를 주고받을 때도 Y가 사실에 기초한 대답으로 일관하여 대화가 이루어지는 느낌은 전혀 없었다고 했다. 전임자가 담당한 3회기 상담부터 Y가 놀이치료실 구석에 있는 모래상자에 피규어를 놓기 시작했다. Y는 일단 시작하면 모래상자에 열중했지만 상담 횟수를 거듭할수록 상자에 사용하는 피규어도, 놓이는 위치도, 구성하는 방법도 비슷한 배치를 띠게 되었다. 자동차, 도로 표지, 신사, 절. 뒤편에는 산이 두 개, 앞쪽에는 바다가 두 개. 언제나 오른쪽 바다가 조금 넓고, 두 바다 사이의 육지를 자동차가 좌측통행으로 줄지어 달리는 패턴이었다.

40회기에 해당되는 상담 날, 기무라와 인수인계가 이루어졌다. 본인에게 미리 전해두었기 때문인지 의외라 할 만큼 과정은 수월했다. 카운슬러가 교체되는 경우, 클라이언트는 전임자에게 버려진 듯한 기분을 느끼기도 하고 두 카운슬러간에도 복잡한 감정이 생겨날 수 있다고 알려져 있다. 그러나 Y는 전임자로부터 기무라를 소개받았는데도 눈 한번 끔쩍하지 않았다. 기무라와 눈도 맞추지 않고 시선을 돌린 채 표정에 전혀 변화가 없었다. Y는 기무라의 존재에 신경 쓰는 기색 없이 놀이치료실에 들어오자마자 줄곧 그래왔던 것처럼 묵묵히 모래상자를 꾸미다가 지리와 철도, 호수의 수위 등에 대하여 말하기 시작했다.

옆에 있는 사람이 내가 아니라도 아무 상관 없는 건 아닐까, Y에게 카운슬러가 누구인지 따위는 아무 영향도 주지 않는 건 아닐까. 기무라는 그런 불안에 사로잡혔다. 이전까지의 모래상자와 다른 점을 들자면 좌우로 경찰관 피규어가 한 명씩 놓인 것 정도. 하지만 그것도 그때뿐이었고, 이후 얼마간 두 개의 바다 사이로 자동차가 달리는 모래상자를 만드는 날이 되풀이되었다.

학부생으로서 처음 담당한 클라이언트가 자폐 경향이 있는 아동이라는 것은 매우 큰 시련이다. 매 회기가 막막함의 연속이었기에 담담히 놀이치료를 이어가는 가운데 사소한 변화를 발견하고 기뻐하기를 목표로 삼는 수밖에 없었다. Y는 말을 걸어도 줄곧 먼 곳을 응시하고 표정을 바꾸지 않았다. 마치 하니와埴輪* 같다고, 기무라는 생각했다.

Y에게 극적인 변화가 일어난 것은 그로부터 2개월 후, 기무라가 담당한 지 8회기 되는 상담 날이었다.

"산기슭은 모두 논이야. 산 위에서 강이 많이 내려와서 큰 강으로 흘러오고 있어."

소년은 그렇게 말하더니 손가락으로 산에서 국도로 이어지는 선을 몇 줄 그었다. 기무라가 작은 소리로 감탄하며 바라보자 Y는 다시 "산에 나무가 나기 시작했어. 많이 나기 시작했어"라고 하더니 그전까지 불모지였던 모래 산에 초록 잎이 무성한 나무를 놓았다. 살풍경이던 정경에 처음으로 색이 태어난 순간이었다. 기무라는 Y가 성장하기 시작했음을 느꼈다.

이날 또 하나의 변화가 일어났다. Y는 지금까지 모래놀이를 마치면 지체 없이 물장난 등 다른 놀이로 옮겨갔지만, 이날을 경계로 모래놀이에만 집중하게 되었다. 그런데 이번에는 나무가 자라는 산, 국도, 마을, 신사와 불각佛閣 등 같은 패턴의 반복이 시작되었다. 모래놀이에 집중하게 된 것은 좋은 일이지만 왜 이렇게 같은 패턴을 고집하는 것일까. 기무라는 당황했다.

---

* 일본 고분 시대에 무덤 주위에 묻어두던 찰흙 인형. 눈이 있을 자리에 구멍이 뚫려 있다.

Y 같은 경향이 있는 아이들은 이대로 가다보면 오히려 모래놀이만 고집하게 되는 건 아닐까. 이건 혹시 자발적인 놀이가 아니라 내 쪽에서 이렇게 해보라고 유도하고 있는 건 아닐까. 다른 카운슬러가 담당하면 다른 전개가 나타나는 건 아닐까. 그런 불안을 품기 시작한 기무라는 지난 모래놀이 치료 사진을 가지고 가와이 하야오에게 상담을 청했다. Y가 만든 일련의 모래상자 사진과 차트를 본 가와이는 이렇게 말했다.

"이거, 자네일 수도 있겠는데."

한 마리의 젖소였다. 22회기에서 Y는 처음으로 상자의 왼편 구석에 작은 목장을 만들고 소를 세 마리 놓았다. 그 회기 이후로 언제였는지 기무라는 정확히 기억하지 못했지만, 가와이는 갑자기 등장한 젖소를 보고 이것이 Y를 지켜보는 기무라의 모습이 아닐까 짚어낸 것이다. 이즈음 여름방학을 코앞에 둔 어느 날의 카운슬링에서, Y가 기무라의 얼굴을 곁눈질로 바라보며 이런 말을 하긴 했다.

"편지나 써볼까. 이름이 뭐야?"

Y가 최초로 기무라에게 관심을 보이며 말을 건넨 순간이었다. Y는 말한 대로 고향 호쿠리쿠北陸의 마을에서 기무라에게 그림엽서를 보내왔고 이 일은 기무라에게 큰 기쁨이 되었다. 내가 Y 곁에 있었기에 일어난 변화일지도 몰라. 기무

라는 그렇게 생각하며 가와이에게 앞으로 어떻게 해야 좋을 지 물었다. 가와이는 "그럼 다른 선생님에게 슈퍼비전을 받아보는 게 좋지 않겠나" 하고 조언했다.

슈퍼비전이란 경험이 적은 카운슬러가 임상 치료를 할 때 연륜 있는 전문가에게 자신이 담당하는 사례에 대한 지도, 평가, 조언을 구하는 것이다. 반드시 같은 대학일 필요는 없으며 타 기관에 소속되어 있더라도 상대방의 승낙을 얻는다면 유료로 지도받을 수 있다.

환자에게 건네는 말이 적절했는가, 카운슬러 자신의 사고 습관이 두 사람의 관계에 어떤 영향을 미치고 있는가 등 장단점을 비롯하여 제삼자의 의견을 청취함으로써 카운슬러는 자신의 카운슬링을 냉정하게 돌아보고 향후 상담을 이어갈 수 있다. 불안하게 느끼던 점을 상담받을 수도 있다. 슈퍼비전은 오늘날 널리 자리 잡았으나 당시에는 그러한 시스템이 확립되어 있지 않았고 모래놀이치료 경험이 있는 카운슬러도 매우 드물었다.

기무라는 가와이에게 슈퍼비전을 받고 싶었지만, 가와이는 바빠서 슈퍼비전을 자주 하기는 어렵다고 했다. 소개받은 슈퍼바이저에게 잠시 다녀보아도 딱히 이렇다 할 감이 오지 않아서 얼마 안 가 의지하지 않게 되었다. 정체 중인 자동차 행렬 패턴만 줄기차게 만드는 소녀 곁에서 기무라는 Y를 홀로 마주할 수밖에 없다고 자신을 타일렀다.

Y가 처음으로 기무라에게 말을 걸었을 즈음, 상담실에서는 다른 카운슬러가 Y의 어머니와 부모 상담을 진행하고 있었다. Y가 판에 박힌 모래상자를 꾸미는 한편, 학교생활에서는 눈에 띄는 변화가 일어나고 있다고 어머니는 전했다.

Y는 처음으로 학예회에도 나가고 친구들의 권유에도 응하게 되었다. 학교생활이 바쁘다며 기무라와의 상담을 취소하는 일도 잦아졌다. 가장 큰 변화는 어머니가 Y를 두고 자폐증이라고 말하지 않게 된 것이었다.

기무라는 Y의 성장을 굳게 믿었다. 그러나 Y는 자기 앞에서는 여전히 경직된 표정으로 침묵에 잠겼고 입을 열어도 철도 이야기만 했다. 모래상자 꾸미기를 서둘러 해치우고 밖으로 나가버리기도 했다. 이쯤에서 한번 카운슬링을 쉬어볼까. 그런 생각이 뇌리를 스쳤다.

기무라가 Y를 담당한 지 27회기에 해당되는 날, Y는 왜인지 울상을 지으며 치료실에 나타났다. 기무라는 그에게 말했다.

"Y야, 이제 여기 오는 거 지겨워?"

"지겨워."

"그래, 그럼 이번 달까지만 할까?"

"그만해."

"그렇구나, Y가 재미없으면 그만 와도 돼. 이달까지만 하는 걸로 생각해보자."

기무라는 의외라고 느꼈다. 이런 대화가 가능할 거라고 이제껏 생각해본 적이 없었다. 그 후 Y는 완전히 기분이 풀렸는지 상담 시간을 꽉 채워 놀다가 돌아갔다.

이달까지만 하자고 정한 달의 마지막 회기, "이달은 오늘이 끝인데 다음 달부터는 어떻게 할까?" 하고 기무라가 묻자 Y는 미묘하게 점잖은 표정으로 답했다.

"봄방학까지 앞으로 두세 번 정도는……."

이 반응에도 기무라는 놀랐다. 상담에 의욕을 보이는 모습은 처음이었다. 이후 Y가 기무라에게 미소를 보이는 일이 늘었다. 모래상자는 이전과 매우 비슷한 패턴이기는 했으나 꾸미는 데 충분한 시간을 들이게 되었다. 로봇처럼 기계적이고 성급한 움직임이 아니라 인간다운 틈이 생겼다. Y가 이전에는 손이 스치는 것조차 싫어했던 괴물 피규어를 만질 수 있게 된 것도 이 무렵 일어난 변화다.

33회기 상담에서 Y는 기무라의 얼굴을 힐끔 바라보면서 말했다.

"선생님은 어디서 와?"

Y가 기무라의 개인적인 일에 관심을 보인 것은 두 번째였다. 일반적인 상담이라면 카운슬러의 개인사에 대해서는 바

로 답하지 않고, 카운슬러에게 그런 질문을 던진 자신의 내면을 바라보도록 유도한다. 그러나 Y처럼 마음을 바라보기 어려운 클라이언트는 그렇게 하지 않는다. 기무라는 Y의 질문에 성실하게 답한 다음 계속해서 모래상자 꾸미는 모습을 지켜보았다.

이날 Y는 집에 갈 때 출입문까지 배웅하러 나온 기무라를 돌아보고 손을 살짝 흔들며 "바이바이" 하고 작은 목소리로 말했다. 기무라는 Y의 아이다운 모습이 애틋하여 가슴이 저릿했다.

내가 존재하는 의미는 어디에 있을까, 내가 있든 없든 똑같지 않을까. 그런 무력감을 느끼는 일이 많았어도 Y와의 대화에서 부자연스러움을 느끼는 일은 점점 줄고 있었다. 어머니를 담당하는 카운슬러에게서는 Y가 컵스카우트 활동에 참여하게 되었고, 학교와 컵스카우트에서 알게 된 친구들에게 생일파티 초대장을 보내 열 명 정도가 집에 놀러 왔다는 소식을 들었다. 아들 이야기만 하던 어머니도 이 시기가 되면 상담에서 본인의 기분을 터놓게 된다. 걸음은 느리지만 변화는 확실히 일어나고 있었다.

항상 만들던 패턴과 똑같은 모래상자를 다 꾸민 Y가 모래상자 두 개를 동시에 꾸민 것은 34회기 상담에서였다. 새로 사온 전철과 기차 피규어를 들고 어슬렁거리기에 기무라가 "Y

야, 그거 여기에도 놓을 수 있어" 하고 또 다른 모래상자를 가리키자 "해볼까?" 하더니 새로운 모래상자를 꾸미기 시작했다.

이때 놓은 것이 비행장과 조차장. 규칙성 있는 첫 번째 모래상자와는 달리 소품이 무작위로 툭툭 놓여 있을 뿐이었다. 기무라의 눈에는 비행기가 추락한 것처럼도 보였다. 도로가 자동차로 꽉 메워져 정체된 모래상자를 보고서 기무라는 문득 말을 걸어보았다.

"자동차, 너무 많아서 답답해 보이는데……. 다른 길로는 못 달리는 거야?"

Y의 패턴에 개입하는 일은 처음이었다. 그러자 Y는 "그렇네" 하고 차를 살짝 이동시키더니 "여기는 차가 잘 달리고 있어"라고 중얼거렸다.

기무라가 유도하고 Y가 반응한다. 기무라는 Y와 대화를 나눌 수 있다는 사실이 몹시 기뻤다. 40회기를 넘었을 무렵에는 두 번째 모래상자에도 움직임이 나타나기 시작했다. 상자 틀 안에서 신칸센 피규어가 튀어나오거나 이제껏 두 번째 상자에 놓여 있던 피규어가 첫 번째 모래상자에 놓였다. Y가 놀이치료실에 틀어박히는 시기는 이제 슬슬 끝나가는 건 아닐까. 기무라는 그렇게 예감했다.

조부의 장례식에 다녀온 무렵부터 Y는 세상에서 일어나는 일에 관심을 보였다. 전 일본군 요코이 쇼이치橫井庄一가 28년 만에 괌에서 귀국했다는 뉴스*에 크게 흥미를 보이며 기무라와 이런 대화를 나눴다. 상담을 시작한 지 2년이 지나고 있었다.

"일본은 전쟁에 져서 좁아졌어. 이겼다면 더 넓어졌을까?"

"그런데 이겼으면 지금도 군대가 남아서 군인 아저씨들이 일하고 있을지도 몰라."

"싫어 그거는. 군인 아저씨들, 왜 그렇게 된 거야? 요코이 씨는 28년 동안 군인 아저씨였는데 일본에 돌아왔어. 해골이 되어서 돌아온 사람도 있어."

죽음에 관심이 싹트기 시작한 것도 이 시기다.

"할아버지는 아흔 살까지 살았어. 작년에 죽어서 화장장에서 태워버렸어. 그래서 지난번엔 연하장 못 보냈어. 사람이 죽으면 왜 연하장 안 보내?"

"가족이 죽으면 슬프잖아. 설날은 기쁜 날이라 연하장을 보내서 인사하는 거고. 슬픈데 축하해요, 말하는 건 이상하니까."

"어린이도 아기도 죽을 수 있어? 아기가 죽어도 불에 태울

* 1944년 8월 제2차 세계대전 괌 전투에서 일본군이 패퇴한 후로도 괌의 밀림에 은신해 살던 전 일본군 하사 요코이 쇼이치가 1972년 1월 24일, 주민들에게 발각되었다.

까?"

요코이 쇼이치에 이어 필리핀의 루방섬에 전 일본군 오노다 히로小野田寛郎가 살아 있다는 소식*이 보도되자 Y는 이 일도 화제에 올랐다. 기무라는 조부의 죽음을 계기로, 사람은 죽으면 뼈만 남는다는 것에 관심을 보이던 Y가 이번에는 삶에 관심을 보이는 모습이 기뻤다.

Y는 초등학교 5학년이 되었다. 모래상자에는 산이 열리고 논이 생기고 마을이 생겼다. 분양주택이 서고 사람이 살기 시작했다. 열차가 달리고 마을 가까이에는 관광객들이 찾는 호텔도 생겼다. 세계가 조금씩 확장되어갔다.

5학년도 어느덧 끝나가는 이듬해 3월 기무라와의 상담 76회기, 전임자부터 치면 5년째인 89회기가 Y와의 마지막 상담이었다. Y는 4월에 아버지의 일 때문에 도쿄에 가기로 되어 있었다. 이날은 언제나처럼 담담하게 모래상자를 꾸미다가 바닥에 쪼그려 앉아 모형 철도를 깔기 시작했다. 두 개의 타원형 궤도가 만들어지고 신칸센과 전철이 달리기 시작했다. 신호도, 육교도, 역도 있었다. 산이 논으로, 시골이 도시

---

* 1945년 당시 필리핀 루방섬에 주둔 중이던 전 일본군 소위 오노다 히로는 제2차 세계대전 후에도 투항을 거부한 채 밀림에서 지내다가 29년 만인 1974년, 주변의 권유로 투항했다.

로, 도시가 또 다른 도시로. 세계가 이전보다 더 외부를 향하여 열리고 있었다. Y는 모래상자 꾸미기를 마치고는 이번이 마지막 상담이라는 것에 대해서는 아무 말도 하지 않은 채 평소와 똑같이 "바이바이"라고 인사하고 돌아갔다.

기무라는 그 후 딱 한 번 Y와 재회했다. 중학교 2학년 여름 방학에 아버지와 함께 Y가 기무라가 재직 중인 학교로 놀러 온다는 연락을 받은 것이다. 올려다봐야 할 만큼 큰 키에 듬직한 체격을 보니 썩썩하게 자라고 있는 듯했다. 그런데 Y는 치료실에 들어오자마자 가지고 온 지도를 펼치더니 지금 사는 집의 위치와 교통기관에 대하여 설명하기 시작했다. 기무라는 순간 당황하여 Y의 설명을 들으면서도 무어라 말할 수 없는 심경이 되었다. 기무라의 질문에는 곧잘 반응했다. 미소도 짓고 있었다. 하지만 아무리 생각해도 변하지 않은 점이 있었다. 훗날 발달장애 확진을 받는다는 점을 고려하면 당연한 일이었을 것이다. 사람과 어울리거나 집단행동에 참여하는 것을 어려워하고 관심사와 생각이 좁은 범위에 한정된 점은 발달장애의 특징으로 알려져 있고, 이는 기질상 새로운 요소에 대한 공포와 불안을 느낀다는 뜻이기도 하다.

그러나 Y에게 지도와 교통기관은 세계로 열린 하나의 창문이었다. 기무라는 오랜만에 다시 만나 갑자기 지도를 펼쳐

보이는 Y의 모습에 당황했지만, 소년에게 그 물건들은 예전과 똑같이 기무라와 자신을 연결하는 유일한 수단이었다. 지도를 꺼내어 설명하는 모습은 Y가 기무라에게 건네는 정성스러운 인사였을 터다. Y 내면에 자리한 건강한 부분을 진지하게 바라보고 무리한 영향을 주지 않고자 노력하며 끈질기게 기다려온 기무라의 존재 덕에 Y도 안심하고 조금씩 변화하여 기무라를 만나러 올 수 있었으리라.

오늘날 발달장애에 관한 지식의 지평이 넓어짐에 따라 장애인과 비장애인이 함께 사는 법을 가르쳐주는 책도 출간되고 있다. 길을 헤매면서도 멈추지 않고 앞으로 나아간 기무라의 모습이야말로 그러한 책에 등장하는, 돕는 자들의 원형일 것이다.

그 후로도 기무라에게는 Y의 연하장이 도착했고, Y의 어머니는 가끔 근황을 전해왔다. 고등학교에서 성적이 상위권으로 올라 학생회장이 되는 사건이 벌어졌다는 소식, 그러는 동안 부모는 내내 조마조마했다는 소식, 대학은 공대로 진학했다는 소식 등이 전해졌다.

1985년 기무라가 Y의 사례를 수록한 저서를 보냈을 때, Y에게 책을 보여줬더니 다행인지 불행인지 전혀 관심을 보이지 않았다는 어머니의 답장이 도착했다. Y는 이후로도 연하장은 계속 보내왔지만 언제나처럼 판에 박힌 문구였기에 감정은 느껴지지 않았다. 카운슬링을 종료한 아이가 몇 년이 흐른 뒤 학교로 찾아와 당시를 돌아보며 감사를 전하는 일이 없지는 않았지만 Y에게는 직접 그런 말을 들을 수 없으리라고 기무라는 직감했다. 그럼에도 Y는 자신에게 많은 것을 가르쳐준, 잊을 수 없는 최초의 클라이언트였다. Y가 사회인이 되는 날을, 그리고 결혼해서 가정을 꾸리는 날을 그리며 앞으로도 멀리서 Y를 지켜보자. 기무라는 그렇게 다짐했다.

나는 기무라에게 물었다.

"학부생이 맡기에는 너무 어려운 클라이언트 아니었습니까."

"그러게요, 90회기 동안 계속해서 같은 모래상자를 꾸몄으니까요."

"그동안 특별히 개입한 건 자동차 행렬 때뿐이었나요?"

"네. 그러고는 옆에 그냥 있기만 했죠."

기무라는 그렇게 말하고 모래놀이치료 발전의 선구자 도라 칼프의 말년에 해당되는 1989년, 자신이 칼프가 지켜보는 가운데 주 1회 모래놀이치료를 받은 경험을 이야기했다. 융 연구소에서 유학하던 무렵의 일이다.

"칼프 씨는 모래상자의 모서리 쪽에 앉아서 제가 배치하는 모습을 지켜볼 뿐이었어요. 흥미롭네요, 흥미로워요, 관심 있게 지켜보고 있어요, 하는 표정으로요. 모래상자를 꾸미는 사람은 무슨 피규어를 놓아야 할지 모르면서도, 칼프 씨가 곁에 있으면 뭔가 만들고 싶다고 느껴요. 샘솟는다고 해야 할까요. 몸을 쭉 빼고 상자 안을 들여다볼 때의 자세와 표정이 인상적이었죠."

모래놀이치료란 클라이언트 혼자 하는 것이 아니라 지켜보는 카운슬러가 있을 때, 두 사람의 상호작용을 거쳐 비로소 이루어진다. 도라 칼프는 로언펠드의 세계기법을 모래놀이치료로 발전시키는 과정에서 치료자와 환자의 관계가 중요함을 강력하게 주장했다. 어떤 표현이 나타나든 이를 수용하고자 하는 치료자의 안정된 태도가 모래상자에 나타나는 표현에 영향을 미친다는 것이었다. 칼프는 이를 '어머니-자녀-일체성'*이라고 말하며 '자유로운 동시에 보호받는 공간'을 치료자와 환자의 관계 안에서 만들어내는 일이 치료자의 임무라고 역설했다.

나 역시 처음으로 시내의 클리닉에서 모래상자를 꾸밀 때, 그전까지는 생각지도 못한 어린 시절의 고베 풍경[그림 5]이 눈앞에 펼쳐졌다는 사실이 무척 신기했다. 혼자서 모래상자를 앞에 두고 앉아 있었다면 몇 시간이 지나도 그런 정경을 만들 수는 없었을 듯하다. 모래상자란 대체 누가 꾸미는 건가, 나인가, 카운슬러인가. 만약 카운슬러가 있었기에 가능했던 것이라면 다른 카운슬러일 때는 또 다른 모래상자를 꾸미게 될지도 궁금했다.

---

* 모자母子 일체성이라고도 한다.

소년 Y를 담당하고 나서 기무라가 실감한 것은 바로 카운슬러와 클라이언트 사이에서 일어나는 상호작용의 힘이었을지 모른다. 물론 거기에는 기무라의 조용한 열의가 있었다. 그는 소년의 패턴화한 모래상자를 무의미한 강박으로 보지 않고 사소한 변화에도 의미는 있다고 믿으며 끝까지 지켜보았다. 그러한 태도와 배려가 Y를 안심시켜 자기 세계를 확장하고자 하는 의욕을 품도록 도왔으리라.

"모래놀이치료는요, 안 하는 편이 나은 때도 있습니다. 확 쏟아져 나오면 아주 위험하거든요. 카운슬러는 그럴 때 멈출 수 있는 사람이어야 하죠."

모래상자를 처음 꾸몄을 때 생각지도 못한 고베의 풍경이 나와버리는 바람에 가슴이 먹먹하여 당황했다고 이야기하자, 기무라는 그렇게 가르쳐주었다.

"평소라면 자기 안에 머물렀을 일들이 어떤 계기를 만나 확 드러나버리는 거잖아요. 그 부분이 스스로 컨트롤이 안 되면 무너져버립니다. 카운슬러가 지켜봐줄 수 있다면 괜찮지만 그럴 수 없다면 나오게 해서는 안 돼요. 그걸 가늠하는 일이 굉장히 어렵죠."

어떻게 하면 가늠할 수 있습니까.

"카운슬러가 자기 안에서 그것을 스스로 다룰 수 있을지 없을

지 헤아려보는 수밖에 없어요. 일반적인 카운슬링도 마찬가지지만 치료자가 교육분석을 통해서 자기 자신을 더 깊이 이해하는 방법밖에 없습니다."

교육분석이란 상담자 또는 상담자가 되려는 이들이 직접 카운슬링을 받는 것이다. 내담자의 입장을 경험하는 동시에 내면을 응시하여 자신이 안고 있는 문제점과 사고의 경향을 파악하면서 자신 때문에 환자에게 상처를 주지 않도록 훈련한다.

융 연구소에서 유학한 사람들은 모두 현지에서 교육분석을 받는 일이 의무로 정해져 있다. 분석은 회기당 50분이고 연구소 세칙에는 약 300시간으로 규정되어 있다. 의료 기관 중에도 임상심리사 채용 시 교육분석을 받은 이력을 채용 조건 중 하나로 삼는 곳이 있을 정도다.

기무라에게 소년 Y의 사례는 카운슬러인 자신에게로 시선을 돌리는 커다란 계기가 되었다. 앞서 언급한 대로 "왜 Y는⋯⋯" 하며 끊임없이 질문하는 자체가 자신의 문제는 아닐까 싶어 가와이에게 상담을 받은 적도 있다.

"확 쏟아져 나와서 무너질 것 같다면 자아가 매우 약하다고 판단해요. 자기 자신을 견디는 힘이 약하니까 한 번에 쏟아져 나오는 거죠. 모래놀이치료가 처음 도입됐을 땐 조현병 위험이 있는 환자들에게는 적용하지 않는 편이 낫다고들 했습니다. 겨우 버티고 있던 인격이 무너져서 발병의 계기가 된다는 거였죠."

조현병은 환각과 환청 등의 증상에 고통받고 감정 표현이 현저히 어려워 사회생활에 지장이 있는 정신질환이다. 유전과 환경 모두의 영향을 받으며 진학, 취직, 결혼 등의 전환기가 증상 발현의 계기가 된다고 하지만 정확한 원인은 아직 밝혀지지 않았다.

하지만 진료를 받으러 온 시점에서 그 사람이 조현병 위험이 있는지 없는지는 알 수 없다. 어떻게 판단하는 걸까.

"어려운 일인데요, 의사에 판단에 따르기도 하고 로르샤흐 테스트* 등의 심리검사로 어느 정도의 경향성을 볼 수 있습니다. 그래서 모래놀이치료는 제가 해보세요, 한다고 시킬 수 있는 게 아닙니다. 본인이 즐겁게 할 수 있는가, 치료자가 지켜보는 의미가 있는 가운데 즐거운가 그렇지 않은가가 중요하죠. 본인이 하고 싶다고 해도 위험할 듯싶으면 안 하는 게 낫겠어요 하고 제지할 수 있는 카운슬러여야 합니다."

모래놀이치료가 어떤 클라이언트에게 실효성을 갖는가에 대하여 가와이는 다음과 같이 쓰고 있다.

모래놀이치료라는 방법이 내면을 표현할 수 있는 한, 누구에게든 의미가 있습니다. 심신증心身症*인 분들도 모래상자

---

* 로르샤흐 잉크 반점 검사. 로르샤흐가 개발한 투사적 성격검사를 말한다.

를 가지고 표현할 수 있다면 좋은 것이고 등교거부를 하는 아이들도 가능하겠지요.

그런데 같은 심신증이라 해도 모래놀이치료가 어떤 사람에게는 아무런 의미가 없어서, 표현 매체로 작동하지 않기 때문에 치료를 해도 소용이 없는 경우가 있습니다. 등교거부를 하는 아이도 마찬가지입니다. 제가 모래상자를 꾸며보세요, 라고 말해서 그 아이가 억지로 하는 거라면 아무 도움도 되지 않습니다. 여기에는 테라피스트라는, 또 다른 복잡한 존재가 있기 때문입니다. 모래놀이치료를 표현 수단 삼아 치료가 진행된다면 매우 넓은 분야에서 적용할 수 있겠지요. 그렇지만 신기하게도 등교를 거부하는 아이가 오든 심신증인 분이 오든, 아무 의미가 없을 때도 있는 것이고요.

함묵증, 선택적 함묵증이라고 하는데요, 집에서는 말을 하다가도 집 밖에서는 한마디도 하지 않는 아이도 있어요. 그런 아이는 치료를 받으러 와도 말을 하지 않으니까 테라피스트 입장에선 굉장히 곤란합니다. 이럴 때 아이가 모래상자라도 꾸며주면 말이 아니라 모래놀이로 표현해주는 거니까 테라피스트도 수월해진다, 이렇게도 말할 수 있겠습니다.

—『토포스의 지ㅏ トポスの知: 箱庭療法の世界』(1993)

---

* 심리적 원인에서 비롯된 신체화 증상.

요약하자면 내면을 표현할 수 있는 클라이언트라면 누구든 모래놀이치료가 가능하다는 뜻이다. 그럼 반대로 모래놀이치료에 적합한 카운슬러도 존재할까.

"우선 치료자 스스로가 모래놀이치료에 관심이 있어야겠죠. 관심이 없는 치료자에게 환자가 찾아간다면, 모래상자가 있다 할지라도 환자는 그걸 만지지 않습니다. 칼프 씨처럼 항상 관심이 있어, 지켜보고 있어, 라는 태도를 가진 사람한테 가면 모래놀이치료를 해볼 생각이 없었던 사람도 해보거든요."

"환자가 꾸민 모래상자를 해석하면 안 되는 경우가 있다고, 저서 『모래놀이치료의 기초적 연구와 실천』에 쓰신 적이 있습니다. 가와이 하야오 선생도 "가장 곤란한 점은 어느 정도의 성공 사례를 가지고 마구잡이로 자의적인 '해석'을 하는 사람이다"(『카운슬링의 실제 문제カウンセリングの實際問題』, 1970)라고 주의를 환기하고 있는데요, 왜 그런가요?"

"언어화하면서 형식만 남기 때문이라 해야 할까……."

기무라는 그렇게 말하고 잠시 머뭇거렸다. 그때 동석한 대학원생 지조바라 나미地藏原奈美가 저, 하며 망설이다가 말문을 열었다.

"언어만으로 표현할 수 없는 것이 있을 때, 그걸 말로 해버리면 깎여나가버리니까요. 말로 할 수 없는 것이 중요한데도, 말로 나온 것만 주목받고 나머지는 등한시되거든요."

"맞아요, 그렇습니다. 꿈 분석과 모래놀이치료를 비교했을 때 어느 쪽이 더 깊은 차원의 문제인가 하는 논의가 자주 있는데요, 꿈 이미지는 분명 마음속 깊은 곳에서 나오지만 상대에게 말로 전달하게 되죠. 그렇게 하지 않으면 전달할 수 없으니까요. 그때 말로 한 그 시점에서 깎여나가는 게 있어요. 언어를 쓰지 않는 만큼 모래놀이치료에는 더 깊은 차원이 있는 거죠. 어디까지나 모래놀이치료 편에서만 보면 말입니다."

모래놀이치료는 즉, 말로 하지 않는 데 의미가 있는 것일까. 그렇다면 말로 하지 않으면서 어떻게 회복으로 이어지는 걸까. 환자가 있고, 곁에서 지켜보는 치료자가 있고, 함께 모래상자를 바라본다. 왜 사람은 그런 날이 쌓이는 것만으로 낫는 것일까. 근본적으로 낫는다, 회복된다는 것은 무엇일까.

돌아가는 길에 지조바라에게 어쩌다 모래놀이치료에 관심을 가지게 되었는지 물었다.

"중학생 때 우연히 모래놀이치료 하는 분의 연구실에 초대받아서 놀러 간 적이 있어요. 그때 해볼래? 하시길래 직접 해봤는데 재미있더라고요. 아직 아무것도 모를 때였지만요."

"그 일을 계기로 심리학에 관심을 가졌나요."

"그렇죠. 마음이랄까요. 사람의 마음이라는 건 뭘까, 라는 관심이 생겨서."

제자의 말에 이어 기무라가 말했다.

"요즘 이런 사람이 늘고 있어요. 고등학교 때부터 자기는 카운슬러가 되겠다고 하는."

"제가 고등학생이던 1980년대에는 그런 장래 희망을 가진 사람이 주위에 거의 없었던 것 같습니다."

"저 같은 사람도 어쩌다보니."

기무라는 그렇게 말하고 미소 지으며 다음과 같이 덧붙였다.

"당신도 이 세계를 취재하시려면 자기 자신을 알아야겠네요."

마음을 다루기 위하여 카운슬러가 클라이언트를 이해하는 것은 당연히 중요하고 기본적인 일이겠으나 자기 자신에 대해 알아야 한다니 도무지 이해되지 않았다.

가와이 하야오도 생전에 "심층적인 치료를 하고자 하는 사람은 자신에 대해서 잘 알고 있어야 합니다. 자기 자신을 잘 알기 위해서라도, 카운슬러가 되려는 사람은 카운슬링을 받는 것이 좋습니다"(『카운슬링의 실제 문제』)라고 말한 바 있다.

그들이 그렇게까지 강조하는 이유는 자신을 아는 것이 임상심리 전문가로서 활동하기 위한 출발점이자 환자와 내담자를 지키는 기술이기 때문일지도 모른다.

그렇다면 그것을 어떻게 익혀야 할 것인가.

나는 취재를 이어가는 한편, 계획을 하나 세웠다. 임상심리사를 목표로 하는 사람들이 다니는 대학원에 등록하고, 주말에는 임상심리사 등 대인지원직으로 근무하는 이들이 다니는 전문 수련 기관에서 함께 공부하면서, 임상심리사 자격 취득 또는 임상심리 전문가 자격 갱신을 위한 훈련의 일부를 경험해야겠다고 마음먹은 것이다.

후생노동성의 환자 조사에 따르면, 국제 기준이 정한 '기분장애'에 포함되는 우울증과 양극성 장애 환자 수는 1999년부터 2008년까지 9년 동안 2.4배인 104만1000명으로 급증했는데 그중에서도 한창 일할 나이대인 삼십대에 집중되어 있다. 그 때문인지 카운슬러가 되고 싶은 학생과 일하면서 심리학을 배우고자하는 직장인이 늘고 있다. 나는 이런 현상을 카운슬링 열풍, 심리학 열풍이라고 손쉽게 정리해버리는 대신에 왜 이런 현상이나타났는지, 그들의 문제의식을 알고 싶었다.

마음의 부조화를 안고 사는 사람들의 수기와 체험담은 다수존재하지만, 클라이언트를 보살피는 입장에 있는 카운슬러가 어떤 사람들인지, 그들이 어떤 나날을 보내고 있는지는 거의 알려지지 않았다. 현역 카운슬러 또는 카운슬러 지망생과 만나 이야기를 나누며 일상을 엿볼 수 있다면 좋겠다고도 생각했다.

똑같이 타인의 이야기를 듣더라도 나처럼 들은 이야기를 공식적인 공간에서 표현하는 일을 하는 사람과 비밀에 부쳐야 하는 카운슬러 사이에는 큰 차이가 있다. 나는 그들이 어떻게 자기자신으로서 균형감각을 유지하는지 궁금했다.

며칠 후, 기무라에게 메일로 감사 인사를 하자 바로 답장이
도착했다.

하즈키 씨,

고마워요.

이런 인사는 예스러운 방식으로 하시는군요.

당신의 열정적인 질문에 대답하는 것만으로도

워낙 태평한 저는 힘에 부쳤던 듯…….

사실은 더, 훨씬 더 당신에 대해서도 파내려가야 한다고 생
각해요.

하지만 그건 당신의 현실적인 작업과는 다를 수 있겠
죠…….

다시 '때'가 되면 이야기를 나눠볼까요…….

아무튼 지금은 엄청난 일에 도전하려는 의욕에 감탄하고 있
습니다.

길 잃지 말고, 정해둔 목표를 향해서 내처 달려가세요.

그리고 I씨에게 전화해두었습니다.

성함을 전해놓았어요,

수상한 사람은 아니라고…….

바쁘시겠지만 받아주실 거예요.

그럼 힘내서 하시는 작업 잘 마치시기를.

기무라 하루코

제2장

카운슬러를 만들다

내가 다니게 된 도요에이와여학원대학 대학원은 임상심리학계 연구과 석사과정을 수료하면 임상심리사 자격시험 응시 자격이 충족되는 학교다. 다시 말해 프로 카운슬러로 활동할 때 필요한, 실제 카운슬링의 기초를 다지는 이론으로서의 임상심리학을 배울 수 있고 석사과정을 취득하면 임상심리사 자격시험에 응시할 수 있다. 그래서 임상심리사가 되려는 명확한 목표를 가진 학생이 많다. 남학생도 있지만 대부분 여학생이다.

　학교에는 말 걸기도 조심스러울 만큼 점잖고 조용한 학생이 많았다. 그 가운데 스스럼없이 대화할 수 있는 이들은 현역 직장인, 교직원, 연극배우 등의 사회인이었다. 그들은 내 자기소개를 들어보더니, 전문가도 클라이언트도 아닌 사람의 시선으로 이 세계에 대하여 쓰는 것이 의미 있는 작업이라고 느껴진다면서 흔쾌히 자신의 이야기를 들려주었다.

사회인 학생들이 농담 반으로 이름 붙인 '심리 삼분류설'이라는 가설이 있다. 그들은 대학원에서 임상심리학을 전공하는 학생들을 관찰한 결과, 학생들이 크게 세 종류로 나뉜다는 사실을 발견했다고 한다. 3분의 1은 지금까지 평범한 생활을 해온 평균적인 사람, 3분의 1은 과거 우울증 등을 극복한 경험이 있어서 공감 능력이 뛰어난 사람, 나머지 3분의 1은 현재 병을 겪고 있는 사람이라고 한다.

"우리 클래스에도 있어요. 아침 일찍부터 장문의 문자가 도착하는 거예요. 그럴 땐 깊이 관여하지 않고 가능하면 거리를 두려고 해요. 왜 심리학의 길로 들어오게 되었느냐, 같은 질문은 안 해요. 말려들면 골치 아프니까요."

이렇게 충고해준 학생도 있었다.

심리학과 정신의학을 가르치는 교수진도 만만치 않은 개성의 소유자들이었다. 한 편의 이야기처럼 쓴 아름다운 논문에 감명받아 논문을 쓴 교수의 강의를 들어보았더니 지독하게 성마르고 단도직입적으로 말하는 인물인지라 깜짝 놀란 적이 있다. 옆으로 슬쩍 다가와서는 "매년 졸업생들을 이만큼이나 내보내니 세상엔 카운슬러가 넘쳐날 텐데 우울증 환자는 줄기는커녕 왜 늘어나는 걸까요"라고 내 귓가에 대고 불평하던 교수도 있었다. 정신의학 수업에 가면 "조현병을 알고 싶으면 ○○ 선생, 양극성 장애라면 내가 증례입니다"라고 하는 정신과 선생님도 만날 수 있다. 대다수는 가르치는 일에 열의가 있고 사려 깊었지만, 이 교수님의 카운슬링만은 사양하고 싶다는 생각이 절로 드는 분도 있었다. 교수진을 관찰하는 것만으로도 리포트 하나는 써낼 수 있을 것 같았다.

'임상심리사'는 1988년 임상심리학 관련 학회 16곳의 합의를 거쳐 설립된 일본임상심리사 자격인증협회에서 인증하는 자격이다. 협회 창설에 노력한 인물은 가와이 하야오이며, 창설 배경으로는 카운슬러라 칭하는 자격이 난립해 있다는 점, 사이비 심리치료의 피해자가 빈번히 발생한 점 등을 들 수 있다. 1988년 12월에 제1호 임상심리사가 탄생한 이래, 2012년도까지 2만 6329명의 임상심리사가 배출되었다.

임상심리사는 현재 심리직 중에서도 국가공인자격에 가장 가깝고 취득하기 힘들다고 알려져 있으며, 대다수 의료 기관이 카운슬러 모집 시 임상심리사 자격을 채용 조건으로 내걸고 있다. 다만 의사 면허처럼 한번 자격을 취득하면 평생 유지되는 생애 자격이 아니라서, 5년에 한 번 갱신하는 일이 의무화되어 있다. 전문성 유지와 향상, 자기 수련의 필요성 등이 그 이유인데, 갱신하려면 실무 이외의 연구회나 워크숍에 참가하고 논문을 집필하여 점수를 취득해야 한다. 상근직 자리가 적기 때문에 비상근 직을 겸하는 사람이 많아 고학력에 비하여 낮은 대우를 받는 자격이라고 해도 좋을 것이다.*

활동 범위도 의료, 교육, 사법 기관 등 여러 분야에 걸쳐 있어 대학원에서는 실습을 특히 중요한 필수과목으로 꼽는다. 도요에 이와는 실습이 까다롭기로 소문난 학교로, 학내 심리상담실에서 일반 클라이언트를 상담하는 것 외에도 주 1회 평일에 입학 전미리 선택한 정신과 병원이나 아동상담소 등 학교 외부의 실습처를 꾸준히 다녀야 한다.

정신과 병원에서 실습하는 학생들이 처음으로 경험하는 것은 주로 예진과 배석이다. 예진이란 환자로부터 생애 이력을 비롯한 가족 구성, 주요 증상, 수면 상태, 과거 병력 등 차트의 기초가 되는 정보를 청취하는 일이고, 배석이란 의사의 진찰을 참관하

---

* 국내 정신건강 관련 전문가 자격은 크게 ① 정신건강의학과 전문의 ② 임상심리사 ③ 상담심리사로 나눌 수 있다. 먼저 ① 정신건강의학과 전문의는 주로 생물학적인 치료를 한다. 관련 직업 중 유일하게 약물 처방 권한이 있다. ② 임상심리사는 병원에서 일정 기간 수련을 쌓은 뒤 자격증을 취득한다. 환자의 진단과 치료 모두 임상심리사의 영역이다. 임상심리사는 다시 주관 기관에 따라 임상심리전문가(한국심리학회 산하 임상심리학회), 정신보건임상심리사(보건복지부), 임상심리사(한국산업인력공단)의 세 종류로 나뉜다. ③ 상담심리사는 위의 두 직종과 다르게 비정신과적인 내담자를 대상으로 한다. 석사 학위 이상이 요구되며 일정한 수련 기간을 거쳐야 한다는 점은 임상심리사와 비슷하지만, 수련 기관이 일반 상담 기관이라는 점이 다르다. 주로 성격평가, 교육평가, 적성평가 등을 담당한다.

는 일을 가리킨다.

대인지원직을 희망했더라도 막상 정신과 환자를 처음 접하는 학생이 많아, 실습은 매번 긴장의 연속이다. 어떤 남학생은 정신과 응급을 운영하는 종합병원에서 실습했는데, 환자가 괴성을 지르거나 소란을 피울 때마다 긴장으로 온몸이 경직되었고 경찰이 수갑을 채워 데려온 환자를 앞에 두고 있을 때는 공포심을 느꼈다고 말했다.

"어제 공연음란죄로 체포됐는데, 정신병원에 가보는 게 좋을 것 같다고 해서 왔습니다." 상담한 환자에게서 느닷없이 이런 말을 듣고서 개별실에서의 예진이 무서워졌다는 여학생도 있었다.

간토關東의 모 시립병원에서 대학원생 몇 명이 반투명 거울 너머로 의사의 진료를 참관했을 때의 일이다. 한 여학생이 어머니와 아들의 상담에 배석했다. 아이의 어머니는 몇 군데 병원을 전전했지만 좀처럼 정확한 진단을 받을 수 없어서 힘든 상황이었고, 의사는 그 문제에 관하여 상담하고 있었다. 그사이 아이는 의자에 가만히 앉지 못한 채 불안정한 모습을 보였다. 여학생은 아이가 ADHD라 짐작했으나, 자세히 관찰해보니 아이는 반투명 거울의 특정한 방향에 꽂혀서 어찌할 바를 모르고 있었다. 진료를 마친 후 의사는 여학생에게 모자가 거울의 존재를 미리 알고 있었음을 알려주었다. "처음부터 병이라고 지레짐작하지 않는 편이 좋다." 섣부른 추측 없이 클라이언트를 대하는 일이 얼마나 중요한지 배웠다는 이야기였다.

의료 기관에서의 실습과 실무 경험을 중시하는 것은 의사 등 다른 의료진과의 협진을 배우고, 의료 행위의 대상이 되는 질환과 그렇지 않은 것을 파악해두기 위해서기도 하다. 병원이든 시내의 카운슬링 룸이든, 카운슬러는 일단 개업하면 자신을 찾아오는 클라이언트를 선택할 수 없다.

일반적으로 질환은 치료 대상이 되는 것이고, 장애는 증상이 고정되어 있어 치료할 수 없다지만, 그게 절대적인 진리는 아니다. 질환과 장애 사이에는 명확한 경계가 있지 않고 장애에서 비롯된 증상 중에는 호전되는 것도 있다. 질환은 의사가 다루고 장애는 카운슬러가 다룬다는 말도 있지만, 장애와 질환은 단순하게 나눌 수 있는 게 아니기에 현장에서도 혼란이 발생한다.

등교거부, 은둔형 외톨이 문제는 학교와 가정에 원인이 있을 때가 많아서 카운슬러가 다룰 수 있다. 그러나 꼭 그렇지만도 않다. 조현병과 우울증이 관련된 사례도 존재한다.

클라이언트가 "의욕이 없어요"라고 증상을 호소한 경우, 뇌의 외상과 그 후유증일 가능성이 있는가 하면 조현병과 우울증의 가능성 역시 존재한다. 불균형한 식생활이 원인일 수도 있고 직장이나 학교에서 대인관계가 원만하지 않은 영향일 수도 있다. 수술과 약물로 개선할 수 있는 사람에게 카운슬링만 계속 받게 하다가 증상이 악화된 경우, 그 책임이 카운슬러에게 있음은 말할 필요도 없다.

다시 말해 자기 앞에 있는 사람이 안고 있는 병리를 파악한 후 의사가 진단해야 하는지, 의사와 연계하여 카운슬링을 진행하는 편이 나은지, 아니면 의료와는 상관없이 카운슬러가 상담의 대상으로 삼을지를 조기에 판단하는 것은 클라이언트에게나 카운슬러에게나 중요한 출발점이 된다. 이것이 카운슬러가 클라이언트에 대하여 최초로 실시해야 하는 '진단' 또는 '평가'라 불리는 업무다.

진단 또는 평가는 심리검사 결과를 참고하여 이루어지고 카운슬러는 면담을 통하여 환자 또는 클라이언트의 특징, 기질, 문제점의 소재를 평가하여 의사 등 다른 의료진에게 심리학적인 정보를 제공하기도 한다. 의사 중에는 임상심리사를 검사만 담당하는 사람으로 생각하는 이들도 있어서 외래환자의 로르샤흐검사 등 심리검사만 의뢰하는 병원도 있다. 의료 기관에 따라 다양한 사정이 있겠으나, 환자의 진단은 임상심리사 자격을 가진 사람에게 요구되는 전문적인 업무 가운데 가장 중요하다고 할수 있다.

최근 임상심리사의 업무 중 특정한 개인보다 내담자가 놓인환경 개선을 목표로 하는 지역사회지원 업무의 수요가 늘고 있다. 그 일환으로 학교에서 일하는 임상심리사는 교직원 상담을 통하여 학생들을 간접적으로 지원하고, 기업의 임상심리사는 상사에게 내담자를 대하는 방법을 조언한다. 일반 의료 기관에서는 의사와 간호사에게 신체질환으로 입원한 환자들의 정신적인 면을 어떻게 배려해야 하는지에 대하여 교육한다. 의료, 복지 등 다양한 직종으로 구성된 팀으로 환자를 지원하는 '팀 의료'의 중요성도 높아지고 있어 임상심리사의 활약 범위는 나날이 확대되어갈 것으로 보인다.

요사이 개인 상담보다 지역사회지원 업무의 비중이 급증하는 분야가 스쿨 카운슬러다.

스쿨 카운슬러란 집단따돌림이나 등교거부 등의 다양한 과제에 대응하기 위하여 유치원부터 고등학교까지 학교에 배치된 심리상담직으로, 아이들을 상담하는 일뿐만 아니라 교직원에 대한 조언과 보호자들과의 조정 등 해당 기관을 지원하는 일까지 담당하는, 고도의 기술을 요구하는 전문직이다. 재해나 사건이 발생할 때 미디어가 앞다투어 스쿨 카운슬러에 대하여 다루기도 하지만, 평소에 이들은 전면에 나서지 않는 무대 뒤 스태프다.

문부과학성은 1995년 아이치현 니시오시의 중학생이 집단따돌림에 괴로워하다 자살한 사건을 계기로 스쿨 카운슬러 활용조사연구 위탁사업을 시작했다. 기존의 학교 심리상담은 현역 또는 퇴직한 교직원이 연수를 받은 다음 투입되는 것이 일반적이었다. 그러나 최근 학교 현장에서는 집단따돌림과 등교거부뿐 아니라 발달장애아 지원, 교직원 심리 지원 등 발생 과제가 다양화·전문화되는 흐름 속에서 제삼자 입장에 서서 문제 해결을 담당하는 전문직의 필요성이 높아지고 있다.

초등학교에서 비상근직 교원으로 일하던 한 여학생은 스쿨 카운슬러 채용과정에서 임상심리사 자격을 중요하게 보기 때문에 이 대학원을 선택했다고 말했다.

"처음에는 사이버 대학에서 교원 자격을 따는 것도 생각해봤는데 학교가 너무 절망적인 상황인 만큼 제가 교육자로서 아이들을 만나기는 어렵겠다고 느꼈어요. 절망적이라는 건 아이들이 아니라 교사들을 뜻하는 거예요. 교사들이 아이들에게 심한 말을 하고 따돌리기도 해요. 그러니 학교에 가고 싶어하는 아이들이 있을 리가요. 업무량도 많아지고 보호자와의 관계 때문에 스트레스를 받고 정신적으로 힘들어하다가 휴직하는 교사들도 있고요. 학교 문제는 매스컴에 자주 보도되는데, 우리 학교에서도 비슷한 일이 있었어요. 어느 학교든 모두 엇비슷하지 않을까 해요."

문부과학성의 조사에 따르면 2008년 우울증 등의 정신질환으로 휴직한 교원이 사상 최초로 연간 5000명을 넘었다. 중학교에서 10년 이상 근무 중인 현역 스쿨 카운슬러에 따르면, 현장에서 고립되기 쉬운 교장부터 몬스터 페어런츠* 문제로 피폐해진

---

* 자기 자녀만의 이득을 위하여 학교에 비상식적인 요구를 하는 부모들을 일컫는 말. 일본에서는 수년 전부터 사회 문제로 대두되었다.

젊은 교사를 아우르는 교원 지원도 스쿨 카운슬러의 중요한 업무라고 한다. 보호자에게 고소당하는 극단적인 사례도 늘어나, 현장별로 차이는 있지만 스쿨 카운슬러가 위기관리직으로서의 능력이 필요한 직무로 바뀌고 있는 셈이다. 학교와 교원들의 스트레스가 높아진다는 얘기는 곧 스쿨 카운슬러에게 고단한 업무가 기다린다는 뜻이기도 하다.

기업에서도 심리직에 대한 수요가 확대되고 있어, 대학원 또는 민간 카운슬러 과정에 다니는 현역 직장인이 늘고 있다.

내가 수강한 클래스에는 광고회사에 근무하는 샐러리맨도 있었다. 그는 향후 기업에서도 심리학, 정신의학 분야의 전문 지식을 가진 인재가 필요해질 것이라는 생각에 임상심리사 자격 취득을 목표로 공부하고 있었다.

그는 입사 11년 차가 되던 해 영업부에서 연구직으로 이동했을 당시, 사내에 정신적으로 힘든 사람이 많다는 사실을 알게 되었다. 동기와 부하 중에는 몇 년 동안이나 휴직 중인 이들도 있었다. 그 회사는 진단서만 있으면 재직 상태로 휴직이 가능한 곳이었으나, 3년 이내에 복귀 여부를 선택하도록 취업 규정이 개정되면서 이로써 막다른 골목에 몰리는 직원들이 나타나지 않을까 하는 우려가 생겼다.

이런 상황이 벌어진 데는 2000년대 초반부터 시작된 직장환경의 큰 변화라는 배경이 자리한다.

"그전까지 영업직이라고 하면 말보다 몸으로 부딪히는 암묵지暗默知의 세계였습니다. 화술 같은 것도 선배들이 데리고 다니면서 현장에서 배우는 식의, 온 더 잡On The Job 트레이닝이었어요. 그런데 2000년대 들어 인터넷이 빠르게 보급된 다음부터 업무 내용도 커뮤니케이션 방식도 완전히 바뀌었습니다. 광고주에게 광고 PR과 상품 개발뿐 아니라 경영 관련 부분에서도 다양한 솔루션이 요구되면서 예전 같은 도제식 교육, 현장주의는 통하지 않는 시대가 된 거죠.

그렇다면 어떻게 일해야 할까, 어떤 감각으로 업무를 추진해야 할까. 그런 생각을 하면서 현장에서 일하는 사람들을 위한 툴을 만들어보려고 사내 인원을 취재하고 그 내용을 언어화하는 작업을 진행했어요. 그때 사내에서 마음의 병을 앓고 있는 사람이 많다는 사실을 알게 되었습니다. 회사로서는 지원할 방법이 복리후생밖에 없었지만 다른 방법으로도 그들을 도울 수 있는 툴을 만들겠다고 결심했죠."

광고업계의 특수한 사정도 있었다.

광고회사는 소비자 모니터링과 더불어 다양한 고객 대상 설문조사를 실시한다. 브랜드 리서치 등을 통하여 소비자의 심층 심리를 조사하는데, 이때 자칫하면 개인의 기호 및 가치관과 관련된 콤플렉스를 자극하여 그들에게 좋지 않은 영향을 미칠 우려가 있다. 그렇다면 조사 기법 개발에 종사하는 사람이 심리학 지식 없이 그런 작업을 진행한다면 위험하지 않을까. 그런 의문도 있었다.

광고주의 의뢰로 기업의 비전을 만드는 워크숍을 주최하며 느낀 점도 있다.

"워크숍을 진행하는 중에 사원들이 극적으로 변화하는 순간을 함께할 기회가 종종 있습니다. 이 회사에서 왜 일하는가. 나는 왜 사는가. 그런 질문을 던지면서 답을 유도하는 기법인데요. 수료 후에 어떤 분이 사실은 회사를 그만두려고 했는데 워크숍을 하는 이틀 동안 한 번 더 노력해보기로 결심했어요, 라고 웃으며 감사 인사를 전해주신 적이 있습니다.

감동적인 순간이긴 했습니다. 하지만 제가 더듬거리며 읽은 심리학 참고서에 나온 집단정신치료법과 비슷하게, 주최 측이 한 사람의 깊은 감정을 자극하기 위한 수단으로 심리학 지식을 활용할 때 충분한 지식과 경험, 주의력이 없는 상태라면 그게 발단이 돼서 정신질환이 발병할 가능성도 있어요. 도움이 필요한 사람을 돕기 위한 일이라고 생각했던 게 악영향을 끼칠 위험성도 있고요. 다행히 제 상사도 몇 년 후에는 심리학 지식이 회사의 지식재산이 될 거라고 말씀하세요. 우리 회사는 MBA(경영학석사)가 있는 사람도 꽤 있는데, 심리학 대학원에 진학한 사람은 없어서, 제가 뭔가 해볼 수 있는 일이 있지 않을까 합니다."

대학원에서 그는 특색 있는 존재로, 학내에는 이러한 사회인 학생을 탐탁지 않아 하는 교수들도 있다. 입학 면접시험에서 어느 교수가 "재미로 지원한 거 아닌가? 우리가 마주할 이들은 벼랑 끝에 있는 사람들이야. 우린 그런 사람들과 함께할 동료를 원해"라는 압박 질문을 던진 적도 있다.

대학원에는 대체로 교육, 복지 등 심리학의 인접 영역에서 온 학생이 많은 편이지만 신기하게도 내가 다닌 2008년 무렵에는 사업가, 예술가 등 심리학과는 그다지 접점이 없을 법한 타 분야 사회인 학생이 몇 명 있었다.

내가 정신의학 수업을 듣기 위하여 이용한 '과목 등 이수 제도'는 일을 하면서 심리학, 정신의학을 공부하고자 하는 사람이 서류 및 면접 심사에 합격했을 때 수강할 수 있으며 학점 취득 또한 가능한 제도다. 같은 수업에 '과목 등 이수생'이 나 말고 또 한 사람 있었는데, 초·중학생 대상 보습학원에서 수학을 가르치며 번역 일을 하는 삼십대 남성이었다. 학원이 아니라 카운슬링을 받는 게 낫지 않나 싶은 아이들이 늘어나서 심리학 지식을 얻고자 왔다고 했다. 사회인 학생들은 저마다의 현장에서 위기감을 느끼고 나름의 결심을 한 끝에 대학원에 다니고 있었다.

"올해부터 확실히 신입생들이 바뀌었어요. 모든 학생이 다 카운슬러가 될 필요는 없지요. 각자의 자리로 돌아가서도 카운슬링을 활용할 수 있다면 좋겠습니다."

연구과장은 심리직이 아닌 분야를 목표로 하는 학생들도 이해한다고 말했다.

학내 사례연구회에 참가해보면 실습에서 어느 대학원생이 어떤 클라이언트를 상담했는지 알 수 있다. 손을 수도 없이 씻어야 하는 강박관념에 괴로워하는 중학생, 어머니가 가출하여 등교를 거부하게 된 중학생, 자살 사고로 고통받는 고등학생, 과식증에 걸린 대학생, 남편의 폭력 때문에 우울감이 있는 주부 등 클라이언트는 다양했다.

발표자는 클라이언트의 복장부터 화장, 말투의 특징, 주고받은 대화까지 상세하게 재현한 다음 지도 교관과 다른 학생들의 조언 및 느낌을 듣는다. 혼자서는 보이지 않았던 점이 제삼자의 지적으로 밝혀진다. 카운슬링은 클라이언트와 카운슬러 두 사람의 관계에서 이루어지므로 사례연구회나 케이스 검토회라 불리는 제삼자와의 의견 교환 과정이 중요하게 인식된다.

클라이언트 중에는 카운슬러에게 의존한 나머지 휴대전화 번호를 가르쳐달라고 매달리거나 상담 시간 외에 개인적으로 만나자고 요구하는 사람도 있다. 카운슬러가 클라이언트를 동정하다가 휘말리기도 한다. 카운슬러가 되고자 하는 학생의 대다수는 고통받는 이들에게 힘이 되어주고 싶다는 의지가 처음부터 남달리 강하기 때문에 잘못하면 함께 무너질 위험도 있다. 그렇게 되지 않으려면 자신이 해야 할 일을 자각하고 스스로 단련해야 한다.

따라서 사례연구회와 워크숍 외에도 학생 또는 경험이 적은 임상심리사에게는 슈퍼바이저라 불리는 지도자의 전담 하에 현재의 진행 방법이 문제가 없는지 상담받으며 저마다의 사례를 담당하도록 하는 제도가 마련되어 있다. 기무라 하루코가 카운슬러로 활동하기 시작한 당시에는 일반적이지 않았던 시스템이다.

인력이 부족하여 학내의 지도 교관이 불가피하게 슈퍼바이저를 겸하는 대학도 다수 있지만, 학교의 성적평가와는 거리를 두어야 하는 데다가 프라이버시를 지키기 위해서도 학교 바깥의 임상심리사에게 슈퍼비전을 의뢰하는 것이 장려되고 있다. 선배나 동료의 조언을 듣고 싶을 때, 또는 혼자서는 감당하기 벅찬 사례라고 판단했을 때, 워크숍과 슈퍼바이저의 지도를 통하여 궤도를 수정한다.

참고로 슈퍼비전은 교육의 일환으로, 무료로 실시하기도 하지만 대부분은 1시간당 1만 엔 정도의 지도료를 내야 한다. 자기 수련을 위한 것이라고는 해도 평범한 대학원생에게는 막중한 부담일 수 있다. 그 때문에 '임상심리 자격 취득 예정'이라는 이름으로 의료 기관 등에서 일하며 자격 취득을 목표로 하는 이가 많다.

사례연구회에 참가한 학생의 발표 중에 카운슬러인 자신이 상담 중에 어떤 이미지를 갖고 있었는지를 연구한 내용이 있었다. 처음에 나는 카운슬러의 마음의 움직임, 품고 있던 이미지를 연구 주제로 삼을 수 있다는 게 이해되지 않아 당혹감을 느꼈다. 그 후 교수들과의 토론을 참관하며 이 연구의 목적이 대학원생의 실패 경험, 즉 상담이 중단된 사례를 돌아보는 데 있음을 조금씩 알게 되었다.

이 학생은 다 큰 고등학생 클라이언트를 대하면서도, 자신이 어머니가 된 듯 미리 그의 감정을 상상하여 원하는 말을 해주고는 반응을 끌어내려 했다. 초반에는 그런 방식으로 친밀한 관계가 형성된 듯 보였으나 회기를 거듭할수록 클라이언트가 자신에게 마음의 짐을 떠넘기며 의지하게 되었고, 심리적 거리를 조절하지 못하면서 상담 시간이 중압감으로 다가왔다. 결국 갑작스러운 취소가 이어지다가 상담은 중단되고 말았다.

대학원생은 무엇이 문제였는지를 파악하기 위하여 클라이언트로부터 어떤 자극을 받았을 때 자신이 어떤 이미지를 품게 되었는지 돌아보고 자신의 이미지를 의식하면서, 스스로 어디까지 통제할 수 있으며 얼마만큼 균형을 유지할 수 있는지 검증하고자 했다.

사람이 사람과 관계를 맺게 되면 어떤 형태로든 감정이 발생하는 것은 당연하고, 그 감정이 카운슬링의 방향성에 미치는 영향은 이루 말할 수 없다. 최초로 이 감정의 존재를 언급한 사람은 정신분석의 창시자 지그문트 프로이트로, 그는 클라이언트가 의사 또는 카운슬러, 즉 테라피스트에게 품게 되는 감정을 '전이', 반대로 테라피스트가 클라이언트에게 품게 되는 감정을 '역전이'라고 불렀다.

클라이언트가 테라피스트를 어머니처럼 느끼는 것, 테라피스트 스스로 클라이언트를 아이처럼 생각하는 것이 전이·역전이의 전형적인 예다. 이러한 감정이 싹트면 자기 외의 클라이언트와 허물없이 지내는 테라피스트를 본 클라이언트가 질투하거나, 테라피스트가 자신의 아이가 해내지 못한 일을 클라이언트에게 강요하며 자기만족을 채울 가능성도 있다.

상대에 대한 감정이 일어나는 일을 막을 방법은 없지만 테라피스트가 스스로 전이·역전이가 일어난다는 사실을 자각할 수 있다면 클라이언트와 대화를 나누는 가운데 지금 여기서 발생한 감정 때문에 자신이 그렇게 행동한 것인지, 아니면 자기 자신의 콤플렉스 때문에 그렇게 행동한 것인지 구분할 수 있다. 이는 결국 자신의 클라이언트를 중요하게 여기는 일, 나아가서는 테라피스트가 자기 자신을 지키는 일로도 연결된다.

프로이트 이후로 이러한 전이·역전이를 다룬 정신과 의사와 임상심리사의 수많은 연구논문이 존재한다. 이는 사람과 사람이 닫힌 공간에 마주 앉아 상담하는 시공간이 그만큼 어렵다는 뜻이고, 임상에 종사하는 이에게는 피할 수 없는 중요한 주제이기 때문이리라.

카운슬러가 되려면 자기 자신을 아는 게 중요하다는 전제를 앞서 언급한 바 있다. 나는 이 사례연구회에서 그 훈련의 한 자락을 엿본 느낌이었다. 아무리 노력해도 자각하지 못하는 자신의 문제가 적지 않으므로 테라피스트는 클라이언트와 직접적으로 관련이 없는 제삼자의 시점에서 자신을 메타적으로 바라보아야 한다.

슈퍼바이저가 중요한 또 한 가지 이유는 슈퍼바이저와의 시간을 통하여 사람의 이야기를 듣는 게 무엇인지, 내 이야기를 다른 사람이 들어준다는 게 어떤 느낌인지 실감할 수 있다는 것이다. 가와이 하야오는 임상심리사 대상 강연에서 다음과 같이 말하고 있다.

> 요즈음 대학원생은 다들 슈퍼바이저가 있지요. 어떤 대학원생은 한 내담자의 이야기를 듣고 나서 "혼자 이런저런 생각을 하다가 어떻게 해야 할지 몰라서 슈퍼바이저에게 찾아가면 슈퍼바이저는 그 이야기를 경청해준다. 슈퍼바이저가 내 이야기를 온전히 수용해주는 것만으로 다음 클라이언트를 바로 볼 수 있는 상태가 된다. 역시 내 이야기를 들어주는 슈퍼바이저의 자세에서 절대적인 도움을 받는다"라고 말했습니다. 말 그대로예요. "누군가가 내 이야기를 제대로 들어주는 경험은 대단하다"는 것이지요.

내가 교토대학에 있던 시절에 이런 일이 있었습니다. 테라피스트는 대학원생인 젊은 독신 여성이었지요. 상담을 받으러 온 사람은 환갑이 넘은 회사 사장이었고요. 대학원생이 "클라이언트의 인생 경험이 훨씬 더 풍부한데 제가 어떻게 해야 할까요"라고 묻기에 "가르칠 건 하나도 없다, 그 사람의 이야기를 진지하게 들어주면 된다"고 답해주었습니다. 대학원생은 상담에서 그 얘기를 진지하게 들은 후 클라이언트와 이런저런 얘기를 했고, 그 사장이 "당신처럼 젊은 사람은 회사 경영을 잘 모를 거요, 회사를 운영한다는 게 얼마나 어려운 일인지"라고 말하길래 그것도 다 들어줬다고 합니다. 이분이 그다음 주에도 또 찾아옵니다. 그런데, 누구나 다 그렇지만, 인간이 말을 하다 보면 이야기가 점점 모순되고 앞서 했던 얘기랑 완전히 다른 얘기가 나오기 마련입니다. 처음에는 "회사는 소수정예여야 한다"고 말했다가 나중에는 "회사는 일 못하는 사람도 귀하게 여겨야 한다"로 말이 바뀌고, 그래서 대학원생이 "지난번에는 소수정예가 좋다고 말씀하셨는데요"라고 말하면 "으음" 하고 생각에 잠기는 식으로요.

그렇게 말하면서 클라이언트는 자기 생각의 모순된 점을 재고하기 시작합니다. "지난번에는 이렇게 말했는데 사실은 이런 뜻이었습니다" "자기 기분에 도취된 사람은 지나친 말을 하게 되는데, 그게 사실은 이런 거였습니다"라며 말을 바꾸는 걸 또 듣습니다. 그사이 예순 넘은 그 클라이언트가 대학원생을 ○○ 선생님이라고 부르기 시작합니다. 선생님이 훨씬 손아래지요. 선생님은 아무것도 가르치지 않고, 그저 듣고만 있었어요. 그런데 "그저 듣고만 있는 사람"을 자신의 선생님이라고 클라이언트가 의식한다는 것, 이런 일은 그 사람의 인생에서 처음일 겁니다. 이토록 진지하게 들어주고, 진지하게 듣고 있으니까 의문이 생기면 바로 물어보고, 그게 또 답으로 돌아옵니다. 바로 물어본다는 건 자기 얘기를 살아 있는 사람의 얘기로 진지하게 들어준다는 증거이고, 그분은 그걸 통해서 자신의 삶을 여러모로 돌아보고 생각하게 되지요.

우리 임상심리사가 사회의 요청에 부응해서 하는 일의 근본에는 이런 게 있다고 봅니다. "정면에서, 제대로, 도망치지 않고 이야기를 듣는" 일, 사회에서는 이런 경험을 할 수 없게 되어가고 있습니다. 가정에서도 할 수 없고, 회사에서도 할 수 없고, 친구들 사이에서도 할 수가 없어요. 이게 바로 우리가 제대로 해나가야 할 일입니다.

― 기조연설「임상심리사에 대한 사회적 요청을 중심으로」

(2007)

상대의 이야기에 줄곧 귀를 기울이고 진지하게 듣는 것. 이렇게 쓰면 아무것도 아닌 평범한 일처럼 느껴질 수 있다. 그러나 이게 얼마나 어려운 일인지는 우리의 일상적인 대화를 떠올려보면 알 수 있다. 듣기만 하겠다고 작정해놓고도 내심 다른 생각을 하고 있거나 나도 모르게 끼어들고 싶어질 때가 있다. 50분 동안 아무 말도 하지 않고 다른 사람의 말을 듣기만 한다는 것은 고도의 능력과 훈련이 필요한 일이다.

"업이 깊다고밖에 할 수 없겠네요."

임상심리사의 길을 선택한 이유를 묻자 가와이 도시오河合俊雄는 그렇게 말했다.

융학파 분석가인 가와이 도시오는 현대인에게 특징적인 발달장애와 해리 증상 등의 심리치료법을 연구하는 한편, 재단법인 가와이 하야오 재단의 대표이사로서 부친 가와이 하야오의 업적을 후세에 전하는 사업에 매진하고 있다. 가와이는 심리임상학자이자 교토대학 마음의 미래 연구센터こころの未来研究センター 교수로서 후진 양성에도 힘을 쏟고 있는데, 카운슬러라는 일을 떠올리면 아무래도 애잔한 모양이다.

"보통 사람이라면 선택하지 않겠죠, 이런 일은."

"보통 사람은 선택하지 않습니까?"

"머리가 좋은 사람들이 해보면 애가 닳을 겁니다. 결과가 전혀 안 나오니까요. 다만 이 일이 재밌는 건 아무리 뛰어난 테라피스트라도 잘 풀리지 않는 경우가 있다는 것. 반대로 아무리 별로고 실수만 하더라도 클라이언트가 노력해서 좋아지는 경우도 있다는 것. 이게 정말 신기한 일입니다. 이런 얘기는 평소엔 잘 안 하지만, 이 일을 하는 사람이라면 웬만큼 힘들어본 사람이 많아요."

"힘들어본 사람?"

"네. 자기가 그랬던 사람도 있고, 주변 사람들이 그랬던 사람도 있고. 그렇다고 해서 괴로웠던 사람이 클라이언트를 잘 이해한다거나 실력이 좋다는 보장은 없습니다. 그 사람의 상처가 선입견으로 작용하면서 방해되는 경우가 있어요. 그럼 쑥쑥 성장하는 사람이 좋은가. 이 사람은 또 상대방의 상처를 헤아리지 못합니다. 교육 분석을 받아야 하는 건 그 때문이고요."

"상처라는 건 태어나 자라온 환경 속에서 받은, 말하자면 트라우마 같은 외상 경험을 말하는 겁니까?"

"상처라고 해도 문자 그대로의 상처만은 아닙니다. 과거에 유카와 히데키湯川秀樹* 선생이 간행하던 잡지에서, 유카와 선생과 우메하라 다케시梅原猛 선생이 우리 아버님과 좌담회를 한 적이 있어요. 거기서 우메하라 선생이 말씀하셨는데, 자신은 옛날에

---

* 일본의 이론물리학자로 1949년 노벨물리학상을 받았다.

양자로 간 집에서 고생을 많이 해 고민이 깊었고 그래서 철학자가 되었다고 합니다. 유카와 선생도 어릴 적부터 고독했고 삶에 대해 많이 고민했다고 말씀하셨죠. 유카와 선생은 정말로 유복한 가정에서 자란 분인데, 상처를 받는다는 건 그런 것과는 상관없는 일이구나, 그 기사를 읽고 알았습니다. 우메하라, 유카와 선생처럼 인생에 대한 깊은 고뇌를 경험한 적이 없으면 근본적으로 테라피스트가 되기는 어렵지 않을까요. 이렇게 건강한 사람이 왜 테라피스트를 하고 있을까 하는 사람들은 실제로 꽤 많이 그만둡니다. 절대적으로 어울리지 않는 사람도 분명히 있습니다. 뛰어난 사람이 3분의 1, 보통인 사람이 3분의 1, 어울리지 않는 사람이 3분의 1."

여기서도 '심리 삼분류설'이 있는 모양이다.

"그렇다면 자신이 이 일에 어울리지 않는다고 생각하는 사람들이 그만두는 건가요?"

"어울리지 않더라도 계속하는 사람들은 있습니다. 교토대학에도 많아요. 자존심이 있으니까 어울리지 않는다는 걸, 소질이 없다는 걸 알아도 쉽게 그만두지 못하는 거죠."

"소질이 있는지 없는지 스스로 알 수 있습니까?"

"어려운 문제네요. 본인도 주변도 알긴 하지만 그걸 따지고 들면 테라피스트의 개성, 인간성이 사라져버리는 경우가 있기 때문에……. 그래서 지도할 때 가능한 한 개성을 살려야 합니다.

클라이언트와의 조합도 상당히 큰 요소라서 자기가 어떤 사람들과 어울리는지, 어떤 사람들을 대할 때 힘든지 자각하고 있어야 해요."

카운슬러와 클라이언트의 궁합이 얼마나 중요한지는 실제 카운슬링을 받아보면 알 수 있다.

나는 이 취재를 시작하고 난 뒤 시험 삼아 카운슬링을 받으러 갔다. 한 군데는 민간 카운슬러 협회에 등록된 카운슬러의 상담실로, 기업의 교육연수 사업과 전화 카운슬링 사업을 병행하는 회사가 운영하는 곳이었다. 그곳의 카운슬러는 삼십대 초반의 여성이었는데, 임상심리사 자격증은 없었지만 국립대학에서 심리학을 전공한 뒤 이미 많은 카운슬링을 경험했고 라디오와 인터넷에서도 심리상담을 했다.

두 번째로 찾아간 곳은 아들을 병으로 잃고 카운슬러가 되었다는 오십대 여성의 상담실이었다. 그분도 임상심리사는 아니었지만, 복수의 민간 자격을 취득하고 전국 각지의 워크숍에 적극적으로 참여하는 등 수련을 거듭하여 주로 은둔형 외톨이 자녀를 둔 어머니들을 상담하고 있었다. 임상심리사가 아닌 카운슬러가 하는 일이 궁금해서 두 사람 모두에게 필명으로 찾아갔는데, 예상외로 속이 후련해졌고 모래놀이치료 자체도 즐거웠다.

그러나 걱정되는 점이 두 가지 있었다. 하나는 시간이었다. 50분 예정의 상담에서 충분히 납득하지 못한 듯 불만 섞인 표정을 짓고 있었기 때문일까. 80분으로 연장하셔도 됩니다, 금액은 8000엔인데요, 라고 카운슬러가 제안했다. 막상 연장해놓고서는 인터뷰어의 타고난 버릇이 나오는 바람에 내 쪽에서 질문을 여러 개 던지다보니 카운슬러의 이야기를 듣느라 시간이 흘러가버렸다. 매번 정해진 장소에서 정해진 시간 상담하는 것이 카운슬링의 중요한 규칙이지만, 시간이 연장된 탓에 나와 카운슬러 사이의 거리가 지나치게 가까워져버린 것이다.

또 한 가지 신경이 쓰인 점은 카운슬러가 자기 이야기를 하는 방식이었다. 나는 이미 20년 가까이 본가의 부모를 원거리로 돌봐오고 있었는데, 그게 얼마나 힘든지 털어놓자마자 "돌봄노동은 힘들죠"라고 하더니 자신의 돌봄노동 경험을 줄줄 늘어놓기 시작했다. 내 질문이 계기였다고는 해도 묻지도 않은 카운슬러의 이야기는 계속됐고 언제부턴가 나는 듣는 역할을 하고 있었다. 이렇다면 대체 누가 카운슬러인지 모르겠다, 돈을 내면서까지 당신이 살아온 이야기를 듣고 싶지는 않다는 마음이 들어서 중간에 집에 가고 싶어졌다.

그에 비하면 어느 베테랑 임상심리사에게 받은 모래놀이치료[그림6]를 하면서는 고향 이야기도 돌봄노동의 피로에 대해서도 말하지 않았다. 대화는 어디까지나 모래놀이 세계에 국한되어

"컵 안의 무사武士가 질식할 것 같아요"라든가, "유니콘은 희망의 상징인데 모래 때문에 발이 걸려 넘어질 것 같네요" "아직 물을 원하는 단계는 아닌가봐요"처럼 은유를 사용하여 추상적인 느낌만을 이야기했다.

카운슬러는 단지 옆에서 지켜보기만 했을 뿐 해석도 예언도 하지 않았다. 내가 질문을 해도 필요한 대답만 최소한으로 돌아왔다. 이전의 두 사람에 비하면 친해지기 쉽다는 느낌도 없었고, 시간 연장을 제안하는 분위기도 아니었다. 그저 내 모래상자를 잘 살펴보고 내가 하는 말을 잘 들어주며 그 안에 전개된 세계를 이해하려고 노력해주었다. 신기하게도 나는 내 모래상자가 어떻게 바뀔지 궁금하여 2주 후 다시 그곳을 찾았다.

임상심리사라고 자기 이야기를 하지 않는 것도 아니고, 해서는 안 되는 것도 아니지만 카운슬러의 자기 개방은 클라이언트에게 유효하다고 판단했을 때로 한정되어 있고, 자기 개방 훈련은 워크숍 등에서 구체적인 사례를 기초로 자주 실행된다. 일상적이고 가벼운 대화와는 달리, 카운슬링은 클라이언트의 증상 개선이 목표이므로 당연한 일이다. 내가 만난 카운슬러들이 우연히 그랬는지 모르겠지만, 그렇다 해도 앞서 언급한 두 사람은 자신이 클라이언트에게 어떤 모습으로 비치는지에 대한 상상력이 조금 부족한 듯했다.

대학원에 입학하고 가장 짧게는 3년, 학부부터 세면 7년, 자격을 취득한 후에도 갱신 절차를 밟아야 하는 임상심리사와 단기간의 수업을 듣고 실습 경험이 부족해도 개업할 수 있는 자격증을 비교하면 교육과 훈련의 차이가 드러나는 일은 불가피하겠으나, 그보다 근본적으로 카운슬러로서의 자각과 자기 규율에서 차이가 나타나지 않을까 싶었다.

임상심리사 공인자격 제도가 발표된 것은 1988년으로, 의지와 학력이 있더라도 모든 사람이 이 까다로운 요건을 충족시키는 교육을 받을 수 있는 건 아니다. 세상에는 임상심리사 자격증을 갖고 있지 않더라도, 일찍부터 의료, 교육, 복지 등 다양한 현장에서 경험을 쌓아 훌륭한 심리 지원 사업을 펼치고 있는 이가다수 존재한다. 간호사와 학교 교사, 지역 주간돌봄센터 등의 돌봄 시설, 헬로워크* 직원, NPO 단체 직원 등이 바로 그들이다.

한편 정신과 의원을 찾았다가 자신보다 훨씬 더 어린, 대학원을 갓 졸업한 젊은 임상심리사가 배정되면 이렇게 어린 친구가내 고통을 얼마나 이해할 수 있을까 하고 괜히 염려한 적 있는클라이언트도 적지 않으리라. 자격보다 사람, 사람보다 경력, 경력보다 경험이라는 것은 카운슬링이 안고 있는 본질적인 과제이기도 할 터다.

대학원과는 별도로 내가 3년 과정을 수료한, 임상 부문도 함

* 일본의 지역고용상담센터.

께 운영하는 '심리직 종사자 민간 수련 기관'은, 강사가 현역 정신과 의사와 임상심리사이기 때문에 자격 갱신에 필요한 학점을 받을 수 있어 현역 임상심리사가 수강하는 일이 많았다. 그러나 일부 수강생은 학교 교사, 복지 기관 직원, 심리 부문과는 관계없는 의사와 간호사, 기업 총무부 직원 등이었다. 그들의 나이는 삼십대 후반부터 육십대로 모두 사회의 각 현장에서 일하고 있었다. 심리적 지원은 카운슬링이라는 팻말을 내걸 수 없는 곳에서도 긴급한 과제로 인지되고 있기 때문일 것이다. 이 수련기관은 클라이언트가 당면한 문제의 해결에 도움 주는 일을 가장 중요시하여, 특정 학파를 고집하지 않고 실천을 중시하는 수련 시스템이 정비되어 있다. 매주 두 시간 반 동안 열리는 강의는 언제나 만석이었고, 발표자 개개인이 각자의 현장에서 안고 있는 구체적인 사례를 가지고 와 심도 있는 의견 교환과 사례 축적이 가능했다. 자격보다 사람이라는 것을 실감한 곳도 바로 여기였다.

이러한 사례연구회에 참여하고 가장 놀란 점은 발표자가 참가자 전원에게 배포하는 상담 요약 자료였다. 첫 상담부터 종료까지, 현재 진행 중이라면 최근의 상담까지, 회기별로 카운슬러와 클라이언트 사이에 오간 대화를 축어록 형태로 거의 다 기록하고 있었다. 심리치료의 세계에서는 매우 당연한 작업이라고 한다. 닫힌 공간에서의 대화라고 오해하던 카운슬링 중의 대화는 결코 두 사람만의 세계에 갇혀 있는 것이 아니라 비밀 유지

의무가 있는 카운슬러 사이에서 공유되며 연구 재료로 쓰이고 있었다.

물론 모든 사례는 아니고, 발표하려면 미리 클라이언트의 승낙을 받아야 한다. 또한 이름과 소속 등의 정보는 익명으로 기재되어 제삼자가 클라이언트 개인을 특정할 수 없게 되어 있다. 하지만 익명이라 하더라도 현실에서 주고받은 대화가 적혀 있기에 클라이언트가 어떤 식으로 고민과 괴로움을 털어놓았는지, 카운슬러는 그것에 어떻게 대응했는지 생생하게 알 수 있다.

축어록 중에는 제삼자에 대한 격렬한 증오와 성적 갈등을 털어놓는 사람이 있다. 인생의 절망을 말하는 사람도 있다. 흥분해서 감정을 쏟아내다가 때로 카운슬러에게 폭력을 휘두르려 하거나 끌어안으려드는 사람도 있다. 그런가 하면 방에 들어와 의자에 앉아 계속 침묵한 채 어떤 질문을 해도 아무 대답을 하지 않는 사람도 있다.

그에 대하여 카운슬러가 적절히 반응하며 경청하는지, 질문을 던지는지, 함께 웃는지, 아무 말도 하지 않고 침묵하는지, 축어록을 읽으면 두 사람이 어떤 말을 주고받았고 나아가 두 사람 사이에 어떤 감정이 흐르고 있었는지 등 그곳의 분위기를 상상할 수 있다.

무엇보다 이럴 때 어떻게 해야 하는지, 어떤 건 하지 않는 편이 좋은지, 이 카운슬링의 목표가 무엇인지, 갈 곳을 잃어 도망치고 있지는 않은지 하는 점이야말로 카운슬러들이 제 일처럼 상상하며 배워두어야 할 것이었다.

그러나 축어록이 반드시 현실의 카운슬링을 반영하고 있다고는 할 수 없다. 녹음하지 않았다면 아무래도 카운슬러의 기억에 의존하게 되기 때문이다. 기억이 다르거나 빠뜨린 것이 있으면 사후에 형편에 맞게 편집되기도 한다.

등교거부 등 아동 임상 분야에 오랫동안 몸담아온 신경과 의사이자 교토대학 명예교수인 야마나카 야스히로山中康弘는 말한다.

"카운슬링에서 오가는 말의 내용은 사실 치료 또는 치유와는 별로 관계가 없습니다. 그보다는, 무관계한 말과 말 사이의 '틈'이라든가 침묵에 답하는 방식이라든가 억양, 속도가 중요해요. 그래서 나는 기록할 때 그 부분을 생략하지 않습니다. 하지만 사례연구회에서 발표되는 축어록에는 대체로 그런 부분이 거의 빠져 있지요. 카운슬러 자신이 곤란할 것 같은 부분도 지워져 있습니다. 지우고 싶다, 강조하고 싶다고 생각하는 것 자체가 이미 이상한 겁니다만.

정말로 힘이 있는 임상심리학자는 그 지점을 꿰뚫어봅니다. 이 클라이언트의 말이 이다음에 이렇게 이어질 리가 없는데 여기에 뭔가 빠지지 않았는가 하고 발표자에게 묻습니다. 그러면 죄송합니다, 그 부분은 생략했습니다, 라고 인정하는 경우가 있어요. 그때 당신의 기록에는 어떻게 쓰여 있느냐고 물으면 이렇게 되어 있어요, 라고 답합니다. 거기서 나는 아, 그 부분도 빠져 있군요, 거기가 중요한데 하고 말하지요.

왜 이런 일이 일어나는가 하면, 클라이언트가 같은 말을 반복하다보면 이런 말 한 번쯤 안 써도 되겠지 하고 똑같은 말을 적지 않을 때가 있기 때문입니다. 하지만 클라이언트가 같은 말을 반복하는 데는 의미가 있습니다. 강조하고 싶다거나 몇 번이고 반복해야만 전달될 거라고 강박적으로 생각하는 때도 있고요. 발표자가 중요한 부분을 쓰지 않은 이유는 이 얘기가 나오면 다음 얘기는 이렇게 되겠지 하고—자기에게는 보이기 때문이겠지만, 사실은 그 이야기를 지도 교수에게 말하고 싶지 않아서 본인 입맛에 맞게 삭제해버리기 때문입니다. 이걸 무시하면 사례연구회의 의미가 없어요."

사례연구회에 제출하는 상담 요약 자료는 클라이언트의 증례이면서 카운슬러를 비추는 거울이기도 하다. 카운슬러는 동료들과의 연구회 자리에서 평소에 짊어지고 있던 짐을 내려놓는 동시에 자신을 드러냄으로써, 제삼자의 눈을 통한 엄격한 자기 객관화라는 과제를 수행해야 한다.

사례연구회에 참여하는 한, 제삼자라고 해서 외부자로만 있을 수는 없다. 의견을 내놓으면서 자신도 역시 주변의 눈에 노출된다. 사례연구회에 처음 참여했을 때는 아무도 발언하지 않으려고 하는 조용한 분위기가 이상했는데, 의견을 말하는 사람도 타인의 시선을 받는다는 긴장감 때문임을 이내 알게 되었다.

이렇듯 실패 사례를 비롯하여 자기만의 사례를 축적해나가는 것, 그 끊임없는 노력이 카운슬러에게는 필요하고 그 노력이 카운슬링을 다채롭게 만든다.

동일본대지진 심리지원센터의 센터장으로서 피해 지역 마음돌봄 활동의 사령탑을 맡은 일본임상심리사회 회장, 무라세 가요코村瀬嘉代子를 취재한 적이 있다. 고통의 심연에 빠진 이들을 대하는 임상심리사의 태도가 세간의 화제에 올랐을 때였다. 마음돌봄이라고 하면, 강자인 카운슬러가 약자인 클라이언트에게 다가가 지켜본다는 이미지가 있다. 그러나 실제로는 카운슬러가 클라이언트의 눈빛에 노출되는 것이다. 무라세는 정신적으로 힘든 시기에 있는 사람들이 건강한 사람보다 훨씬 더 예민하고 날카로운 눈빛을 가지고 있다고 말한다.

"상담에서는 생각 없이 내뱉는 숨소리나 행동거지, 억양에서 임상심리사가 24시간 어떻게 살고 있는지 드러납니다. 건강하고 자족하는 사람은 의외로 그런 요소에 민감하지 않지만, 극한의 고통으로 날카로워진 사람은 만사에 진위를 따지거나, 그는 어떤 사람일까 하는 생각에 민감하잖아요. 아무 말도 하지 않았는데도 내가 이 사람은 어떤 사람일까, 적절한 말을 못 찾아서 갈팡질팡하느라 아무 말도 안 하는구나, 라고 생각한다는 걸 상대도 압니다. 정신적으로 극한에 달한 사람은 이런 식별 능력이 무척 발달해 있는 것 같아요."

이 사람은 나를 어디까지 이해하려는 걸까, 말없이 있어도 나를 정말 생각해주고 있을까. 정신적으로 수세에 몰린 상태에서는 수용의 폭이 좁고 날카로워지기에 카운슬러에 대한 민감도도 올라갈 수밖에 없다. 나는 무라세의 이야기를 듣고 그런 상황에 놓인 클라이언트를 대해야 하는 카운슬러라는 직업의 엄중함을 경험한 듯했다.

무라세가 슈퍼바이저로 있는 사례연구회에 참석한 적이 있다. 발표자는 지역 복지센터 상담사였고, 클라이언트는 우울 증상으로 고통받는 사십대 여성이었다. 발표자는 철저히 클라이언트의 이야기를 듣는 역할에 충실했다. 클라이언트는 말할 상대가 생겨 한숨 돌렸다면서 웃어 보였지만, 가사와 육아의 어려움이 반복되고 사고의 악순환이 이어지자, 상담을 거듭해도 상태는 좀처럼 호전되지 않았다. 내가 듣기에도 사담을 나누는 시간만 흐를 뿐 발전 없는 단조로운 상담에 지치지 않을까 했던 터라, 이 발표자는 과연 무엇을 목표로 클라이언트를 만나고 있는 걸까 의문이 들었다.

이때 무라세는 하소연을 들어주는 게 아니라, 클라이언트의 말을 실마리 삼아서 현재 그의 입장과 바라는 바를 이해하고 현실생활에서 무엇을 시도할 수 있는지, 가능성을 찾으라고 조언했다. 예를 들어 "자신을 탓하고 있지만 의외로 잘하고 계시잖아요"와 같은 긍정적인 말을 전달하여 클라이언트의 자존감을 높여주라는 것이다. 그는 사람의 마음에 꼬리표를 붙이지 않고, 말로 할 수 없는 마음을 건져올려 상대의 심층에 다가가는 방식을 말하고 있었다. 무라세가 쓰는 언어는 이해하기 쉽고 친절했지만, 발표자에게 그 말은 엄청난 궤도 수정을 요구하는 엄격한 조언이었다. 발표자는 이를 많은 동료가 참석한 자리에서 지적당했다. 그러니 자신의 사례를 다른 사람 앞에서 발표하는 것은 얼마나 두렵고 용기가 필요한 일인가.

"한 사람의 카운슬러가 제 몫을 다하게 되려면 25년은 걸린다고 하지요."

수련 기관에서 강의 중인 베테랑 임상심리사의 말을 듣고서, 대학원에서 만난 사람들이 앞으로 맞닥뜨릴 수많은 어려움을 떠올리지 않을 수 없었다.

제3장

'나'의 모래상자

———

나는, 한 차례 스스로 목숨을 끊으려고 했지만 모래놀이치료로 다시 태어날 수 있었던 여성을 만났다.

"이젠 눈이 먼저 천국에 가 있다고 생각해요."

긴테쓰 요카이치 역 근처의 레스토랑에서 이토 에쓰코伊藤悅子는 말했다. 깊이 있고 따뜻한 목소리의 주인공은 단단히 뭉쳐 있던 나의 긴장을 풀어주었다.

이토는 내가 이 취재를 시작한 계기인 기무라 하루코의 논문, 「중도 실명 여성의 모래상자 제작」의 클라이언트이자 모래상자를 꾸민 주인공이다. 논문에는 이토가 기무라에게 직접 모래놀이치료를 받고 싶다고 요청했다고 적혀 있다. 나는 왜 이토가 시각 우위의 특성이 있는 모래놀이치료라는 기법에 관심을 갖게 되었는지, 또 모래놀이치료로 무엇이 바뀌었는지를 듣고 싶었다. 기무라와 상담하는 동안, 시력 상실을 겪은 이토의 인생에 어떤 변화가 있었는지도 알고 싶었다.

본래 카운슬링은 비밀 유지 의무가 있으므로, 카운슬러가 자신의 클라이언트를 제삼자에게 소개하는 일은 있을 수 없다. 다른 카운슬러나 의사에게 소개하는 경우는 있어도 어디까지나 치료 목적이다. 기무라가 이토의 사례를 논문으로 다룬 것은 당사자의 동의를 받았기 때문이다. 그 덕에 증례가 공개되어 있긴 하지만, 이 책 1장에서 다룬 '소년 Y'처럼 익명의 'I씨'로 표기하여 그가 어디에 사는 누구인지 특정할 수 없도록 프라이버시를 보호하고 있다. 언론 계통의 사람에게 소개하는 일도 통상적으로는 있을 수 없다.

그러나 기무라는 이토가 그 후 조소彫塑 분야에 발을 들여놓으며 지방 신문에 소개되기도 했다는 점을 보아 취재를 견딜 수 있으리라고 판단했을 것이다. 물론 내가 신뢰해도 좋은 취재인인지 검증한 다음 이토에게 연계해준 듯하다. 음성 변환이 가능한 휴대전화 메일 주소로 취재 요지를 보내자, 이토는 자신의 경험이 모르는 누군가에게 참고가 된다면, 하고서 흔쾌히 취재에 응해주었다. 이토의 나이는 57세. 기무라의 '클라이언트'였던 때로부터 어느새 17년의 세월이 지나 있었다.

이토가 시력에 이상을 감지한 것은 결혼하던 무렵이었다. 대학을 졸업한 후 잠시 고등학교 영어 교사로 근무하다가 32세에 중매 결혼을 하고 퇴직했다. 같은 해, 시력에 이상을 느끼고 안과를 찾아갔을 때 망막색소변성증이라는 진단을 받았고 얼마 지나지 않아 병을 이유로 이혼을 당했다. 실명은 이혼 요건 중 하나인, '혼인을 계속할 수 없는 중대한 사유'로 간주되었다. 의사는 당장 실명하는 것도 아니고 사람에 따라서는 시력을 계속 유지할 수 있다고 설명했다. 그러나 자신의 미래에 실명이 기다리고 있을지도 모른다는 불안이 이토를 절망의 늪으로 빠뜨렸다.

어제까지 똑바로 보이던 선이 오늘은 휘어져 보였다. 시야가 좁아지자 아주 작은 높낮이 차이에도 넘어졌다. 간판에 부딪혔다. 세상에서 버림받은 듯한, 나 말고 다른 사람은 모두 적인 듯한 거스러미 같은 생각에 지배당했다. 타인의 행복을 질투하고 불행을 기뻐했다. 그렇게 추한 자신에 대한 죄책감으로 괴로워했다. 세상에 대하여, 타인에 대하여, 자신 이외의 모든 일에 대하여 무관심해졌고 오로지 자살만 생각했다. 자신에게 결박당한 채 겨우내 기침으로 지겹게 고생하는 어머니에게는 신경 쓸 여력이 없었다. 그러니 어머니가 폐암을 앓고 있을 줄은 꿈에도 몰랐다.

이토는 36세에 양쪽 눈을 실명하기까지의 마음을 미하엘 엔데의 소설『끝없는 이야기』1부의 모험에서 그리는 풍경에 빗대어 표현하고 있다.

인간의 마음 중심에 있는 상상의 세계, 또는 환상의 세계인 '판타젠'이라는 나라를, 무시무시한 '허무'가 나타나 조금씩 무너뜨린다. '허무'의 공격을 받은 자리에는 텅 빈 구멍이 뚫리고 아무것도 존재하지 않게 된다. 내 마음속 세계도 능력을 잃어갈 때마다 구멍이 뻥 뚫려, 잿빛의 '허무'에 지배 당한다.

주변은 바싹 메말라 있고, 말라비틀어진 가시풀이 공처럼 둥근 영혼이 되어 바람이 부는 대로 굴러간다. 가시풀 공은 얼어붙은 대지를 긁으며 구른다. 공의 가시는 내 마음에 상처를 내고, 상처에서 새로 돋아난 가시는 내 주변 사람들의 마음에도 상처를 입힌다.

―『생명의 나무いのちの木』(1993)

이대로 실명을 기다릴 바에야 죽는 게 나아. 아니, 나는 죽을 수 없어. 치열한 투병 끝에 어머니가 돌아가신 뒤로 이토는 두 가지 생각 사이에서 분열되었다. 자살이라는 편안한 길을 택하기엔 병마와 싸우던 어머니를 뵐 면목이 없었다. 어머니의 죽음 이후 아버지도 낙담한 나머지 쇠약해져 있는 상황이었다. 자신마저 자살한다면 아버지도 분명히 돌아가시고 말리라 생각했다.

"포기했다. 포기하지 못하고 포기했다."

아버지가 입버릇처럼 되풀이하는 말을 들으며, 이토는 자기 자신을 수도 없이 타일렀다. 수치스러운 마음을 드러내고서라도 살아야 한다. 이런 자신에게도 영어와 수학을 배우러 오는 중학생들이 있다는 게 삶의 유일한 낙이었다.

양쪽 눈을 실명한 것은 1988년 1월 3일 저녁이었다. 궁금한 단어를 찾아보려고 평소처럼 돋보기를 들고 100와트 전구 불빛 아래에서 사전을 펼쳤다. 그런데 아무것도 보이지 않았다. 어제까지는 보였는데 오늘은 보이지 않았다.

기어코 왔구나……. 이토는 생각했다. 신경이 마비되었는지 눈물은 한 방울도 나오지 않았다. 중학생들에게는 학원 문을 닫는다고 공지했다.

커피를 내리는 것도, 콘센트를 플러그에 꽂는 것도, 그 무엇을 해도 실패했다. 한심함과 후회 때문에 자기 연민의 눈물을 흘렸다.

바깥에 출입할 수 있게 된 것은 실명한 지 8개월이 지났을 때다. 나고야의 가톨릭계 의료 기관, 세례聖靈 병원에서 흰지팡이를 사용하는 보행 훈련을 시작했다. 같은 시기에 나고야 쓰루마이 중앙도서관에서 점자 학습도 시작했다. 이 두 곳은 이후 이토의 인생에 큰 영향을 미치게 될 두 가지를 만나는 장소가 되었다. 하나는 가톨릭, 또 하나는 심리학이다.

"가톨릭을 만난 건 세례 병원에서 흰지팡이 보행 훈련을 받을 때였어요. 누군가가 옆에서 성경 말씀을 속삭여줬어요. 눈이 보이지 않는 건 누구의 잘못도 아니며 신의 영광을 나타내는 것이다, 라고요. 그 한 구절이 저를 끌어올렸어요. 태어나면서부터 눈이 보이지 않는 사람에 대해서 예수님이 제자들에게 말씀하시는 「요한복음」 제9장이었죠.

훈련을 마치고 요카이치의 성당에 나가봤습니다. 미사를 마치고 나가려는데 신부님이 현관에 나오셔서 한 사람 한 사람 배웅해주시더군요. 제가 신발을 신고 현관을 나서려고 할 때였어요. 그때 신부님이 조심히 가세요, 하고 말을 거셨어요. 보통은 괜찮으세요, 라고 묻거든요. '괜찮다'의 주어는 당신, '유YOU'잖아요. 에스컬레이터나 계단에서도 괜찮으세요? Are you OK? 하죠. 주어가 '유you'인 말에 일일이 상처받아왔기 때문에 조심히 가세요, Please take care, 그러니까 '유'가 붙지 않은 말을 건네주셨다는 게 몹시 기뻤어요."

이토가 만난 사람은 우지宇治의 가르멜 수도원에서 초청된 오쿠무라 이치로奧村一郎 신부였다. 현관 앞에서 그가 건넨 말에 마음이 움직인 이토는 성당 사무를 담당하던 여성에게 문의하여 오쿠무라 신부가 주재하는 '성서 깊이 읽기 묵독회' 모임에 참여했다. 성경의 문장을 거울삼아 자기 자신을 돌아보는, 이후 15년에 걸친 묵상의 시작이었다.

심리학과의 만남은 도서관에서 점자를 배우고 있을 때 이뤄졌다. 점의 배열을 외우는 일은 어렵지 않았지만, 한 글자씩 구분한 다음 문자열 전체를 다시금 의미로 인식하는 작업은 쉽지 않았다. 의미가 뇌까지 전달되지 않아서 무슨 뜻인지 파악할 때까지 같은 부분을 반복해서 만지기도 했다. 500자를 읽는 데 2, 3분은 족히 걸렸다. 그러니 책을 끝까지 다 읽을 수도 없었다.

점자 지도사 구와타 요시미桑田良寛는 그런 이토를 보고 많이 읽으면 어느 순간부터 빨리 읽을 수 있게 된다고 격려하면서, 이토에게 점자책을 꾸준히 빌려주었다. 그중 한 권이 가와이 하야오의 『융 심리학 입문ユング心理學入門』(1967)이었다. "구와타 선생님은 훗날 나고야시 신체장애인 종합재활센터를 설립한 멤버 중한 분인데, 저를 꿰뚫고 계셨던 거죠. 저 스스로는 병을 앓고 있다는 인식이 없었지만, 제가 상당히 문제가 있는 심리 상태라는 걸 알고 계셨을 거예요.

가와이 선생님의 책은 아주 많이 점자화되어서 중도 실명자들에게 자주 읽혀요. 구와타 선생님께 부탁드렸더니 가와이 선생님의 점자책이 있는 전국의 도서관에 문의해서 책을 가져다주셨어요. 신기한 인연이지만, 이 일을 계기로 저는 카운슬러가 되겠다고 결심했고요."

평소처럼 도서관에 있을 때의 일이다. 문득 "가와이 하야오" "메리 고 라운드" "요카이치"라는 세 단어가 귀에 날아들었다. 소리가 나는 쪽으로 천천히 걸어가보니, 가와이 하야오가 요카이치에 와서 그림책 전문 서점인 '메리 고 라운드'가 주최하는 강연을 한다는 것 같았다. 이토는 망설임 없이 참여 신청을 했다.

그 강연회에서 가와이가 무슨 말을 했는지는 거의 기억나지 않는다. 다만 이렇게 알기 쉬운 일본어로 말하는 사람은 그리 많지 않겠다고 생각했다. 정말 따뜻하고 재미있는 할아버지구나, 하고 친근감이 느껴졌다.

이토는 가와이의 책을 시작으로 심리학을 본격적으로 공부해보고자 결심하고, 구와타와 상의하여 심리학과가 있는 몇 군데 대학을 알아보았다. 심리학은 실험이 필요한 학문인데 눈이 보이지 않으면 실험 수행에 지장이 있으니 입학을 받아줄 준비가 되어 있지 않다는 답신이 이어졌다. 유일하게 난잔南山단기대학의 '사회인 대상 인간관계 기초 강좌'의 야간반이 입학을 승인해주었다. 이토는 학교에 등록한 뒤 초등학교 입학을 앞둔 여자아이 같은 마음으로 등교 첫날을 기다렸다. 1990년 가을의 일이다.

그 후 이토가 기무라와 만나기까지의 1년은, 이토 자신이 놓인 상황을 객관적으로 재인식하고 치료가 필요한 심리 상태에 있음을 자각하기 위한 준비 기간이었다.

어느 강의 시간. 세 사람씩 한 조가 되어 흰 도화지에 자화상을 그렸다. 이토는 두 조원에게 무슨 색인지 물어가면서, 흰색 크레파스로 짚신벌레와 비슷한 형태를 단숨에 그려냈다. 그다음 빨강, 주황, 노랑, 연두, 초록, 파랑, 남색, 보라색의 여덟 가지 색으로 짧은 털을 몇 올씩 그려넣었다. 흰 종이에 흰 크레파스로 몸의 윤곽을 그린 것은 이토에게는 자신의 몸이 보이지 않기 때문이었다. 몸에서 여러 가닥으로 돋아난 여덟 가지 색의 짧은 털을 그림으로써, 자신이 다양한 감정을 발산하고 있음을 나타내고 싶었다.

그림을 다 그린 뒤, 조별로 서로의 그림을 보여주고 설명하며 감상을 나눴다. 이토는 두 사람의 이야기를 듣고 충격을 받았다. 두 사람의 그림은 인간의 형태였기 때문이다. 자화상이라고 했으니 당연한 일이었다. 그에 비해 자신은 짚신벌레다. 두 사람은 놀라고 당황했는지 아무 말도 하지 않았다. 강사에게서도 아무런 의견이 없었다. 이토는 그들의 배려에 감사하면서도, 한편 자신이 왜 이런 자화상을 그렸는가 고민하지 않을 수 없었다.

"실명한 뒤로부터 제 몸이 미간을 중심으로, 투명한 알의 껍데기 속에 있는 기분이 들었어요. 커다란 알 모양은 그때그때 바뀌었습니다. 건강할 때는 빵빵하게 탄력이 있는 것 같고, 피곤할 때는 조금 꺼진 느낌이 들기도 했어요. 사람과 사람은 일정한 거리를 두고 있잖아요. '퍼스널 에어리어personal area'라고 하나요, 그 경계를 넘어서 사람이 들어오면 자연스럽게 피하죠. 저 역시 갑자기 누가 몸에 닿으면 무섭습니다. 보이지 않는 거리가 있는 거예요."

흰지팡이를 짚고 걸을 때는 청각과 촉각과 후각에 의지한다.

가장 큰 역할을 하는 감각은 청각, 그다음이 촉각이다. 피부에 직접 닿으면서 느껴지는 손잡이, 바람, 공기의 움직임, 지면에 닿는 발바닥, 지팡이 끝부분에서 전달되는 바닥이나 마루의 감각에 의지한다. 귀는 더 민감해져서, 강풍이 창문을 거세게 때리는 소리나 근처의 건물을 철거하는 소리가 들릴 때는 눈이 보이던 시절에는 상상도 못 했던 공포를 느꼈다.

흰지팡이를 사용하기 시작했을 때는 여유도 없었고 긴장되기도 해서, 지팡이를 짚은 팔을 쭉 편 채 천천히 걸었다. 그러면 두 걸음 앞까지는 안전이 확보된다고 생각했기 때문이다. 그런데 이토가 걷고 있을 때 뒤쪽에서 걸어오다가 앞서나가려던 사람이 지팡이에 발이 걸려 넘어지는 일이 종종 있었다. "죄송합니다, 안 다치셨어요?" 이토가 작은 목소리로 사과하면 사람들은 대개 아무 말 없이 사라졌지만, "눈을 어디에 두고 다니는 거야?" "위험하잖아, 집에서 침이나 놓을 것이지" 하고 역정을 내는 사람도 있었다.

어느 날 아침, 결정적인 사건이 일어났다. 점자블록을 따라 요카이치 역의 광장을 천천히 걷고 있을 때였다. 이토 앞으로 누군가가 지나간다 싶더니 지팡이에 걸려 꽈당 넘어지고 말았다. "괜찮으세요? 안 다치셨어요?" 물어도 대답이 없었다. 얼마 후 역무원 두세 명이 달려왔다. 그러자 넘어진 노인 여성이 갑자기 아아, 아파, 아파, 하며 앓는 소리를 내기 시작했다. 역무원은 잠시 그 모습을 보고 있다가 이토에게는 괜찮으니 가세요, 라고 말했다. 어찌할 바를 몰랐던 이토는 죄송하다고 사과한 다음 그 자리를 떠났다.

그런데 며칠 후, 같은 시간에 같은 장소를 걷고 있을 때였다. 누군가가 알 수 없는 말을 하며 느닷없이 이토의 뺨을 퍽 하고 때렸다. 그때 그 노인이었다.

사건 이후로 이토는 외출이 더 두려워졌다. 그리고 마음속에 변화가 하나 일어났다. 두 명의 이토 에쓰코가 나타나 대화를 시작한 것이다.

'사람들 발소리를 제대로 듣지 않아서 그렇잖아. 그리고 지팡이를 그렇게 앞으로 내밀면 안 돼. 그러니까 다른 사람들 발에 걸리지. 크게 다치면 어떡하려고 그래.'

'그게 아니라, 너무너무 무서워서…… 팔을 뻗지 않으면 걸을 수가 없단 말이야…….'

그들은 현실 나이의 에쓰코와 실명 후 태어난 아이, '꼬마 에쓰코'였다.

이토는 다른 사람들이 아무렇지도 않게 던진 한마디에 상처받았다. 두 명의 자신이 내면에서 벌이는 갈등에 번민했다. 정신이 어떻게 되어버릴 것만 같았다. 누군가 자신의 지팡이에 걸려 넘어질 때면 "괜찮으세요? 다치진 않으셨어요?"라고 말하면서도, 왜인지 뺨에 힘이 풀려서 웃는 표정이 지어졌다. 다른 사람을 아프게 하면서 웃다니, 대체 무슨 짓인가. 어른인 '엄마 에쓰 코'와 '꼬마 에쓰코'의 말싸움은 더욱더 격렬해졌다. 둘의 가치관이 너무 달라서, 이토 자신이 둘로 분열되어버릴 듯했다. 이대로는 안 되겠다, 뭐라도 하지 않으면 나는 이상인격자가 되어버릴지 몰라…….

이토가 기무라와 만난 것은 그 사건이 있고 얼마 지나지 않아서였다. 난잔단기대학에 다니기 시작한 지 2년째 되던 봄, 이토는 40세가 되어 있었다. 그는 기무라가 모래놀이치료로 알려진 임상심리학자이며, 스위스에서 도라 칼프를 사사한 직속 제자라는 사실을 알고 있었다.

기무라의 융 심리학 강의를 수강한 지 3개월이 지났을 무렵, 이토는 용기를 쥐어짜서 기무라에게 모래놀이치료를 해달라고 부탁했다. 시각장애인인 자기를 받아들여보려고 해도 그럴 수가 없었다. 타인은 내가 생각하듯이 나를 바라봐주지 않았다. 분노와 갈등에 지배당한 채 옴짝달싹 못 하는 자신을 어떻게든 하고 싶었다.

"시각장애인이 어디까지 능력을 발휘할 수 있는지 검증하는, 일종의 실험 같은 것이라고 생각합니다."

기무라에게는 그렇게 호소했다.

기무라는 일주일간 생각할 시간을 달라고 답했다. 눈이 보이지 않는다는 사실이 모래상자를 꾸미거나 치료를 받는 데 어떤 영향을 미치는지 고심할 필요가 있었기 때문이다.

모래놀이치료는 선반에 진열된 피규어를 보고 자신이 놓고 싶은 것을 선택하는 행위에서부터 시작된다. 눈이 보이지 않는다면, 어떤 방법으로든 기무라가 장난감을 건네주게 될 것이었다. 즉 장난감과의 우연한 만남이 존재할 수 없다. 무엇보다 가장 큰 걱정은 이토가 자신이 꾸민 모래상자를 제 눈으로 볼 수 없다는 사실이었다. 이토가 꾸민 모래상자의 풍경이 말하는 메시지를 시각적으로 인지할 수 없다는 것이 이토 자신을 상처 주거나 슬프게 만들지는 않을까. 이토의 머릿속에 구축된 세계와, 기무라가 눈으로 보는 세계는 얼마만큼 일치하고, 또 얼마만큼 어긋날 것인가. 검토해야 할 문제가 많았다.

그렇기는 해도 모래놀이치료가 모래상자를 꾸미는 사람과 그것을 지켜보는 사람의 공동 작품이라는 사실에는 변함이 없다. 이토가 시각장애를 지니고 있으면서도 명확하게 의사를 표현하는 의욕적인 사람이라는 점이 기무라의 걱정을 덜어주었다. 여러 방면으로 고심한 끝에, 기무라는 이토에게 가장 좋을 것으로 생각되는 방법을 택했다. 치료를 받으러 다니는 게 부담되지 않도록 상담은 월 1회, 일반적인 경우보다 모래상자를 꾸미는 데 시간이 더 필요하므로 시간은 한 시간 반 정도 진행하기로 했다. 이토가 수입이 없으므로 무료로 진행하려 했지만, 본인 요청에 따라 피규어 비용 명목으로 약간의 상담료는 받기로 했다.

이렇게 하여 이토의 모래놀이치료가 시작되었다.

순서는 다음과 같았다. 먼저 이토가 놓고 싶은 피규어를 기무라에게 말한다. 기무라는 그 피규어 또는 최대한 제일 비슷한 피규어를 선반에서 찾아 이토에게 전달한다. 이때 피규어의 색상, 재질, 모양, 겉모습에서 오는 인상 등을 되도록 상세하게 설명한다. 이토는 건네받은 장난감을 충분히 만져보며 확인하고, 자신이 떠올린 이미지에 부합한다고 생각하면 손으로 느끼면서 모래위에 놓는다. 원칙적으로 기무라는 장난감을 모래상자 위에 놓는 것을 돕지 않는다. 이토는 모래상자를 꾸미면서 드는 느낌을, 기무라는 이토가 만들고자 하는 세계의 느낌을 가능한 한 그때그때 말하기로 했다.

그렇다면 실제 카운슬링에서는 어떤 말이 오갔는가. 무슨 일이 일어났는가. 두 사람은 무엇을 느꼈는가. 기무라의 논문 「중도 실명 여성의 모래상자 제작」과, 이토가 이 과정을 기억하기 위하여 매 회기 기록한 '모래놀이 일기'를 바탕으로 재구성해본다.

—

첫 회기는 1991년 7월 2일에 실시했다. 모래놀이 일기에 적힌 "상쾌하게 갠, 기분 좋은 바람이 부는 오후"라는 구절에서는 기무라와 함께 새로운 세계로 첫발을 내딛고자 하는 이토의 설렘이 엿보인다.

상담실로 들어갔을 때, 기무라는 이토에게 먼저 모래놀이치료에 대하여 어느 정도 알고 있는지 질문했다. 전혀 모른다는 대답이 돌아왔기에 기무라는 이토가 모래상자를 꾸미는 일에 대한 고민, 특히 자신이 만든 세계를 직접 볼 수 없는 데에서 슬픔을 느끼지 않을까 걱정하고 있다고 말했다.

"그런데도 수락해야겠다고 생각한 이유는 첫째, 모래놀이치료는 시각과 동시에 촉각적인 요소를 갖고 있기 때문입니다. 촉각은 당신의 분야지요. 모래는 모래상자의 중요한 요소입니다. 모래가 표현의 주역이 될 수도 있고 거기서 가능성을 발견할 수도 있어요. 수락한 또 한 가지 이유는 이것이 시각장애인이 어느 정도 가능성을 발휘할 수 있는지를 알아보기 위한 실험이라던 당신의 말 때문입니다. 모래상자라는 소재가 그 시도 중 하나가 된다면 좋겠어요."

기무라의 말에 이토는 기쁘게 고개를 끄덕였다.

기무라의 안내에 따라, 이토는 모래상자에 손을 뻗었다. 상자의 크기, 깊이, 높이를 확인했다.

"아, 꽤 크네요."

상자 바닥은 물과 강, 호수, 바다, 하늘 등을 나타내기 위하여 파랑으로 칠해져 있다는 설명도 들었다.

"깊은 파란색인가요?"

"살짝 진한 하늘색이요. 오늘 하늘이 이런 색이에요."

"푸른 가을 하늘……."

기무라는 이토를 선반으로 데리고 가서 그곳에 피규어가 진열되어 있다고 설명했다. 아이부터 어른까지, 연령과 직업이 다양한 인형들이 있고 동물, 나무, 꽃, 집, 가구, 자동차, 선반, 돌, 유리구슬, 조개껍데기가 있다고도 말했다. 이토는 기무라에게 건네받은 피규어를 하나하나 주의 깊게 만져보며 색과 모양을 확인했다. 실명해도 꿈에서는 그나마 색이 보인다. 그러다가도 시간이 지나면 이미지가 점점 무채색에 가까워지기 때문에, 이토는 자신이 그렇게 되지 않도록 항상 색을 의식하고 있다고 말했다.

"이렇게 많으니 만져보다가 끝나겠네요."

이토는 그렇게 말하고서 모래상자 앞으로 다가갔다. 양손을 앞으로 천천히 내밀어 모래를 만졌다. 살짝 축축하기도 했고, 서늘하고 부드러운 느낌도 들었다. 양손을 파묻자 손의 온기가 빠져나가서 마음까지 모래 속으로 쓱 빨려들어가는 기분이 들었다.

"먼저 강을 파볼게요. 중간에서 두 줄기로 갈라져요."

이토는 모래를 사람 인人 자로 삼분할했다. 가운데 앞쪽에 삼각주가 있다. 오른편 위가 상류고, 왼편의 위쪽 구석에는 높은 산을 만든 다음 큰 나무를 여러 그루 놓았다. 나무에 열매나 꽃은 달리지 않았다. 가운데 오른편에 작은 일본식 집이 세 채. 산기슭에 해당되는, 사람 인 자의 왼쪽 획 부분에는 크고 작은 돌을 대여섯 개 놓았다. 이토는 오른쪽 획에 해당되는 육지에 잔디를 깐 뒤, "여기에 젖소가 있으면 좋겠어요"라고 말했다. 공교롭게도 젖소 장난감이 없었다. 그 대신 작은 양 세 마리를 놓았다. 양을 풀자, 이번에는 동물을 더 놓고 싶어졌다. 산기슭에 고양이가 한 마리, 집 근처에 개가 한 마리, 집 오른쪽 위에 닭이 네 마리, 그 위에는 삼나무 숲이 있다고 상상했다. 사람은, 없다. 그 순간 앞쪽 삼각주에 낚시꾼을 놓고 싶어졌지만 건네받은 피규어가 너무 컸기에 균형을 고려해서 단념했다.

"일본의 시골 같네요. 어머니의 고향일까요. 잔디를 깐 곳은 제 안의 유럽적인 장소인데 아직 작아요. 그곳과 일본식으로 된 곳은 연결되어 있지 않아요. 강에는 아무것도 없고요. 다리도 놓지 못했네요."

"세계를 나누는 강이군요."

"사람은 없어요. 돌이 있는 것도 의미가 있고요."

이토는 바로 앞의 삼각주를 양손으로 소중하게 가리키며 말했다.

"여기에 혹시 누군가 놓는다면, 낚시하는 사람일 텐데요……"

"그곳이 당신의 신체와 가장 가까운 곳이지요."

"그렇네요…… 저랑 가장 가까운 사람이 아버지예요. 아버지가 낚시를 좋아하셔서, 여기에 낚시하는 사람이 올 수도 있어요. 그래도 지금은 여기에 사람은 없어요."

이토는 모래 위에 놓은 것들은 무엇일까 생각했다. 잃어버리지 않고 남은 것일까, 그게 아니라면 한번 잃어버렸다가 회복한 것일까. 혹시 잃어버린 것이라면 회복하고 싶었다. 그러나 오른편 위 땅을 연결하는 다리는 없고, 사람도 없다. 강에 생명체를 놓을 생각도 하지 못했다. 이토는 이 모래상자를 '분열된 두 개의 세계'라고 이름 붙였다. 제목을 붙임으로써 모래상자 속 세계가 하나의 이야기로 태어나는 것 같았다.

이토는 말한다.

"그때는 몰랐지만, 나중에 음성화된 기무라 선생님의 책을 읽고 충격을 많이 받았어요. 모래상자의 왼쪽은 내면세계, 오른쪽은 외부세계, 바로 앞은 자신과 가까운 세계. 그렇게 해석하기도 한다고 쓰여 있더군요. 제 모래상자의 오른쪽에는 잔디와 양말고는 아무것도 없었어요. 잔디는 아마도 영문학을 공부할 때 본 영국 잔디겠죠. 그것 말고는 외부세계가 없었어요. 직업을 잃고 이혼을 하고 어머니를 보낸 저는 사회적으로는 죽어 있던 거예요. 다리도 놓지 않아서 연결될 수도 없었네요. 섬뜩하고 가슴이 찢어지는 듯해서 울었어요. 그날 모래놀이치료가 끝날 때 꼭 계속하고 싶다고 부탁드렸는데, 기무라 선생님은 그때랑 그다음번 모래상자를 보시고서 계속할 필요를 느끼신 것 같아요."

모래상자의 공간 배치에 대해서는 일반적으로 이토가 읽은 내용처럼 해석할 수 있지만, 해석 안에서도 좌우가 반전되거나 하는 예외가 얼마든지 가능하다. 그보다는 한 사람의 클라이언트 안에서 일어나는 변화, 피규어의 위치 이동을 계속해서 관찰하는 일이 중요하다고 기무라는 쓰고 있다. 당시의 이토는 아직 마음의 여유가 없어서 문장 일부분을 확대해석하고 자신은 이런 상태인 게 틀림없다고 믿어버린 것이었다.

"모래상자에 다리를 놓지 않았다는 걸 떠올리면서 이건 대체 무슨 뜻일까 고민했어요. 타인이 무서워서 사람들과 어울릴 때마다 상처받았지만, 그때는 저 자신이 불안하다는 것도 알아차리지 못했던 거죠. 그 후로는 불안한 상태에 있을 땐 저 스스로가 불안하다는 걸 알 수 있게 되었고요."

두 번째 상담은 3주 후에 진행되었다. 이토는 자신이 꾼 꿈을 재현하고 싶었다. 기무라는 "물론 좋죠"라고 말하며 미소 지었다.

"신경 쓰이는 꿈. 뒷얘기가 있어요. 계속 이어지는 것 같아서."

이토는 그렇게 중얼거리며 모래 가운데 윗부분에 바위산, 왼쪽에 초록색 산, 오른쪽에 설산, 바로 앞에 호수를 만들었다.

"호반에 있는 산이에요. 호숫가에 세 여자가 있는데, 한 사람은 등산복 차림의 저예요. 저는 두 여자를 향해서, '이제부터 돌로 된 바위산을 올라간다'고 선언하고 있어요. 다음에 오를 곳은 설산, 마지막으로 오를 곳이 초록색 산이라고 마음속으로 생각하고 있어요. 두 여자는 누군지 모르겠네요. 저일지도 모르고요."

"전체적으로는, 왠지 모르게 아주 신비로운 느낌이에요."

"네. 신비로운 꿈이었어요."

"언제쯤, 어떤 상태에서 꾼 꿈일까요."

"제가 심리학을 만나고 나서, 늙어가는 것과 인생 중간에 장애를 갖게 된 것의 공통점을 생각하고서 어떻게 살아가야 할지 고심하던 시기였을 거예요. 그때 심리학과 철학, 기독교 공부를 시작했고요."

이토는 실명하리라는 사실을 알게 된 후로, 눈이 보이는 동안 되도록 많은 걸 봐두자고 다짐했다. 하지만 결국 아무것도 하지 못했다. 실명한 후에는 손에 잡히는 대로 책을 탐독하고 대학에 다니며 공부를 했다. 눈이 보이지 않는 대다수 사람은 맹학교를 졸업한 다음 침이나 뜸, 마사지 등의 자격증을 취득해서 그것으로 생활하지만, 자신은 그들과는 다른 길을 선택했다. 그런 각오에서 오는 고독이 가장 위험한 바위산을 오르는 꿈으로 나타난 게 아닐까. 이토는 그렇게 생각하고 있었다. 그런데 기무라의 생각은 조금 달랐다.

"바위산을 오르는 것도 힘들겠지만, 그러고 난 다음에는 목숨이 위험할 만큼 힘든 설산이 기다리고 있다는 거네요. 그게 뭔지, 심리학일지 아닐지, 그건 모르지만 앞으로 당신이 하고자 하

는 게 그런 일이라고 꿈이 가르쳐주고 있어요. 이 꿈속의 당신은
예언자 같은 느낌이 드네요."

　이토는 이 무렵 엘리자베스 퀴블러 로스의 『죽음과 죽어감』
을 읽고 시력을 잃는 과정과 죽음을 선고받은 사람이 죽음을 받
아들이는 과정이 닮았음을 느끼고 있었다. 이 책은 죽음을 앞둔
이들이 ① 부인과 고립 ② 분노 ③ 협상 ④ 우울 ⑤ 수용의 다섯
단계를 거친다는 '죽음에 이르는 다섯 단계' 개념으로 유명해졌
는데, 이 개념만이 전체 맥락과 관계없이 단독으로 주목받아서
수많은 오해와 비난을 샀다. 그러나 이토는 다른 부분에서 이 책
의 위대함을 발견했다. 정신과 의사인 퀴블러 로스가 죽음을 앞
둔 200명 이상의 환자와 마주 앉아 그들과 직접 자신의 병과 죽
음에 대한 나눈 대화에서였다.

　스스로 병을 어떻게 인식해야 하는가, 그 끝에 있는 죽음을
어떻게 느끼는가. 병과 죽음을 패배로 취급하는, 의료인들이 내
리기 쉬운 성급한 판단을 환자에게 일방적으로 전달하지 않고
환자가 자기 자신의 이야기를 통하여 저마다 특별한 삶의 서사
를 이어나가는 시간과 과정. 그 안에서 환자가 무엇을 얻었는
가에 의미가 있다고, 이토는 생각했다. 기무라에 따르면 3회기
부터 12회기까지의 치료는 "실명이라는 예상치 못한 불행에 지
지 않고, 한번 죽은 자신을 부활시켜 처음부터 다시 양육해나가

는"(「중도 실명 여성의 모래상자 제작」) 과정이었다. 이토는 자신이 삶의 이야기를 다시 쓰는 작업을 시작했음을 실감하고 있었다.

4회기 상담에서 이토는 깎아지른 듯 높이 솟은 벼랑 끝에 여자아이 피규어를 한 개 놓았다. 여자아이의 시선 아래 꽃이 흐드러지게 피어 있고, 열매가 거둬지고 있었다. 집과 집을 연결하는 길도 있었다. 초록이 울창하고 의식주가 충분한 세상은 이토가 꿈꾸는 것과 같았다. 그러나 소녀는 거기에 없었다. 벼랑 아래로 내려가고 싶지만 갈 수 없어서 거기 서 있었다. 양동이를 든 농사꾼 여인이 집 앞에 선 채 이쪽을 바라보는 중이었다.

"벼랑을 내려갈 용기가 없는 게 아니라, '눈이 보이지 않는 나'는 영원히 벼랑 위에 혼자 있어야 한다고 생각하고 있어요."

이토가 그렇게 말하자, 기무라는 "내려갈 수 있도록 길이 연결되어 있는데 말이에요"라고 대답했다.

땅과 땅 사이를 연결하는 도로가 닦여 있었다. 현수교도 놓여 있었다. 그것만으로도 커다란 발전이었다. 그런데도 막상 움직일 수가 없었다.

이 무렵의 이토는 정안인正眼人*과 함께 다니면서 때때로 소외감을 느끼는 자신을 전보다 더 강하게 의식하고 있었다. 자신과 그들을 비교하고서 아무런 부자유함 없이 생활하는 그들에게 강한 질투심을 느꼈다. 그런 자신을 알아차리면 불안해서 견딜 수 없었다. 이토가 '에덴 1'이라고 이름 붙인 모래상자는 기무라와의 만남으로 내디딜 수 있었던 길이 절대 평탄하지 않다는 사실을 자신에게 들이미는 것만 같았다.

9회기 상담에서는 첫 회기와 마찬가지로 사람 인 자 모양의 강을 만들었다. 다만 이번에는 초록색 나무뿐 아니라 꽃이 핀 나무, 빨간 열매가 달린 나무도 많이 심었다. 왼편 원경에는 높은 산, 왼편 아래 풀이 우거진 목장에는 젖소 모자가 누워 자고, 새끼 돼지 세 마리가 머리를 맞댄 채 바람결에 들은 말들을 주고받는다. 소와 돼지 사이에는 여자아이 한 명이 무릎을 세우고 앉아 있었다. 강변 가까이에서 남자아이가 달리고, 그 뒤에 또 한 명의 여자아이가 놓였다. 여자아이는 모두 나일 수도 있겠다. 이토는 그렇게 생각하며 피규어를 놓았다.

이번에는 첫 회기 때에는 장난감이 거의 놓이지 않았던 오른편에 조금 활기가 생겼다. 오른편 아래에는 큰 나무가 세 그루 놓였고, 또 다른 다리 근처 공간에는 좀 더 여유가 있었다. 그 앞에 사냥감을 노리는 듯 몸을 낮춘 표범이 놓였다. 상류 왼편과 오른편을 연결하는 다리 가까이에는 양동이를 든 농사꾼 여인이 다시 등장했다. 4회기와 비슷하다는 의미로, 이토는 이 모래상자

---

* 시각장애가 없어서 눈이 보이는, 즉 온전한 안력眼力을 가진 사람을 일컫는다.

의 이름을 '에덴 2'라고 붙였다.

"이걸로 세계가 전부 연결되었어요."

"이건 정말이지······."

"생명체가 많죠."

"그렇네요. 오른쪽 세계는 아직 조금 외로워 보이지만 여긴 미래를 나타내니까 너무 북적거리지 않는 편이 더 가능성이 크고 좋을 수도 있겠어요."

"오른쪽 아래는 조금 무서운 세계고······."

"그런 게 등장하는 건 자주 있는 일이지만, 오른쪽 아래와 왼쪽 아래가 강으로 나뉘어 있어서 직접 연결되어 있지는 않으니까 안전하네요. 그래도 세계가 전부 다리로 연결되어 있고요."

모래놀이치료를 시작한 지 거의 1년이 지나고 있었다.

치료가 일단락되고 있다고 기무라가 느낀 것은 12회기 상담 때였다. '생명의 나무'라는 제목의 모래상자에서, 빨간 옷을 입은 소녀가 오른편의 근대적인 공항에서 출발하여 다리를 건너고 가로수 길을 지나더니 '생명의 나무' 아래로 찾아와서 나무를 올려다보고 있었다.

아, 도착했구나. 하지만 이제 다시 시작되겠는걸.

기무라는 그렇게 느꼈다.

"왼쪽 앞 산 정상에 있는 큰 나무를 목표로 열심히 걸어와서

올려다보는 여자아이, 이토 씨의 모습 그대로인 것 같아요."

"그러게요. 그런데 이 여자아이, 세상에 섞이지 못할 때가 많네요……."

이토는 그렇게 답하면서, 여자아이가 그곳에 도착한 것을 기뻐해야 하나 말아야 하나 고민하고 있었다. 공항의 비행기는 이륙하고, 강에 띄운 요트는 출발한다. 양쪽 다 새로운 출발을 나타내고 있었지만 제대로 출발할 수 있을지 무척 불안했다. 하지만 모래상자를 다 꾸민 뒤에 한숨 돌린 것만큼은 확실하다.

이듬해, 현실의 이토는 1년 동안 난잔단기대학의 인간관계연구센터에서 수련생으로 공부하고자 결정했다. 불안도 있었지만 내가 가야 하는 길이 드디어 보이기 시작한 것일 수도 있다. 이토는 그렇게 생각했다.

두 사람은 그 후 약 2년 동안, 시간이 될 때 점검 차원에서 만나 세 번 더 모래상자를 꾸몄다. 모든 상자에 '생명의 나무'가 놓였다.

13회기 상담에서는 초록색 산 정상에 커다란 '생명의 나무'가 놓였다. 거기서부터 산을 우회하는 도로가 상자 중앙으로 뻗어나갔다. 빨강 스포츠카와 파랑 자동차, 검정 리무진이 각각 도시를 향하여 달리고 있었다. 호숫가에는 거북이가 묵직하게 앉아 있었다. 거북이는 미하엘 엔데의 소설 『모모』에서 회색 신사에게 빼앗긴 시간을 되찾고자 모험을 떠나는 모모 곁에 머무는 조력자로, 이토가 가장 좋아하는 캐릭터였다. 그는 거북이가 무엇을 하든 시간이 오래 걸리는 자신을 상징할지도 모른다고 느꼈다.

이날 처음으로 청바지를 입고 배낭을 멘 젊은 여성이 등장했다. 여성은 산을 향하여 홀로 걷고 있었다. 농가 앞에는 빨간 옷을 입은 소녀가 한 사람 놓였고, 그 곁에서 성모 마리아상이 지켜보고 있었다. 마리아상 옆에는 또 한 사람, 분홍 블라우스를 입은 소녀가 놓였고, 두 사람으로부터 사선 방향의 왼편에서는 상자마다 늘 등장하는 소년이 가운데를 향해서 달리고 있었다. 요트는 강을 거슬러 오르는 중이었다. 모든 에너지가 산을 향하고 있는 느낌이었다. 산도 처음에는 바위산, 설산, 초록색 산이었던 게 '생명의 나무'를 정상에 품은 초록색 산으로 변했다.

이토는 자신의 커다란 변화를 자각하고 있었다. 배낭을 멘 젊은 여성은 현재의 자기 모습이리라고 생각했다. 과거의 자신일지도 모르는 소녀 피규어는 그 후에 성인 여성으로 바뀌었다.

마지막 회기가 된 15번째 모래놀이치료에서는, 상자 왼편 뒤에 솟아 있는 산기슭에서 'ζ' 모양의 강이 흐르기 시작하고 배를 탄 소년이 등장한다. 강에는 다리가 놓이고, 가운데 안쪽에는 '생명의 나무'가 서 있다. 도로에는 자동차 몇 대가 오가며 내륙으로 들어간 강 입구에는 해산물 레스토랑이 있다. 야외에서는 비키니 차림의 여성이 일광욕을 하는 중이다. 오른편 아래에는 빌딩이 늘어서 있고 젊은 여성과 셔츠 차림의 남성도 있는데, 둘 다 앞쪽을 보고 있다. 여기에는 소녀도 거북이도 더는 없다. 하이킹 복장의 성인 여성 한 명이 새로운 산을 향하여 걷고 있다. 기무라의 논문에는 "I씨의 또 다른 출발이다"라고 적혀 있었다.

이 무렵 이토는 현실생활의 고민과 괴로움을 기무라에게 털어놓고 상담하지는 않았다. 문제 해결을 목표로 삼고 조급해한다면, 연 단위의 시간이 필요한 모래놀이치료에 조바심이 날 수밖에 없다. 그러나 이토처럼 한 차례 죽음을 생각했을 만큼 절망을 느끼고 인생의 크나큰 전환점에 선 사람이라면, 클라이언트는 오직 눈앞의 고민과 괴로움을 해소하는 것만을 바라지 않는다. 자신의 이야기를 들어주기만을 바라는 것도 아니다. 이토는 인생을 자신의 힘으로 처음부터 다시 그려나갈 필요가 있었다.

실명했을 때 이토가 속한 어둠의 세계에서는 아이가 태어났다. 꼬마 이토 에쓰코다. 보행 훈련 중에는 꼬마 에쓰코가 아직 아장아장 걷고 있었고, 점자를 읽고 쓰는 것이 가능해지자 드디어 초등학생이 되었다. 단기대학에서 공부하던 무렵 사춘기에 접어들어 모래상자를 알게 되었고, 5년이 지나 마침내 어른 에쓰코가 되었다. 이토는 기무라가 지켜보는 가운데 모래상자에 펼쳐놓은 이야기 위로 자기 삶을 투영했다. 이토에게 모래놀이 치료는 지팡이이자 이정표였으며 어두운 길을 밝혀주는 등불이었다.

"어떻게 해서든 꼬마 에쓰코를 키우고 싶었어요. 제대로 키우고 싶었어요."

이토가 돌아본다.

"그전까지의 나는 엄마처럼 자랐고 그렇게 살아왔어요. 하지만 이번에는 내가 나를 키우고 싶었어요. 모래놀이치료에는 진짜 내가 나와요. 미래도 있고, 현재도 과거도 있죠. 전부 나와요. 무섭죠. 내가 나를 예언하고 있으니까요. 모래놀이치료는 그때그때의 마음 상태를 사과 껍질을 동그랗게 깎듯이 보여주는 느낌이었어요. 모래상자를 꾸미면서 나 자신을 알아차리고 행동을 변화시키고 여러 고민을 하고, 다시 모래상자가 변화하고. 이걸 반복하면서 나를 탈피해갔던 것 같아요."

기무라와의 모래놀이치료는 15회기를 마지막으로 종결했다. 어느 쪽에서 먼저랄 것도 없었는데, 마지막이라는 감각이 있었다. 이토는 상담이 종료되기 직전 한 조각가를 알게 된 후로 점토의 세계에 매력을 느끼기 시작했다.

"점토를 다루기 시작한 나를 보고 기무라 선생님도 길을 발견했다고 생각하시지 않았을까요. 점토를 만지면 흙 속으로 마음이 쏙 들어가는 것 같고, 만들 작품의 모양이 보여요. 모래놀이치료를 할 때와 완전히 똑같죠. 혹시 모래놀이치료가 예술 훈련이 되었는지도 모르겠네요. 모래놀이치료는 저에게 무언가를 만드는 기쁨과 보는 즐거움을 주었던 것 같아요. 치료를 받지 않았다면 지금의 나는 없을 거예요.

나를 둘러싸고 있던 투명한 알껍데기는 언제부턴가 사라진 상태였어요. 언제부터였는지 정확하지 않지만, 지금은 거의 보이지 않는 게 확실해요. 실명하고 나서 줄곧 총이나 칼을 갖고 싶었는데, 이젠 그런 생각이 하나도 안 들어요."

—

이토는 가까이 사는 친척의 도움을 받으며 혼자 살기 시작했고, 자택에 있는 공방에서 조각 작업에 매진하고 있다. 이토의 작품은 부드럽고 경쾌한 소리가 난다. 소리가 나는 작품을 만들어야겠다고 마음먹은 것은 재활센터에 다닐 때 지하철 플랫폼에서 우연히 신기한 소리를 들으면서였다. 곧바로 소리의 원인이 역에서 깜빡 잊고 잠그지 않은 수도꼭지라는 사실을 알아차렸지만, 그 후에도 얼마간 그대로 귀를 기울이고 있었다. 플랫폼 전체에 소리가 울려 퍼지자 마치 스이킨쿠쓰水琴窟*안에 있는 듯 기분이 좋았다. 언젠가 그러한 소리가 나는 작품을 만들고 싶었다. 그렇게 소리 나는 작품에 도전하게 되었다.

이토는 1998년 '아트패럴림픽'에서 동상을 수상했다. 전시 요청도 조금씩 들어오기 시작했고 2007년 시즈오카현 하이바라군

가와네혼초川根本町에서 열린 '소리조각 콩쿠르'에서는 심사위원 특별상의 영광을 안았다. 작품명은 「묵默」. 양팔로 끌어안아야 할 만큼 커다란 구球 모양과 아이들 손으로도 가볍게 쥘 수 있는 돌 모양이 함께 있다. 양손으로 흔들어보면 도르르르, 부드러운 소리가 난다. 선반에 올려두면 일순 듬직한 존재감을 뿜어낸다.

최근작은 높이가 60센티미터 정도이며 연체동물처럼 부드러운, 「데굴데굴 유리구슬タマタマコロリン」이라는 조형물이다. 흑색 도기 안에서 유리구슬이 데굴데굴 굴러다닌다. 굴러갈 때마다 음색이 변화하기에 구슬이 지나는 길이 상당히 복잡할 것이라 상상했는데, 밖에서 보기에는 내부 구조를 전혀 알 수가 없다. 하지만 이토가 가진 마음의 눈으로는 투명한 표본의 내부를 붉은 혈관처럼 종횡으로 누비는, 유리구슬이 지나는 길이 선명히 보일 것이다.

훗날 내가 기무라의 논문에 게재된 이토의 모래상자 사진을 이 책에서 쓸 수 있을지 상의했을 때, 두 사람 다 흔쾌히 허락해주었다. 하지만 얼마간 고민한 뒤 사진을 쓰지 않기로 했다. 이

---

* 아름다운 소리를 즐길 수 있는 일본의 정원 양식 중 하나로, 직역하면 '물 거문고 동굴'이라는 뜻이다. 바닥에 작은 구멍이 뚫린 항아리를 뒤집은 상태로 땅속에 묻어두고 위에서 물을 흘려보내면, 물방울이 수면에 떨어질 때 내부에서 반향·증폭되는 소리가 마치 거문고 소리와 같다고 하여 붙은 이름이다.

토 본인이 볼 수 없는 모래상자를 어떻게 제삼자가 보겠는가. 사진으로 알 수 있는 피규어의 색상과 디자인, 배치가 이토가 마음으로 보고 있던 모래상자와 똑같다는 보장은 어디에도 없었다. 정안인이 알지 못하는 색, 보이지 않는 구조를 이토는 보고 있었을지도 모른다. 그런 생각이 들자, 테라피스트로서 함께 발맞추어 달린 기무라 이외의 사람이 이토가 본 적 없는 모래상자의 사진을 게재해도 좋을 이유는 어디에도 없다고 느꼈다.

이토는 그 후로도 기무라와 메시지를 주고받고 있다. 기무라가 논문 끄트머리에 쓴, "시력을 잃은 대신 얻은 생명의 나무를 통해, 풍성하게 열매 맺는 수확의 기쁨을 맛보게 되리라 믿는다"라는 문장은 이토에게 든든한 버팀목이 되었다. 기무라 역시 이토의 행보에 힘을 얻어 파킨슨병으로 인한 발작을 억제하는 수술을 받기로 마음을 굳혔다. 두 사람은 기무라의 증상이 조금 안정되면 오랜만에 만나서 모래상자를 꾸미기로 약속했다.

"그때는 꼭 당신에게도 보여드리고 싶네요. 지금의 제 모래상자를요."

이토는 그렇게 말하며, 처음 만났을 때처럼 조용히 미소 지었다.

제4장
___

타고난 치료자

———

가와이 하야오가 1965년 스위스에서 들여온 모래놀이치료는 칼 로저스의 카운슬링 이론에 고심하던 일본의 심리학자와 카운슬러들의 큰 관심과 환영을 받았다. 기무라 하루코가 학창 시절 일본임상심리학회에서 목격했듯이, 인간에게는 내면세계가 있음을 인식하고 있었기 때문이리라. 당시 교토시 카운슬링 센터에는 치료에 관한 문의가 빗발쳤지만, 가와이는 무엇보다 사례를 축적하는 것이 중요하다고 여기고 임상치료를 병행하며 동료 카운슬러들과 공부 모임을 이어갔다.

당시에 한발 앞서 전국 임상 현장에 모래놀이치료를 도입한 대학병원이 있었다. 나고야시립대학의 정신의학교실이다. 나는 모래놀이치료의 도입 배경을 자세히 알고 있는 교토대학 명예교

수 야마나카 야스히로를 찾아갔다. 야마나카는 교토부 우지 시의 맨션에 연구실을 마련해 카운슬링을 하고 있다.

"모래놀이치료를 도입한 분은 의국장 오하라 미쓰키大原貴 선생이었지요."

야마나카가 당시를 떠올린다.

"오하라 선생은 교토대 정신의학교실 강연회에 참석했을 때, 그날 강사였던 가와이 하야오 선생의 발표를 듣고 모래놀이치료를 알게 됐습니다. 가와이 선생이 훗날 초록抄錄으로 정리한 교토시 카운슬링 센터 증례집의 복사본까지 입수해서, 그걸 참고로 놀이치료실에 모래상자를 가져다 두고는 정신과 외래에서 임상을 시작했지요."

그때 모래놀이치료에 가장 큰 관심을 가지고 적극적으로 나선 사람이 1966년 같은 대학의 학부를 졸업하고 이제 막 의국원으로 근무하기 시작한 야마나카였다. 모래상자의 틀은 목수에게 의뢰하여 만들고, 철도 모형 등의 기성품은 오하라가 백화점과 야시장에서 구입하고, 인형과 동물 등의 피규어는 야마나카가 아내의 도움을 받아가며 지점토로 공들여 만들었다.

같은 해, 도라 칼프의 해설서 『도라 칼프의 모래놀이』가 스위스에서 간행되었다. 야마나카는 이 책을 곧장 마루젠丸善서점 경유로 입수해서, 아동을 전공하는 다섯 사람과 돌려 읽기 시작했다. 내용이 몹시 흥미롭고 깊이가 있어서 빨려들어가듯 읽었다.

절반 정도 읽었을 때, 이왕 읽을 거라면 번역을 해보자는 의견이 나왔다. 야마나카를 중심으로 번역 작업이 진행되었다.

"여느 모래놀이치료 실천자들과는 달리, 나는 가와이 선생을 직접 만나기 전부터 칼프의 원서를 읽고, 독학으로 칼프만의 독창적인 모래놀이를 공부하고 있었습니다. 하지만 그땐 가와이 선생님의 모래놀이치료와 칼프의 모래놀이가 같지 않을 수도 있다는 걸 몰랐지요."

야마나카는 모래놀이를 임상에 도입하기까지 전까지 있었던 여러 시도에 관한 이야기를 들려주었다.

야마나카는 대학병원에 근무한 지 2년 차인 1967년 5월부터, 일주일 중 이틀은 나고야시 동북부에 있는 모리야마森山壮병원에 근무하고 있었다. 그 정신과 병원은 원장이 약물로 충동성이 잡히지 않는 환자의 뇌에서 대상피질을 절제하는 수술인 신경절제술* 전문가였기 때문에 '생물학 병원'이라고 불렸다.

야마나카는 당시로서는 선구적인 시도였던 사회복귀병동에

---

* 중증 정신질환자를 대상으로 한 전두엽 절제술로 1935년 포르투갈에서 시작되어 이후 미국과 유럽을 중심으로 널리 퍼졌다. 미국에서만 총 4만 명, 영국은 총 1만 7000명이 수술을 받은 것으로 알려져 있다. 그러나 수술 방법이 비윤리적이고 뇌에 비가역적인 손상을 입힌다는 비판이 커진 데다 1950년대 중반 항정신병 약물이 소개되자 빠르게 감소했다. 로보토미Lobotomie라고도 한다.

배속되어, 조현병 환자의 사회복귀지원 치료를 담당하게 되었다. 병원은 낮에 적극적으로 외부로 나가서 공장에서 일하도록 지원하는 사회복귀치료와 원내에서 가벼운 작업을 하도록 만드는 작업치료 등을 운영하고 있었지만, 그 안에 심리치료가 가능한 의사는 아직 없었다. 아무도 없다는 것은 새로운 일에 도전할 기회가 있다는 뜻이기도 하다.

야마나카는 어떻게든 환자들을 알고 싶었다. 그래서 그는 흰 가운을 벗고 병동을 걸어다녔다. 환자 대부분이 야마나카를 환자라고 생각하는 듯했다. 병원에 근무하기 시작한 지 2~3주 차, 조울증(현재의 양극성 장애)의 조증 상태에 있는 환자와 정신발달지체가 있는 아이들이 야마나카에게 다가왔다. 조현병 환자는 결코 먼저 다가오려고 하지 않았다.

어느 날 야마나카는 성인 조현병 환자에게 "옆에 있어도 돼요?"라고 말을 걸었다. 환자는 "뭐, 아무것도 안 하면 괜찮지만" 하고 답하더니 "뭐 하러 왔어요?"라고 물었다.

"궁금한 게 있어서요, 병원에 입원해서 하루하루 힘들겠지만 '진짜 이런 걸 해보고 싶다'는 게 있을 것 같아요. 그런 게 뭔지 알아보고 있어요."

"진짜 하고 싶은 일이 뭔지 말하면, 진짜로 시켜주나요?"

"저 혼자 결정할 수는 없지만 할 수 있는 일이면 함께 하고 싶어요."

그러자 환자가 대답했다.

"내가 '이런 걸 해냈다'라고 말할 수 있는 일을 하고 싶어요."

내가 이런 걸 해냈다고 말할 수 있는 일. 뭘 하면 그런 실감이 들게 할 수 있을까, 야마나카는 고민을 거듭했다. 환자에게 있어, 병원에서 지원하는 공장 외근 일과 가벼운 원내 작업 등의 작업 치료는 스스로 해냈다고 실감할 수 있는 것이 아니었다. 이런저런 고민의 결과, 그림이라면 그릴 수 있을지도 모르겠다는 아이디어가 떠올랐다. 이에 원장에게 가서 새로운 치료에 예산을 지원해줄 수 있는지 상의했다.

"얼마나 필요한가?"

"1만5000엔 정도면 됩니다. 환자 약 15명과 그림을 그리려고 하니까 매주 도화지 15장씩, 병동당 한 달에 60장, 두 병동이면 120장, 여기에 연필과 크레용까지. 도합 1만5000엔 정도 될 것 같습니다."

"뭐야 자네, 돈 내놓으라고 기세 좋게 들어오길래 난 또 5000만 엔은 필요한가보다 했지."

당시 정신과 병원에서 최신 치료기기라고 하면 곧 뇌파측정기였고, 뇌파측정기는 한 대에 약 5000만 엔 정도였다. 원장은 야마나카가 그 정도 금액을 부르지 않을까, 하며 마음의 준비를 하고 있었던 것이다. 결국 그는 원장의 사비를 받아 재료를 샀고, 그다음 달부터 곧바로 환자와 그림을 그리기 시작했다.

야마나카가 첫 목표로 염두에 둔 대상자는 입원한 지 3년에서 10년가량이 지난 장기 입원 환자들이었다. 그는 장기 입원 환자들의 차트가 겨우 세 장밖에 없다는 사실이 신경 쓰였다. 몇 년씩 입원 중인데도 차트가 세 장밖에 안 된다니 무슨 일일까. 차트에는 '한심한 상태' '냄새 남' '말을 하지 않음' '공허하게 웃고 의욕이 없음' 등이 쓰여 있었고 다음 페이지를 넘기자 '이전 페이지와 같음'이라고 적혀 있었다. 환자의 증상에 변화가 없다는 의미였다. 대다수가 말로 자기 생각을 전달하지 못하는 조현병 환자였다. 야마나카는 이 환자들에게 변화를 가져오는 치료를 해야 한다며 굳은 의지를 다졌다.

두 번째 목표는 간호사를 곤란하게 만드는 환자들이었다. 반대로 말하면 이 환자들은 간호사가 늘 신경 쓰고 있는 이들이었다. 그들에게 변화가 생긴다면 간호사도 바로 눈치챌 것이었다. 야마나카는 한 병동에서 간호사 16명에게 도움을 받기로 했다. 간호사 1명당 다섯 표를 주고, '이 환자만 없어진다면 속이 시원하겠다' 싶은 환자의 이름을 투표하게 했다. 환자 1명에게 다섯 표를 던져도 되고 각각 한 표씩 5명에게 던져도 된다. 마치 역逆 인기투표와 같아서 간호과장은 이 무슨 경솔한, 이라고 말하며 미간을 찌푸렸다. 그러나 야마나카가 정중하게 사정을 설명하자, "재미있을 것 같네요" 하며 이해해주었다.

투표 결과, 한 환자가 총 80표 중 서른두 표를 획득했다. 간호사 한 사람에게서 두 표씩 가져간 셈이다. 2위가 여덟 표였으니, 1위 환자가 유독 인기 없다는 건 확실했다. 1위부터 5위까지의 환자들에게는, 일부러 다른 사람이 싫어할 만한 짓을 한다는 공통점이 있었다. 면회객의 선물을 혼자 다 차지하고, 불결하며, 냄새가 나고, 여자 사무원 앞에서 바지를 내리는 등의 성적 일탈 행동도 했다. 간호사가 '이 환자만 없으면 좋겠다'고 생각하는 것도 무리는 아니었다. 모두 대인관계에 지장이 있는 관계성 성격장애 환자들이었다.

야마나카가 세 번째 목표로 삼은 사람들은 "선생님 뭐해요?" "저도 그릴래요"라면서 자발적으로 다가온 환자들이었다. 야마나카는 첫 번째부터 세 번째 목표까지 5명씩 모으는 것을 예상했지만, 적극적으로 참여하고 싶다고 요청한 세 번째 목표 환자들이 10명 넘게 모이는 바람에 결국 사다리 타기로 대상자를 결정했다.

먼저 남자 병동 환자들부터 그림을 그리게 했다. 준비물은 8등분한 도화지, 크레용과 그림 도구였다. 야마나카는 방에 모인 15명의 환자에게 말했다.

"지금부터 말씀드릴 세 가지 중에서 하나를 도화지에 그리세요. 첫 번째는 지금 신경 쓰이는 것. 만주*를 먹고 싶은 것도 좋

---

* 고구마, 밤 등을 앙금으로 넣은 화과자.

제4장 타고난 치료자
157

고, 여자애들을 만나고 싶다는 것도 좋아요. 가슴이 아픈 것처럼 힘든 점도 괜찮습니다. 지금 신경 쓰이는 걸 그리세요. 두 번째는 꿈입니다. 어제 꾼 꿈도 좋고 이번 주에 꾼 꿈도 상관없습니다. 세 번째, 신경 쓰이는 것도, 생각나는 꿈도 없는 사람들은 뭐든 좋아하는 걸 그려주세요. 지금 정확히 오후 1시니까 2시까지 부탁드립니다. 그 후에는 개별실에서 한 분씩 상담하겠습니다."

처음부터 "좋아하는 걸 그리세요"라고 말하지 않은 이유가 있다. 조현병 환자들은 좋아하는 것을 그리라고 해도 쉽게 그리지 못하기 때문이다. 좋아하는 것을 잘 선택하지 못하는 점은 이 병의 특징이기도 하다.

남자 병동에서 2개월간 실시한 미술치료가 환자들에게 호평을 받자, 3개월 차부터는 여자 병동에서도 같은 치료를 했다. 화요일에 남자, 목요일에 여자. 같은 요일 같은 시간에 주 1회씩 각각 8개월간 진행했다. 상담에서는 환자와 야마나카 사이에서 그림을 매개로 삼은 다양한 대화가 오갔다. 그림을 통해 미처 깨닫지 못한 자신의 힘을 끌어낸 사람, 양극단을 오가는 생각에 휘둘리는 사람, 신문의 그림을 베껴 그리면서 자기는 대여품에 불과하다고 말하는 사람도 있었다. 여러 고뇌가 등장했고 새로운 깨달음과 변화도 보였다.

3개월쯤 지났을 때, 첫 번째 목표와 두 번째 목표 환자 중 일부의 증상이 악화됐다. 증상이 나빠진다는 것은 외부에서 보기에 나빠진 듯 보인다는 의미로, 향후 변화 가능성이 있다는 뜻이기도 하다. 야마나카는 간호사에게 그렇게 설명하고서 가능한 한 그 환자들을 잘 지켜봐달라고 부탁했다. 그러자 채 2년도 지나지 않아 두 번째 목표였던 환자들, 간호사에게 인기가 없던 환자들이 전원 퇴원했다. 2년이 지나자 첫 번째 목표인 장기 입원 환자 일부가 퇴원했다. 전혀 차도가 없어서 퇴원하지 못하고 있는 이들은 세 번째 목표, 자발적으로 그림을 그리겠다고 찾아온 환자들이었다.

야마나카는 이 연구를 통해 그림은 방어 수단이라는 사실을 알게 되었다. 환자들은 그림을 수단 삼아서 위협적으로 다가오는 현실로부터 자신을 방어하고 있었다. 그림이 있으면 진짜 자신을 보여주지 않고도 존재할 수 있었다. 그러나 자발적으로 그림을 그리고 싶어 찾아온 환자들은 '그림을 잘 그린다'는 칭찬을 내심 기대하고 있었다. 이는 표면적인 자기만족이다. 그러므로 진짜 자기를 파고들어 다시 드러내면서, 자기를 재구축한다는 생각에 도달하기가 어렵다. 시간이 흘러도 차도가 없었던 이유는 그 때문이었다. 오히려 사회복귀치료로 몸을 움직이도록 하자, 마침내 세 번째 목표 환자들까지 퇴원할 수 있었다. 야마나카는 그들에게 그림이 효과가 없다는 사실을 확실히 인식했다.

간호사를 곤란하게만 만들던 두 번째 목표 환자들의 퇴원이 빨랐던 것은, 그들이 야마나카와의 개인 상담을 통해 자신의 부정적인 모습이 가짜임을 알아차렸기 때문이다. 그들은 앞으로는 진짜 자신의 모습으로 살아가도 된다는 사실을 깨달은 다음부터 눈에 띄게 회복되기 시작했다.

야마나카는 말한다.

"내가 아는 한, 그림이 치료 수단이 될 수 있다고 처음 말한 사람은 융입니다. 환자뿐 아니라 융 자신도 정신적 위기에 처했을 때 그림을 이용했고, 만다라라고 불리는 형상이 나타난다는 사실을 기술한 바 있지요. 하지만 그 무렵의 저는 융의 발견과 연결될 만한 인연이 아직 없었고, 바움테스트와 그림 그리기를 통해 자연스럽게 그걸 느끼면서 이미지의 세계에 관한 통찰력과 치료자의 자세를 키우고 있었습니다. 그런 경험이 있었기에, 모래놀이치료가 대단하다는 걸 깨닫는 데 그리 오래 걸리지 않았지요. 그림에 비하면 기술이 전혀 필요 없고 잘하고 못하고도 상관없으니까요. 아이들도 노인들도 거부감 없이 할 수 있고요."

야마나카는 도라 칼프의 원서를 번역하는 동시에 가와이가 주재하는 교토 모래놀이치료 연구회에 연 3회 참가하며, 대학병원에서 모래놀이치료를 진행하게 되었다. 교토 모래놀이치료 연구회의 중심 멤버는 교토시 카운슬링 센터에서 카운슬러로 근무하는 이들로, 나가오카京長岡京시립교육센터 나카무라 요시노스케中村良之助, 불교대학 교수 나니와 히로시浪花博, 긴카쿠지金閣寺 심리상담 오타니클리닉을 개업한 오타니 후지오大谷不二雄, 교토대학 조수 니시무라 스에오 등 모두 교육계 인사였다. 대학병원의 치료 사례는 매우 드물었던 까닭에, 가와이는 야마나카의 참가를 크게 환영하며 사례 발표를 제안했다.

제3회 교토 모래놀이치료 연구회는 융 연구소의 도라 칼프를 초빙하여 개최했다. 이때 야마나카는 자신의 증례를 발표한다. "말수 적은 타로"(이하 타로)라고 이름 붙인 8세 소년의 사례였다.

타로는 집에서는 평범하게 말을 잘 하는데, 집 밖에서는 유치원부터 초등학교 2학년이 될 때까지 한 번도 입을 연 적이 없었다. 이를 걱정한 담임교사의 권유로 타로는 어머니를 따라서 대학병원에 왔다. 아이가 말하지 못하는 건 어른 이상으로 큰 약점이다. 말하지 못하면 친구가 생기지 않는다. 감정을 발산할 수 없다. 여기에 다양한 문제가 겹치면, 부자유함과 슬픔의 감정이 아이를 습격한다. 증상으로 판단하자면 선택적 함묵증으로, 무의식적으로 말을 하지 못하는 일종의 신경증이라고 진단할 수 있겠지만, 타로의 경우는 약물치료를 한다 해도 큰 의미가 없으리라 판단해 모래놀이치료를 권유했다. 언어를 사용하지 않고 대화를 나누는 데에 적합한 방법이기 때문이다. 타로는 다행이라는 듯 야마나카의 권유에 응하여 모래상자에 동물 피규어를 놓기 시작했다. 나무들 사이에 기린과 소와 말을 두 마리씩, 거기서 떨어진 곳에 등을 돌린 코끼리를 한 마리 놓았다. 야마나카는 코끼리라는 동물이 거의 울지 않는다는 점을 상기하고, 타로가 코끼리를 통해 자신의 모습을 나타내고 있는 것은 아닐까 직감했다.

두 번째 치료에서 타로는 방에 들어오자마자 모래상자를 만지기 시작했다. 처음에 코끼리를 놓고 그다음에는 다른 코끼리를 대결 구도로 놓았다. 이어서 소와 악어, 말과 하마까지 서로 대결하듯이 늘어놓았다. 모래상자에는 두 동물군의 결투 구도가 펼쳐졌다. 타로는 한 호흡 쉬고 소와 소, 악어와 악어 식으로 같은 동물을 차례로 싸우게 만들더니 모든 동물을 한 마리씩 쓰러뜨렸다. 동물들이 멸종했나 싶었을 때, 맨 처음의 코끼리 한 마리가 벌떡 일어나 반시계 방향으로 모래상자를 한 바퀴 돌고는, 방금 결투를 벌인 코끼리를 일으키고 다른 동물들까지 차례로 일으켰다. 야마나카는 소년이 만든 죽음과 재생의 의식에 놀라지 않을 수 없었다.

세 번째 치료에서 타로는 지난번 회기에서 기운을 다 써버린 듯, 잠시 멍하니 서 있었다. 10분이 넘게 지나자 드디어 선반에 손을 뻗는가 했더니 집 모양의 피규어 네 개만 상자 위에 가볍게 툭툭 놓고는 나머지 시간 동안 아무것도 하지 않고 다시 멍하게 서 있었다. 지난번 모래상자에 충격을 받은 야마나카는 기대감을 주체하지 못하고 "모래놀이 하고 싶었던 거 아니니"라고 타로에게 말했다. 그때까지 야마나카의 발표를 말없이 듣고 있던 도라 칼프가 갑자기 "지금 뭐라고 말하시는 거예요, 야마나카 씨"
라며 입을 열었다.

"지붕이, 빨간 지붕이 하나 나와 있잖아요. 이게 진짜 중요한
건데요."

지붕의 색깔은 회색, 검은색, 갈색, 빨간색이었다.

"감정이 나타났다는 생각 안 드세요? 이 아이는 3년 동안 감
정을 거의 표출하지 못했어요. 침묵 속에서 감정을 어떻게 드러
내야 할지 몰라서 말수가 적어졌어요. 그런데 색깔이 나타났어
요. 이건 정말 엄청난 신호예요. 색에 주목해보시는 게 어때요?"

야마나카는 그렇구나, 그런 거였구나, 생각했다. 피규어의 형
상에만 주목하느라 이날의 치료는 실패였다고 여기고서 중요하
게 보지 않던 부분이었다. 칼프의 조언은 완전히 달랐다. 칼프는
카운슬러가 모래상자의 무엇에 주목해야 하는지, 어떤 부분에
시선을 두어야 하는지 눈을 뜨게 해주었다.

7회기부터 종료 직전인 11회기까지, 타로는 모래상자에서 뱀
가족과 신칸센 공사 현장을 표현했다. 뱀 가족이 겨울잠에서 깨
어나 땅으로 기어 나온다. 뱀들은 이윽고 모래상자에서 나와 치
료실을 뛰쳐나가더니, 다른 방에서 신칸센 모형을 발견한다. 모
래상자 밖에서는 신칸센 공사가 착착 진행되고 이내 대형 신칸
센이 완성된다. 뱀 가족은 신칸센을 정복한다. 부모 뱀은 아기
뱀을 등 위에 태우고 모래상자로 돌아간다.

칼프는 이 장면이야말로 현대 일본의 상징적인 모습이라고 지적했다. 뱀 가족은 부모와 자녀가 서로 살을 맞대고 사는 가족관계를 상징한다. 이들이 일본을 상징하는 신칸센을 정복하고 있었다. 그는 "일본에서는 부모와 자녀의 관계가 사회적 차원의 발달보다 중요하다"는 증거가 아닐까 한다고 덧붙였다.

야마나카는 짚이는 데가 있었다. 신기하게도 이날 상담을 마치고 돌아가는 길에 타로가 "있잖아, 나요, 학교에서 말했어요" 하고 야마나카에게 말을 붙인 것이다. 갑자기 말문이 터진 타로에게 놀란 야마나카가 되묻자, 타로는 더듬거리면서도 학교에서 있었던 일을 설명하기 시작했다.

어머니에게서는 타로가 최근 "청소기를 돌리는 엄마보다 뜨개질하는 엄마가 좋다"고 말했다는 이야기를 들은 참이었다. 청소기 소리가 시끄러울 때는 어머니와 말하지 못했지만, 뜨개질하는 어머니와는 말할 수 있기 때문이다. 모자관계가 회복되었음을 시사하는 일화였다.

야마나카는 들뜬 나머지 칼프에게 몇 번이고 질문했다. 꿈속에서도 원서 번역을 할 정도였으니, 칼프의 개념은 야마나카의 머릿속에 빈틈없이 들어 있었다. 이것이 평생의 작업이 될지도 모른다는 직감이 들었다.

모래놀이치료를 하려면 자신도 교육분석을 받아야 했다. 교토 모래놀이치료 연구회에 참석하고 돌아가는 전철에서, 야마나카는 가와이에게 교육분석을 부탁해보았다. 칼프를 제외하면 교육분석을 받고 싶은 사람은 가와이밖에 떠오르지 않았다. 그러나 야마나카가 아직 이십대 중반이라는 사실을 안 가와이는 고개를 가로저었다.

"분석을 받기에는 아직 너무 젊네요. 그리고 기다리는 사람이 몇 명 더 있어요. 대기자 명단에는 올려둘게요."

그대로 2년 반 정도가 지나 자신이 분석을 부탁했다는 사실조차 완전히 잊어버렸을 무렵 가와이에게서 전화가 왔다.

"야마나카 군, 아직도 분석 받고 싶은 생각이 있어요?"

야마나카의 기억으로는 1969년의 일이다. 말이 빨라서 순간 무슨 일인가 하고 잠시 침묵했다가 번뜩 정신이 들었다.

"아, 분석이요? 지금이라도 부탁드리고 싶습니다."

"그럼 다음 주 ×일 ×시에 요시모토 선생이 있는 곳으로 오겠어요?"

'요시모토 선생이 있는 곳'이란 교토 단바바시丹波橋에 개업한 정신과 의사 요시모토 지즈코吉本千鶴子의 클리닉이다. 가와이는 항상 이 클리닉에서 제자들의 교육분석을 했다. 가와이의 교육분석을 받은 사람은 야마나카가 다섯 명째, 정신과 의사는 처음이다. 클리닉이 있는 장소를 설명한 다음 가와이가 야마나카에게 물었다.

"야마나카 군, 꿈은 꿉니까? 꿈을 볼 테니 꼭 가져와요."

"꿈을 가져간다는 게 무슨 뜻인지요?"

"꾼 꿈을 몇 개 종이에 써오세요. 복사해와도 좋으니 두 장 챙겨와서 같이 얘기하는 거예요."

그날 밤 이상한 일이 일어났다. 가와이가 한 말처럼, 꿈을 연속으로 꾸게 된 것이다.

일주일 후 야마나카는 꿈을 적어서 가져갔다. 그날은 우연히 야마나카의 생일이었다. 시작하기 전에 그 말을 전하자 가와이는 "오호, 그럼 오늘부터 다시 태어나는 거네요"라고 답했다. 그날 가져간 꿈은 일곱 개였다.

"다음부터는 숫자를 조금 줄여서 와요."

"아니, 선생님. 꿈을 늘리고 줄이고 할 수 있나요?"

그러나 역시 신기하게도, 그 대화 이후로 꿈이 줄어들었다. 어떤 날은 가와이가 "아직 안이하게 보네요. 더 제대로 보고 와요"라고 말했다. 꿈을 이어서 꿀 수가 있나, 의아해했는데 정말 꿈이 제대로 이어져서 깜짝 놀랐다.

정신분석이라고 하면 환자가 소파에 누워 분석을 받는 프로이트의 방법이 먼저 떠오르지만, 융의 꿈 분석은 테이블을 가운데 두고 마주 앉아 진행하는 대면법이다. 정면에 앉은 가와이는 시종일관 눈을 반쯤 감고서 야마나카의 이야기에 귀를 기울였다. 신화와 우주에 대한 꿈이 있는가 하면 유년 시절과 학창 시절의 꿈, 베트남 전쟁을 상기시키는 꿈도 있었다. 대부분은 일상적인 꿈이었고 극적인 내용은 많지 않았다. 가와이는 야마나카의 내면을 들여다보려는 듯한 시도는 하지 않고, 대부분의 시간 동안 침묵했다. 짧은 감상을 말하고 간단한 질문을 던지는 게 다였다. 그렇지만 야마나카는 점차 깊고 넓은 세계에 둘러싸이며 무의식 깊은 곳으로 들어가는 느낌이 들었다.

17회기 분석에 야마나카는 다음과 같은 꿈을 가져갔다.

주위는 매우 어슴푸레하다. 날카로운 비명과 으르렁거리는 소리가 여기저기서 크게 들려오는 길을 걸어가고 있다. 발에는 아무것도 신고 있지 않아서, 날카로운 돌부리와 나무의 가시가 맨발을 아프게 파고든다. 등에는 무거운 짐을 멨는데 짐을 묶은 끈이 어깨를 파고들고 족쇄와 수갑은 무겁고 차갑다. 피로 가득한 연못, 바늘이 쌓인 산은 어느 절에서 본 듯한 지옥도의 광경. (…) 늙어 추레한 이들, 피투성이인 이들, 가지가지 모진 고문을 받는 이들이 도와달라고 손을 내밀어오지만 나는 아무것도 할 수 없다. (…) 그들의 얼굴을 자세히 보니 환자 X, Y, Z씨도 있다. 자신의 고통을 견디지 못하고 자살한 분들이다. (…) 내 나름대로 최선을 다해 노력했지만 아무런 방법이 없었다. 아니, 방법은 분명 있었겠지만, 나에게는 그게 보이지 않았고 아무런 손도 쓸 수 없었다. 지독한 회한이 나를 괴롭힌다.

—『임상가 가와이 하야오臨床家 河合隼雄』(2009)

야마나카가 꿈을 다 이야기하자 가와이는 말했다.

"장렬하군요."

"……사실 몇 년 동안이나 저와 인연이 있던 분들입니다. 자살이 동시에 일어난 건 아니고 최근 몇 년 동안 한두 분씩……. 한 분은 생각지도 못하게 본인이 만든 권총으로, 단 한 발의 총탄이 머리를 뚫고 지나가서. 한 분은 집 소나무에서 목을 맸고. 또 한 분은 높은 빌딩에서 떨어져 돌아가셨습니다. 제가 어딘가에서 놓친 부분이 있었던 것 같아서……."

"해드릴 말이 없네요. 당신들 정신과 의사는 그런 장면과 부딪쳐야 하는 일이 우리보다 많지요."

"……."

"아무리 노력해도 인간에게는 헤아릴 수 없는 일이 있어요."

"진인사대천명盡人事待天命이라고 합니다만 듣기 좋자고 하는 말 같아요. 제가 뭔가 실수한 부분이 있지 않았나 하고 저를 탓하게 되고 아무리 해도 용기가 안 납니다."

"혼자 힘으로 어떻게든 해보려고 하는 건 아니고요?"

"그건 아닙니다. 오히려 그렇다면 불손한 거죠."

"그래요. 인간에게는 인간의 운명이라는 게 있어요."

"하지만 그렇게 비참해야만 했는지……."

"……자기 자신을 몰아붙이기만 해도 안 되고, 방치해도 안 됩니다. 묵묵히 받아들이고, 묵묵히 그 괴로움을 맛보고……. 거기서부터 그다음을 해결할 길이 나타나기도……."

— 위의 책

가와이는 야마나카의 꿈을 해석하지도 치료하지도 않았다. 야마나카가 자신에 대하여 말하는 것을 곁에서 지켜보고 있을 뿐이었다. 다른 꿈을 말할 때도 "오호라" 맞장구치는 것이 전부였고, 거의 듣기만 했다. 아무것도 하지 않는 것에 전력을 다한다고 하면 적절한 표현일까. 가와이는 종교학자 나카자와 신이치中澤新一와의 대담에서 다음과 같이 말한다.

나카자와 예를 들면 선생님이 말씀하셨는데, 클라이언트가 "아닌데요"라고 반대했을 때는 어떻게 하십니까? 다른 측면에서 다시 말씀하시나요?

가와이 개인적으로는요, 내 의견을 말하는 일이 거의 없어요.

나카자와 말한다면 그건 특수한 경우인가요?

가와이 그렇겠지요. 대체로 그 사람이 하고자 하는 말을 대신 좋은 말로 표현해주려고 합니다. 그런 마음은 강하게 있지요.

나카자와 그게 '모래놀이치료'와 이어집니까?

가와이 네. 그리고 "당신은 이렇다"라는 식의 말은 거의 하지 않는 것 같습니다. 그런 경우 대개 '부정'당하고요.

─『불교가 좋다』

야마나카는 1969년부터 1972년까지의 2년 반은 요시모토 클리닉에서, 가와이가 교토대학 교육학부 교수가 되고부터는 그의 교수실에서 임시로 2~3회, 그 후에는 나라 사이다이사西大寺에 있는 가와이의 자택에서 2년 반─총 5년에 걸쳐 가와이에게 분석을 받는다. 첫 2년간은 1회기당 50분씩 매주 1회, 그 후로는 2~3주에 1회, 분석을 받은 횟수는 총 177회에 달했다.

가와이의 분석을 통해 야마나카는 융과 프로이트가 말했듯 꿈은 인간의 무의식에 도달하는 왕도라는 것, 자신의 무의식에서 태어나는 내용을 엄중하고도 차분한 태도로 관찰하면서 자기 삶의 방향을 정할 수 있다는 것, 그리고 임상심리의 목적은 고민을 제거하는 것이 아니라 고민을 고민하기 위한 것이라는 사실을 알게 되었다.

어느 날 그는 가와이에게 물어보았다. 처음에 융 심리학을 일본에 들여왔을 때 왜 정면으로 소개하지 않고 모래놀이치료부터 시작했는지, 모래놀이치료가 더 적합하다고 생각한 이유는 무엇인지. 야마나카 자신도 대학병원의 임상 현장에서 모래놀이치료의 효과를 확신하기 시작했을 즈음이다. 가와이는 이렇게 답했다.

"일본인은 언어화를 어려워하는 민족이지. 그걸 잘하는 사람이 치료자로서 정신분석을 선택하는 거고. 대부분은 힘들어해. 그런데 모래놀이치료라는 건, 한번 보기만 해도 클라이언트의 역량은 물론이고 테라피스트의 역량까지 알 수 있거든. 보기만 해도 아는 것, 즉 직관이 뛰어나다는 건 일본인 전체의 보편적인 기질이라네. 그래서 이건 써볼 수 있겠다고 생각했지."

이와 관련하여 가와이는 다음과 같이 말하고 있다.

> 일본은 자自와 타他, 정신과 사물의 구별이 모호하다. 정신의 문제는 전체적인 인간관계 속에 녹아 있는 것으로 인식되었기에 '정신'만을 따로 떼어 다루지 않았다.
> ─『요미우리신문』 1993년 2월 26일 자

일본인은 서양인처럼 정신과 사물을 구별하지 않았기에 정신만을 건져올려 언어화하는 일은 없었다. 따라서 환자는 당연하거니와 치료자도 자신의 속마음을 언어화하는 일을 어려워한다.

하지만 분재나 분경盆景을 즐기는 일본인이니만큼 이미지로는 표현할 수 있지 않을까. 모래상자라면 거부감 없이 속마음을 표현할 수 있지 않을까. 가와이는 그렇게 생각하고 사례를 축적하는 데 매진했다.

생각하는 것을 언어화하는 데 어려움을 느끼는 일본인의 특성은 오늘날의 글로벌 사회에서는 부정적으로 여겨지기 쉽다. 가와이는 저서 『일본인과 아이덴티티日本人とアイデンティティ』(1995)에서 "자기 의견을 말해보라고 하면 일단 주변부터 신경 쓰는 일본인의 기질은, 서구인에게 '자아가 없다'는 극단적인 평가를 들을 정도"라고 쓰고 있다.

사정이 이러하니 대략 반세기 전, 전쟁의 복구기에서 빠져나온 지 얼마 되지 않은 일본인의 정신세계에서 볼 때 모래상자처럼 자기 외부에 있는 사물을 통해 마음을 표현하는 방법은 분명 쉽고 친근하게 느껴졌으리라.

가와이가 모래놀이치료 도입에 상당히 신중하고 전략적이었다는 사실을 뒷받침하는 일화가 있다. 야마나카는 나고야시립대학병원의 동료와 1969년 말, 도라 칼프의 『도라 칼프의 모래놀이』 번역을 마치고 출간 전 가와이에게도 읽어봐달라고 원고를 건넸다. 그런데 계속 기다려도 원고가 돌아오지 않았다. 그러는 동안 덴리대학과 교토시 카운슬링 센터의 사례집을 묶은 『모래놀이치료 입문箱庭療法入門』(1967)이 가와이 하야오 편집으로 출판되었다. 1969년 여름의 일이다. 번역 원고는 어떻게 되었는지 묻자, 가와이는 미안한 얼굴로 말했다.

"야마나카 군, 원고 읽어봤는데, 그 책이 먼저 출간되면 좀 곤란해."

"어째서입니까?"

"칼프 씨의 해석이 너무 우세해. 세상 사람들은 모래놀이치료라고 하려면 이 정도는 되어야 한다고 생각할지 모르지만, 전혀 그렇지 않아."

칼프의 모래놀이치료는 창시자인 로언펠드의 세계기법을 융 심리학 개념을 차용하여 재해석한 것이다. 가와이에 따르면 로언펠드는 처음부터 프로이트의 정신분석 이론을 아동의 놀이에 접목하는 아동분석적 흐름에 속해 있었다. 그에 비하여, 칼프는 해석과 전이 없이도 아동을 치료할 수 있다고 보고 시각과 촉각 등 감각적인 요소가 많은 치료법으로서의 세계기법을 탄생시켰다.

칼프는 로언펠드의 세계기법을 배웠지만, 융이 지도한 심리학 개념을 가미하여 자신만의 기법으로 발전시킨 셈이다. 이는 융학파 분석가 자격을 취득한 적 없는 칼프가 융 연구소의 분석가들을 설득하려면 철학적 배경에 입각한 방법론을 확립할 필요가 있어서이기도 했다. 이것이 칼프의 첫 해설서인 『도라 칼프의 모래놀이』가 해석 쪽으로 기울게 된 배경이다.

칼프의 책 서두에 소개된 크리스토프라는 9세 소년의 사례를 살펴보자. 소년이 처음 모래상자를 꾸몄을 때, 치료자는 왼편 끝에 주유소 피규어가 놓인 것을 보고 "새로운 에너지가 무의식 안에 저장되어 있다"라며 기뻐한다. 활자 그대로 읽으면 독자는 주유소가 놓였기 때문에 치료자가 기뻐했다고 생각할 것이다. 그러나 실제로는 피규어를 놓는 행위 중 어디까지가 우연에 의한 것이고, 또 어디까지가 소년의 내면적 필연에 의한 것인지는 알 수 없다. 모래놀이치료에는 우연적 요소가 많아서 환자의 상태부터 생활사, 치료의 흐름까지 각 요소를 종합적으로 고려하여 판단해야 한다. 가와이는 주유소가 놓이면 환자의 에너지, 라고 단편적으로 연결하는 해석에는 신중한 자세를 취해야 한다고 생각했다.

야마나카가 번역한 칼프의 저서 『도라 칼프의 모래놀이』는 1972년에 출간되었다. 가와이는 이 책의 해설에서 융 심리학에 크게 영향을 받은 칼프의 상징 해석에 '신중하게 접근해야 한다'고 쓰면서 주의를 환기하고 있다. 다시 말해 도라 칼프의 모래놀이와 가와이 하야오가 발전시키고자 했던 모래놀이치료는, 엄밀히 말하면 달랐다. 가와이의 첫 저서 『융 심리학 입문』의 목차에도 모래놀이치료 항목이 없고 작은 사례를 소개하는 정도에 그치고 있어, 두 개념을 분리하고자 했음을 알 수 있다.

덴리대학과 교토시 카운슬링 센터의 사례를 엮은 모래놀이치료에 관한 일본 최초의 책, 『모래놀이치료 입문』에서 '우리의 입장'이라는 장을 읽어보면 칼프와의 차이점이 선명하게 드러난다. 가와이는 칼프의 방침을 따라 모래놀이치료를 진행하되, 칼프가 강조한 "모래상자는 치료자와 피치료자 사이의 인간관계를 모태로 탄생한 하나의 표현"이라는 기본자세를 계승한다. 언어 대신 피규어와 모래로 표현하는 클라이언트의 세계를 함께 음미하고, 클라이언트가 호소하는 바를 정확히 수용하는 것. 이는 테라피스트가 갖추어야 할 중요한 전제 조건이다. 다만 가와이는 이때 테라피스트가 조급하게 해석해서는 안 된다고 경계한다.

나 역시 취재를 막 시작했을 때는 각 피규어에 일대일로 대응하는 의미가 있으리라고 착각해서, 기무라 하루코와 인터뷰를 하는 동안 그런 질문을 반복했다. 하지만 '이 작품은 이런 세계를 나타낸다'고 단정 짓는 것은 치료의 흐름을 저해할 뿐만 아니라, 한마디로 표현할 수 없는 클라이언트의 감정을 결론 지을 우려가 있다. 따라서 가와이는 무용한 개입은 하지 않고, 완성된 후의 질문도 가능한 한 하지 않으며, 마음의 움직임을 따라가는 것이 중요하다고 강조한다.

그렇다면 가와이는 모래놀이치료에 해석이 전혀 필요하지 않다고 생각했을까. 그렇지는 않다. 수용과 해석은 상반되는 것이 아니라 상호 보완적인 것으로, 의미 있는 해석이 이루어진다면 수용적 태도도 깊어진다. 따라서 그는 테라피스트가 클라이언트의 표현에서 느껴지는 점을 언어화할 필요가 있다고 생각했다.

그렇지 않으면 "지나치게 느낌에만 의존하거나 독선적으로 변할 위험마저 생겨나기"(『모래놀이치료 입문』) 때문이다.

앞서 인용한 나카자와 신이치와의 대담에서 "그 사람이 하고자 하는 말을 대신 좋은 말로 표현해주려고 합니다. 그런 마음은 강하게 있지요"라고 했던 말은 바로 그런 뜻이리라. 언어화할 때도 결코 단정적인 화법은 쓰지 않고 어디까지나 이런 관점도 있다는 태도를 보인다. 같은 대담에서 "당신은 이렇다, 같은 화법은 거의 쓰지 않는다"는 말도, 가와이가 모래놀이치료를 도입한 이래 유지해온 기본자세였다.

나는 야마나카에게 꼭 확인하고 싶은 것이 있었다. 일반 독자들이 읽는 잡지에 야마나카가 기고한 글에 관한 궁금증이었다. 기고 글에서 그는 모래놀이치료가 일본의 심리치료 세계에 미친 영향에 관하여 쓰고 있다.

> 이 잡지는 독자층이 넓은 잡지이므로 이 치료법(모래놀이치료)의 현황을 장황하게 설명할 생각은 없다. 그러나 다음과 같은 내용만은 분명하게 언급해두고자 한다. 언뜻 보기에 사소하고, 유아들의 놀이에 지나지 않는 듯한 이 치료법이 사실은 일본의 심리치료, 나아가서는 정신치료 전체에 미묘한, 그러나 크나큰 내적 변화를 일으킬 힘을 가져왔다는 사실에 대해서다.

—『imago』1991년 3월호

내적 변화를 일으켰다. 이것은 무슨 뜻인가. 야마나카는 앞의 단락에 이어 이렇게 적고 있다.

> 일본 임상심리의 역사를 조망하자면, 물론 가와이 이전에도 점점이 흩어진 몇 개의 족적이 발견된다. 지그문트 프로이트가 선봉에 있는 '정신분석치료'의 흐름은 고사와古澤平作 · 가케타懸田克躬 · 야마무라山村道雄에서 오코노기小此木啓吾에 이르기까지, 쇼와 초기부터 이어지고 있다. 한편 이에 대한 안티테제로서 칼 로저스를 선두로 하는 '비지시적 · 내담자 중심 치료'의 흐름은 특히 정신분석이 배척한 비非의사파인 사지佐治守夫 · 도모타友田不二男 · 이토伊東博 · 하타세畠瀬稔 등의 심리학자들 사이에 강력하게 침투했다. 그리고 제3의 흐름인 '행동치료'가 이들과는 격렬히 대립하며 우치야마山喜久雄, 우메즈梅津耕作 등을 중심으로 침투하고 있었다.
>
> — 위의 책

각각의 치료법에 대한 상세 설명은 차치하자. 모래놀이치료 이전의 임상심리학에는 크게 정신분석치료와 비지시적 · 내담자 중심 치료라는 두 가지 흐름이 있다. 고사와 헤이사쿠 등 정신과 의사들은 프로이트를 기원으로 하는 정신분석치료법을, 사지 모리오 등 심리학자와 카운슬러들은 정신분석을 비판하며 등장한 칼 로저스의 비지시적·내담자 중심 치료법을 임상에 도입했다. 그리고 주로 정신분석을 비판하며 동물실험에서 도출된 학습 이론을 근거로 문제행동을 치료하고자 하는, 행동치료 기법의 보급에 우치야마 기쿠오 등의 심리학자들이 힘을 쏟고 있었다.

야마나카는 말한다.

"솔직히 말씀드리지요. 당시 일본정신분석학회 학회지에서 다양한 사례를 듣고 읽었습니다. 논문을 읽으면 여기서 의식화가 일어나고, 여기서 동일시가 일어나고, 여기서 저항이 있었고, 여기서 오이디푸스 콤플렉스가 나타났고…… 하면서 전문 용어가 수도 없이 나오지요. 하지만 클라이언트의 마음속에서 무슨 일이 일어나고 있는지는 전혀 알 수가 없어요. 전문 용어는 튀김에 잔뜩 묻힌 튀김옷 같은 것이라서 그 안에 든 게 새우인지, 새우 모양의 감자인지 알 수가 없습니다. 무엇이 기점이 되어 무엇을 초래하고, 어떤 경로로 어디에서 무슨 일이 전개되는지 설명할 수 없지요. 동급생 중에 나리타 요시히로成田善弘라는 분석가가 있는데, 나는 그 친구의 연구를 가장 신뢰하기에 그의 연구는 어느 정도 읽을 수 있었어요. 그래도 당시의 나로서는 완벽하게 이해할 수는 없었습니다."

애초에 의식하면 낫는다는 말은 이상하다. 의식함으로써 도리어 한 가지 일에 집착하거나 고민이 깊어져 운신의 폭이 좁아지기도 한다. 하지만 정신분석뿐 아니라 19세기 말 서양의 근대에서 탄생한 대부분의 임상심리학 이론에서는 '의식하면 낫는다'가 대전제였다. 마음을 아는 것은 자신만이 할 수 있는 일인데, 마음속에는 자신도 모르는 부분이 있고 그것을 무의식이라고 부른다는 것이다. 이 무의식을 의식화하기 위하여 다리를 놓는 일이 정신분석 등의 심리치료이며, 의식화는 언어를 통하여 가능하다는 개념이었다. 서양에서는 무의식에 머물러 있는 상태가 병을 일으킨다고 생각했으므로 언어화가 치료로 이어진다고 여겼다.

야마나카는 이에 대한 정신분석이 활발했던 1960년대에, 미국에서 갓 귀국한 소아정신과 의사인 오구라 기요시小倉淸와 논쟁을 벌인 적이 있다. 오구라는 1966년 잡지『아동정신의학과 그 근접 영역』에 발표한 논문인「놀이치료」에서 자신이 담당한 소년의 사례를 소개하고 있다. 치료자는 아동에게 놀이치료를 적용할 때도 될 수 있는 한 언어를 통해 대화할 준비가 되어 있어야 하고, 환자의 놀이에 해석을 부여하는 것은 치료적인 행위이며, 환자는 언어화하고 의식화하는 과정에서 치료된다는 주장을 전개하고 있다.

논문이 발표되고 얼마 지나지 않아서, 야마나카와 오구라가 심포지엄에 함께 초청을 받았다. 논문을 읽은 야마나카는 "오구라 선생님, 제 사례에서는 거의 언어화하지 않고 치료된 경우가 있었습니다만" 하고 도전장을 내밀었다. '말수 적은 타로'의 사례를 염두에 둔 것이다.

"오구라 선생은 그런 말도 안 되는 일이 있을 리 없다, 자네는 그 아이의 의식화와 언어화에 민감하지 못했을 뿐이다, 라고 말씀하셨습니다. 그렇다면, 하고 내가 끼어들었지요. 선생님이 그렇게 말씀하신다면, 여기 누구 슬라이드를 갖고 오신 분 없습니까, 라고 참석자들에게 말했습니다."

그러자 여성 카운슬러 한 사람이 손을 들어 제 것도 괜찮으시다면, 하고는 미술치료 슬라이드 8장을 영사기 담당자에게 건네주었다. 아이가 그린 그림이라는 것 정도는 알 수 있었지만, 성별이나 나이, 어떤 이유로 카운슬링을 받았는지와 같은 정보는 전혀 없었다. 오구라는 당연히 클라이언트에게 어떤 질문을 던졌는지, 그 질문에 클라이언트가 어떻게 대답했는지 묻고자 했다. 하지만 야마나카는 그 질문에 관한 답은 나중에 듣기로 하고, 자신이 먼저 말하게 해달라고 요청했다. 그는 8장의 그림을 전부 살펴본 다음, 그림을 한꺼번에 띄우지 않고 한 장씩 차례차례 해석했다. 그림들에는 식물 같은 게 그려져 있었다.

"두 번째 그림에서 이 부분이 자라 있군요, 당신을 만난 걸 기뻐하고 있네요."

"이 그림에는 스스로 표현하고 싶다, 나는 표현하고 싶다고! 같은 마음이 나타나 있지 않을까요."

"이 그림을 그렸을 땐 증상이 사라지고 건강해져서 학교에 가기 시작했겠네요."

여덟 번째 그림에서는 놀랍게도 꽃이 피어났다.

"꽃이 피면 이제 말을 하기 시작하죠."

야마나카가 그렇게 말하자 여성 카운슬러는 감개무량한 얼굴로 "그렇습니다, 말하기 시작했어요"라고 답했다.

"야마나카 군, 정말 언어화하지 않아도 치료되는 경우가 있군 그래."

오구라는 놀라워했다.

야마나카는 모래놀이치료에 대하여 이렇게도 쓰고 있다.

'모래놀이치료'는 치료자가 지켜보는 가운데 클라이언트가 그저 묵묵히 피규어를 놓는 것, 오직 그것뿐이며, 다른 많은 기법에 비해 엄청난 효과를 낸다. 이 치료법이 가르쳐준 교훈은 실로 대단하다. 이 치료는 '치료자의 임재臨在'의 중요성과 '애써 언어화하지 않아도 치유될 수 있다'는 사실, '이미지'가 치유에 도움이 된다는 사실 등을 인식시켰다.

— 같은 책

소년 Y와 이토 에쓰코의 모래놀이치료에 대하여 알게 된 지금은, 야마나카가 뜻한 바를 알 수 있을 것 같다. 회복은 언어를 꼭 필요로 하지 않는다. 그림을 그리거나 모래 위에 피규어를 놓을 때 클라이언트가 반드시 의식적인 건 아니다. 그래도 모래상자나 그림 속에서 이미지의 세계가 전개되면서, 클라이언트는 변화한다. 언어와 의식이 인간을 치료하는 것이 아니라, 언어와 의식이 매개되지 않을 때도 인간은 회복된다.

오구라 기요시를 만나 이 심포지엄에 대하여 질문했을 때, 그는 세세한 내용까지 기억하지는 못했다.

그는 "그렇다고 지어낸 얘기라는 건 아닙니다. 기억하지 못한다는 건 기억하고 싶지 않다는 뜻일 수도 있으니까요"라며 쓴웃음을 지었다.

"분명히, 언어화하지 않아도 낫는 사람은 있겠지요. 하지만 그보다 더 중요한 건 환자와 치료자가 꾸준히 만나는 치료관계입니다. 환자는 이 관계 안에서 낫는 것이므로, 언어를 사용하든 언어를 사용하지 않든 다 좋습니다. 그 사람과는 학회에서 종종 토론하기도 했고, 가와이 선생 연구실에서 열리는 공부 모임에 참석해서 여러 번 얘기를 나누기도 했지요. 옛날 일이지만, 나도 환자들에게 그림을 그리게 하거나 모래놀이치료를 하기도 했고요. 다만 두 살짜리 어린애라도 자기가 무엇이 힘든지 말로 설명할 수 있거든요. 내 입장에서 보면 뭔가 부족합니다. 인간이니까, 아무래도 언어를 쓰고 싶지요."

정신분석은 제2차 세계대전 발발 전에 도입되었다. 그러나 환자의 증상에 대한 기술記述을 중요시하는 독일의 정신의학이 일본 정신의학의 주류가 되면서, 일본에서 정신분석학은 음지에 안주하게 되었다. 정신분석학이 의학부의 강의 과목에 없었기 때문에 임상 현장에서 치료법으로 사용할 수 없었던 것 역시 큰 약점이었다.

야마나카는 말한다.

"모래놀이치료가 일본에 소개된 1960년대 중반에는 정신분석보다 칼 로저스의 비지시적 · 내담자 중심 치료가 학계를 석권하고 있었습니다. 지금의 나는 어떤 학파든 의미가 있다고 생각했기 때문에 나쁘게 말하지는 않겠지만, 그때는 로저스학파 사람들의 사례를 읽을 때마다 화가 났어요. 예를 들면 이런 식입니다.

클라이언트　　선생님 저, ○○ 때문에 고민이에요.

테라피스트　　○○ 때문에 고민이군요.

클라이언트　　맞아요.

(5분간 침묵)

클라이언트　　사실은 저 어제, ××××라는 생각이 들어서 계속 기분이 무거웠어요.

테라피스트   어제 ××××라는 생각 때문에 기분이 계속 무거웠다는 거죠.

클라이언트   네, 맞아요.

이런 대화를 끝도 없이 나누는 겁니다. 테라피스트는 클라이언트의 마음속에서 어떤 변화가 일어나고 있는지 전혀 몰라요. 받아들여지는 듯해서 안심하고 있는지, 자기 마음을 아하, 하고 깨닫는지. 그 자리에 있던 테라피스트라면 알 수도 있겠지만, 축어록만 읽어서는 뭐가 뭔지 전혀 알 수가 없습니다.

그런데 모래놀이치료는 달랐습니다. 일목요연했지요. 1회기에 이렇게 모래상자를 꾸몄습니다, 2회기 때는 완전히 바뀌어서 이렇게 되었습니다. 모래상자 왼쪽에서 계속 강조되던 게 갑자기 오른쪽으로 이동했습니다. 그때 현실 세계에서 클라이언트에게 무슨 일이 있었는지 물으면, 과연 큰 변화가 일어났던 거예요. 이미지 수준에서 전개되는 것과 현실의 사건을 정확히 기록해두면 클라이언트에게 무슨 일이 일어났는지, 모래상자를 보기만 해도 알 수 있게 되는 겁니다. 치료자가 치료과정, 다시 말해 치료법상의 프로세스를 명확히 언어화할 수 있게 되었다는 뜻이고요. 이건 우리 심리치료 세계에 일대 변혁을 일으킨 사건입니다."

실제로 클라이언트가 침묵해도, 모래상자에 전개되는 이미지를 단서로 삼으면 클라이언트의 변화를 읽어낼 수 있다. 정신분석, 로저스의 기법 등 클라이언트와 테라피스트의 대화만으로 성립되는 심리치료가 클라이언트가 침묵하면 치료 수단을 잃게 되는 것과는 대조적이다.

결국 모래놀이치료가 가져온 '내적 변화'란 환자와 치료자 두 사람이 만들어낸 것이다. 환자에게는 말로 하지 않아도 회복된다는 점에서. 치료자로서는 치료의 흐름을 명확히 했다는 점에서.

그렇긴 하나 모래상자만 보고 어떻게 클라이언트의 상태를 알 수 있을까. 심포지엄에서 오구라와 대담을 나눈 야마나카는 자신이 겪어본 적 없는 사례였음에도, 어떻게 그림만 보고도 아이의 마음을 알 수 있었을까.

"아이의 마음과 같은 마음이 되는 겁니다. 아이의 마음 안에 들어가서 그 아이가 무슨 생각을 하고 있을지 상상하는 거죠."

야마나카는 그렇게 말하고 A4 크기 도화지에 그려진 그림 한 장을 보여주었다. 검정 사인펜으로 두른 사각형 테두리 안에 식물인 듯한 그림이 있었다. 감자처럼 보이는 거대한 땅속줄기로부터 가느다란 새싹이 돋아나 지상에 가냘픈 얼굴을 내밀고 있었다. 지상에 비하면 지하가 너무 커서 균형은 별로 좋지 않았다. 하지만 야마나카는 그 그림을 이렇게 해석했다. 지상에서 보면 언뜻 허약하고, 빙빙 에둘러 가고, 가치가 있다고 할 수 없는 이파리만 드러나 있다 해도, 지하에는 헤아릴 수 없는 가능성이 있다고.

"감자에서 싹이 튼 그림에 지나지 않지만, 또 이걸 그린 아이는 이렇게 약하고, 검은 잎밖에 없고 몹쓸 아이라고들 하지만— 땅속엔 이렇게 많은 가능성이 있다는 걸 바로 알 수 있지요. 이 아이는 자폐증인데, 지하에 있는 게 엄청나요. 홍수나 화재가 일어나도 싹은 계속 나올 겁니다. 자폐증 치료는 지하에 있는 부분을 어떻게 발현시킬지가 중요하니까요. 그런 얘기가 그림 한 장에 숨겨져 있는 거죠."

그림과 모래상자로 표현하는 것만으로 어떻게 언어가 이끌려 나오는 것일까.

"언어를 끌어내는 게 아니에요. 말이라는 건 스스로 그 단계에 도달하면 저절로 나오는 겁니다. 끌어낸 게 아니고요.

여섯 살 때까지 한마디도 하지 않는 아이들이 흔히 있어요. 언어 이전의 것이 채워지지 않은 상태에서 말만 시켜서는 안 됩니다. 언어는 억지로 끌어내거나 훈련할 필요 없이, 언어 이전의 것이 충족되면 자연스럽게 샘솟습니다. 실제로 내가 맡은 사례는 모두 그랬습니다."

그림과 모래놀이치료가 언어를 끌어내는 것은 아니다. 그림과 모래상자를 매개로 치료자와 축적해온 시간과 공간이 조금씩 아이를 채워간다는 뜻이리라.

"학교 다니면서 공부할 때 정신의학 책을 많이 읽었습니다. 하지만 공부를 많이 해서 그림을 알아본다고 할 수는 없어요. 말수 적은 타로의 그림과 모래상자도 그렇고, 그 아이 말고 다른 아이들의 것도 마찬가지예요. 이미지가 변화하는 과정이 내 안에 있던 이론을 통과해 직관적으로 들어온 겁니다. 이론은 나중에 덧붙이는 거라서, 내 경험을 통해서 융은 이렇게 말했구나, 프로이트는 이렇구나, 이해해갔지요. 이런 얘길 하면 내 자랑처럼 들릴 수도 있어서 조심스럽지만, 나는 공부한 다음에 무언가 하자고 생각하지도 않았고 공부했기 때문에 할 수 있게 된 일도 거의 없었다고 생각해요."

타고난 치료자. 동료 의사들은 야마나카를 그렇게 부른다.

축어록 중中

"풍경구성법을 해버릴까요?"

나카이 히사오가 말했다.

'풍경구성법'은 나카이가 1969년에 개발하고 그 후 전국의 정신과로 보급된, 심리검사를 겸한 미술치료 기법이다. 내가 가장 받아보고 싶었던 미술치료법이기도 했다. 나는 그럴까요, 부탁드립니다, 답했다. 나카이는 스케치북의 페이지를 넘기더니 이번에는 종이를 자르지 않고서 그대로 테이블에 놓았다. 종이는 A3 크기다.

"테두리가 있는 것과 없는 것, 어느 쪽이 그리기 편한가요?"

"테두리가 있으면 제 심술궂은 부분이 나올 것 같습니다. 일부러 삐져나오게 그리고 싶달까요."

"하하, 그렇다면."

나카이가 테두리를 그리려다가 펜을 멈추고 "없는 게 나은가요?" 하고 한 번 더 묻는다.

"음, 못 정하겠어요."

"머릿속으로 주사위를 굴려보면 어때요?"

"삐져나가더라도 테두리가 있는 편이 나을 수도 있을 것 같습니다."

나카이가 "그럼" 하고 테두리를 그린다.

"순식간에 끝날 수도 있지만, 내 머리는 아직 여유가 있으니까 빨리 끝나면 이야기를 나눠도 좋아요. 아니면 귀가하셔도 좋고요."

"네, 알겠습니다."

"이제부터 말하는 걸 순서대로 그려서 하나의 풍경으로 만듭니다."

"네."

"먼저 '강'이 옵니다. 왜인지는 모르지만."

"네."

"물론 어느 방향으로 흐르든 상관없어요."

"네. 지금까지 취재나 자료에서 본 다른 분들의 그림이 떠오르는데, 저는 강이라고 하면 이것밖에 떠오르지 않아서."

"그것밖에 떠오르지 않는다면 본인의 강을 그리면 되지 않을까요?"

그럼, 하고 사인펜을 들고 강을 그린다. 종이의 중심에서부터 앞쪽으로 흘러오는 강이다. 원근법으로 그리다보니 강의 상류는 좁고 하류를 향하여 흐를수록 강폭이 넓어진다. 종이는 스코틀랜드 국기처럼 X자로 사분할 되고, 아래쪽 삼각형이 강이 되었다.

"오호……."

…….

"이번엔 '산'이요."

강에 이어 산을 그린다. 방금 그렸던 강의 오른편에 그리는데, 중턱에서 잘려 정상은 보이지 않는다. 산은 여러 개 있어도 된다고 하기에 처음 그린 산의 안쪽에 산을 또 하나 그린다. 이 산은 정상이 보인다.

"산이로군요. 이제 '논'이네요."

그리세요, 라고도 그려보세요, 라고도 하지 않는다. 이런 게 있어도 괜찮겠네요, 하는 부드러운 권유다. 조금 망설이다가 처음에 그린 앞쪽 산의 기슭에다가 논을 그리기로 한다. 원근법을 잘 표현할 수 없어서 생긴 밋밋한 형태에 불만이 남는다. 벼는 푸르게 자라고 있다.

"네, 그럼 '길'이요."

길은 별로 고민하지 않는다. 양쪽 강변을 산책할 수 있는 길과, 논 한쪽에서 산으로 올라갈 수 있는 길을 하나 더 그린다.

"길이 있으면 집이 있어도 좋겠지요. '집'이요."

집은 목조주택 느낌이다. 강변의 넓은 평지에 작은 단층집을 그린다. 하지만 왼쪽 절반만 보인다.

"집이로군요. 다음은 '나무'요. 일본어는 편리해서 '나무'를 단수로도 복수로도 쓸 수 있지요. 영어는 일일이 말해야 하지만요."

고양이 푸가 야옹, 하고 운다. 나카이가 네, 하고 대답한다.

나무는 방금 그린 집 앞에 좌우로 두 그루. 한 그루는 전체가 보이지만 한 그루는 오른쪽이 테두리에 가려서 보이지 않는다.

"하하, 나무 다음은 '사람'이겠네요."

"사람은 한 명일까요?"

"이것도 영어가 아니니까요."

"아……."

그렇구나, 하고 집 앞에 소년을 한 사람. 앞을 바라본 채 검은색 란도셀*을 메고 있으니 지금 외출하려는 것이리라.

사인펜이 종이를 스치는 소리와 푸의 울음소리만 들려온다.

"그럼 '꽃'이라도 피워볼까요."

"네."

꽃이라고 하면 계절은 언제일까. 화분을 그려야 하나, 들꽃을 그려야 하나. 조금 망설이다가 집 앞에 화단을 만들고 꽃을 피운

---

* 일본 초등학생들이 메는 네모난 모양의 책가방.

다. 피튜니아 느낌이다.

"꽃이 있으면 '동물'도 있을 법하지요."

그러고 보니 동물이 있어도 좋겠다고 생각하며, 마당에서 개가 뛰어노는 모습을 그린다. 나는 지금까지 마당이 있는 단독주택에서 살아본 적이 없다. 개도 키워본 적이 없다. 내가 생각해도 고정관념에서 비롯된 평범한 이미지구나, 하는 생각에 슬며시 한숨이 나온다. 그림을 너무 못 그려서 쥐처럼 보이지만 일단 개입니다, 라고 설명을 덧붙인다.

"네, 개네요. 동물이지요. ······이제는 '바위'나 '돌'이나 그런 거요."

화단을 둘러싸듯 작은 돌을 줄지어 놓는다. 바위는 딱히 떠오르지 않아 그리지 않았다.

"이제는 뭐든 좋으니 마음대로 그려보세요."

그림을 바라보니 산도 논도 집도 화단도 모두 가운데 강에서 오른편에 있다. 균형이 좋지 않다는 느낌이 든다. 별로 내키지는 않지만, 강 왼편에 콘크리트 빌딩을 여러 채 세운다. 빌딩 앞을 차 한 대가 달리고 있다. 행인이 여러 명 있다. 하지만 표정은 없다. 작고 멀쑥한 성냥개비 같다.

그동안 제법 긴 시간이 지난 것 같다. 이렇게 시간이 걸리다니 송구하다는 마음이 또다시 고개를 쳐든다.

"그 정도면 될까요?"

"저…… 다리를 놓고 싶은데요."

"네."

강 하류의 가장 앞쪽에 다리를 놓는다. 간단한 다리지만 난간도 있다. 이 정도면 될까.

"그럼 이제 색을 칠해서 완성해주시겠어요?"

"아, 네" 하고는 크레파스에 손을 뻗는다.

같은 계열의 색깔이 여러 개 들어 있어 고민하면서 색칠한다. 산과 논은 초록, 집의 지붕은 진초록, 문은 하늘, 마당의 꽃은 빨강과 분홍, 강 너머의 빌딩은 회색, 차는 붉은색, 강은 회색…… 칠해나간다.

그사이 나카이는 내 곁에 앉아 줄곧 그림을 지켜보고 있다. 때때로 푸의 말에 호이, 하고 대답하면서.

무엇보다 종이가 A3 크기인지라, 칠하는 데 시간이 걸린다. 그동안 대화를 나누지는 않는다. 거의 무언無言이다. 나카이의 집에 도착한 지 어느덧 한 시간이 지나고 있었다. 풍경구성법에만 30분 정도 걸렸다. 옆에 앉아 있는 것만으로도 상당히 피곤할 것 같았다[그림7].

나카이가 그림 속의 소년을 가리키며 묻는다.

"남자아이?"

"네, 남자아이입니다."

"대략 됐나요?

"네."

"이런 풍경이로군요. 그리기 쉬웠나요, 아니면."

"잡념이 섞인다고 해야 할까요⋯⋯."

"잡념이란 건 뭘 말하나요?"

"어느 자료에서 미대생의 풍경구성법을 봐서요."

"미대생도 이걸 했군요."

"네. 어느 잡지에서 본 게 인상에 남아서 저도 그거랑 비슷한 그림을 그리지 않을까, 그러면 안 되는데, 하는 쪽으로 의식이 작용했습니다."

"제가 당신이 쓴 걸 다 읽어봤는지 정확히는 모르겠습니다만, 본인은 자신의 어떤 작품이 가장 사랑스럽나요?"

혁, 사랑스러운 작품⋯⋯? 사랑스럽다, 아니다, 같은 관점으로 내가 쓴 책을 생각해본 적은 없다. 뜻밖에 내 일로 화제가 전환된 것에 당혹감을 느낀다. 잠시 생각한 다음『무어라 말할 수 없는 하늘なんといふ空』(2004)이라는 에세이집을 말한다. 이제는 쓸 수 없을 거라는 의미로요, 라고 덧붙이며.

"이제는 쓸 수 없다고요?"

"네."

"처음에 나온 건『절대음감絶対音感』?"

"아뇨, 처음에 낸 건 경륜에 관한 르포르타주였습니다."

"그건 내가 아직 모르네요."

"이십대에, 출간 예정도 없이 300페이지를 써버린 원고예요."

"이름이 알려지게 된 건요?"

"아무래도 『절대음감』이겠죠. 벌써 십수 년 전이지만."

"그 작품이 세상에 가장 받아들여진 느낌이 드나요?"

"세상이 받아들였다기보다는, 물의를 일으킨 건 아닌가 싶었습니다. 절대음감을 예찬하는 책이라고 오독하는 경우도 있었고, 음악을 모르는 문외한이 감히, 라는 말도 들었고요."

"그렇군요. 그건 몰랐네요. 나도 어린이 환자에게 절대음감이 있는지 묻곤 했지요. 그에 따라 상당히 다르니까요. 정신과 의사라도 절대음감이 있는 사람이 있고, 음악가라도 절대음감이 없는 사람이 있지요. 없는 분은 굉장히 괴로워하시고요. 자기에게 결정적인 것이 결핍되어 있다고 열등감을 느끼죠. 절대음감이 있는 음악가라도 그걸 모두 활용하는 분들만 있는 건 아닌데 말이에요. 그냥 갖게 된 거니까요. 지하철역에서 흐르는 음악에 괴로워하는 사람도 있고."

절대음감이란 기준이 되는 음 없이도 음의 높이를 맞출 수 있는 능력을 말한다. 스스로 음을 만들어야 하는 현악기를 연주할 때는 편리하겠지만, 음정이 조금이라도 맞지 않으면 신경이 쓰여서 스트레스를 받는 이도 많다. 음을 맞추는 훈련을 반복적으로 받은 사람들은 배경 음악이 계이름으로 들려 책 읽기조차 불가능하다고 한탄하기도 한다. 여러 음악가를 취재한 후 나는 절대음감은 음악적 재능과 관계없다고 결론 내렸다.

나카이는 1990년 전후 담당한 십대 소녀의 치료를 계기로, 절대음감으로 인한 유쾌함과 불쾌함을 알게 되었다고 한다. 이후 조현병, 강박성 장애로 진단받은 이들 중에 절대음감을 가진 사례가 있지는 않은지 주의 깊게 살펴보게 되었다고도 했다. 내 졸저도 출간되자마자 바로 읽어봤다고 덧붙였다.

이렇게 내 작업이 화제에 오르면 감사하면서도 불편한 기분이 든다. 일이 끝나자마자 다음 일을 진행하려고 하는 성격이라, 본래부터 과거 일을 돌아보는 걸 좋아하지 않는다. 오늘은 내가 수검자이니만큼 당연한 일인데도 제발 내 이야기는 한쪽으로 밀어두셨으면 좋겠다는 마음이 든다. 하지만 분명히 지금까지 그린 그림을 통해, 나카이는 내가 안고 있는 무언가가 일과도 깊은 관련이 있다는 점을 인지했는지 모른다.

"이 그림은 어떤 느낌이 드나요? 생각한 게 그려졌나요? 의외의 것이 나왔나요?"

"의외의 것은 나오지 않은 느낌입니다."

"그렇군요. 이건 강이고요. 탁한 것 같네요."

"아, 그러네요. 그런데 탁하게 그릴 생각은 없었어요. 제 본가가 고베시 히가시나다東灘구에 있는데요. 산과 바다가 가깝고 언덕길이 많아서 강은 어디든 급류로 흐르고, 강우량이 많지 않은 이상 웬만해서는 강바닥의 콘크리트가 보입니다. 강이라고 하면 아무래도 그 강이 머릿속에 떠올라서요. 회색은 콘크리트의 색이에요."

"그렇다는 건 고베의 강이군요."

"맞습니다. 일반적으로 강은 어떤 색깔로 칠하나요?"

"보통 고유색은 학교에서 배우지요. 강과 바다와 하늘은 파랗게, 나무는 초록. 무지개는 일곱 가지 색. 인상파는 고유색을 부정했지만요. 그림 도구가 발달한 탓이기도 하겠고요⋯⋯. 이 강은 앞쪽으로 갈수록 넓어지고 있는 건가요?"

"네, 앞쪽의 다리 한가운데 서서 상류에서 흘러오는 강을 보는 이미지입니다."

"가장 넓은 곳에 다리를 놓은 듯한."

"원근법으로 그리려고 한 거라 앞쪽이 넓은데요⋯⋯."

나는 탁한 강을 그렸다거나 강폭이 가장 넓은 곳에 다리를 놓았다는, 나카이가 말한 내용을 모두 즉각 부정하고 있다. 내 나름의 논리를 덧붙여가며. 그러나 내 무의식은 무언가를 표현하기 위해 강물을 회색으로 칠하고, 일부러 폭이 넓은 곳에 다리를 놓았을지도 모를 일이다.

"이 산은 굉장히 높아요."

"네, 높아요. 꼭대기가 안 보여요."

"강 왼쪽은 도시네요. 남자아이가 마당에 있고 개가 쳐다보고 있어요. 학교에 가려고 하는 걸까요. 꽃밭 주위에 돌이 놓여 있고. 이 길은 학교 가는 길인가."

"네, 학교가 도시에 있어서 소년은 다리를 건너다니고 있어요."

"학교는 도시에 있군요. 산의 높이는……."

"로코산六甲山의 두 배 정도일까요. 1500미터 이상은 될 것 같은데요."

그렇게 말하고는 아니다, 이 그림에서는 3000미터 이상은 될 거라고 고쳐서 생각한다.

"이쪽은 무서울 정도로 새벽의 바다네요."

나카이는 처음에 그린 자유연상화로 눈을 돌렸다. 테두리가 없는 종이에 그린, 나나오의 바다가 연상되는 그림이다. 또 한 장은 테두리가 있는 종이에 곡선으로 그린, 지도 같은 그림이다.

"이건 한반도에서 무언가를 연상한 그림인가요?"

"크기가 대략 한반도 정도가 아닐까, 한 거지 한반도 자체를 염두에 둔 건 아니에요."

"이건 이렇게 완성된 거지요."

"네."

"이게 수정구슬은 아니니까요……."

꿰뚫어보지도 맞추려 하지도 않는다는 의미일까. 무슨 말을 하려나 긴장했던 터라 어깨 힘이 빠지며 훗, 하고 웃음이 새어나왔다.

나카이는 이전에 자신이 고안한 풍경구성법 등의 미술치료법에 대해서, 결정판 격의 참고서나 일반 독자 대상의 입문서를 쓸 생각은 없다고 밝힌 적 있다. 이 점은 자신의 저서에서도 로르샤흐 검사의 예를 들며 거듭 강조하고 있다.

로르샤흐 검사는 잉크 얼룩처럼 생긴 그림을 환자에게 보여주고 어느 부분에서 무슨 모양을 봤는지 대답하도록 하는 심리 검사다. 발명자인 헤르만 로르샤흐는 이를 책으로 정리하고자 했지만, 도판의 인쇄를 놓고 출판사 측의 이해를 구하지 못했다. 결국 출간은 되었으나 로르샤흐가 원하는 형태가 아니었고, 그는 이후 얼마 지나지 않아 병으로 요절했다. 로르샤흐 검사는 결정판이 없었기 때문에 후학들에 의해 다양하게 연구되었고 때로는 비판도 받으면서 발전해왔다.

훗날 국제표준이 된 로르샤흐 검사의 채점법과 해석 체계를 발표한 존 E. 엑스너는, 만약 로르샤흐가 오래 살아 결정판을 썼다면 이 검사가 오늘날처럼 자유롭게 발전하지는 못했을 것이라고 말한다.

그와 마찬가지로 풍경구성법이 자유롭게 발전하려면 고안자가 결정판 격 해석을 쓰면 안 된다. 그것이 나카이의 생각이었다. 결국 이것만 정답이라는 해석 기법은 없다는 것이다.

나카이가 입문서를 만들지 않는 또 하나의 중요한 이유는 미술치료법의 특징 중 '이해가 쉽다'는 점이 있기 때문이다. 종이를 건넨 다음 지시에 따라 그림을 그리게 하는 건 일견 쉬운 작업이다. 자유연상화를 빙글빙글 그리는 것도, 분할하는 것도, 강, 산, 논, 길…… 순으로 그리는 것도, 아주 쉽고 간단하다. 의사, 임상심리사, 작업치료사 자격 등을 갖추지 않았어도 방법만 익힌다면 누구나 바로 실시할 수 있다. 국가 자격도 없는 데다가 단기 강습만 받고 예술치료자를 자칭하는 이도 있다. 나카이는 그렇기에 결정판은 더 위험하다고 생각했다. 특히 학교 교사들이 이 기법을 자주 쓰는 경향이 있음을 우려했다. 그게 어떤 의미인지 묻자, 나카이는 이렇게 답했다.

"선생님들은 아이들의 비밀을 알고 싶어하잖아요? 비밀을 존중하는 데에서부터 시작해야 하는 건데 말입니다."

"자, 갑자기 이 그림을 보여드리면 어떨지 모르겠지만……."

내가 처음 그린 이분할 그림이다.

"나라는 사람 앞이라서 그랬을 수도 있고……."

"네, 그건 확실히 관계있는 것 같아요."

"내 오랜 경험을 통틀어 보자면, 이렇게 두 개로 나누어 절반만 색칠한 사람은 꽤 고령이고 높은 자리에 계신 가톨릭 수녀님 한 분뿐이었어요. 수녀는 자신을 신에게 바친 사람이니 개별적인 심리, 즉 자신의 세계를 보이고 싶지 않을 수 있지요. 그런데 그분은 색을 섞지 않으셨고요. 당신은 색을 섞었네요. 그건 보이지 않는 부분이기도 하고, 가능성이기도 하겠지요."

아, 나라면 그럴 수도 있겠다 싶다.

나카이는 이어서 꼭대기가 보이지 않는 나무 그림을 손에 든다.

"살림하는 주부 중에 종이 세 장을 이어 붙여서 나무 꼭대기까지 겨우 그린 사람이 있었어요. 아이 때문에 상담을 받으러 왔는데, 추진력 있고 적극적인 분이었지요."

나라면 종이를 더 붙여도 꼭대기는 그릴 수 없을 것 같다는 생각이 스쳤다.

"이걸 당신의 이름을 모르는 상태에서 본다면 어떨까……."

나카이는 마지막 풍경구성법 그림을 오래 바라보면서 말한다.

"도회적인 곳과 고향 같은 곳 사이에 가교가 있어요. 그런데 폭이 넓은 곳에 다리를 놓았다는 느낌도 드네요. 지금 가족을 부양하고 있는 걸까요. 꼭 그러려고 했던 건 아닌데 가족들이 기대어온 거지요."

아아, 쏩쏠한 것이 치밀어 오른다.

"가계를 책임지는 훈련 같은 건 받은 적이 없고, 예정에 없었는데, 집을 책임질 수밖에 없게 되었네요. 아직 초등학생인데. 그래서 무거운 란도셀을 등에 멨을 수도 있는 것 같고요."

가슴이 두근거린다. 내가 이십대에 어머니가 뇌출혈을 일으킨 뒤, 나는 지금까지 약 20년 동안 도쿄와 고베를 왕복하는 원거리 돌봄노동을 계속해왔다. 아버지는 암에 걸려 최근 10년 동안 목소리와 혀를 잃고 일반식을 섭취할 수 없게 되었다. 이미 집을 나가 사는 형제는 어린 자식을 키우고 있기에, 내가 움직이지 않으면 무엇도 돌아가지 않는 상황이 계속되고 있었다. 특히 아버지가 최근 일 년 사이에 위독해져서, 일에는 거의 손을 대지 못하고 있었다. 아마 회사에 다니고 있었다면 퇴사하라는 압박에 시달렸으리라. 그러는 동안 나카이와도 연락이 거의 끊겼다. 그러나 연말에 아버지를 보내드리고 장례를 치른 뒤 49재까지 마친 이튿날. 취재자로서 안일한 태도라는 걸 알면서도, 나카이 앞으로 '집에 우환이 있었다'라고 설명하고 '취재를 재개했으면 좋겠다'는 편지를 보냈다.

"아버지가 돌아가시고 나서, 사실은 홀가분합니다."

"알 것 같아요."

"아직 눈물이 한 방울도 안 나오네요."

"아아……."

"고베의 화력이 약해서일까요. 아니면 화장장이 이미 오래되었기 때문일까요. 유골이 재가 되어 부서지지도 않고, 두개골과 늑골 다 노爐에서 그대로 나왔습니다. 유골함에 유골이 다 들어가지 않아서 남은 건 히요도리 공동묘지에 안치하겠다고 설명해주더군요."

"설마 형태가 생생하지는 않았겠지요?"

"생생했어요. 만약 애정 깊은 부부였는데, 남편이나 아내의 전신 골격이 무너지지 않고 그대로 나왔다면 큰 충격을 받지 않을까 했습니다. 저는 꽤 냉정하게 그 모습을 관찰하고 있었는데요, 「기아해협飢餓海峽」*이었던가, 옛날 일본 영화에 나온 외딴 화장터가 이런 촌스러운 분위기였지, 그런 생각을 하면서요."

"허허, 그건 생각지도 못했네요. ……충혈돼 있어요, 이쪽 눈."

나카이는 내 눈에 붉은 기가 섞여 있는 것을 알게 된 모양이었다.

"사흘 전부터 오른쪽 눈이 충혈돼서 혈관이 드러났는데 아프지는 않아서 방치하고 있었네요."

"아프지는 않을 거예요. 그래도 혈압 정도는 재두는 게 좋겠지요."

"아, 괜찮습니다. 걱정 끼쳐드려 죄송합니다."

나는 나카이가 환자를 볼 때 무엇보다 신체적 증상을 중요하게 진찰하는 정신과 의사라는 사실과, 정신과 의사가 되기 전에는 안과 의사로 일했다는 사실을 떠올렸다. 나카이는 도쿄대학

---

* 일본 고전 영화의 거장 우치다 도무內田吐夢 감독의 1965년 영화로 범죄물의 형식을 빌려 전후 일본사회를 적나라하게 그렸다.

분원 연구생으로 일하기 시작한 시절, 지인의 소개로 안과 의원에서 근무하면서 생활을 유지했다. 거슬러 올라가 교토대학 시절에는 바이러스 연구소에 소속된 생물학자였다. 의학박사 학위를 받은 논문의 주제도 일본뇌염 바이러스였다. 폴리오와 일본뇌염이 급속하게 종식을 향하던 시대, 분자생물학자와 임상의 사이에서 선택을 앞두고 여러 과를 견학하다가 정신과에서 환자가 퇴원하는 광경을 목격하고서 정신과 의사가 되겠노라 결심했다는 이야기를 들은 적이 있다.

눈이 충혈된 것은 별일 아니라고 생각하던 중이면서도 나카이가 신경 써서 건네준 말에 순간적으로 마음의 긴장이 풀려버렸다. 하지만 나도 모르게 바로 아, 안 되는데, 하고 현실로 돌아온다. 나는 나카이의 진찰을 받으러 온 것이 아니라 취재자로서 여기에 있는 것이다. 내게는 풍경구성법에 대하여 질문할 것이 있다.

"풍경구성법은 왜 처음에 강부터 그리도록 하는 건가요?"

"답을 아시나요?"

"구도를 먼저 정할 필요가 있어서, 라고 쓰인 걸 본 적이 있습니다."

"내 나름대로 내린 답인데, 산은 일반적이지요. 산과 강이라고는 해도 강과 산이라고는 잘 안 하듯이요. 왜 강이 먼저냐, 하면 최초의 질서를 부여하는 게 강인 거예요. 흐름이나 유역이 정해지지요. 산은 한 번에 고정되어버리는 경우가 있고요."

"왜 처음에 질서를 부여하나요?"

"생각해보세요, 아무것도 없는 곳은 질서 이전이지요."

"강은 무의식을 나타낸다고 설명한 분도 계신 것 같은데요."

"융학파에서는 그럴지도 모르겠네요."

"그런 의도는 없다는 말씀인가요?"

"그렇지요. 원래는요."

"제일 그리기 어려웠던 게 논입니다. 제가 태어나 자란 곳에는 없었기 때문에, 현실감을 전혀 느끼지 못하는 상태에서 그렸어요."

"그럴 거예요. 강이 최초로 질서를 가져오고 산이 풍경의 수평선을 결정하면, 논은 평면을 결정한다고 생각했어요. 산맥에 붙여서 논을 그린 분도 계세요."

강, 산, 논까지 그리면 구도가 결정되며 공간이 갖는 왜곡이 드러난다. 조현병 환자도 불안과 긴장이 높아지는 급성기에는 그림을 잘 그리지 못하는 경우가 많다고 한다.

"이 논 전체에 벼를 그려서 넣는 사람도 있습니다. 작은 벼를, 지도의 기호같이요. 꼼꼼한 사람들이 있어요."

"그렇군요."

같은 요소를 그리더라도 사람에 따라 크기와 위치는 물론, 선의 굵기와 방향이 다르다. 얇게 그리는 사람이 있는가 하면 대강 그리는 사람도 있다. 거리감을 잘 파악하는 사람이 있는가 하면 그렇지 못한 사람도 있다. 나는 이 그림이 잘하고 못하고를 따지는 것이 아니라는 데 새삼 안도했다.

"벼농사를 짓지 않는 나라에서는 어떻게 하나요? 논을 본 적이 없는 사람은 그릴 수 없지 않나요?"

"이 치료가 풍경에 의존하는 한, 지역성을 벗어나서 보편적으로 진행하기는 불가능합니다. 그러니 다른 곳에 사는 사람들도 그들대로 궁리하고 고민하겠지요. 서양에서는 논 대신 목장을 그리라는 선생님도 계세요. 뭐든 일반화하기엔 한계가 있지요. ……이런 얘기 피로하지요?"

"몇 번 말씀드렸다시피, 잡념이 들끓습니다. 지금까지 읽은 참고서에 있던 그림이 떠오르고, 뭔가 말도 안 되는 나 자신을 드러내버리는 건 아닌가 하는 불안도 있고, 속이지 않으면 안 된다는 생각도 있는 것 같아요. 특히 이번에는 취재자인 동시에 수검자이기도 하고 두 가지 측면이 있는데 혹시 그걸 피로라고 말씀하시는 건지……."

"어느 편집자는 그림이 정보량이 많아서 피로하다고 하더군요. 열 명의 그림을 보고 나면 토할 것 같다고요."

"다른 분의 그림을 볼 때는 읽어내야 한다는 의식이 발동하기 때문인가요."

"그럴까요. 지금까지 몇천 장은 봐왔으니 그런 생각이 있을지도 모르겠네요. 사람은 누구나 독특하니까요. 전체적으로는 파울 클레 같은 그림이 많았어요. 낭떠러지 중간에 남자아이가 서 있는 그림을 그린 클라이언트가 있었는데, 저는 아래로 떨어지지 않지만 위로도 올라갈 수 없어요, 라고 말하더군요. 멀리서 본 지구를 그려놓고는 이만큼 떨어져 있으면 제 고민도 작아 보여요, 라던 사람도 있었고요. 나는 그런 클라이언트의 말이 중요하다고 생각해요."

"그림은 메타포, 은유를 사용할 수 있다는 점이 좋다고 전에 말씀하셨죠."

"소셜 포에트리social poetry*라고 해서, 그림을 그리다보면 이 새는 날개를 데우고 있군요 하는 식의 은유가 나타납니다. 일반적인 대화에는 메타포가 없어요. 그림은 언어를 돕는 부목 같은 겁니다. 언어는 인과율을 감추고 있지요. 그림에는 인과율이 없고요. 그래서 치료에 위압감이 없어요. 그림이 치료한다기보다는, 인과율이 없는 것을 표현하는 일이 상당히 도움이 된다고 생각합니다."

"인과율이 없는 것을 표현하는 일이 왜 도움이 되나요?"

* 인간이라는 유기체가 경험하는 객관적 현실을 상상으로 표현하는 공간이자, 인간과 사회에 변혁의 길을 제시하는 장르로서의 시를 말한다.

"인과관계를 만들어버리는 건 픽션이라서, 때로는 망상에 가까워집니다. 애초에 인간의 기억력은 떠올릴 때마다 불확실한 공간을 자신이 만들어낸 걸로 채우고자 하는 경향이 있어요. 그래서 그런 식으로만 의식을 발동하면 떠오른 것들이 차례차례 맞아들어가게 되어 있어요. '일사一事가 만사萬事'라는 말이 있긴 하지만, 타인에게 질문할 때 던질 대사를 자신에게 던지기도 하지요. 누군가 내 뒷담화를 하는 것 같다, 누군가에게 쫓기는 것 같다. 그런 망상이 어쩌다 공안公安과 연결되면 공안에게 미행당하고 있다고 생각하게 돼요.

내 생각에 망상은 조현병 환자의 전매특허가 아니라, 자신과 불화하는 사람에게서 자주 일어나는 게 아닌가 합니다. 다른 일을 생각할 여유가 없을 때라거나, 당장 결론을 내야 할 때요. 하지만 공포가 사라지고 나면 망상은 딱지처럼 앉아 있다가 점차 벗겨집니다. 말로 할 수가 없게 되지요. 지금 이 방에서도 히터 소리가 나고 있죠. 그 소리가 사람들 귀에 주기적으로 들려온다 해도 이상할 게 없어요. 공포가 없으면 아무렇지도 않아요."

나도 그런 경험을 한 적이 있다. 어머니가 쓰러지고 의식 불명의 위중한 상태에 있어서, 나 또한 병원에 틀어박혀 있던 이십 대 시절의 일이다. 하루는 밤중에 홀로 본가에 있었다. 문득 부엌의 시계를 올려다보니, 초침이 8시 40분 40초와 42초 사이를 왕복하고 있었다. 전지가 다 떨어졌나 싶어 교환했지만 그대로였다. 같은 곳을 오가는 시계가 섬뜩했다.

공포가 몰려왔다. 그 시계는 내가 어릴 적, 어머니를 함부로 대하는 일이 잦던 친척 한 명이 회사의 창립기념일에 맞춰 제작한 것이었다. 시계에 어머니의 저주가 씌었다고 생각한 나는 서둘러 시계를 벽에서 내리고 오래된 신문으로 싸서 버렸다. 공포는 그것으로 사라지지 않았다. 오른쪽 얼굴에는 경련이 일었고 밤중에 가위에 눌리는 일이 반복되었다. 도쿄에서의 생활에도 여유가 없어서 피로에 찌들어 지내던 시절이었다. 시계는 그날 우연히 고장 난 것뿐인데, 그때 떠오른 모든 생각이 연결되어버린 것이다.

"지휘자 이와키 히로유키巖城宏之 씨가 어딘가에 쓰셨는데, 비행기를 타고 가다가 슬슬 후지산이 보일 때라는 생각이 들자마자 '고개를 구름 위로 내밀어~, 후지는 일본 제일의 산~' 하면서 후지산의 노래가 머릿속에 울리기 시작했다고 해요. 신칸센에서도 비와호가 보일 때가 되면 '나는 호수의 아이~' 하는 비와호 유람의 노래가 멈추지 않고 재생되고요. 꽤 많은 사람이 음악이 머릿속에 들어앉아서 좀처럼 나가지 않는 경험을 하지요. 조만간 개정될 미국정신의학협회 진단 기준이 머릿속에서 음악이 떠나지 않는 현상에 대해서도 작게 다룬다고 하는데 어떻게 될까요."*

나도 노래나 멜로디가 머릿속에서 끊임없이 재생되는 바람에

---

* 개정된 DSM-5에는 관련 내용이 실리지 않았다.

공부나 일에 집중할 수 없어 곤란했던 경험이 있다. 만약 음악이 직업인 사람이라면, 악보만 봐도 게이름이며 부르는 이와 연주하는 이의 얼굴과 몸짓까지 떠올라 시끄러워 견딜 수 없을지도 모르겠다. 신칸센과 비행기 등 좁은 장소에서 장시간 몸을 마음대로 움직이지 못할 때는 더 그럴 것이다. 진단 기준에 부기付記된다는 것은, 그 문제로 괴로워하다가 의사를 찾아 호소한 사례가 있다는 것이다.

망상은 조현병의 전매특허가 아니다. 우리가 언어를 가지고 언어의 세계에서 살아가는 한, 망상에서 도망칠 수는 없다. 그러므로 먼저 인과율에서 해방될 필요가 있다. 특히 치료 장면에서는.

스스로 수검자가 되고 나서 나는 뜻밖에도 개인적인 이야기를 쓰고 있다. 다른 날, 더 깊이 있는 견해를 듣고자 나는 나카이를 다시 찾았다. 시간이 흘러 내 그림을 객관적으로 볼 수 있는 여유도 다소 생겨나 있었다.

"미술치료법 참고 도서를 읽으면 줄기가 두꺼운 건 어떻고, 그루터기가 어떻고, 삐져나온 건 어떻고 하면서 여러 의미를 부여하던데요. 치료자 쪽에서 일부러 무언가를 읽어내고자 하면 읽을 수도 있다는 걸까요?"

"전체를 느끼는 가운데서도 의미 부여는 가능합니다. 그림의 오른쪽은 미래, 왼쪽은 과거, 위는 사회, 아래는 마음속이라고들

하지요. 예를 들면 당신이 그린 산 말인데요."

나카이는 내가 풍경구성법으로 그렸던, 정상이 보이지 않는 산을 가리킨다.

"높이를 알 수 없는 산이지요. 당신이 앞으로 올라가야 할 산이고, 지금은 마침 이제 어떻게 해야 하나 싶은, 그런 시기인 거겠지요. 뒤쪽에 정상이 보이는 산은 어쩌면 『절대음감』이라고도 할 수 있는데요. 당신은 거기에 자부심이 있지만, 그건 과거로 살짝 물러나 있네요. 지금은 그 이상의 산을 만들어야 한다는 마음이 있어도 이상하진 않을 때니까요."

아아, 그렇구나. 끝난 일은 과거에 두고 돌아보지 않기로 한 만큼 내 뒤에 서서 나를 짓누르는 압박으로 작용하고 있었을 터다. 반드시 그 이상의 것을, 이라는 생각이 정상이 보이지 않는 나무와 산으로 표현되었을 수도 있다. 나 자신을 고무하는 바람직한 부담감이라면 좋겠지만 그렇지 않을 때도 있었다. 일에 대해 칭찬받았을 때, 솔직하게 기뻐하지 못하는 내가 있다는 사실이야 항상 느끼고 있었다. 만족한 적이 없다. 만족할 수 없다. 어디까지 가야 하는 걸까. 정상이 좀처럼 보이지 않는다. 어딘가에 정상이 존재한다는 생각 자체에서 벗어나지 못한다. 담담해지고 싶지만, 집착 덩어리다.

"논이 아직 산기슭의 들판에 있네요. 노력은 아직 산 쪽에 있는데 집에서 너무 짐을 많이 지워서 힘들 것 같아요."

"논을 경작하거나 정리하는 것. 노력을 나타내는 거군요. 이미 집안 사정을 조금 말씀드리긴 했지만, 이 그림에서도 느껴지시나보네요."

"절반은 숨어 있으니까요, 집도 나무도."

"아아……."

마음이 일렁인다. 그럴지도 모른다. 단독주택도, 그 앞에 있는 나무 한 그루도, 오른쪽 절반이 잘도 잘려서 보이지 않는다. 보여주고 싶지 않아서일까, 보여줄 수 없어서일까. 그림을 그린 나조차 잘 모르겠다.

"한 남자아이가 나와 있고, 란도셀을 메고 있어요. 아직 초등학생인가요……. 처음부터 다시 공부해야 한다고 말하고 있네요. 그리고 이 강은 역시 쉽지 않아요."

그림 중심에서 앞쪽으로 흘러들어오는 회색 강을 두고 하는 말이다.

"원근법을 고려해도 갑자기 넓어지는 게 꼭 연못 같아요. 길은 전체를 연결하지 않네요. 그런 시기가 있는 건지도 모르지요. 왼쪽에 도시가 있고 오른쪽은 과거인데, 내 앞에서는 보여주고 싶지 않았을 수도 있지만……."

다시 내 그림을 바라보니 왼쪽 절반이 텅텅 비어 있다. 과거를 보여주고 싶지 않아서인가. 그럴 수도 있고, 그렇지 않을 수도 있다. 과거의 기억이 희미하다는 자각은 다소 있다. 나도 그 이유는 잘 모른다.

"강이 넓어지는 건 에너지이기도 하고. 강이 공간에 최초로 개성을 부여한다고 보면, 강물이 흐르는 것처럼은 보이지 않아요. 어느 쪽으로 흐르고 있는지도 모르겠네요."

헤매고 헤매다보니, 어느 방향으로 나아가야 할지 잘 모르겠다. 내가 처한 상황을 들켜버린 듯해서 나도 모르게 도망치고 싶어진다.

"다른 날에 그리면 또 달라질지도 모르지만요."

"산도 논도 집도 나무도, 오른쪽에만 치우쳐 있는데요. 뭔가 의미가 있을까요?"

"오른쪽이 비어 있으면 그림이 밝아 보여요. 어떤가요?"

"아, 그렇네요."

확실히 그림의 요소가 오른쪽에 몰려 있으니, 도망칠 곳이 없어 질식할 것 같다. 산도 집도 내 앞에 버티고 서 있다. 지금의 나에게 미래는 숨이 막힌다. 해야 할 일, 하지 않으면 안 되는 일이 많은데, 미래를 굳이 미리 가져와서 헐떡이는 것 같다. 그러한 이미지가 분명히 다가온다.

"이건 정말, 당신이 얼마나 고생스러운지 보여주네요."

나카이는 그렇게 말하면서 테두리를 두르지 않은 도화지에 들쭉날쭉한 직선으로 바다를 그린 자유연상화를 가리킨다. 노토반도의 나나오의 바다를 떠올리게 한 그림이다.

왜 그런 풍경을 품고 있었던 것일까. 나나오는 내가 스물다섯 살에 상경하기 직전, 어머니와 둘이서 갔던 곳이다. 어머니는 나를 출산할 때 오른 다리의 고관절 뼈가 으스러져 좌우 다리 길이가 달라졌다. 그 후로 오른 다리를 조금 끌면서 걸었다. 불편해도 아직은 잘 걷던 시절이었다. 여행지에서는 어머니와 함께 온천에도 가고 해산물도 먹었다.

그로부터 3년 후, 어머니는 뇌출혈로 인해 휠체어 생활을 시작한다. 당신의 다리로 걷는 어머니와 둘이서 여행한 것은 그때가 처음이자 마지막이었다. 란도셀을 멘 소년이 의도치 않게 집안을 책임지게 되었다면, 바로 그 여행이 분기점이라 할 수 있으리라. 하지만 그 옛날의 일은 잊고 있었다. 거의 기억하지 못하던 여행이 나카이 앞에서 갑자기 튀어나오는 바람에, 나 자신도 놀랍고 당황스러웠다. 고생을 이해해주려고 노력하는 사람이 있다는 데 안도감도 느꼈고 치유되는 느낌도 받았다.

"이건 지도였던가요?"

테두리 가운데에 곡선으로 그린, 한반도 크기의 반도 그림이다.

"뭔가 계획 단계에 있는 거겠지요?"

마치 반박음질을 하듯, 앞으로 나아갔다가도 갔던 길의 절반을 되돌아온다. 내가 살아온 방식은 분명 그렇게 지지부진하고 늘 어딘가로 가던 도중에 있었다.

"이 그림은 처음에 그린 거라 좀 그렇지만……."

나카이는 마지막 한 장으로 눈을 돌린다. 이분할하여 한쪽만 색칠한 그림이다. 나카이의 긴 정신과 인생을 통틀어 이런 사례는 두 명밖에 없었고 내가 그 두 번째라고 말했던, 그 그림이다. 수검자가 된 나를 가장 잘 드러낸다고 느껴져서 가장 신경 쓰인 그림이기도 하다.

아무리 글 쓰는 일을 한다고는 해도 신인일 때는 내가 무엇을 느끼든, 하고 싶은 말이 따로 있든 없든, '나'를 지우라는 요청을 받는 일을 계속해왔다. 지금도 다른 사람을 인터뷰할 때는 내 존재를 지우는 지점에서 출발한다. 내가 나카이의 수검자가 된 후에도 여전히 속마음을 열어 보여주려 하지 않은 것은, 자기 억제가 습성이 되어버렸기 때문일 거라고 짐작했다. 그러나 한편으로 내가 이미 아주 오래전부터, 어린 시절부터 그런 사람이었으리라는 사실도 어렴풋이 알았다.

"가톨릭 수녀가 아님에도 자신을 보여주지 않네요."

"네, 지난번에 그렇게 말씀하셔서 생각하고 있었습니다. 저는 자기 노출을 거부하는 걸까요?"

"거부한다기보다, 못 하지요."

"……그럴지도 모르겠네요."

시계 초침이 왕복하는 모습에 공포를 느꼈을 때처럼, 망상과 환각으로 괴롭던 나날을 떠올리며 쓴 「마음의 시간축」이라는 에세이가 있다. 그 무렵 나는 도쿄에서 혼자 살기 시작했는데, 근처 의대에서 파견한 심료내과 의사가 단골 내과 진료소에 비상 근으로 출근하면, 간호사가 일부러 전화를 걸어 '내원하라'고 할 만큼 정신적으로 불안정한 날들을 보내고 있었다. 대기실은 언제나 만석이었으므로, 차분히 내 이야기를 할 여유도 없었다. 진료 시간은 몇 분 정도. 하지만 원래 그런 것으로 생각했기에 불만은 없었다. 약을 몇 종류 타왔지만 어디가 안 좋았는지, 대체 무슨 약을 먹고 있었는지 전혀 기억이 없다.

그 에세이가 수록된 책이 『무어라 말할 수 없는 하늘』인데, 희한하게도 나는 질문을 듣고 바로 그 책이 내 작업 중에서 가장 사랑스럽다고 대답했다. 그런데도 지금은 쓸 수 없을 거라고 부연한 이유는 '나에 대하여 그 이상으로 쓰는 것은 불가능하며 당신(나카이)에게도 말씀드릴 수 없습니다'라는 저항이자 자기방어가 아니었을까.

말해봐야 알아주지도 않을 텐데. 내 이야기 같은 걸 애초에 누가 들어주겠어. 그런 체념은 아무래도 어릴 적부터 있었던 것 같다. 내가 그런 가정에서 자랐다는 뜻일까. 그때는 부모님도 젊었다. 경제적으로도 고생이 심했다. 부모님을 이해하며 내가 참으면 된다고 생각했다. 가족에게도 타인에게도 내 고민을 털어놓는 일은 거의 없었다. 언제나 나 스스로 문제를 해결해왔다고 생각했다. 내면을 언어화하지 않았다. 아니, 언어화할 수 없었다. 나의 그런 태도가 반대로 가족과 친구들에게 어떤 마음을 느끼게 했고, 어떤 영향을 미쳤을지는 상상해본 적도 없다. 만약 어린 시절에 나카이를 만났다면 어땠을까. 어른이 되어 망상으로 괴로워하던 시절에 만났다면 어땠을까.

대략 40분, 전후 준비를 포함하면 1시간 반. 나는 나카이의 지시에 따라 그저 그림만 그리면 되는 조용한 시간을 보냈다. 함께 나눈 말수는 적었지만 오호, 하는 응답도, 내게 직접 건네는 말이 아닌 혼잣말 같은 중얼거림도, 품에 안긴 듯 포근했다. 나카이가 고양이 푸의 울음소리에 호이, 답하고 가다랑어포나 구운 김을 주는 모습들은 내가 서둘러 색칠할 필요는 없다는 무언의 배려처럼 느껴져서 초조한 기분이 누그러지는 듯했다.

그림을 감상하며 주고받은 대화에서, 나는 나카이의 한 마디를 계기 삼아 내 안의 쓸쓸한 부분을 직면하게 되었다. 그 쓸쓸한 부분조차 아직 절반 이상은 숨기고 있다고 했다. 나카이에게는 무언가 보일지도 모르지만, 그것을 억지로 열고자 하지는 않았다. 절반 이상 숨긴 채로 살아갈 수밖에 없었던 나를 알아야 한다는 걸까. '그럴 수밖에 없었다'라고 덮어버리는 것이 아니라 그럴 수밖에 없었던 내가 지금까지 어떻게 살아왔는지, 타인에게 어떤 영향을 미쳐왔는지 떠올려보았다. 그러자 내가 그때 그렇게 힘들고 숨 막혔던 이유가 그것 때문이었구나, 하고 하나하나 짚이는 대목이 있었다. 나카이에게 다녀오기 전과는 전혀 다른 풍경이 눈앞에 펼쳐진 듯, 이상한 해방감이 솟구쳤다.

제5장

모래와 도화지

———

1969년 12월 22일, 도쿄 신주쿠 우시고메야나기초牛込柳町에 자리한 정신과 병원, 신경연구소 부속 세이와靑和병원 강당에서 제1회 예술치료연구회가 열리고 있었다. 초겨울, 찬바람이 부는 날이었다.

이날 가와이 하야오는 연구회를 주재하는 세이와병원 의사 도쿠다 요시히토德田良仁의 초청을 받아서 간토 지역 정신과 의사들 앞에서 모래놀이치료를 소개하기로 했다. 모래놀이치료에 대한 정신의학계의 반응이 아동정신의학 영역에 한정되어 있다는 아쉬움에, 연구회 창립 멤버 중 한 사람이자 빅터 프랭클의 『죽음의 수용소에서』 번역자로 알려진 시모야마 도쿠지霜山德爾가 가와이의 명성을 듣고서 그를 발표자로 추천한 것이다.

예술치료연구회는 정신의학과 심리학의 경계를 허물고 학파를 초월하여, 예술의 관점에서 인간을 고찰하고자 하는 이들의 모임이었다.

이전 해 롯폰기의 중화요리점 운로에서 열린 발기인 모임에 참가한 멤버는 도쿠다와 시모야마 외에도 도쿄의대 치과대학의 시마자키 도시키島崎敏樹, 미야모토 다다오宮本忠雄 등이 있다. 연구회는 각 지역에서 활동했으나 조직화하지 못했던 회화, 조형, 음악, 연극, 시 등의 예술치료법 이론과 실천 사례를 연구·발표하여 널리 보급하려는 목적으로 설립되었다. 도쿠다 등은 연구회를 조직하면서 전국적인 설문조사를 벌여 예술치료의 실태를 조사하고, 교토학파*의 권위자인 교토의학부 정신의학강좌 교수 무라카미 마사시村上仁에게도 동참을 요청하는 등 뜻있는 임상심리학자의 참가를 독려했다.

인턴제도 폐지에 항의하고 연수의研修医에 대한 처우 개선을 요구하는 도쿄대학 의학부 투쟁을 시작점으로 전국 대학에 학생운동이 파도처럼 번지던 한가운데, 그해의 도쿄대학 입시는 취소되었다. 인체실험과 간호사의 환자 폭행, 집단 린치 등 정신과에서의 불상사까지 발각되었다. 이에 5월 가나자와에서 개최된

---

* 20세기 초 교토대학 철학과를 중심으로 불교적·일본적 관점에서 서양 사상을 해석하고 비교함으로써 새로운 사상 체계를 구축하고자 태동한 일본의 철학 학파.

일본정신신경학회에서 이사장 등에 대한 불신임안을 제출하면서 사태는 더 심각해졌다. 심리학 분야에서도 자격 인증을 놓고 시작된 논란으로 인해 일본 최대의 일본임상심리학회가 분열하고 대규모 회원 탈퇴가 이어지는 등 혼란이 극에 달했다.

한편, 예술치료연구회의 모태인 세이와병원은 도심 일각에 자리하면서도 드넓은 녹지에 둘러싸여 있었다. 그곳만은 세상의 움직임과는 인연이 없는 듯 차분한 분위기가 감돌았다.

환자는 폐쇄 병동에 수감하고 화장실은 바닥에 구멍만 뚫어놓은 푸세식. 도쿄대학 교수 우치무라 히로유키内村裕之는 그처럼 열악한 정신과병원에 환자를 입원시키는 실태를 참을 수 없었다. 세이와병원은 우치무라가 정신과의 시설 개선을 목표로 삼고 설립한 병원이었다.

우치무라는 일고一高*시대에 4강으로 불리던 와세다早稲田, 게이오慶応, 제3고第三高等學校, 가쿠슈인學習院을 쓰러뜨리고 전국 제패를 달성한 민완 투수로, 일본야구기구NBP의 커미셔너로도 재임 중이었다. 그는 당시 가장 친한 친구이던 요미우리신문 사주인, 쇼리키 마쓰타로正力松太郎의 기부를 받아 숲이 울창하게 우거진 우시고메야나기초의 구다이묘大名** 저택을 현재 병원 부지

* 일본 근대화 초기 구제舊制학제에 입각해 설립된 제일第一고등학교를 줄여서 이르는 말. 현재의 도쿄대학 교양학부, 지바千葉대학 의학부 및 약학부 등의 전신이다.

로 사들였다. 우치무라는 재단법인을 설립하고, 당시로서는 획기적인 완전개방형 병동을 현실화했다.

입원환자 중에는 대학교수와 음악가, 소설가들이 있어서 여느 병원과는 달리 학구적인 분위기가 흘렀다. 도쿠다 과장은 상근직이 되기 전부터 환자에게 그림을 그리게 했으므로, 그림이 치료에 미치는 효과를 실감하고 있었다. 도쿠다 본인도 그림 그리기를 즐겼지만, 다른 이에게 취미로서 권유하진 않았다. 그저 지극히 자연스럽게, 환자가 자발적으로 응할 때만 권했다. 우치무라는 도쿠다가 예술을 대하는 태도를 지지하며, 연구회 창립에도 찬성했다.

제1회 예술치료연구회 당일, 80명 정원의 강당이 꽉 차지는 않았다. 그러나 정신과 의사나 심리학자는 물론이고 간호사와 작업치료사, 교육 관계자 등이 참여하면서 아쉬운 대로 성황을 이루었다. 의사가 중심인 미국과 유럽의 예술치료학회와는 달리, 의사를 비롯한 타분야의 관계자들이 격의 없이 참여했다는 점이 큰 특색이었다.

운영진으로는 도쿠다 등 발기인 모임의 멤버와 가와이 외에도, 훗날 '모리타 치료'*의 소개자로 알려진 이와이 히로시巖井寬, 작가와 화가들의 정신병리를 정신분석학으로 해석한 저서로 이름을 알린 나카노 히사오中野久夫 등이 참여했다. 교토학파에서는 후지나와 아키라藤縄昭, 가토 기요시加藤清의 이름도 있었다. 대학 분규 확대 여파로 각 학회 일정이 대부분 취소되던 시국에 갈 곳을 잃은 에너지가 이 작은 연구회에 집결된 듯했다. 가와이 하야오는 이날의 세 번째 연사였다. 가와이가 연단에 서자 사회를 맡은 시모야마가 마이크를 잡았다.

그럼 세 번째 순서로 덴리대학의 가와이 선생님께 모래놀이 치료법에 대하여 청해 듣겠습니다. 가와이 선생님에 대해서는 소개를 올릴 필요도 없을 것 같습니다만, 선생님은 아주 오랜 시간 공부를 하시고 스위스 취리히에 가서서 일본인 최초로 융의 치료를, 정신치료법의 자격을 취득하신 분입니다. 그리고 오늘날, 도라 칼프라는 분이 만든 모래놀이치료를 일본에도 소개하셨으며 아주 열정적으로 여러 활동을 하고 계십니다.

저는 가와이 선생님이 귀국하신 후 취리히에도 가보았습니다. 선생님의 명성이 아주 대단했습니다. 칼프라는 분, 이분도 과거에 괴테가 묵은 적이 있다는 교외의 아주 오래된 집에 살면서 모래놀이치료 일을 하고 계십니다. 아주 기대되는 바입니다.

그러면 가와이 선생님, 부탁드리겠습니다.

---

* 일본의 정신과 의사 모리타 마사타케森田正馬가 창시한 동양적 정신치료 기법.

─『예술치료芸術療法』(1970) 1권, 이하 동일

시모야마의 소개를 받은 뒤, 가와이가 인사를 했다.

먼저 밝혀야 할 내용이 있습니다. 지금 연구회 이름이 예술
치료라고 되어 있는데요. 도쿠다 선생님이 이 모임에 참여
해달라고 말씀하셨을 때, 저는 '치료는 하지만 예술 쪽은 능
력도 관심도 없습니다'라고 말했습니다. 그래도 꼭 와달라
고 하시기에 여기 참여하게 되었습니다. 이제 슬라이드를
보여드릴 텐데, 보시면 아시겠지만 모래놀이치료는 별로 예
술적이지 않습니다. 지금까지 선생님들이 소개해주신 것 같
은 훌륭한 작품은 없으니 큰 기대는 하지 마시길 바랍니다.

가와이는 먼저 모래놀이치료와 지금까지 예술치료로 인식되
던 것 사이에 확실히 선을 그었다. 가와이에 앞선 두 사람의 발
표에서, 첫 번째 사람은 '일본의 고흐'라고 불린 야마시타 기요
시山下淸의 회화 등 일본 화가의 작품을 다루었고, 두 번째 사람
은 에드바르트 뭉크 등 서양화가와 음악가들의 작품을 소개하며
천재 작가의 정신병리를 읽어내고자 했다. 둘 다 표현병리학과
병적학病跡學의 관점에 입각한 발표였다. 그러나 가와이는 자신
의 발표가 천재들의 병리와는 전혀 관련이 없을뿐더러, 심지어

그에 관심조차 없음을 밝혔다. 그는 이렇게 두 발표자와 자신 사이에 선을 그으면서, 예술치료를 병적학으로 오해하는 현장 참가자들에게 일침을 날렸다.

먼저 가와이는 모래놀이치료의 역사를 간단히 설명했다. 영국의 소아과 의사 로언펠드가 개발한 세계기법이 기원이라는 것. 로언펠드는 프로이트의 딸 안나 프로이트 등 정신분석학자 일파가 주장하는 전이의 해석 없이도 아동에 대한 치료가 가능하다는 사실을 증명하기 위하여, 즉 정신분석에 대한 안티테제로서 이를 고안했다는 것. 다음으로, 도라 칼프가 이를 배워 스위스로 가져온 뒤 융 심리학 개념을 도입하여 발전시켜왔다는 것. 가와이는 스위스에 유학했을 때 칼프의 모래놀이를 알게 되었고, "일본인은 감각적이라고 해야 할까요, 직관적이라고 해야 할까요. 딱 봤을 때 '잘은 모르겠지만, 알 것 같은 경험'을 아주 잘하니까" 잘만 활용하면 치료에 모래놀이를 도입할 수 있겠다고 생각해서 모래놀이를 일본에 들여와 모래놀이치료법이라 이름 붙인 것 등등.

가와이는 여기까지 단숨에 말한 다음, 흰색 모래만 깔린 모래상자 슬라이드 한 장을 띄웠다. 그는 모래놀이치료란 어디까지나 심리치료법의 일환이고 클라이언트가 원할 때에 한해서 실시하며, 결코 무리하게 요구하지 않는다는 점을 강조했다.

우리는 이 같은 표현의 바탕이 되는, 테라피스트와 환자 사이의 인간관계를 매우 중시합니다. 그 두 사람의 관계 위에서 표현이 나타난다는 걸 아주 중요하게 생각해서 '우리가 보지 않는 동안에 상자를 만들고 있으세요' 같은 방식은 절대 하지 않습니다. 1시간 또는 45분이라는 치료 시간 내에 환자가 피규어를 놓고 싶으면 놓고, 놓고 싶지 않으면 놓지 않는 방식을 채택하고 있습니다.

가와이는 모래상자를 해석할 때 융과 칼프의 이론을 따르긴 하지만, 자신은 그에 회의적이라고 토로하면서 실천가들이 저마다 다양한 이론을 만들어도 좋지 않겠느냐고 주장했다.

저는 전반적으로 의심이 많은 사람이라서 그런지, 책에 쓰여 있는 것도 바로 신뢰하지 않는 것 같습니다. 그게 실제로 일어나기 전까지는 별로 신뢰하지 않고, 일단 해보자는 사고방식이 강합니다. 그래서 막상 일본에 모래놀이치료를 도입했을 때는 이론적인 내용을 별로 언급하지 않았고, 일단 관계를 중시하면서 부딪쳐보는 방법을 선택했습니다.
그래서 다양한 작품이 나왔습니다만, 역시 융 같은 데 그대로 실렸을 법한 그림도 있고, 거기 쓰인 대로 나오지 않은 그림도 있습니다. 저는 환자의 공부가 부족해서 이렇게 나오는 게 아니냐고 농담하곤 합니다.

융이 말한 대로 그림이 나오지 않는다면, 환자가 융 심리학을 제대로 공부하지 않았기 때문이다. 가와이는 그런 농담으로 현장을 웃겨놓고서는 바로 진지한 얼굴로 돌아왔다. 그는 설령 환자가 내 마음처럼 피규어를 놓지 않는다고 해도 우리 치료자는 이론에 얽매이지 말고 해석이 아닌 감상을 해야 한다, 환자와의 그러한 관계성에 치료의 근원이 있지 않을까 한다, 고 말했다.

어쨌든 직접 보시는 편이 빠르겠지요.

가와이는 슬라이드를 띄우기 시작했다. 흰색 모래만 깔린 상자, 치료자들이 고심하여 수집한 피규어를 세워둔 선반, 이어서 환자들의 모래상자가 소개되었다. 인형과 나무의 균형을 신경 쓰다가 결국 인형은 놓지 않고 하코네箱根* 풍경을 꾸민 강박성 장애 성인. 완전히 다른 두 세계를 만든 조현병 환자. 우울 삽화 일 때 학교공포증으로 오진된 아동이 맥락 없이 피규어를 놓은 모래상자도 있었다. 만약 환자가 공격성이 극명히 드러난 모래상자를 꾸몄다면 증상을 악화시키지 않도록 도중에 중단하는 게

* 가나가와현에 있는 관광·휴양 도시.

좋다. 학교공포증의 경우는 좌우로 분할된 공간의 우측 세계가 매우 빈곤한 작품 유형이 많다. 가와이는 그렇게 말했다. 흔들린 사진이 나오자 "잘 모르겠다 싶은 사례에서는 사진이 이런 식으로 찍힙니다" 말해서 참가자들을 열광시켰다. 발표가 예정 시간을 상당히 초과한 채로 끝나자, 시모야마가 재량껏 질의응답을 진행했다.

참가자　모래상자에 사용되는 모래의 색이 여러 가지 있었는데요. 그 경우 특별한 것을 준다거나, 직접 고르게 한다거나, 같은 배경이 있는 건가요?

가와이　칼프 씨는 흰 모래와 검은 모래를 둘 다 준비했습니다. 그러고서 아이들에게 고르게 한 것 같습니다.

우리는 그 정도로 엄격하지는 않아서, 대체로 쉽게 구할 수 있는 모래를 사용합니다. 그리고 미리 말씀드렸어야 하는 걸 잊고 있었습니다만, 이 슬라이드 쇼에는 제가 치료한 사례뿐만 아니라 교토시 카운슬링 센터에서 진행한 작품도 꽤 섞여 있습니다. 그래서 모래의 색깔이 다르기도 합니다.

그리고 모래의 색이 아주 달라 보이는 건, 모래가 달라서라기보다는 사진을 찍는 방법이 달라서라고 봅니다. 칼프 씨의 사례가 더 고운 모래를 사용했고요.

참가자　등교거부 학생의 경우, 오른쪽 세계에서 문제가 일어난다고 지적하셨습니다. 그 문제가 주로 쓰는 손 문제와 관련이 있습니까?

가와이 주로 쓰는 손 문제, 이런 경우에는 통계적으로 왼손잡이인 사람만 시켜본다거나 하는 실험을 해보면 좋을 것 같습니다. 지금으로서는 우리도 그런 실험을 하지는 않습니다. 해볼 필요는 있을 듯합니다.

시모야마 혹시 또 다른 질문이…… 그럼 시간도 꽤 지났으니 이와이 선생님 발표로…… 감사합니다.

시모야마가 다음 강연의 진행자인 이와이 히로시에게 배턴터치를 했다. 참석자들은 무대를 내려가는 가와이에게 박수를 보냈다. 박수갈채라고까지는 할 수 없는 박수, 그것은 '잘은 모르지만 이걸 받아들여야 한다'는 당혹감이 섞인 반응이었다고 할까. 가와이의 발표를 들으며 현장의 모습을 지켜보던 도쿠다는 그 순간을 이렇게 회상한다.

"예술치료를 하려는 사람들은 학파와 파벌에 얽매이지 않고, 비판을 배제하지 않습니다. 친화적이라고 해야 할까요. 그래서 넓은 영역을 자기 안으로 받아들여야 한다는 무의식이 작동했다고 생각합니다. 프로이트학파나 융학파 같은 학파에 휘둘리면 미술, 음악, 행동 분야 모두가 '해석 불가능한 것이 된다'는 저항감이 이미 존재했기 때문입니다. 그래서 나도 가와이 선생님의 이야기에 거부감이 없었달까요. 이런 것도 필요하구나, 있어도 괜찮겠구나, 그런데 어떻게 치료에 도입하면 좋을까 생각했지요."

표현이 나타나는 과정이 중요하다. 병을 앓는 본인이 자발적으로 무언가 표현한다면, 행여 거기에 작위적인 요소가 있더라도 그 작위성 자체가 환자가 호소하는 고뇌의 본질이라면, 무엇을 수단으로 하든 무방하다. 그렇다면 어떻게 치료에 도입해야 하는가. 환자에게는 심리검사처럼 강제적이지 않으면서 치료자에게는 진단의 재료가 되는 것. 두 조건을 모두 만족시키는 수단이 있다면 그것은 환자에게 치료적이라고 할 수 있는가. 환자에게 해를 가하지 않고, 회복을 방해하지 않고, 치료에 효과적이라고 할 수 있을지가 중요하다고, 도쿠다는 생각했다.

치료적인가, 그렇지 않은가. 이후 예술치료에 매진하고자 하는 임상 전문가들에게 이 문제는 커다란 과제가 된다.

"가와이 선생님 아니십니까."

제1회 연구회를 마친 가와이가 찬바람이 휘몰아치는 우시고메야나기초의 교차로에서 방향을 몰라 헤매고 있을 때, 한 남자가 말을 걸어왔다.

"가시는 곳까지 안내하겠습니다. 저는 동생분의 동기인 나카이라고 합니다."

나카이 히사오였다.

"아, 이쓰오逸雄의."

가와이는 나카이가 남동생 이쓰오와 교토대학 의학부 동기임을 알고는 이내 미소 지었다. 이날의 숙소는 게이오선 쓰쓰지가오카つつじヶ丘에 있었다. 같은 노선에 나카이의 집이 있었으므로, 두 사람은 중간까지 동행하게 되었다.

나카이는 가와이의 강연에 깊은 영감을 받았다. 가와이는 이날 조현병 환자의 모래놀이치료 해석의 어려움에 관한 슬라이드 한 장을 보여주었다. 그는 조현병 환자가 종종 모래상자 안에 선반을 둘러 에워싼 다음 그 안에 피규어를 놓는다고 설명했다. 모래상자가 이미 나무틀로 만들어졌는데도 조현병 환자는 상자의 사방에 선반을 세워 둘러싼다. 나카이는 이 사실에 흥분하여 가와이에게 질문하던 자신의 모습을 훗날 이렇게 기록한다.

가는 도중 도내都内 버스와 게이오선 사이에서, 선생님과 나는 누가 먼저랄 것도 없이 앞다투어 이야기를 주고받았다. 나는 주저 없이 질문했다. 예를 들어 "조현병 환자분들의 슬라이드에서, 상자 틀 안의 사방을 울타리로 에워싼 뒤 장난감을 놓기 시작하는 사진이 있었습니다. 선생님은 조현병 환자분들의 의식이 울타리 바깥에 있을지도 모른다고 하셨는데요, 혹시 이미 만들어진 틀만으로는 안전하다는 감각이 부족하기에, 그 틀을 따라 울타리를 둘러서 안전을 강화한 것이 아닐까요"하고 말했다. 선생님은 지체없이 "맞아, 맞아, 그렇죠"하고 답하셨다. 이렇게 공통으로 인식한 순간이 시작점이 되면서, 우리 대화는 쓰쓰지가오카 역에 도착할 때까지 계속되었다. 종점 게이오 하치오지八王子까지 동행했다 해도 이야기는 끝나지 않았을 것이다.

— 『심리치료법 대화心理療法對話』(2008)

조현병 환자 중에는 '나와 주변의 경계가 모호한 것 같다' '주변이 나를 향해 침습해온다' '내 생각이 주변에 새어나가는 느낌이 든다'고 호소하는 이들이 있다. 환자가 틀 안에 두른 울타리는 자신을 지키기 위한 바리케이드 같은 의미가 있지 않을까. 나카이는 생각했다. 그리고 실제로 지금까지의 경험을 보았을 때, 조현병 환자 중에는 도화지에 굳이 테두리를 그린 다음 그림을 그리는 사람과 그리는 도중 어느새 액자처럼 테두리를 그리는 사람이 있었음을 깨달았다.

바로 내일 병원에 가서 테두리를 두른 도화지와 테두리를 두르지 않은 도화지 두 장에 그림을 그리게 한 다음 차이를 살펴보자. 나카이는 그런 아이디어를 떠올렸다.

당시 나카이는 정신과 의사가 된 지 4년 차였다. 도쿄대학 분원 의국원으로 근무하면서, 환자들의 말수가 줄어들곤 하는 회복과정에서 그림을 활용하는 아이디어를 실행하며 시행착오를 겪던 중이었다. 같은 도쿄대학 정신의학교실에 있던 심리학자 호소키 데루토시細木照敏에게 환자의 로르샤흐 검사를 의뢰한 다음, 나카이 본인이 직접 검사 결과를 예측하고 확인하며 심리검사 공부도 병행하고 있었다.

나카이가 병동을 걸으며 구상한 것은 개별 연구를 통해 모델을 만드는 작업이었다. 모델을 만드는 작업이란 일반화를 뜻한다. 대상은 당시 아직 혼돈 속에 있던 정신분열증, 즉 현재의 조현병 환자였다.

발표된 연구를 훑어보니 이상 현상에 주목하는 의학의 특성 덕인지 망상과 환각 등 조현병의 특이 증상은 거의 모두 논문에 기재되어 있었다. 그러나 증상 상호 간의 관계, 신체 증상과의 관련성은 전혀 밝혀진 바가 없었다. 심지어 발병부터 회복까지, 시간에 따른 변화를 조망해볼 수도 없었다. 환자는 대개 발병한 후에 병원을 찾기 때문에 발병과정을 직접 관찰할 기회는 적다. 그러나 회복과정이라면 관찰할 수 있을 것이다. 그런데도 왜 관찰되지 않았던 걸까.

그런 의문을 품은 나카이는 환자와의 상담을 거듭하며 간호 일지를 읽다가 회복하는 과정에 놓인 환자들이 말을 거의 하지 않는다는 사실을 발견했다. 환각을 보거나 망상에 고통받는 급성기의 환자는 자신의 상황을 어떻게든 언어로 전달하고자 한다. 이 시기에는 의사와 간호사도 주의 깊게 대응한다. 그러나 증상이 점점 가라앉다가 사라져가는 회복과정의 환자는 병과의 싸움으로 에너지를 거의 다 써버린 터라 말을 거의 하지 않는다. 그러므로 의사와 간호사가 이 침묵을 간과하는 것도 어쩔 수 없는 일이었다.

나카이는 연구를 위하여 회복과정에서의 신체 증상을 유심히 관찰하고, 가능한 경우에는 환자와 이야기를 나눴다. 신체에 일어나는 느낌, 예컨대 여유가 있는지 초조한지 등 섬세한 부분에 집중했다. 그가 바이러스 학자 시절의 상식을 활용하여 그래프를 그릴 수 있는 단계까지 갔을 때, 나카이는 '이제 됐다'라고 생각했다. 여기서 말하는 그래프란 진행과정을 일어난 순서대로 한눈에 볼 수 있도록 다양한 증상과 변화를 나타내는 연표 같은 것이다.

그러나 그래프를 그리려면 데이터를 수집해야 한다. 임상심리사로서 환자에게 해를 끼치거나 무용한 일로 성가시게 하는 것은 본말전도다. 치료도 방해하지 않고, 환자도 언제든 거절이 가능한 방법은 없을까. 그런 생각을 하고 있을 때, 환자 두 사람이 나카이 앞에서 자발적으로 그림을 그리기 시작했다.

한 사람은 조현병으로 진단받은 19세의 청년이었다. 그는 조

현병의 특징적인 증상 중 가장 고통스럽다고 하는 자명성自明性*
의 상실로 괴로워하고 있었다. 건강한 사람이라면 일상에서 자
연스럽게 흘려보낼 일에 과도하게 신경을 써서 안심하지 못하는
증상이다. 그는 무언가에 꽂혀 국어사전을 찾아보고, 했던 말을
다시 하고, 또다시 바꿔 말하는 무한 반복에 빠져들었다. 얇은
도록에 실린 그림을 따라 그리다가, 국화꽃을 가리키면서 "저게
띄엄띄엄 보여요"라고 울상 짓기도 했다. 하지만 시간이 지나면
서, 그림은 모사에서 자발적인 모양으로 변했다. 꽃 가운데로 나
비가 여러 마리 오가는 그림도 있었다. 색채분할화도 그렸다. 멀
리서 본 지구를 그리고서, "이만큼 떨어져 있으면 제 고민도 작
아 보여요"라고 말한 사람이 바로 이 청년이다.

　스스로 그림을 그린 또 한 명의 환자는 조울증, 지금으로 말
하면 양극성 장애를 앓는 젊은 여성이었다. 조증 삽화일 때는 몇
시간이고 쉼 없이 말하면서도 이야기가 정리되지 않았다. 원래
근면하긴 했지만, 뭔가를 하지 않고는 가만히 있지 못하는 행동

---

* 독일의 정신병리학자 볼프강 블랑켄부르크가 주창한 개념으로 보통 '자연적인
자명성의 상실der verlust der natürlichen selbstverständlichkeit'이라고 한다. 일반적으
로 인간은 태어나면서부터 세계의 실재에 대한 자연적인 신뢰를 갖고 그것을 당
연하게 인식하는 데 비해, 조현병자(분열병자)는 이를 당연하게 인식하지 못하는
상태에 있다. 즉 자연적인 자명성을 상실한다. 조현병 증상 중에는 망상이 가장
대표적으로 알려져 있지만 자명성의 상실이야말로 실제로 환자들이 가장 어려움
을 겪는 증상이다. 자기 감각의 변질 또는 왜곡이라고도 할 수 있다.

강박의 영향으로 종일 영문 타자 연습을 할 때도 있었다.

그러던 어느 날, 나카이는 타자를 잘못 친 용지에 눈티 같은 간단한 그림이 그려져 있는 것을 발견했다. "네가?" "네" "이런 것도?" "이런 거라면 그릴 수 있어요."(「분열병의 정신치료」, 1989). 그 후로 그녀가 나카이에게 건네는 그림은 차츰 단순한 것에서 아주 공들인 것으로 변해갔다.

두 사람의 그림은 나카이에게 큰 충격을 주었다. 병적이고 불가해한 그림과는 완전히 다른, 의미와 감정과 호소로 가득 찬 그림들이었다.

나카이는 1967년, 도쿄대학 분원에 이어 조후시에 있는 아오키青木병원 상근의가 된 이후로, 과묵한 클라이언트에게부터 가볍게 그림을 권하기 시작했다. 무리하게 강요하지는 않았다. 언제든 그만둘 수 있는 여지를 남겨두었다. 당시 서서히 도입하기 시작한 기법이 바로 색채분할법과 자유연상법 등 쉬운 미술치료법이었다.

분열병과 담판을 짓겠다.

교차로에서 가와이 하야오에게 말을 걸었을 때, 나카이 히사오는 그러한 목표를 가지고 한창 시행착오를 반복하고 있었다.

가와이와 대화를 나눈 이튿날, 나카이는 곧바로 아이디어를 실행에 옮겼다. 자유연상법으로 그림을 그린 환자를 한 사람씩 불러 도화지를 건네준 다음 환자가 보는 앞에서 종이의 가장자리에 사인펜으로 테두리를 친 뒤에 그림을 그리게 했다.

'테두리 기법'(축어록 상上 참조)이 탄생하는 순간이었다.

환자들은 지금까지 그려본 적 없는 그림을 그리기 시작했다. 비망상형이라 불리는 파과형 조현병(사춘기부터 청년기에 걸쳐 발병하며 감정 표현의 결락이 주요 증상이다) 청년은 사회 복귀를 앞두고 늘 콘크리트 빌딩과 고속도로 풍경만을 그렸었다.

그러나 테두리가 있는 도화지에 그린 그림은 완전히 달랐다. 큰 강이 왼편 위부터 오른편 아래로 조용히 흐르고, 강 중류에는 세 군데의 모래톱이 있었다. 모래톱에 생명의 징후는 없었지만, 양쪽 강변에서는 풀이 그럭저럭 자라고 있었다. 강 그림은 청년이 이전까지 그려온 생경하고 기하학적인 선과는 달리 은밀하고 쓸쓸한 구도였고, 색은 부드럽고 담담했다. 강에 다리가 놓이지는 않았지만, 청년은 "저 위쪽에는 다리가 있어요"라고 말했다.

청년은 이어서 테두리 없는 도화지에도 그림을 그렸다. 이전과 같은 시가지 풍경이었는데 왼편에는 민가, 오른편에는 빌딩이 있었다. 한가운데 도로에는 차가 달리고 왼편에 있는 집의 지붕 아래로 한 사람이 들이닥쳤다. "도로 건너편으로 가고 싶은데 건널 수가 없어요"라고 청년은 중얼거렸다.

망상형 조현병(성인이 된 이후 발병하며 환각과 망상이 주요 증상)* 청년도 그림을 그렸다. 이 청년은 언젠가 사람들을 놀라게 할 만한 문학작품과 철학대계哲學大系를 완성하는 날을 꿈꾸며,

유명한 평론가를 찾아다니고 음악가의 흉상을 수집하는 일상을 보내고 있었다. 이 청년은 테두리가 있는 도화지에는 귀여운 강아지를, 테두리가 없는 도화지에는 그랜드 피아노가 놓인 무대 앞에 수많은 청중이 앉아 있는 공연장을 그렸다.

"하지만 연주자는 끝내 나타나지 않아요."

청년은 그렇게 말했다.

예전에는 그리지 않으려고 했던 환자가 그림을 그리기 시작하는가 하면, 반대로 테두리에 격하게 저항하며 "무슨 흉내를 내는 거야"라고 버럭 화내는 환자도 있었다. 테두리가 있으면 보호받는 듯하여 그리기 쉬운 사람이 있고, 반대로 그림 그리기를 강요받는 듯 느끼는 사람이 있는 걸까. 물론 환자가 그림 그리기를 자유롭게 거절할 수 있도록 했고, 강요는 하지 않았다.

이렇게 하여 나카이는 테두리의 유무를 나누어 두 장의 도화

---

* 조현병의 아형subtype은 증상만을 기준으로 분류된 것으로 주로 19세기 후반에 규정되어 오랫동안 널리 사용되었다. 그러나 단 한 가지 아형에만 속하는 환자가 거의 없는 등 타당성과 유용성에 의문이 제기되어 현재는 DSM, ICD 모두 조현병 아형을 삭제하고 더는 사용하지 않는다. 과거에 사용된 대표적인 조현병의 아형은 다음과 같다. ① 망상형 조현병: 망상과 환각 모두 또는 둘 중 하나를 특징으로 하며 편집형 조현병으로도 불린다. ② 와해형 조현병: 와해된 언어와 행동, 둔하고 마비되거나 부적절한 정동을 보이며 해체형으로도 불린다. 이전에는 파과형 조현병이라 불렸다. ③ 긴장형 조현병: 가장 두드러진 특징이 강직된 자세나 혼미 등의 행동장애일 경우 진단되지만 현재는 드물다. ④ 단순형 조현병: 망상이나 환각은 나타나지 않고 관심과 의욕의 점진적 상실, 감정 둔화를 특징으로 하며 DSM-IV 이후로는 개별 질병으로 포함되지 않는다.(E. 풀러 토리, 『조현병의 모든 것』, 정지인 옮김, 심심, 2021 참조)

지를 사용하는 '테두리 유무법枠付け二枚法'으로 조현병 환자들의 회복과정을 추적함으로써 한 가지 가설을 얻었다. 테두리가 있으면 내면적인 것, 예컨대 숨겨진 욕구와 공격성·환상 등이 나타나고 테두리가 없으면 외면적·방어적이며 허영심 있고 현실에 끌려다니는 이미지가 나타난다. 테두리에 격렬한 분노를 표출한 환자가 있던 이유도 내면의 표출을 권하는 데에서 말미암은 공포를 느꼈기 때문이리라. 그는 추측했다.

거칠게 표현하자면 테두리가 있는 그림에 환자들의 내향적인 면이, 테두리가 없는 그림에 외향적인 면이 나타난다. 몇 주 동안 '테두리 없음'에는 새를, '테두리 있음'에는 계속해서 물고기만 그려온 환자에게 "이 새는 지금 날아가려고 하는 건가, 조금 더 날개를 데우고 나서 날려고 고민하는 건가?" 물으면, 답은 언제나 후자였다.

'테두리 없음'에는 빛나는 초록 안에 똬리를 튼 뱀이 혀를 날름거리고 있었는데 '테두리 있음'에는 바닷속을 유영하는 해파리가 있었다. 생명력은 활기를 되찾는 중이지만, 내면에서는 붙잡을 곳 없이 불안정하게 떠다니는 느낌이 들었는지도 모르겠다. 물론 이것은 가설이고, 환자에게는 언제나 중립적인 태도로 질문하며 유도신문을 하지 않으려고 주의했다. 이 테두리 유무법은 나만의 '특기' 중 하나가 되었다.

나카이는 가와이를 만나고 1년 뒤인 1970년 12월 21일, 같은 신경연구소 부속 세이와병원에서 열린 제2회 예술치료연구회에서 처음 조현병 환자에 대한 그림 활용을 주제로 발표했다. 이 발표는 '정신분열병자의 정신치료에서 그림의 사용—특히 기법의 개발로 발견된 지견知見에 관하여'라는 제목의 논문으로 정리되어 이듬해 간행된 학술지『예술치료』에 수록되었다.

이 논문은 100여 명의 환자가 그린 대략 4000장의 그림을 바탕으로 작성되었다. 정신과 의사가 된 나카이 히사오가 학술 전문지에 발표한 첫 번째 논문이다. 훗날 나카이의 연구와 통하는 키워드로 가득하다.

우선 나카이는 정신의학이 정신질환자의 그림활동에 착안한 이후 100년 동안의 역사를 돌아보며 두 가지 문제점을 지적하고 있다.

첫째, 무엇보다 임상 현장에서의 철저한 연구가 부족하고 일반화에 대한 지향성이 희박하다. 일반화에 대한 지향성이 희박하다는 것은 특수한 일개 사례나 흥미 있는 사례를 수집할 뿐, 과학적인 시점이 없다는 의미다.

조현병 환자의 그림활동을 논하려면, 환자가 허락하는 한에서 파과형과 망상형 등 모든 유형의 경과를 추적하고 환자 한 명한 명의 생활사, 인생사를 파악하여 이를 치료에 살리는 태도를 갖춰야 한다. 그러한 의미에서 나카이는 간호 기록을 중요한 데이터로 보았다. 서두에서 "끊길 듯 말 듯한 선 하나와 이른바 '예술성' 높은 작품이 '철학적으로 대등'하다고 여길 수 있는 준비가 필요하다"라는 문장을 적음으로써 연구의 출발점이 어디에 있는지를 밝히고 있다.

기존 그림 연구의 또 한 가지 문제점은 이 논문 직전에 일반 잡지 『유레카』에 기고한 「정신분열병자의 언어와 그림」이라는 에세이의 다음 한 구절에 집약되어 있다고 볼 수 있다.

> 정신병리학은 분열병자의 언어가 얼마나 왜곡되어 있는지 기술해왔다. 그러나 아마도 그것은 진짜 질문이 아닐 것이다. 진정으로 물어야 할 질문은 분열병의 세계에서 언어가 어떻게 가능하냐는 것이다.
> ―『나카이 히사오 저작집 1권: 정신의학의 경험 분열병中井久夫著作集1卷 精神医學の經驗分裂病』(1984)

정신병리학이란 정신질환의 정신 증상을 명확하게 기재하고 진단학의 관점에서 정리·분류하며 발전해온 정신의학의 기초 분야다. 지금까지 정신병리학의 역사는 환자의 언어 왜곡을 잘라내 망상이라 이름 붙이고, 이것이 어떻게 왜곡되어왔으며 얼마나 이질적인지에만 주목했다. 그러나 임상 현장에서는 언어적이든 비언어적이든 치료자와 환자 사이에 어떤 식으로 교류가 가능하게 만들 것인지가 중요하다. 그렇다면 그림도 마찬가지 아닐까. 그동안 정신과 의사는 환자의 그림에 나타나는 이질성과 특수성에만 주목해왔으나, 정말 중요한 건 의사와 환자가 그림을 통해 어떤 식으로 교류할 수 있는가의 문제가 아닐까. 나카이는 그렇게 생각했다.

그림의 수준은 묻지 않는다. 독특함과 아름다움에 얽매이지 않는다. 그림이 어떻게 왜곡되어 있는가가 아니라, 어떻게 가능한가를 묻는다. 충분한 관계를 유지하는 환자가 대상이지만 언제든 거절할 수 있도록 배려한다. 치료적인 의의가 있는지 늘 질문한다.

나카이가 특히 주의 깊게 다룬 부분은 치료자로서 환자를 어떻게 대할 것인지였다. 그가 염두에 두던 이미지는 침묵하는 조현병 환자 옆에 가만히 앉아 반나절을 보내던 스위스 태생의 간호사, 거트루드 슈빙의 접근법이었다.

슈빙은 담요에 싸여서 살아 있는지조차 알 수 없던 한 소녀 곁에 매일 같은 시간 찾아와 앉아 있었다. 긴 시간 침묵하던 소녀는 어느 날 "당신은 내 언니인가요?"라고 묻는다. 슈빙은 소극적인 자세를 무너뜨리지 않고, "아니요"라고 대답한다. "그런데" 하고 소녀가 이어서 말한다. "당신은 매일 저를 만나러 와주잖아요, 오늘도 그렇고, 어제도, 그제도!"

슈빙의 저서 『정신병자의 영혼으로의 길A way to the soul of the mentally ill』(1954)의 서두에 기록된 조현병 환자 앨리스의 증례다.

나카이는 이 접근법과 똑같이 아침부터 저녁까지 환자 곁에 그저 조용히 앉아 있었다. 밤에는 곁에서 자기도 했다.

나카이는 조현병 발병 직전에서 발병 직후, 환각과 망상이 나타나는 시기, 흥분과 혼미를 반복하는 긴장증의 시기, 긴장증 시기를 지나 환각망상이 소실되어가는 시기, 만성으로 진행되는 시기 등 과정별로 그림의 경향성을 추적하여 전체를 부감하고자 했다. 즉, 그림은 개별 심리검사로서 존재하는 것이 아니라 환자 각각의 역사, 인생사를 통시적으로 다시 파악하기 위한 단서였다.

그 무렵 나카이가 모래놀이치료에서 시사점을 얻고 개발하여 이 논문에 처음으로 발표한 것이 풍경구성법이었다(축어록 중 中 참조). 그는 강연 중 가와이가 "조현병 환자에게 모래놀이치료를 활용할 때는 늘 신중해야 한다"라며 도라 칼프를 인용한 말을 듣는다. 그는 환자에게 모래놀이치료를 실시해도 좋을지 안전성을 테스트하는 예비 검사로서, 모래상자라는 삼차원을 종이라는 이차원 위에 표현하는 방법을 고안해냈다. 모래상자를 목수에게 의뢰하여 제작하는 며칠 사이에 일어난 일이었다.

풍경구성법의 큰 특징은 다른 심리검사처럼 수검자의 심리적 특성을 발견하는 게 아니라 심리치료법 적용이 가능한지를 판단하기 위해 개발되었다는 점이다. 풍경구성법에서는 "이제부터 말하는 것을 순서대로 그려서 한 장의 풍경화로 완성하세요"라고 지시하고, 치료자가 지켜보는 동안 강, 산, 논, 길, 집, 나무, 사람, 꽃, 동물, 바위, 돌, 마지막으로 좋아하는 것을 무엇이든 그리게 한다. 그렇다면 왜 강이고 산, 논인가. 나카이는 이렇게 말하고 있다.

우선 요소를 순서대로 말해봤습니다. '이렇게 하자'고, 요소의 순서를 그 자리에서 결정했지요. 단순한 발상이었어요. 우선 대략적인 풍경부터. 왜 '강'부터 시작했는가. 이건 자주 듣는 질문입니다. 그때 생각하기로는, '산'에서 시작하면 처음부터 구도가 결정되어버린다는 느낌이 있었던 것 같습니다. (…) 다음으로 '논'이 온 것은 바로 전에 본 가와이 선생님의 모래놀이치료 슬라이드의 영향이 컸어요. '길'도 아마 그랬을 거고, 가와이 선생님의 "분열병인 사람은 강에 다리를 놓지 않는다"라는 매우 인상적인 지적이 머릿속을 울리고 있었기 때문이기도 합니다. 그리고 '집'과 '나무'와 '사람'. 이건 앞서 호소키 선생님에게서 배운 HTP를 하던 때의 영향이 있습니다. 다음으로 '꽃'과 '동물'(생물이라고 하는 게 편하긴 하지만)은 점경點景이 필요하기도 했고, 가장 일반화한 표현을 하고 싶었기에 결정했습니다. 나중에 '돌' 또는 '바위'를 추가한 건, 이렇게 무거운 것도 소용이 있으리라 생각했기 때문이고, (…) 그럼 왜 '꽃'이 먼저인가. 동물이 가장 충격적인 요소이리라 생각하기도 했고, H→T→P의 순서가 식물→동물 순이니까, 그대로 반복하지 않는 게 나을 것 같다고 생각했을 겁니다."

— 『나카이 하야오 저작집 별권1 H.NAKAI 풍경구성법

中井久夫著作集別卷1 H・NAKAI風景構成法』(1984)

HTP라는 것은 H=집, T=나무, P=사람을 그리는 검사법으로 수검자의 가족 이미지와 대인관계를 파악할 수 있는 성격검사다. 나카이는 이 논문에 앞서 심리학자 호소키 데루토시 등과 공동으로 세 장의 종이에 세 종류의 방법으로 HTP를 그리는 '통합 HTP법'을 개발했는데, "HTP를 했다"라는 구절은 그 사실을 가리킨다.

나카이는 호소키 등과 상의하여 모래놀이치료는 적어도 회복 과정의 후기에 있는 환자부터 적용하되, 미리 엑스레이를 찍어보듯이 더 안전한 풍경구성법을 먼저 실시해보고자 했다.

그러자 상당히 회복된 환자를 포함하여 망상형 조현병 환자는 중력이 있는 공간에서는 불가능할 만큼 강하게 왜곡된, 키메라적인 풍경을 그리는 경우가 많다는 사실을 알게 되었다. 파과

형 환자들은 망원경으로 바라보는 듯한, 대상과 거리를 두는 외로운 풍경을 많이 그렸다. 정합성은 확보되었으나 생기가 부족했다. 한자를 쓰듯이 강川, 산山, 논田……식으로, 구성을 완전히 포기한 채 요소를 열거하듯이 그려나가는 사람도 있었다.

결국 같은 조현병 환자라도 파과형과 망상형은 공간 구성의 특징에서 뚜렷한 차이를 보인다는 사실이 밝혀졌다. 모래놀이치료법을 적용해도 될지 테스트하는 차원에서 고안된 예비 검사였지만, 막상 실시해보니 모래상자와는 전혀 다른 효과를 발견한 것이다.

이듬해인 1971년 11월 20일, 나카이는 모든 유형의 조현병 환자들을 꾸준히 관찰한 결과를 조치대학에서 열린 제3회 예술치료연구회에서 '그림을 통해 본 정신장애인, 특히 정신분열병자에서의 심리적 공간의 구조'라는 제목으로 발표했다.

여기서 나카이는 자유연상법과 풍경구성법을 통하여 조현병의 각 유형과 그 밖의 정신장애 환자를 각각 비교·연구했다. 자유연상화는 무엇을 그리든 자유롭게 수정할 수 있고 우열을 판단하지도 않지만, 풍경구성법은 이미 그릴 요소가 정해져 있고 전체적으로 하나의 풍경을 구성해야 하기에 공간의 왜곡이 나타나기 쉽다는 특징이 있다. 이때 그는 대조적인 두 개의 기법을 통하여 파악한 문제점을 일반화함으로써 조현병 환자의 심리적 공간이 어떠한지 알아보고 그 문제점을 고찰하고자 했다. 고흐의 작품에서 병리를 읽어내고자 하는 병적학과는 전혀 다른, 과학적인 기법을 통한 접근이다.

연구 결과, 자유연상화법이든 풍경구성법이든 사용한 목적과는 관계없이 조현병 환자는 여느 정신장애인과 다른 기본적인 특징이 있다는 사실이 드러났다.

조현병 환자는 그림을 그리는 데 필요한 시간이 매우 짧고 정정과 수정을 전혀 하지 않는다. 즉, 망설임이 없다. 색을 섞지 않고 단일한 색으로 그리거나 음영이 없는 것 또한 우울증과 알코올 의존증 등의 기벽자들과는 다른 점이다. 색채에 따라 거리감을 부여하는 것이 아니라 곧잘 '진공세계와 같은 인상, 또는 배경적인 인상'을 준다. 자신이 놓인 상황을 조망할 수 있는 형태로 그리는 것도 커다란 특징이다.

다시 말하면 조현병 환자는 상황에 영향을 받기 쉽고 그것이 그림으로 나타나기 쉽다. 낭떠러지 중간에 있는 남자아이를 그리고 "더는 아래로 떨어지지 않지만, 위로도 올라가지 못해요"라고 말한 사람처럼. 도화지 테두리에 영향을 받기 쉽다는 점도 관련이 있다.

또한 의존증 등의 기벽자가 그림을 그리면 과할 정도로 의미를 부여하는 것과는 달리, 조현병 환자는 그림에서 거의 침묵한다. 공백을 효율적으로 쓰지 못해서 공백은 그저 공백인 채 놓여 있다. 이러한 몇 가지 특징은 자유연상화보다 풍경구성법에서 더욱 명확히 드러난다.

나아가 나카이는 이전 해의 논문에서 발표한 파과형과 망상형의 특징을, 평면적으로 나열하여 조용한 인상을 주는 H형과 비정형적이고 키메라 지향적이며 혼란한 인상을 주는 P형으로 분류·정리했다. 나카이는 왜 환자들이 세상을 그렇게 그리는지, 그들 입장에서 고찰해보고자 했다.

파과형 환자가 개성 또는 자발성을 회피하기 위하여 기하학적이고 왜곡되지 않은 원경遠景을 그리는 것은 그들이 현실의 인간사를 싫어하듯이 전체와 관련된 귀찮은 선택을 회피하려는 지향성과 관련 있지 않을까. 망상형 환자가 전체 균형과 거리감이 고려되지 않은 풍경을 그리는 것은 전체를 보지 않고 억지로 나열한 선택을 하는 지향성과 관계가 있지 않을까. 그리고 이러한 지향은 모두 그들이 살아가기 위한 전략이 아닐까. 나카이는 그렇게 짐작했다.

이날 발표는 이미 예정 시간을 훌쩍 넘겨버렸다. 그런데도 나카이는 준비한 슬라이드의 절반 정도밖에 보여주지 못했다. 나카이가 시간을 초과했다고 알리는 사회자의 말에 당황하자, 현장에서 "공부합시다" 하는 응원의 목소리가 들려왔다.

"그 목소리는 아마 미야모토 다다오 선생님의 것이었던 것 같습니다."

오키나와 의료법인 이즈미회 이즈미병원 이사장, 다카에스 요시히데高江洲義英는 그렇게 기억한다.

당시 도쿄의과대학 치과대학에 다니던 다카에스는 학내 분류로 인해 학부 2학년부터 4학년까지 제대로 강의를 들을 수 없었던 세대에 속한다. 그는 5학년이 되어서야 비로소 시마자키 도시키와 미야모토를 사사하고, 3회부터 예술치료연구회에 참가했다.

그는 표현병리학과 병적학 분야의 의사가 절반 이상을 차지하는 연구회에서, 발표 때마다 청중석에 앉아 그 연구가 과연 치료적인 의미가 있는지 질문을 던져서 연사들을 허둥지둥하게 만들던 젊은 의사였다. 나중에 야마나카 야스히로가 참석했을 때는 "서쪽의 야마나카, 동쪽의 다카에스"로 불리며 발표자들의 두려움을 샀다. 그런 다카에스가 보기에도 나카이의 발표는 누구와도 다른 자극을 주었다.

"당시 조현병은 낫지 않는 병이라고 인식되어왔습니다. 어쩌다 보니 내가 수련을 갔던 병원의 환경이 열악했어요. 조르기 기술에 또 조르기 기술을 당하고, 철창살로 둘러싼 보호실에 손이 묶인 조현병 환자가 있었지요. '로보토미'라고 해서, 뇌의 신경을 절제하는 외과수술을 당하고 후유증을 얻은 환자도 있었습니다.

일주일간 당직을 섰을 땐 권총을 가져와서 다 죽여버리겠다고 협박하던 환자 때문에 힘들었는데, 원장이 오니까 갑자기 직원 여럿이 합심해서 그 환자를 제압하고는 전기 쇼크를 팍.

이런 치료가 있구나 하고 충격받았습니다. 정신과 의사는 이런 일을 해야 하는 건가, 싫다, 이런 건 하고 싶지 않다 그랬어요. 어쨌든 이런 병원 환경은 반드시 바꿔야 한다고 생각했습니다.

그런 때 예술치료와 만난 겁니다. 초등학교 때부터 지금까지 오키나와의 전통 무용을 배워왔기에 춤이 정신에 작용한다는 걸 이미 체득했고, 대학에서도 류큐琉球 정부* 시절의 재미있는 옛날 민요를 배우기도 했거든요. 그래서 이거라면 나도 해볼 수 있을 것 같다, 그렇게 생각했습니다.

그런데 그 당시는 학회가 연달아 해체되는 시국인지라 예술치료연구회도 어차피 누군가가 해체하겠지 했어요. 환자에게 그림을 그리게 하고 의사와 환자가 같이 노는 것처럼 보이는 치료, 또는 그런 연구 주제를 선택한 발표에 대고 그게 치료인지, 환자에게 해는 없는지, 반反치료가 아닌지 질문한 겁니다. 연구만 할 거라면 병적학으로 가라는 거였지요. 그래서 그 학회가 시끄럽다고 나간 사람들도 있을 거예요.

하지만 나카이 선생님은 각별했습니다. 원래 바이러스학을 전공했고 정신의학 쪽에서 온 사람이 아니라서 발상이 쿨하며, 여느 사람들과도 완전히 달랐습니다. 그날 발표가 길어졌어도

---

* 1952년부터 1972년까지 오키나와 본섬을 중심으로 한 통치 기구로 오키나와가 일본에 반환되면서 사라졌다.

내가 질문을 하고 싶었으니 시간 연장에 이의가 있었을 리가요. 병원으로 돌아가자마자 따라해봐야겠다고 생각했어요."

1976년 이후에야 가능해지긴 했지만, 당시 나카이의 발표에 자극을 받은 다카에스는 풍경구성법을 실천하게 되었다. 요소 간 거리감을 '간격間合い'이라고 명명하여, 조현병 환자의 풍경화에 나타나는 공간의 역동성이 '나'와 나를 둘러싼 '주변'과 관계된 공간의 역동성과 밀접하게 관련되어 있다는 사실을 발견했다.

'간격'이란 사람과 사람, 사람과 사물이 가까워지거나 멀어지는 등의 연결 형태를 말한다. 조현병 환자가 일반적으로 어떤 공간 체험을 하는지, 각 유형의 특징을 그림을 통하여 이해한다면 치료자는 그들이 적당한 거리를 두도록 독려할 수 있다. 풍경구성법은 처음 발표된 이래 이미 각 병원에 도입되고 있었으나 다카에스는 풍경구성법의 치료 효과를 더 명확히 증명했다.

어느 날, 가와이 하야오가 나고야 시립대학에서 모래놀이치료를 실천하고 있던 야마나카 야스히로에게 전화를 걸어왔다. 야마나카의 기억으로는 1972년경의 일이다.

"나카이 히사오 군이라는 재미있는 의사가 있어. 도쿄에서 모래놀이치료 얘길 한 뒤로 자주 전화해서 이것저것 질문하는데, 야마나카 군, 어떤 사람인지 아나?"

그전에도 『유레카』에 게재된 에세이를 읽어서, 나카이의 이름은 알고 있었다. 학회지는 족족 발행이 정지되는 상황이었으므로 논문은 읽은 적이 없었다. 가와이의 설명을 들어보니 굉장히 독특한 인물인 듯했다. 그의 풍경구성법에도 관심이 생겼다.

"능력 있는 사람이니 우리 동료가 되어주면 좋을 텐데 말일세."

미술치료를 하고 있던 야마나카는 가와이의 그 한마디를 듣고 바로 나카이에게 전화를 걸었다. 나카이는 야마나카가 가와이의 지인이라는 사실을 듣자 바로 흉금을 터놓고 시원시원하게 응했다.

야마나카는 이날의 대화를 선명하게 기억하고 있다. 나카이는 예술치료연구회에서의 가와이와의 만남으로 거슬러 올라가, 아오키병원의 환자에게 모래놀이치료를 실시했던 사례를 예로 들면서 자신이 어떻게 풍경구성법에 착안했는지 들려주었다.

"그래서 야마나카 군, 어떻게 됐을 것 같아요?"

"나빠졌지요, 선생님?"

"맞아요. 전원 다 안 좋아졌어요. 대체로 좋아져서 사회 복귀를 고려하던 환자들에게 시켜봤는데, 전부 나빠졌어요. 왜 나빠진 것 같아요?"

"모래가 문제 아닐까요. 모래가 무너진다는 거요. 모래에는 무

너지는 이미지가 있잖아요.「한 줌의 모래—握の砂」*도 생각나고요. '생명 없는/모래의 슬픔이여/스르륵 하고/손에 쥐면/손가락 사이로 흩어지는……' 모래라는 게 흩어지기 쉽지 않습니까?"

"바로 그거예요. 하지만 왜 나빠졌는지를 파고들면 나을 수 있어요. 거기서 착안한 게 풍경구성법이라는 새로운 방법이에요. 모래놀이로 환자들이 안 좋아지면 안 되니까 모래놀이치료를 시작해도 되는지 안 되는지 확인하는 검사예요."

"알려주세요, 선생님."

"순서가 있어요. 우선 지금부터 말하는 걸 그려보세요, 라고 말하고 강, 산, 논, 길……."

나카이는 풍경구성법의 순서를 야마나카에게 가르쳐주었다.

임상 사례를 축적해가는 가운데 야마나카가 특히 감명받은 그림은 어느 파과형 조현병 남성 환자가 그린 풍경이었다. 22세의 그 남성은 말하는 요소를 모두 도화지 왼쪽 아래의 구석 자리에, 심지어 야마나카가 그린 테두리의 바깥에 그림을 그렸다. 테두리와 종이 가장자리 사이의 매우 좁은 공간이다. 산도, 강도, 나무도, 사람도 모두 작았지만, 형태만은 그대로 정성껏 그려넣었다. 끝으로 "그럼 마지막으로 그리고 싶은 게 있으면 그려보세요"라고 말한 순간이었다. 남성은 왼쪽 아래 구석의 작은 그림으

---

* 1900년대 초 일본의 천재 시인이라 불린 이시카와 다쿠보쿠石川啄木의 단카 제목.

로부터 테두리 안쪽을 향하여 작은 다리를 놓고 이렇게 말했다.

"선생님, 저도 다른 사람들과 같은 세계에 있고 싶어요."

이 환자는 치료할 수 있다. 야마나카는 그렇게 확신했다.

1973년, 나카이는 그간의 연구를 바탕으로 훗날 가장 널리 알려질 대표적인 논문을 발표한다.

제목은 「정신분열병 상태에서의 관해과정—그림을 병용한 정신치료를 통해 본 종단적 관찰」. 통칭 '관해寬解과정론'이라 불리며 1974년 도쿄대학 출판회가 간행한 『분열병의 정신병리 2 分裂病の精神病理』(1974)에 수록된, 65페이지짜리 논문이다. 이 논문을 제대로 읽으려면 논문이 쓰인 배경부터 짚어볼 필요가 있다.

무대는 도쿄대학 교수 도이 다케오土居健郎를 중심으로 '분열병의 정신병리'라는 주제 아래 매년 2월에 개최되는 워크숍(이하, '분열병 워크숍').

도이는 정신분석의 메카인 미국 메닝거 재단 정신의학교와 샌프란시스코 정신분석연구소에서 엄격한 수련을 받은 정신분석의 권위자다. 그는 유학 중 '아마에甘え'라는 키워드에 주목하여, 일본인의 심리와 사회 구조를 '아마에'와 그 변용을 근거로 풀어낸 『아마에의 구조』를 1971년 출판했다. 이 책은 엄청난 베스트셀러 반열에 올라 세계 각국에서 번역되었다.

'분열병 워크숍'은 당시 대학 분규의 여파로 일본정신병리 ·

정신치료학회가 폐쇄된 이후에 몇몇 학자가 소수 인원이라도 합숙하면서 토론해보고 싶다고 요청하여 개최된 연수회였다. 도이 외에 니혼대학 교수 이무라 쓰네로井村恒朗와 교토대학 교수 무라카미 히토시村上仁, 나고야대학 교수 가사하라 요미시笠原嘉, 독일에서 귀국하여 나고야시립대학에 교수로 초빙되기 직전이었던 기무라 빈木村敏의 이름도 있었다. 그야말로 일본 정신의학계를 대표하는 멤버가, 정신질환 최대의 난관으로 인식되던 조현병의 분석과 치료에 도전한 자리였다.

나카이는 대학원의 '도이 세미나'를 계기로, 이 쟁쟁한 교수진이 모인 워크숍에 참가하게 되었다.

도이는 도쿄대학 의학부에 처음 설치된 보건학과 정신위생학교실의 제2대 교수로 취임하여 두 곳에서 연구회를 개최하고 있었다. 하나는 도쿄대학 대학원의 정신치료연구회, 통칭 '도이 세미나'이고, 또 하나는 '수요회水曜會'라고 하여 선택된 사람만이 참가할 수 있는 닫힌 공부 모임이었다.

대학원의 '도이 세미나'는 증례 발표자가 아무리 면밀하게 준비해와도 발표가 끝나자마자 도이의 날카로운 질문 세례를 받아야 하는 엄격한 연구회였다. 발표자는 "그때 클라이언트가 뭐라고 말했나" "그래서 자네는 어떻게 대답했나" 등의 질문 폭격에는 흠씬 두들겨 맞곤 했지만, 생각지 못한 관점이 열리는 감동과 흥분을 맛볼 수 있다는 점도 이 연구회의 묘미였다.

도이의 교수직 취임과 같은 시기 도쿄대학 분원의 강사 겸 병동 의사장醫師長이 된 나카이는 한 환자의 회복 사례를 도이 세미나에서 발표했다. 투레트 증후군*이라고 하여 일본에서는 당시 보고된 사례가 있을까 말까 한 드문 증례였다. 나카이는 그런 사실을 모른 채 그 환자와 마주 앉아 그림을 그리게 했다. 발표에서는 환자의 그림을 수십 장 붙여놓고 그림을 근거로 삼아 병증의 경과와 환자의 가족관계 등을 설명했다. 그중에는 가족을 괴물로 표현한 그림도 있었다. 나카이가 약으로 할로페리돌이라는 항정신병 약물을 처방했다고 했을 때였다. 도이는 놀란 표정으로 말했다.

　"투레트 증후군인데 어떻게 할로페리돌 같은 걸 알고 있나?"

　"지금까지 써온 약을 제외하다보니 우연히 알게 됐습니다."

　이유는 잘 알 수 없지만, 이후 나카이는 누구보다 더 도이의 마음에 들게 되었다. 나카이는 엄격한 도이 세미나에서 유일하다고 해도 좋을 만큼 꾸지람을 듣지 않는 멤버가 되었고, 매월 1회 수요일에 세타가야구 노자와野澤에 있는 도이의 사저에서 열리는 수요회에도 참석하게 되었다.

　'분열병 워크숍'의 모체가 된 것은 이 '도이 세미나'와 수요회,

---

*　자신의 의지와 상관없이 특정 행동이나 소리를 반복하는 틱 장애가 만성화된 장애를 말한다.

그리고 한 달에 한 번 '마루노우치선丸の内線 그룹'이라 불리는 의사와 연구자들의 공부 모임이었다. 마루노우치선 그룹의 정식명칭은 '니혼대학 확대연구회'이고, 나카이가 소속된 도쿄대학 분원과 아오키병원, 이무라 쓰네로가 있는 니혼대학 쓰루가다이병원, 미야모토 다다오가 있는 도쿄의과대 치과대학 사람들로 구성되어 있었다.

'분열병 워크숍'은 이처럼 다양한 인적 네트워크가 얽혀 있는 가운데서 탄생한 연구회였다.

워크숍이 매년 2월에 열리는 이유는 숙소인 이타미 지역의 료칸 '이와타야'의 숙박비가 비수기에 저렴해지기 때문이었다. 첫날인 금요일에는 저녁부터 시작하여 오후 10시경까지 두 사람이 발표했다. 참가자 전원이 발표해야 하는 회칙이 있었고, 한 사람당 종료 후 질의응답까지 약 두 시간을 썼다. 도쿄대학 출판회 편집자가 맥주와 주먹밥, 단무지, 다과 등을 넣어준 뒤 토론이 재개되면 인정사정 봐주지 않는 의견과 질문이 여기저기서 날아들었다. 새벽 2시 무렵이 되어서야 처음 잠자리에 드는 사람이 나올 만큼 모두가 열심이었다. 이튿날 아침에도 조식 후 발표가 시작되었다. 오전에 두세 건, 오후에 서너 건, 밤에 두 건, 사흘째인 일요일 오전까지 발표가 두세 건이 진행되었는데도, 2박 3일 일정을 마치고 해산할 때는 모두 기분 좋은 피로를 느꼈다.

나카이는 1972년 2월에 개최한 제1회 워크숍 현장 준비팀으로 참가했다가, 도쿄대학 분원을 관리하는 병동 의사장 야스나가 히로시安永浩가 인플루엔자로 불참하자 야스나가의 분열병 이론(팬텀 이론Phantom theory)을 대신 설명해달라는 도이의 청에 따라 발표를 맡았다. 그 후 정식 멤버가 된 지 2년째부터 정규 발표자가 되었다.

이듬해 1973년 2월 16일부터 18일까지 개최된 제2회 워크숍에서 야스나가가 또다시 인플루엔자로 쓰러지는 바람에, 나카이는 야스나가의 대리 발표와 자신의 발표까지 합하여 총 네 시간 동안 연단에 섰다. 이날의 발표가 「정신분열병 상태에서의 관해과정—그림을 병용한 정신치료를 통해 본 종단적 관찰」, 즉 「관해과정론」이었다.

나카이는 그날 모조지에 손글씨로 쓴 도표를 여러 장 붙여 참가자들을 놀라게 하더니 나중에는 그곳을 아예 자신의 단독 무대로 삼았다.

정신병리학에서는 일반적으로 조현병의 발병과정을 다수 관찰·기술했으나, 그에 비하여 관해(회복)과정은 별로 관심을 받지 못한다는 점. 약물치료가 없던 시대에 환자에 대한 철저한 진찰과 자기 진술을 통하여 조현병의 발병과정을 추적한 독일의 정신과 의사 클라우스 콘라드의 『정신분열병의 시작』에서 말하는 역이행, 즉 '분열병의 끝'을 관찰하겠다는 의지로 환자의 전면적인 주치의가 되어서 관찰을 시작한 점. 그러나 실제로 관해과정은 발병과정의 역이행이 아닌, 완전히 다른 이론으로 추가 연구를 진행해야만 한다는 점 등등.

나카이는 그동안의 연구를 돌아보며 조현병 환자를 진료하는 과정에서 밝혀진 여러 사실을 설명했다. 젊은 재원의 발표는 참가자 모두를 압도했다.

당시 나카이의 논문에 새로 추가된 중요한 관점은 각 환자의 치료 흐름을 전체적으로 파악 가능한 그래프로 나타낸 것이다. 가로축에 달력을 놓고, 세로축에는 흥분과 혼미 등 '긴장병적 증상' '환각망상' '수면과 꿈', 설사, 혈압, 혀의 느낌 등의 '신체 증상', 약물치료 상황을 나타내는 '신체적 치료' '언어적 교류', 입·퇴원과 면회, 외래 환자라면 매일 일어난 일을 기록하는 '생활사', 그리고 '그림' 항목을 두었다.

항목은 발생순으로 정리되었고, 도중 모래놀이치료를 한 사례에는 모래놀이치료 항목이 그래프에 추가되었다. 꿈과 환상, 그림의 내용이 섬세하고 구체적으로 적혀 있는 데다 망상 역시 정도에 따라 높낮이로 일목요연하게 제시되어 있었다. 환자 한 명 한 명의 자연사自然史 연표와 같은 것이다.

수많은 환자의 신체 증상을 진찰하는 동시에 통시적으로 관찰한 결과, 나카이는 '임계기'의 존재를 발견했다. 임계기란 급성기가 종료를 고하고 회복으로 전환되며 일련의 현상이 관찰되는 시기를 말한다. 설사와 변비, 원인 불명의 발열과 현기증, 약물

부작용이 심해질 때도 있다. 이 시기에는 다양한 신체 증상을 비롯해 꿈도 크게 변화한다. 일상을 위협하던 환청과 환상이 꿈속으로 '귀환한다'. 나카이가 관찰한 환자 중 실제로 임계기라 부를 수 있는 전환기가 존재하지 않는 환자는 한 명도 없었다.

미술치료는 강제성 없이 침묵한 채 환자와 커뮤니케이션할 수 있는 계기를 만들기 위해서 도입했다. 단순해 보이는 자유연상화조차 조심해야 했다. 환자들이 자유연상화가 무엇으로 보이느냐는 질문을 들을 때 가장 불안이 높아진다고 말했기 때문이다. 행여 노골적이고 성적인 투영이나 장기 또는 엑스레이 사진을 떠올리는 해부 반응이 명확히 나타난다 해도 추궁하지 않는다. 환자가 받았을 충격을 본인의 힘으로 직접 수습하는 모습을 곁에서 지켜볼 뿐이었다.

지금까지 연구에서 밝힌 것처럼 파과형과 망상형의 그림에서 현저한 차이가 나타나는 시기는 임계기를 거쳐 회복기에 진입한 다음부터다. 망상형 환자의 풍경구성법은 전체의 정합성을 무시한 억지스러운 그림이 되고, 파과형 환자의 그림은 구성이 뛰어나고 정연해서 전형적인 풍경이 된다.

똑같은 그림을 수개월 또는 연 단위로 반복하여 그리는 동안 환자들의 신체 증상은 건강한 사람 수준으로 줄어들었다. 어떤 환자는 회복기 후반에 접어들어 나카이에게 "몇 년 만에 봄을 느끼는지 모르겠어요" "선생님, 가을이에요!"라고 말하기도 했다.

대개 이 시기에 풍경구성법으로 그린 그림은 눈부시게 변화하는데, 망상형 환자는 정합성을 회복하고 파과형 환자의 원경 풍경도 근경으로 바뀌기 시작했다.

모래놀이치료가 가능하게 된 것도 이 무렵부터다. 조현병 환자에게 모래놀이치료를 실시하려면 상자를 작게 하여 틀의 존재를 눈에 띄게 해야 한다. 피규어 선반도 한눈에 볼 수 있는 정도의 크기로 제작했다. 악몽에 나올 법한 괴물이나 복잡하게 얽혀 있는 피규어, 근경 크기의 피규어는 미리 제외하는 것이 낫다고 판단했다. 그러나 풍경구성법 적용이 불가능한 환자, 그리고 그림 구성이 극단적으로 왜곡된 환자에게는 모래놀이치료를 적용해서는 안 된다는 것, 또한 모래놀이치료는 자아상이 공허하거나 왜곡된 환자에게도 금기라는 것 등의 예외 사항도 두게 되었다.

나카이는 신경증 환자와 아동의 모래놀이치료 사례와 조현병 환자의 모래놀이치료 사례 간의 차이점도 발견했다.

일반적으로 모래놀이치료의 경과는 일단 퇴행한 뒤 투쟁을 거쳐 통합에 이르는, 이른바 변증법적인 여정을 따른다고 알려져 있다. 그러나 조현병 환자는 다르다. 퇴행에서 투쟁을 거치지 않고 바로 통합에 이르지만, 거기서 다시 퇴행하여 출발점으로 되돌아가는 과정을 반복하는 사례가 압도적으로 많다. 꼭 처음으로 돌아가지 않는다 해도 투쟁 장면이 끝날 듯 끝나지 않고 이어져서 통합에 이르지 못한다. 나카이는 이 현상을 '비非변증법

적'이라고 지적하며, 이 점이 회복한 조현병 환자들이 일상생활에서 겪는 어려움과 부자유의 원인이리라 예측했다.

일상이란 예기치 못한 사건과 만나거나 미래와 관련된 끊임없는 선택이 요구되는 상황의 반복이다. 일반 사람들은 그런 선택의 국면에 서도 그때그때 형편에 따라 일단 처리가 가능하다.

그러나 문제를 일단 국지화하여 파악하는 일이 어려운 조현병 환자는 예기치 못한 사건과 만나거나 장기적인 예측을 강요받는 상황에 놓일 때 가장 무너지기 쉽다. 즉 세계의 전체像을 수정해야 한다는 압박에 빠진다.

이러한 그들의 인지세계를 고려하면, 진료에서도 일상생활에서도 '(심리적으로) 공간적 거리를 둬서 사건을 상대적으로 왜소화시킬 것, (심리적으로) 시간적 거리를 둬서 악몽화되기 쉬운 장기 예측을 피할 것'(「정신분열병 증상에서의 관해과정」)과 같은 배려가 필요하다.

나카이의 이러한 고찰은 훗날 다카에스의 '간격' 이론과 더불어, 조현병 환자를 대할 때 지나치게 가깝지도 멀어지지도 않아야 한다는 기본적인 태도로 명확히 이어진다.

실제로 환자를 진료하기 시작한 임상의들은 궤적을 뒤쫓듯이 나카이의 관해과정론을 이해해갔다. 고베대학 시절 나카이를 사사한 고베대학 준準교수 다나카 기와무田中究는 관해과정론을 회상하는 좌담회에서 다음과 같이 말했다.

전제는 조현병 환자는 좋아진다는 것. 우리가 보고 있는 건 그 과정이라는 걸 말씀하신 겁니다. 조현병이 만성질환이고 불치병이라는 식으로 배운다면, 관해과정도 없다는 거겠죠. 처음부터 우리는 조현병이 나을 수 있는 병이라고 배우고 있습니다. 관해되는 때는 꿈의 내용이 바뀐다는 것, 이처럼 비특이적인 신체 증상이 나타난다는 것, 이런 건 의미가 있으며 그 과정 가운데 나타나는 하나의 증상이라고 배워온 사실이 큰 도움이 되고 있습니다.

―『마음의 임상こころの臨床』(2004) 23권 2호

풍경구성법은 그 후 다수의 병원으로 도입되어, 일상적인 진료 현장에 보급되었다.

야마나카 야스히로가 회상한다.

"예술치료연구회에서 매년 풍경구성법을 발표했기 때문에 많은 병원이 이를 차례로 도입하기 시작했습니다. 환자가 언어적으로는 일정한 수준을 나타낸다고 해도, 풍경구성법을 해보면 형태적 수준이 흐트러져 있거나 전체상을 그릴 수 없고 부분만 그릴 수 있다거나 색채를 쓰지 못하기도 합니다. 언어 수준과 이미지 수준에서 격차가 보이니까, 언어적 면에서 간과하고 있던 걸 풍경구성법으로 발견하고 무사히 회복되거나 몇 가지 배려가

가능해지기도 했고요.

이건 나카이 선생님이 직접 발견하신 건데요, 풍경구성법은 모호한 것을 제시하여 심리적 특성을 알아보는 '투영법'으로서의 측면과, 모래놀이치료처럼 심리치료인 동시에 '구성법'으로서의 측면을 함께 가지고 있습니다.

예를 들어 '잉크의 얼룩에서 무엇이 보이는가' 묻는 로르샤흐 검사는 투영법입니다. 경계가 선명하지 않은 것에서 형태를 보는 방법론이기 때문에 민감한 부분을 확실히 잡아내는 데는 매우 훌륭합니다. 뭐가 보인다고 아주 정확히 말씀하시는 환자분들도 계시는데요. 그렇다고 이 사람이 바로 학교에 갈 수 있겠다, 회사에 갈 수 있겠다고 진단되느냐면 그렇지가 않아요. 현실성이 없을 때도 많습니다.

구성이 잘 이루어지지 않는다는 건 밥은 잘 먹는가, 잠은 잘 자는가 하는 상태와도 연결됩니다. 구성법은 일상을 연결하는 부분을 보는 겁니다. 풍경구성법은 구성법인 동시에 투영법이니, 두 방법의 약점을 훌륭하게 보완해준다는 의미에서 저는 매우 뛰어난 기법이라고 생각합니다."

학원 분쟁이 격렬했던 1960년대 후반부터 시작한 예술치료 연구회와 '분열병 워크숍'은, 아는 사람은 아는 환상의 모임 같은 정취가 있었다.

한 걸음 밖으로 나가면 집회 구호가 여기저기서 날아들었다. 학회에서 각 학파의 사례를 발표하면 "겨우 환자 한 명이 그 심리치료로 나았다고 해봤자다. ○○병원을 봐라, 정신장애인 999명이 그 뒤에서 비참하게 살고 있지 않느냐"라는 비판이 쏟아졌다. 교수들은 곤욕을 치르고 대학과 학회는 기능이 마비되는 지경에 이르렀다.

서구사회에는 "정신분열병 같은 병은 존재하지 않으며, 사회가 붙인 꼬리표일 뿐이다"라고 주장하는 영국의 반反정신의학 운동*이 확산되었다. 1970년대에 들어서면서 그 중심에 서 있던 로널드 랭과 토머스 사즈의 저서가 일본에 차례로 번역되었고, 점차 학회 개혁을 지향하는 젊은 의사들의 지지를 얻기 시작했다.

1970년 3월에는 『아사히신문』 기자 오쿠마 가즈오大熊一夫가

---

* 정신질환자에 대한 비인간적인 치료와 대우를 비판하며 나타난 정신의학의 흐름으로, 1960년대 미국의 정신과 의사 토머스 사즈와 로널드 랭이 대표적인 인물이다. 특히 토머스 사즈는 1961년 펴낸 『정신병이라는 신화』에서 정신의학과 정신병원은 사회적으로 만들어진 허구에 불과하다는 급진적인 주장을 펼쳐 큰 논란을 일으켰다. 이 주장은 이후 정신질환자에 대한 처우 개선과 정신질환자 당사자 운동을 싹틔웠으나, 모든 강제적인 정신치료를 부정하기 때문에 오늘날에는 자신이 질병에 걸렸음을 인식하지 못하는 환자들의 치료에 오히려 걸림돌로 작용하고 있다. 최근 전 세계적으로는 정신질환자들이 퇴원하여 지역사회에서 살면서 치료를 받는 탈원화 흐름이 본격화되면서 지속적인 약물치료와 지역사회 적응을 돕는 지원 치료의 중요성이 강조되고 있다. 국내에서도 정신질환자에 대한 인권 침해를 예방하고 당사자의 자기결정권을 강화하기 위한 목적으로 2017년 정신건강복지법이 개정되어 비자의 입원(강제 입원) 절차가 기존보다 더 까다로워졌다. 현재 이 법 개정의 효과가 나타나고 있느냐를 두고 각계의 평가가 엇갈리고 있다.

알코올 의존증 환자로 위장하고 정신과 병원에 잠입 취재한 뒤 쓴 『르포 정신병동ルポ・精神病棟』(1981)의 연재가 시작되었다. 콘크리트로 마감한, 다다미 석 장* 크기도 되지 않는 보호실 구석은 변소용 구멍이 뚫려 있어 늘 악취가 풍겼다. 복도에는 분뇨 범벅인 속옷과 기저귀가 방치되었다. 오쿠마의 연재는 가축이라도 그보다는 더 나은 대우를 받을 법한 정신 병동의 참상을 고발하면서 큰 논란을 일으켰다.

1960년대 초에 등장한 항정신병 약물에 대한 회의적인 견해가 힘을 얻은 것도 이 시기다. 처음 항생물질이 최초로 등장했을 때 그랬듯이, 장기 입원 중이던 환자가 약물치료를 받고 퇴원하자 항정신병 약물이 무슨 병이든 낫게 해줄 거라는 환희 속에서 받아들여졌다. 하지만 나중에는 아무 계획도 없이 닥치는 대로 사용된 탓에, 결국 병이 재발하여 병원으로 돌아가는 환자들이 나오기 시작했다.

그러한 가운데 예술치료의 싹은 보이지 않는 곳에서 돋아났다. 조현병 연구는 세계적으로도 유례를 찾아보기 힘든 발전을 이루었다. 특히 나카이 히사오가 눈에 띄었던 이유는, 교토대학 바이러스 연구소에 적을 두고 도쿄대학 전염병 연구소에서 학술진흥회 파견연구원으로 근무하던 무렵에 니레바야시 다쓰오楡林

* 약 4.6~5.4제곱미터.

達夫라는 필명으로『일본의 의사日本の医師 医療と國民生活』(1963)라는 체제 비판적인 책을 냈기 때문이다. 그런데도 교수진이 그의 성취를 인정하지 않을 수 없었던 것은 그의 획기적인 임상 연구 결과 덕분일 테다.

야마나카는 표현 병리를 우선시하는 풍조를 우려하여 초기 예술치료연구회를 외부에서 냉소적으로 바라보았으나, 나카이의 이 한마디를 듣고 참가를 결심했다고 한다.

"백날 바깥에서 큰소리를 내봐야 아무도 돌아보지 않아. 오히려 안으로 들어가서 개혁하는 게 진짜라고 생각하네."

제6장

흑선의 도래

1974년 나고야시립대학은 오하시 히로시大橋博司 교수의 퇴임으로 조교수였던 기무라 빈이 교수로 승격되자 새 조교수를 찾고 있었다. 당시 강사였던 야마나카 야스히로는 기무라의 동의를 얻어, 전체 의국원 40명에게 각자 2명씩 후보자를 추천하게 했다. 그리고 후보 중 한 사람이었던 나카이 히사오가 쓴 논문을 처음으로 읽었다. 야마나카는 논문을 일독하고, 이것은 치료적인 연구라는 확신이 들어서 곧바로 나카이를 강력 추천했다. 투표 결과, 후보자 20명 가운데 나카이가 압도적인 표를 얻으면서 조교수 초빙이 결정되었다.

야마나카는 갓 취임한 나카이의 진료를 눈앞에서 지켜보았다. 이는 자신의 진료실을 이미 가진 야마나카가 해야 하는 업무는 아니었다. 하지만 야마나카는 '슈라이버'*라는, 진찰 중인 의사와 환자의 대화를 기록하는 역할에 자발적으로 지원했다.

야마나카는 나카이가 환자를 진찰실로 부르는 순간부터 깜짝 놀랐다. 대개 의사는 다음 환자의 이름을 간호사에게 전하고, 환자는 간호사의 안내에 따라 진찰실로 들어온다. 그런데 나카이는 달랐다. 그는 진찰실 문을 직접 열고 고개를 내밀어 대기실을 쓱 둘러보며 "○○씨, 오래 기다리셨습니다" 말하고 환자를 들였다. 환자를 부르는 것이 아니라 직접 불러 맞이했다.

환자가 착석하면 보통 의사는 "어떻게 오셨어요"라며 말을 건네고 증상을 묻는다. 기무라 빈 교수는 뒤에 선 수련의들에게 환자가 알아듣지 못하는 독일어로 설명하면서 진료를 보았다. 그러나 여기서도 나카이는 달랐다. 환자가 침묵하면 자신도 침묵했다. 슈라이버를 맡은 야마나카의 손도 멈춘 채 그대로 있었다.

10분 정도 지났을 때, 나카이는 친절한 목소리로 환자에게 말했다.

"말하기가 어려운가보네요."

"……네."

환자가 처음으로 입을 뗐다.

---

* 의사의 진찰 전 문진, 진찰 중의 진료 기록 입력을 담당하는 의사 업무 작업 보조자를 말한다.

"괜찮아요. 그대로 있어도 괜찮아요."

나카이가 그렇게 말하자 다시 침묵이 찾아왔다. 야마나카의 손도 다시 멈췄다.

다시 10분이 지나고 마침내 환자가 왜 여기에 왔는지 말하기 시작했다.

"……선생님, 저를…… 다들 싫어하는 것 같아요. 저……는 있어도 없어도 똑같아요."

"그렇구나. 그 이상으로 서둘러서 말로 하지 않아도 돼요. 지금처럼 있어도 괜찮아요."

진찰을 위한 질문은 전혀 없었다. 행동으로 보아 한눈에 조현병 환자임을 알 수 있었기 때문이다.

"오늘 잘 와줬어요. 이 사람들(야마나카 일행)은 오늘이 초진이라서 와 있는 거예요. 다음부터는 옆옆 방에 있으라고 할 거고, 그땐 저랑 둘만 있을 테니까 안심하고 얘기할 수 있을 거예요."

나카이는 그렇게 말하고 환자를 배웅했다.

나카이의 평판은 익히 들어 알고 있었다. 논문도 읽었다. 하지만 진료하는 모습을 눈앞에서 본 것은 처음이었다. 이건 보통이 아니다, 진짜다, 라고 야마나카는 생각했다.

환자가 퇴실한 뒤 나카이는 배석 중인 연수의들에게 "어떻게 생각하나?" 하고 물었다.

"교수님, 조현병이죠?"

"응, 그건 누가 봐도 알 수 있지. 어떤 부분에서 그렇게 생각했나?"

"시선을 맞추지 못했습니다."

"눈빛이 흔들리고 있었어요."

"구부정한 자세였습니다."

"쭈뼛쭈뼛했어요."

나카이는 그들의 발언도 모두 기록하도록 야마나카에게 지시했다. 나카이의 초진 차트는 전부 그렇게 구성되어 있었다. 환자가 침묵하고 있을 때 슈라이버의 차트에는 "10분간 침묵"이라고 표기되었지만, 나카이가 직접 쓰는 차트에서 침묵한 시간은 공백으로 돼 있었고 가까스로 뱉은 말이 몇 줄의 공백 아래 쓰여 있었다.

수련의들이 사라진 재진에서는 진료가 크게 달라졌다. 진료실에서 큰 목소리가 들려왔다. 옆방에서 환자를 진찰하던 야마나카가 나카이에게 물었다.

"나카이 교수님, 말씀하시던데요?"

그러자 나카이는 무슨 말인가 하는 표정으로 말했다.

"응? 나 말 안 했어요, 아무 말도."

"잘 들리던데요, 제가 무슨 말인지 말해볼까요?"

야마나카는 들려온 내용을 나카이에게 재현해 보였다.

"자네 벽에 귀를 대고 듣고 있었나?"

"그렇게 실례되는 일을 하겠습니까? 제 환자가 더 많아서 그럴 여유도 없어요."

"그거 잘못 들은 거야, 자네."

나카이는 미술치료를 하는 도중 환자에게 질문하기 위해서가 아니라 '서로 이미지를 공유'하기 위해 중얼거릴 때가 있다는 내용을 논문과 에세이에 쓴 적이 있다. 한 사람이 선을 그리고 다른 사람이 거기에 형태를 완성하는 난화게임을 하다가, 환자가 그린 그림을 저도 모르게 괴물 그림으로 마무리할 뻔했을 때는 이런 대화가 오갔다.

"음, 이런 고질라 같은 걸 그려서 미안해요. 이건 뱀으로 할까, 아니면 악어가 좋을까."

"악, 악어도 안 돼요."

"그럼 뭐라면 받아들일 수 있겠어요?"

"그나마 뱀이 낫겠네요."

"알았어. 그럼 뱀으로 합시다."

옆방에서 진찰하고 있던 야마나카의 귀에 들려온 목소리는 어쩌면 이런 대화였으리라.

그 후로도 나카이가 진료를 보는 자세에는 변함이 없었다. 다나카 기와무는 1984년경 고베대학 교수였던 나카이 밑에서 수련의로 근무했는데, 당시 진료 풍경을 '둘만의 세계' 같았다고 기억한다.

"그림을 그려보세요, 하는 게 아니라 어떤 흐름 가운데 존재하는 거죠. 도구도 다른 곳에서 가져오는 게 아니라 일부러 그 자리에서 손에 잡히는 걸 슬쩍 꺼내서 잠깐 그려보지 않을래요, 권하는 겁니다. 아주 자연스러워요. 환자가 그리는 동안은 오호라, 오, 오, 하며 감상하고요. 잘하든 못하든 평가는 하지 않고 둘만의 세계에서 노는 느낌이었습니다."

'난화 상호 이야기법MSSM'이라는 미술치료법이 있다. 물결이나 뾰족뾰족한 선, 완만한 커브로 된 S 자 선 등 의사가 한 번에 쓱 그릴 수 있는 패턴을 그려서 보여주고 환자는 거기에 좋아하는 무늬나 형태를 그리는 단순한 그림 놀이다. 나카이가 고안했으나 논문으로는 남기지 않았는데, 공부 모임에서 우연히 나카이의 강의를 들은 니혼대학 의사와 연구자들이 이를 정리하면서 언제부턴가 보급되기 시작했다. 평소 환자가 많은 다나카도 난화 상호 이야기법을 쓴다. 짧은 시간 안에도 가능하므로 부담이 적기 때문에 이따금 이 방법으로 환자와 논다고도 했다. 이 기법은 혼자서 그리는 그림과는 다르다. 치료 현장에서 그려지는 그림은 혼잣말이 아니라 환자의 이야기이며 의사와의 커뮤니케이션이기도 하다.

여담이지만, 나카이 수중에 환자가 그린 그림은 거의 남아 있지 않다. 의대생 대상의 마지막 강연을 정리한 『최종 강연: 분열병 사견最終講義: 分裂病私見』(1998)에 수록된 30여 장의 그림이 나카이의 현역 시절을 알 수 있는 소수의 단서다. 혼자서 400장 가까운 그림을 그린 환자가 있기도 한 만큼, 나카이의 제자들은 방대한 수의 그림을 조금씩 정리하고 있다. 대부분이 미공개이고, 공개된 것은 나카이가 진료를 처음 시작할 때 양해를 구하고 발표한 환자들의 작품뿐이다. 일반에 공개한 그림의 슬라이드는 여러 번 복사가 거듭되어서인지 색이 바래져 있었다. 세상에는 의사가 다소 픽션을 곁들여가며 자신이 진료해온 환자들을 일반인 독자에게 소개하는 책이 넘쳐나지만, 나카이에게는 그런 책이 없다. 사려 깊게 피하고 있다. 환자를 팔지 않는다.

그렇다 해도 대학병원 진료실에서 사람과 사람이 무려 10분 동안 침묵한 채 마주 앉아 있는 것은 보통 일이 아니다. 환자 수가 많은 대학병원에서는 시간상 무리이기도 하지만, 애초 치료자 측이 긴 침묵을 견딜 수 없을 것이다.

야마나카는 "나는 침묵을 견딜 수 없는 의사는 심리치료사로서 부적합하다고 생각해요"라고 말한다.

"환자분에게는 침묵이 허용되는지 안 되는지가 의사를 선택할 때 하나의 기준이라고 생각할 만큼요. 그래도 10분의 침묵은 정말 길긴 합니다. 괜찮을까 싶을 정도의 긴 시간이죠. 하지만 나카이 선생님은 전혀 아무렇지 않아 했습니다. 그대로 한 시간 정도 침묵하실 수도 있겠다는 생각이 들었어요. 어떻게 오셨어요, 그런 비슷한 말도 하지 않으셨죠. 사실 그런 말은 필요 없잖아요. 환자분들은 분명 무언가 있기에 와 있는 걸 테니까."

이런 이야기를 들으면, 그렇다면 나카이 히사오는 약물치료의 도움을 받지 않았을까 궁금증이 든다. 하지만 그렇지는 않다. 나카이가 정신과 의사가 된 1966년에는 이미 항정신병 약물과 우울증 약, 신경안정제가 임상 현장에 도입되어 있었다. 나카이는 자신의 심리치료를 회고한 에세이에서 이렇게 쓰고 있다.

"몇 가지 점에서, 정신치료냐 약물치료냐 하는 양자택일은 의미가 없습니다. 약물이 적절하게 투여되는 곳에는 반드시 정신치료가 있습니다. 정신치료가 적절히 실시되는 곳에서는 반드시 약물치료가 실시되고 있습니다."(「분열병의 정신치료」)

나카이는 "약물치료에는 부티로페논, 페노티아진을 함께 사용할 수 있었다" "나는 할로페리돌을 대량으로 처방하지 않은 초기 정신과 의사 중 한 사람일 것이다"(같은 책)처럼, 조현병에 처방하는 항정신성 약물의 이름을 거론한다. 그는 심각한 부작용이 발생할지도 모른다는 예측하에, 자신의 의사직을 걸고서 환자에게 약물을 투여했다.

나카이의 논문에는 종종 "참여하면서 관찰한다"라거나 "참여적 관찰" 같은 말이 보인다. 병자의 세계는 오직 "참여하면서 관찰"함으로써 우리 앞에 분명히 나타날 수 있다, 라든가 미술치료를 할 때는 반드시 "참여하면서 관찰"하는 원칙을 지켰다는 말들이 그렇다.

이 말이 나카이가 처음으로 한 말은 아니다. 이는 약물이 없던 시대에 조현병 치료에 근심하던 미국의 정신과 의사 해리 스태크 설리번(1892~1949)의 말로, 상담 치료의 구체적 사례를 중심으로 펴낸 그의 책 『정신과 상담The Psychiatric Interview』(1970) 제1장에 등장한다. 의사가 환자를 대할 때 가장 중요한 기본자세라는 취지에서다.

환자의 고뇌에 다가가 깊이 '참여'하는 한편 그의 표정과 행동, 환자를 둘러싼 상황에 대해서는 냉정하고 객관적인 '관찰'을 게을리하지 않는다. 이는 침묵하는 환자 곁에서 몇 시간이든 계속 침묵한 채 앉아서 환자의 말 하나하나에 귀를 기울이는 임상가의 자세와 그 일거수일투족에서 눈을 떼지 않고 객관적인 데이터를 얻고자 하는 의사의 자세를 겸비한 나카이의 모습 그 자체라 할 수 있다.

설리번은 테이프 녹음기가 없던 시절, 환자와의 대화를 기록한 최초의 정신과 의사로 알려져 있다. 그는 2층 진료실에서 1층에 있는 속기사에게 마이크로 문답을 전달하여 기록시키고, 논문에 그 축어록을 게재했다. 칼 로저스처럼 녹음을 활용하여 문답을 책으로 만든 것은 아니다. 그래서 우리 눈에 거의 띄진 않왔겠지만, 닫힌 공간에서 이뤄지는 치료자와 환자 간의 대화를 공개하면서 치료자 자신의 모습까지 제삼자의 눈에 노출했다는 점에서는 누구보다 앞서 있었던 셈이다.

나카이가 설리번을 깊이 알게 된 계기는 니혼대학의 이무라 쓰네로에게 번역을 의뢰받은 일 때문이었다. 이무라는 연합군 총사령부(GHQ) 점령 시기에 히비야의 총사령부·민간정보교육국(CIE) 도서관(훗날 미국문화센터)에서 설리번이 쓴 『현대 정신의학의 개념精神醫學的面接』(1986) 원서를 복사해왔다. 메모하면서 종이가 너덜너덜해질 때까지 몇 번이고 읽었지만, 건강상의 이유로 번역할 수 없었다. 이무라는 영어에 탁월한 번역자를 찾고 있던 차에 나카이를 만났다. 이무라는 나카이가 니혼대학에서 아오키병원으로 옮긴 한 의사의 논문을 영어로 초역한 것을 읽고, 나카이의 어학 실력이라면 난해한 설리번의 영어를 옮길 수 있겠다고 믿었다.

앞서 말했듯이 이무라는 정신과 의사로서 일찍이 일본 정신의학계에 칼 로저스를 소개한 인물이다. 전시戰時에는 현재 PTSD(외상 후 스트레스 장애)로 알려진 귀환병의 후유증, 전쟁신경증의 치료 등에 종사했으며 전후에는 뒤처진 일본의 정신의학의 수준을 끌어올리고자 전 세계의 자료를 닥치는 대로 읽었다. 이무라가 로저스와 설리번을 전후 일본에 도입하고자 했던 이유는 프로이트의 정신분석에 대한 의문이 있었던 점과, 설리번을 필두로 프로이트에서 떨어져나간 신프로이트학파 정신과 의사들이 인간관계를 중심축에 둔 치료를 제안한 점 등 정신의학을 둘러싼 시대적 배경이 있었던 것으로 생각된다. 이무라 스스로가 그 진위를 밝힌 것으로 알려진 최종 강의의 기록은 찾지 못했다.

다만 이무라가 실어증 연구자였다는 점이 시사하는 바가 있을지도 모르겠다.

이런 에피소드가 있다. 나카이가 처음으로 이무라가 있는 니혼대학 쓰루가다이병원을 찾았을 때의 일이다. 진료를 마치고 책상 앞에 앉아 있던 이무라는 안 지 얼마 안 된 나카이에게 고백했다.

"나 말이야, 어렸을 때 실어증인가 했어. 말이 안 나오는 거야. 그래서 실어증을 전공했지."

그의 실어증은 극도의 긴장과 더불어 정확하게 말하려고 할수록 오히려 말이 나오지 않는 지적 긴장이었던 듯하다. 실어증 연구에서 출발한 이무라의 연구들―환자의 커뮤니케이션 장애 연구, 병자가 있는 가족의 커뮤니케이션 장애 연구―은 모두 인간과 인간의 관계, 커뮤니케이션 문제로 힘들어하는 사람들을 이해하고자 하는 마음에서 비롯된 것이었다.

여기서 나는 인연의 신비를 느꼈다. 나카이는 이무라 쓰네로와의 만남을 계기로 설리번을 번역하면서 '참여하면서 관찰'하는 것을 기본자세로 삼고, 그전까지 치료가 어렵다고 인식된 조현병 환자가 회복해가는 여정에 동행하게 되었다. 가와이 하야오와의 만남을 통해서는 환자와의 커뮤니케이션에서 실마리 역할을 하는 '테두리 기법'과 '풍경구성법'을 개발하여 불치병으로 알려진 조현병의 이해에 크나큰 발전을 가져왔다.

물론 인연은 이 정도로 단순하지만은 않아서 여기에는 또 다른 수많은 인물과 다양한 문헌 자료, 그리고 업적이 거듭 겹쳐 있다.

한 가지 말할 수 있는 것은, 그들이 클라이언트의 입장에 서서 생각한다는 자세를 출발 지점으로 삼았다는 점이다. 이는 상대를 존중하고 기다리는 자세이기도 하다. 카운슬링이나 정신과 상담은 상담하는 자와 상담받는 자, 치료하는 자와 치료받는 자라는 특수한 인간관계 안에서 이루어지는 만큼 그 부분을 공들여 의식할 필요가 있었으리라.

—

"선도先導라는 말이 있습니다."

심리치료의 역사에 밝은 구로키 도시히데黑木俊秀 독립행정법인 국립병원기구 히젠肥前정신의료센터 임상연구부장은 말했다. 내가 1960년대 후반부터 1970년대에 걸쳐 환자와 치료자의 관계성이 중요해진 이유를 물었을 때였다.

"예전 정신의학 책을 읽으면 나오는 내용입니다만, 1960년대까지의 심리치료에서는 치료자가 환자를 선도한다는 표현을 썼습니다. 의사가 환자를 가르치고 이끌어간다는 건 매우 온정주의적이죠.

반대쪽엔 정신장애인이 처한 상황을 비판하고 정신의료의 개혁을 목표로 한 사람들이 있었습니다. 1970년대 들어서는 '아무도 안 한다면 내가 정신병원을 짓겠다'는 자세로 열성을 다했어요. 그런데 열과 성을 다한 사람일수록 환자들이 죽거나 말도 안 되는 사건이 일어나는 겁니다. 물론 환자분들을 낫게 하고자 하는 열의는 없어서는 안 되죠. 하지만 치료자의 열정이 때로 환자에게는 유해한 경우가 있어요. 치료자들은 모두 그걸 느끼고 있었죠.

그래서, 지금은 당연한 일이지만, 주체는 치료자가 아니라 환자라는 방향으로 관점이 점차 옮겨갔습니다. 그때 탄생한 게 모래놀이치료와 풍경구성법인데, 치료자의 '바로 내가!'라는 열의를 희석하는 완충제 같은 것이기도 했죠."

열의를 정면으로 쏟아붓는 것이 아니라 안쪽에 숨겨두고 한 발 물러난다. 침묵은 침묵한 채 지켜본다. 모래놀이치료와 풍경구성법은 간단한 듯 쉽지 않은, 이러한 치료자의 자세를 지지해주는 기법으로서 존재한다. 온정주의적인 일대일 관계에 대항하여 치료자의 자아를 억제하는 대항 문화라는 측면도 있었던 셈이다.

"시간이 좀 지나서긴 하지만 규슈대학 간다바시 조지神田橋條治 선생님이「'자폐'의 이용: 정신분열병자에 대한 조력의 시도」라는 논문을 발표해서 화제가 된 적이 있습니다. 환자분들의 거절 능력을 향상시키는, 그러니까 싫은 것을 싫다고 말하게 하는 시도였죠."

1976년 발표된 간다바시 조지, 아라키 후지오荒木富士夫 공저 『'자폐'의 이용"自閉"の利用』은 치료자가 열성을 다하여 인간관계를 만들고자 할 때마다 환자에게 혼미 증상이 나타나거나, 치료자와 이상적인 신뢰관계가 구축된 환자가 재발한 사례를 들면서, '자폐는 나쁘다'라고 믿는 의료 종사자와 세상을 향하여 돌을 던졌다. 의사가 지도할 때 쓰는 언어와 환자를 '이해하고자 하는' 열성적인 태도야말로 유해한 외부 인자일 수 있음을 지적하고 의료 서비스를 재구축해야 한다는 이들의 생각은, 기존의 치료와 간호를 전복시킬 만한 힘을 내포하고 있었다. 이 책은 일본 정신의학계에 엄청난 반향을 일으켰다.

1958년생인 구로키가 나카이 히사오의 이름을 알게 된 것은 규슈대학 의학부 학생일 때였다. "나카이 선생님이 등장하기 전까지 조현병에 대한 인식이라는 건 구태의연했어요. 조현병은 인지 기능 저하에 따른 병이라는, 현재로 보면 믿을 수 없는 주장이었는데요. 제가 학생이었던 1980년대 초반까지는 인격 수준이 저하되는 인격의 병이라고 배웠죠. 인간의 중심에 인격이 있고 그것이 엉망이 되는 병이라는 거였습니다.

전전, 전시, 전후를 통틀어 일본 정신의학의 왕도는 독일 정신의학이었지만, 교과서를 읽어도 정작 조현병의 치료에 대해서는 아무것도 쓰여 있지 않았습니다. 결국 환자를 관찰할 수밖에 없었던 거예요. 그러던 중 관해과정론을 통해서 처음으로 현실의 조현병 환자의 경과를 파악할 실마리를 얻은 겁니다.『정신과 치료 비망록精神科治療の覺書』이 그렇게 많이 읽힌 이유도 수없이 고심하며 치료를 이어가는 의사의 마음가짐이 담겨 있기 때문입니다."

1982년 출판된 나카이의『정신과 치료 비망록』은 조현병의 관해과정을 알기 쉽게 해설하고 있다. 이 책은 정신과 의료뿐만 아니라 일반 의료까지 염두에 두고, 환자는 물론 가족에 대한 지원 방법까지 다룬다. 매뉴얼이라기에는 너무나도 마음을 다하여 쓴 지침서다. 나카이가『몸의 과학』에서 1978년부터 1981년까지 연재한 원고를 초고로 삼아, 나고야시립대학의 젊은 의사들의 조언과 도움으로 가필·수정하여 지금까지도 수련의와 간호사들의 바이블로 내려오고 있다. 이 책은 2013년 8월 기준 24쇄를 찍었다.

나카이가『정신과 치료 비망록』에서 "중간 정도의 의사에게 가는 것은 의사에게 가지 않는 것과 마찬가지다"라는 중국의 오래된 속담을 예로 들며 "의사가 만능으로 보이면 보일수록 환자는 작고 왜소하고 무능해진다"라고 쓴 대목은, 그러잖아도 강자와 약자라는 불평등한 관계가 되기 쉬운 의사와 환자 사이에서 거만해질 수 있는 의사의 태도를 경계한다. 그는 간다바시 · 아라키의 논문 「'자폐'의 이용」에 서술된 '거절 능력'을 언급하며 다음과 같이 쓴다.

> 치료는, 아무리 좋은 치료라도 환자를 어딘가 약하게 만든다. 불평등한 대인관계는 아무리 노력해도 그렇게 불평등하게 되고 만다. 그 불평등을 최소한으로 줄이고, 의사가 만능이라는 환상을 환자가 갖지 않게 하고, 편안하게 "아니오"라고 말할 수 있도록 해야 한다.
> 두 사람의 관계는 훗날 환자의 생활에 큼지막한 여유가 생겨났을 때 열매를 맺을 수 있다. 이 점의 중요성은 정신의학에만 국한된 것이 아니다.

의사 앞에서 자신을 낮추는 환자가 많다는 점을 미리 헤아리고, 의사가 자신을 조절해야 한다는 것. 치료자의 자기 절제가 중요함을 강조하는 대목이다.

그런데 나카이가 『정신과 치료 비망록』의 토대인 연재 원고를 한창 집필하던 1980년, 정신의학계에 거대한 충격이 찾아왔다. 미국에서 발표된 새로운 진단 기준이 일본 정신의료 현장에 들이닥친 것이다. 미국 정신의학회의 정신질환 분류 체계 『DSM』 제3판, 통칭 'DSM-III'이다. 일본 정신과 의사 중에는 DSM을 '흑선黑船'*이라고 부르는 이들도 있었다. 내가 구로키를 찾아간 이유는 그가 DSM-III의 속편, DSM-IV의 문제점을 파헤친 『DSM-V 연구행동계획A Research Agenda for DSM-V』(2002)을 옮긴 번역자 중 한 사람이기도 했기 때문이다.

구로키는 회상한다.

"제가 DSM-III에 대해 배운 건 대학을 졸업하기 직전, 간다바시 조지 교수님의 강의를 들을 때였습니다. 그전까지는 프로이트의 정신분석과 거기서 발전한 역동정신의학이라고 해서, 질환을 심리적 원인과 생물학적·사회적 원인의 인과관계로 이해하려는 정신의학으로만 일관했던 미국 정신의학이 180도 급변한 겁니다. 우리가 바로 영향을 받으리라고는 생각하지 않았지만, 상당히 놀랐죠. 그때 신경증이라는 말도 없어졌으니까요."

'정신질환 진단 및 통계편람'이라고 번역되는 DSM은, 제3판 이후 이전까지 존재하던 정신의학의 분류를 재편하면서 현재는 세계 표준으로 군림하는 진단 기준이다. 제3판이라고 했으니 제

---

* 일본을 개항시킨 대형 서양식 선박을 부르던 이름으로, 타르로 칠한 당시 서양 배가 검은색이라고 하여 '구로후네黑船'라고 불렸다. 오늘날에는 서양에서 급진적으로 밀려들어오는 문화·문물에 빗대어 쓰기도 한다.

1판과 제2판이 존재할 텐데, 당시 제3판이 과거의 판본과 달랐던 점은 공식 진단 기준으로서는 최초로 조작적 진단 기준을 채택했다는 점이다. 그전의 진단에서는 기분이 가라앉아 있어도 내분비계 이상이 아니면 우울증으로 진단하지 않았다. 기분이 침체되는 원인은 내분비계 이외에도 여러 원인을 고려해볼 수 있기 때문이다.

그러나 조작적 진단 기준에서는 그렇지 않다. 2주 이상 기분이 침체된 상태이고, 확실히 다른 병이라고 말할 수 없다면 우울증으로 진단한다. 조작적 진단이란 한마디로 병의 원인과 과정이 아닌 증상에 주목하여 진단하는 방법이다. 많은 임상 데이터를 근거로, 증상 아홉 개 중 다섯 개가 들어맞으면 '○○병'으로 진단하는 식이다.

정신과 의원에서 병에 걸린 원인은 언급되지 못하고, 기분이 침체되든 울적한 상태든 모두 '우울'로 진단하는 가장 큰 원인이 여기에 있다. 우울증으로 진단받은 환자가 아무래도 우울증만은 아닌 것 같다, 다른 병도 혼재된 것 같다고 말하는 것도 조작적 진단 기준에서 말미암은 사태다.

이 기준이 현장에서 문제없이 널리 받아들여진 데에는 이유가 있다. 의사는 물론이고 간호사와 임상심리사 등을 포함하여 누가 평가하든 같은 병명이 나오는, 즉 학파와 직종에 따라 진단이 달라지지 않는다는 장점이 있기 때문이다.

"DSM-III이 들어왔을 때 고개를 끄덕였던 이유가, 모두 암묵적으로 알고 있던 것을 새삼 인식하게 했기 때문일 겁니다. 그 전까지는 정신과 의사에 대한 신뢰가 위태로웠거든요. 찾아가는 병원이나 진료를 봐주는 의사에 따라 진단이 금세 뒤집히는 일을 자주 경험했으니까요.

이런 얘기가 있습니다. 환자분 중에 유명한 의사를 선호해서 이름이 알려진 의사들을 한 바퀴 돌고 온 분이 계셨어요. 그러니 진단도 여러 개가 내려졌죠. 도쿄대학 분원에 갔더니 조현병, 도쿄여자대학 의대에 갔더니 조울증, 나고야대학 의대는 우울증, 오사카대학 의대는 비정형 정신증, 규슈대학은 경계선……. 우스갯소리 같지만 그런 일이 실제로 있었어요."

DSM-III은 1980년 발표된 이래, 미국 의학 교육과정에서 채택이 의무화되면서 교과서에도 실리게 되었다. 하지만 그때까지만 해도 DSM-III은 미국 내 진단 기준이었을 뿐, 다른 나라의 정신의학에 바로 직접적인 영향을 주지는 않았다. 그러던 것이 일본을 포함한 세계의 정신의학계를 좌우하게 된 배경에는 사정이 있다. 미국의 권위 있는 의학 잡지가 DSM을 인용한 논문 투고를 독려하자, 임상을 포함한 의학 연구계에서도 DSM을 사용하지 않을 수 없게 된 것이다. DSM은 세계 정신의학의 공통 언어, 즉 커뮤니케이션 도구로 필요해졌다.

당시 일본은 DSM이 아닌 세계보건기구WHO의 진단 기준 ICD(국제질병분류)를 사용하고 있었으나, 1990년에 발표된 ICD-10은 DSM-III의 스타일을 답습했다. 질병분류 체계도 구성이 거의 같았다. 비슷한 시기에 EBT(근거기반치료)라는 개념이 등장하면서 진료과를 불문하고 효율적인 치료를 권장하기 시작한 것도 변화의 등을 떠밀었다. 정신의학 교육 현장에서 배울 수 있었던 것은 결국 진단 체계와 약물치료뿐이었다. 이제 구로키보다 젊은 세대는 영어나 일본어로 차트를 쓰고, 독일어는 사용하지 않는다. 정신의학의 세계화다.

사실 내가 다니던 심리직 수련 기관에서도 강의 첫날 DSM-IV-TR*의 일부를 복사하여 배부했다. 그것을 사용하라는 뜻은 아니었지만 "DSM에 따르면 ○○병으로 진단되는데 가족들로부터 정보를 얻어 보니 발병 배경에는 다음과 같은 사건이 있었고, 이런 경과를 거쳤으므로 ○○병일 가능성도 유념해둘 필요가 있다"라는 식으로, 클라이언트를 진단할 때 하나의 기준으로 사용되었다.

나는 DSM이 등장하기 전과 후의 과도기를 아는 의사와 카운슬러를 만날 때마다 DSM이 임상 현장에 미친 영향에 관하여 질문했다. 모두 하나같이 DSM으로 마침내 혼란이 진정되었다고 대답했다. 뛰어난 의사여야만 진단할 수 있는 것이 아니라, 어느

---

* DSM-5의 이전 버전.

정도의 교육을 받았다면 누구든 진단할 수 있고 일정한 수준을 유지할 수 있다. 즉 평균을 끌어올릴 수 있다는 의미였다.

한편으로는 문화도 언어도 역사도 다른 국가 간에 정신질환이 같은 기준으로 진단될 리가 없다는 비판의 목소리도 들려왔다. 병원에 근무하는 어느 임상심리사는 "일본인은 틈이나 모호함을 중시하는 민족인데 DSM 때문에 환자가 아닌데도 환자로 만들어진 사람이 많다"라고 증언했다.

구로키는 이어서 말한다.

"일본 임상 현장에서 실제로 DSM의 영향이 나타난 시기는 국내에서 의료 표준화 흐름이 시작된 1990년대 이후였는데요, 보험병명을 ICD-10에서 코드화하여 출력하도록 만든 다음부터입니다. 새로운 세대는 학술 연구를 할 땐 DSM으로 말해야만 국제적 기준에 부합하게 되었고요. DSM에 ICD까지 있다는 것 자체가 이중 기준이고, 그래서 우리는 이중삼중으로 소견을 만들어야 하죠.

예를 들면 '이건 DSM에서는 정신증 증상을 동반한 조현병이지만 사용하는 약물의 기전을 고려해서 보험병명은 조현병으로 해놓자. 아마 성격장애일 테지만' 같은 식인 거예요. 정신과 의사 대다수가 이중삼중의 진단을 요구받는 상황이 아닐까 싶어요."

DSM은 일본 정신질환자 통계에도 영향을 미치고 있다. 후생노동성이 2008년 실시한 환자 조사에 따르면, 1999년 약 204만 명이었던 정신질환자 수는 2008년에 약 323만 명으로 100만 명 이상 증가했다. 정신질환자가 증가했다는 정부 부처의 분석과 언론 보도의 배경에는 거품경제 붕괴 이후 장기화된 경제 불황과 그에 따른 정리해고, 신규 고용 축소, 과잉노동, 위계에 의한 폭력에서 비롯된 직장 환경의 악화 등 다양한 사회적 요인이 있다고 해석되겠지만, 그 안에는 정신과 의료 특유의 사정도 있다.

환자 수 상세 내역을 보면 입원환자는 미세하게 감소하는 추세인 데 반하여 외래환자 수는 증가하고 있다. 약물치료가 발달하자 기존의 정신질환이 조현병을 중심으로 경증화되면서 조기 퇴원이 가능해진 데 반해, DSM으로 우울증 등 기분장애의 정의가 확대하면서 입원이 필요하지 않은, 비교적 경증인 환자 수는 늘었다.

증가 추세가 뚜렷한 시기는 1999년이다. 그해부터 일본 의료 시장에는 SSRI(선택적 세로토닌 재흡수 억제제)라는 새로운 항우울제가 도입되었다. 정신과 의사 도미다카 신이치로富高辰一郎의 『왜 우울증 환자가 늘어났는가なぜうつ病の人が増えたのか』(2010)에 따르면 SSRI가 도입되면서 환자 수가 증가하는 경향은 서구에서도 마찬가지였다. "우울증은 누구든 걸릴 수 있는 병" "낫는 병" "조기 치료가 유효한 병"이라는 메시지를 발신하는 제약회사 광고의 힘이 막강하여 우울증이 찾아왔을 때 정신과 진료를 받

는 데 대한 저항감이 낮아지자, 진료 환자의 수가 급격하게 증가했다. 과잉 복약이나 아이들에 대한 투약, 그리고 약물 의존 문제의 심각성이 대두된 것도 같은 이유에서다.

나는 구로키를 만나기 전 1987년 출간된 책 한 권을 소개받았다. 규슈대학 의학부 (당시)조수 마쓰오 마사시松尾正가 쓴 『침묵과 자폐沈黙と自閉』(1987)다. 이 책은 정신과학계에 큰 화제를 몰고 온 논문 「분열증 환자와의 관계에서 치료자 자신이 '침묵'할 때 그곳에 찾아오는 것」을 수록하고 있다. 분량은 제법 길지만, 해당 증례인 다나카 다로(가명)의 사례를 요약하여 소개하고자 한다. 이후 다나카는 약물치료를 받고 있다.

초진 시 30세였던 조현병 환자 '그'와 아무 말도 하지 않는 '그' 옆에 있던 의사 '나', 마쓰오의 기록이다.

'그'는 입원 후 일주일이 지나도 마치 서 있는 듯한 자세로 꼼짝없이 누운 채 아무 말도 하지 않았다. '나'는 기다릴 수밖에 없었다. '나' 자신의 존재가 '그'에게 긴장을 유발하여, '그'에게 거절당하는 듯한 기분도 들었다. 그러나 '나'는 '그'의 상태를 탐색하려 한다거나 어떤 말을 시킨다거나 하지 않는다. '그'에게는 전혀 신경 쓰지 않고 '나' 자신의 상념에 잠겨 있을 때만큼은 거기에 있는 것을 허락받은 듯했다.

입원한 지 한 달이 지났을 무렵, '그'는 가족이 문병 왔을 때 가져온 귤을 꺼내더니 '나'에게도 먹으라고 손짓해 보였다. 말은 하지 않았지만, 미소를 보여줬다.

입원한 지 두 달이 지날 때쯤 '그'는 '나'의 얼굴을 보기만 해도 웃음을 띠게 되었다. '그'는 침대 위에 앉고 '나'는 그 옆에 놓인 의자에 앉아 막연한 생각에 잠겨 있었다.

함께 있어도 된다고 허락받은 듯한 안정감이 찾아왔을 때 '나'는 '그'에게 산책을 제안했다. 처음에는 병동 복도를 걷고 다음에는 폐쇄병동 안의 중정으로 향했다. 그러나 두 사람은 그때도 말을 주고받지 않았고, '나'는 자기 일을 생각하느라 '그'에 대해서는 생각하지 않았다.

입원 3개월 무렵, '그'는 처음으로 종이에 '집에 가고 싶다'라고 써서 '나'에게 건네주었다. 아직 돌아갈 수 있는 상황이 아니라고 메모해 돌려주자 '병원에 있어도 병은 안 낫는다'라는 답장이 돌아왔다. 이날을 계기로 말을 뱉기 시작해서인지, '그'에게 과호흡과 빈맥*을 동반하는 '짜증 나는 발작'이 덮치기 시작했다. '나'는 직접 '그'의 말을 끌어내려는 듯한 말 걸기는 하지 않으려고 노력했다.

5개월이 지났을 무렵, 문병 온 가족과 함께 외박을 시도했다

---

* 심실에서 전기적인 이상이 발생하여 심장이 병적으로 빨리 뛰는 상태.

가 실패한 '그'는 다시 침묵했다. '나'는 태도를 완전히 바꾸어 '그'에게 거리를 두는 방향으로 방침을 전환하고 함께 보내는 시간을 줄였다. 외박에 실패한 일로 '그'의 병이 상상 이상으로 무거움을 알았고, 접근법에 대한 의문이 생겼기 때문이다. '그'는 식사에 대한 불만을 호소하는 것 이외에는 똑바로 누워 천장만 바라보면서, 자기 안으로 숨어드는 일이 많았다.

'나'는 다시 치료 방침을 되돌렸다. 그의 곁에 있되 침묵으로 앉아만 있는 하루하루를 보냈다. 만화를 읽으며 웃거나 '그'의 과일을 먹기도 했다. '그'가 '주스 두 병, 바나나, 밤조림'이라고 쓴 메모를 건네면 "너 정말, 사람 부려먹을 생각만 하지 말고 조금은 미안해하면서 따라오지 그러냐"라고 대놓고 말하기도 했다. '그'를 환자로 취급하지 않았고, 치료자로서의 역할을 무리하게 연기하지도 않았다. '그'의 침묵에 휩쓸리지 않는 '나'가 되어 있었다.

입원한 지 8개월이 지났을 무렵, '그'는 '외박은 아직 안 될까요?' 하고 종이에 썼다. '괜찮을 것 같습니다'라고 써서 돌려주자 '의지하겠습니다'라고 쓴 종이가 돌아왔다. 의지라는 말에 놀라 "잘 부탁한다는 뜻인가?" 하고 묻자 '그'는 그것과는 조금 다르다는 표정을 지어 보였다.

그 후 시간이 조금 지나 둘이서 밤조림을 먹고 있을 때 갑자기 '그'가 "외박 건은 연락해주셨나요?" 하고 큰 목소리로 말했다. 그 말을 시작으로, 그는 자연스럽게 긴 문장으로 말할 수 있게 되었다.

입원 10개월 만에 개방병동으로 옮기고 나서부터 '그'는 '나'가 묻지도 않았는데 자신이 힘들었던 경험을 말하기 시작했다.

"환청이 있거든요…… 가족들이 제 욕을 하는 것 같은."

"잡념이 들어요…… 망상이 생기고…… 사람들이 저한테 해를 끼칠 거라고 해요."

고백하는 내용과는 달리 '나'의 언동은 점점 더 자유롭고 생기 있게 변해갔다. 개방병동으로 전원한 지 7개월 후, 이상 반응도 사라지고 TV도 편안하게 보게 된 '그'는 몇 번인가 외박을 시도한 끝에 퇴원했다. 입원한 지 약 1년 반이 지나 있었다.

마쓰오는 의사이기 이전에 사람으로 '그'를 대하려고 했다. '나'는 결코 '그'의 내면을 억측하지 않는다. '그'의 말을 무리하게 유도하는 듯한 질문도 던지지 않는다. 매일 일정한 시간에 '그'의 곁에 머물며 자기 생각에 잠길 뿐이다. '그'는 긴장한 채 미동도 하지 않지만, 어느 날 갑자기 병문안 선물로 받은 귤을 먹지 않겠느냐며 '나'에게 권한다. 감동적인 장면이었다.

마쓰오의 논문이 『정신신경학 잡지』 제88권 8호에 게재되었을 때, 나카이 히사오는 미스즈쇼보みすず書房의 편집자에게 "눈이 휘둥그레졌다. 드디어 다음 세대가 나타났다"고 편지를 보냈다.

그러나 DSM 시대의 의사가 이런 방식으로 환자와 만나기란 어렵지 않을까. 나카이처럼 대학병원 진료실에서 10분간 침묵하는 것도 대부분 불가능하지 않을까.

그렇게 말하자 구로키는 안타깝지만 맞는 말이다, 라며 고개를 끄덕였다.

"우리 시대에는 시간이 있었기 때문에 여유도 있었죠. 좋은 선배들을 만나 느긋하게 공부할 수 있었고요. 규슈대학에서도 1990년대까지는 환자분들과 느긋하게 산책할 수 있었어요. 수련의 한 사람이 환자 세 명을 담당했고, 한 시간 정도 같이 산책하면서 아무것도 하지 않는 시간을 보내곤 했죠. 의사와 환자가 함께 모래상자를 꾸미고, 환자와 주치의가 경계 없이 서로의 상자 속 세계를 들여다볼 수도 있었습니다. 상자를 매개로 하면 환자분들의 부담도 줄어들고 그것만으로도 치료적인 관계를 맺을 수 있었죠.

그런데 요즘 젊은 사람들에게는 그럴 시간도 여유도 허락되지 않아요. 너무 바쁘니까요. 외래환자도 입원환자도 많은지라 여유가 없습니다. 우리 같은 슈퍼구급*이 있는 병원에서는, 예전 같으면 2년에 걸쳐 치료했던 환자가 지금은 3개월 만에 퇴원합니다. 환자분들 입장에서는 조기 퇴원할 수 있으면 당연히 좋은 거예요. 옛날에는 몇 개월에서 몇 년까지 환자와 깊고 안정된 관계를 맺어 치료하곤 했지만 지금 그러면 환자분들에게 민폐죠."

그렇다면 현대의 치료자는 침묵하는 환자를 어떻게 대해야 할까.

"환자분들의 침묵은 임상의에게도 아주 어려운 상황일 거예요. 지금의 정신의료 체계는 거의 언어만으로 이루어져 있으니까요. 언어가 있어야 최초 진단이 나옵니다. 특히 요즘 젊은 의사들은 기다리지 못합니다. 입을 다물고 말하지 않는 함묵 상태가 지속되면 어떻게 해야 약을 먹게 할 수 있을지 잘 몰라요. 아주 심각한 문제라고 생각해요. 흥분하거나 폭력을 휘두르는 환자분보다 어려울지도 모르고요."

구로키는 침묵하는 환자를 어떻게 마주했을까.

"말을 하지 않는 환자분들은 많이 계시지만, 외래에서는 시간이 한정되어 있으니 종이와 연필을 사용해서 필담을 시도합니다. 가족이 함께 올 때도 많으니까 가족들의 이야기를 본인도 들

---

* 슈퍼구급병동. 일본의 급성기 정신과 응급의료 전문 병동을 말한다. 정식 명칭은 '정신과 응급 입원료 병동'. 슈퍼구급병동은 2002년 진료보수 개정으로 정신과 의료 중 가장 높은 의료비가 설정되어 지역사회에서 고기능·고규격의 정신과 응급의료를 담당하게 되었다. 그러나 2020년 진료보수 개정 시 정신과 구급 입원료 병상 수의 상한이 설정되면서 그 초과분을 2022년까지 감축해야 하는 지역 병원을 중심으로 반대 여론이 나타나고 있다. 2021년을 기준으로 일본 전국에서 슈퍼구급병동을 운영하는 시설은 159곳이며, 그중 병상 감축 대상은 39곳이다. 한편 국내에서는 2019년 보건복지부 주도로 정신응급의료 기관 지정 시범 사업이 추진되고 있다. 정신응급의료 기관 지정 시범 기관으로 선정된 의료 기관은 응급 입원료와 급성기 처치 관리료 등의 가산을 적용받는다. 국내의 정신질환자 관련 복지 대책은 아직 걸음마 단계에 있는 상황이다.

을 수 있게끔 묻고 답합니다. 가족이 없으면 신체 증상을 묻죠. 가능하면 바움테스트 정도는 해보도록 해요. 그래도 말씀을 하지 않는다면, 함묵증이라기보다는 관계를 거부하고 있는 겁니다. 진료를 거부하는 환자분이 있는가 하면 말하는 것에 대해 강한 공포를 느낀다든가, 말하는 일은 죄를 짓는 거니까 벌을 받는다고 생각해서 말하지 않는 사람도 있어요. 자기 안에서 말이 안 되는 일들이 벌어지고 있으니 언어로 잘 표현하지 못하는 사람도 있고요. 같은 함묵이라고 해도 여러 경우가 있으니까요."

이렇게 이야기를 듣는 동안에도, 구로키의 가슴팍 주머니에 들어 있는 PCS폰의 호출음이 종종 울렸다. 응급을 담당하는 병원이니만큼 취재 중은 물론 진찰 중에도 전원을 끌 수 없다. 환자를 진료하는 동안, 특히 말을 하지 않는 환자일 때 혹시 이 무기질의 전자음이 두 사람의 관계를 단절시키고 마는 건 아닐까. 그러니 무려 10분, 20분 동안 서로 아무 말도 없이 침묵으로 일관하는 것은 역시 어렵지 않을까.

모래놀이치료와 풍경구성법과 같은 심리치료법은 환자와 치료자가 누구에게도 방해받지 않는 환경에서 실시해야 하므로, 외부 전화가 빈번하게 오는 장소에서는 일단 불가능하다. 구로키가 있는 히젠정신의료센터에서는 모래놀이치료와 미술치료를 임상심리사가 담당하고, 흥미를 보이는 아이들이 있으면 권해보는 정도라고 한다. 계속해서 모래놀이치료를 받는 클라이언트는 없다. 이는 수많은 심리치료법 중 하나에 불과하다.

"의사가 환자를 선도한다든가, 의사가 환자를 자유로운 세계로 초대한다든가, 1970년대에는 이런 게 너무 거만하다는 반성이 있었어요. 그 시대와 다른 또 한 가지 중요한 점은, 행여 효과적인 치료법이 있다 해도 그게 어떤 환경에서 어떤 인간관계 속에서 실시되느냐 하는 관점을 중요하게 본다는 겁니다. 환자분의 자조自助를 돕는 게 테라피스트의 역할이라는 철학이 중심에 자리 잡은 거죠.

요즘에는 환자들의 생활 지원에서도 일대일로 관계를 맺는 일보다는 시스템적인 지원이 중요하다고 인식하게 됐어요. 성을 둘러싼 해자垓子가 안정되면, 생활도 정신도 안정된다는 거예요."

구로키가 말하는 시스템으로서의 지원이란, 2장에서도 언급했듯이 의료 분야를 비롯한 다직종의 사람들이 협력하여 환자를 지원하는 팀 의료 제도를 말한다. 입원 중인 환자뿐만이 아니다. 퇴원했으나 불안정한 상태가 계속되는 사람, 치료를 중단한 사람, 치료를 받을 수 없는 사람, 또는 은둔 상태인 사람 등을 대상으로 정신과 의사, 간호사, 임상심리사 외에 정신보건복지사, 작업치료사, 상담지원 전문가, 당사자 동료 지지자라 불리는 지원자 등이 팀을 구성하여 지원에 나서는 포괄형 지역생활지원 프로그램인 'ACT'가 있다.*

복약 확인과 증상 관찰 같은 의료적 지원에 더하여 금전 관리, 가사 보조는 물론 말동무가 되어주기도 하며, 같은 병을 가진 당사자 또는 당사자 가족 간의 심리적 연결감을 유지하는 일 역시 지원으로 본다. 2011년에 후생노동성은 약 7억 엔의 예산을 배정하여 병원에서 환자를 기다리지 않고 지역사회에 직접 나서는 아웃리치Out-reach 사업을 실행하면서, 정신의료의 스타일 변화를 주도하고 있다는 평가를 받는다.

이러한 지원 사업의 목적은 예방에 힘쓰는 동시에, 의사와 환자라는 개인 대 개인의 관계가 아닌 팀으로서 지원을 제공하는 데 있다. 그렇게 되면 의사 개인의 능력과 인간성, 가치관에 좌우되지 않은 채 표준적인 의료를 공평하게 제공할 수 있을 것이다. 의사가 정점에 있는 온정주의를 방지하고, 각 직종의 전문 지식도 활용할 수 있다. 특정 환자를 떠맡지 않고 전이·역전이의 문제를 경감시킬 수 있다는 이점도 있다.

명의에게 가면 치료할 수 있다든가 좋은 병원에 가야 좋은 치

---

* 1972년 미국 위스콘신주에서 개발된 프로그램을 기반으로 한 적극적 지역사회 치료 모델Assertive Community Treatment, ACT 모델을 말한다. ACT 프로그램은 보통 중증 정신질환자 100~150명을 전적으로 책임지는 정신질환 전문가 8~10명으로 구성된 팀이 담당한다. 팀 구성원이 지역사회의 정신질환자를 직접 찾아가 복약을 비롯한 임상 관련 서비스는 물론 주거, 재활 등에 필요한 지원을 병행한다. 미국, 잉글랜드, 오스트레일리아 등에서는 임상과 비용 면에서 효과가 증명되었다. 한국에서도 2019년, 보건복지부가 정신질환자의 퇴원 후 치료 중단과 재입원 방지를 위해 퇴원한 정신질환자를 대상으로 다학제 팀 서비스를 시범 실시한다고 발표했다. 2021년 7월 울산대병원이 시범사업 기관으로 지정되었다.

료를 받을 수 있다는 식의 의료 환경은 환자에게 행복을 의미하지 않는다. "선생님께 모든 걸 맡기겠습니다" 하는 시대는 끝났다. 통원 환자를 팀으로서 지원하는 흐름은 만성적으로 의료진 부족에 시달리는 현 상황에서 환영받을 만한 정책이다. 무엇보다 모든 환자를 병원에 수용하고 유지하는 데 필요한 비용을 고려한다면, 환자의 자립을 촉진하고 필요한 장소에 적절한 서비스를 제공하도록 하는 편이 재정 면에서도 효과적인 것은 확실하다.

그렇다면 환자 입장은 어떨까. 어쩔 수 없이 감독을 받아야 하는 입원 치료보다는 의료 팀의 지원을 받으면서, 가능하면 지역사회에서 일상적으로 생활하는 편을 선호할 것이다. 그러나 환자는 한 명 한 명 다 다르다. 모든 환자가 가족과 살 수 있는 건 아니다. 가족의 삶이 피폐해져서 돌볼 여력이 없어졌을 수도 있다. 의료진도 각자 인생관과 가치관이 다르다. 자신의 삶 전체로 답해야 한다고 생각하는 사람이 있는가 하면, '루틴 워크'라고 잘라 말하는 사람도 있을 것이다. 치료자와 간호사의 인간성과 인정, 경험을 통하여 길러온 소양을 분리해버려도 될까. 시간을 들여 신뢰관계를 구축해야 비로소 판단할 수 있는 일도 존재할 것이다. 표준화된 의료는 일정한 효과를 가져오겠지만 의료 종사자에게도 환자에게도 어딘가 부족함이 있지는 않을까. 한 명 한 명의 마음이 다를 수밖에 없는데, 만인에게 적용하는 시스템으로 대응하고자 하는 것은 처음부터 무리가 있다.

통원치료를 돕는 ACT가 진정으로 정신질환자의 마음을 돌볼 수 있을지, 또 환자 가족의 부담을 덜 수 있을지 주의 깊게 지켜볼 일이다.

2013년 5월, DSM-IV 이후 19년 만에 DSM 최신판인 DSM-5가 발표되었다. 개정 내용 중 가장 큰 특징은 "차원적 접근 시스템"으로, 환자가 경험했을 모든 증상을 근거로 계통적 평가를 실행하는 방법이 도입되었다는 점이다. 증상의 유무뿐만 아니라 중증도와 경과에 따른 변화까지 평가 대상이 된다.* 자폐증과 아스퍼거 장애라는 하위 카테고리를 포함하고 있던 전반적 발달장애가 자폐스펙트럼장애로 명칭이 변경되어 일원화된 부분이 눈길을 끈다. 그렇다고 임상 현장의 기준이 당장 바뀌는 것은 아니라고, 구로키는 말한다.**

"1980년 DSM-III의 등장은 정신의학의 중심이 유럽에서 미

---

* DSM-5에서는 기존의 범주적 분류의 한계를 보완하기 위하여 차원적 평가 방식을 도입했다. 이전 버전과 가장 달라진 점은 여러 진단명을 하나의 군으로 묶고 진단에서 심각도를 표시하도록 했다는 것이다. 이는 정상과 비정상의 경계를 명확하게 구분 지을 수 없고 증상은 양적인 정도의 차이가 있을 뿐 연속선상에 존재하며 질적으로는 다르지 않다는 개념에 기초한다.

** 2021년 현재 아스퍼거 증후군 등의 카테고리 중심의 진단명은 공식적으로는 사용되지 않는 추세다.

국으로 옮겨갔다는 점에서 확실히 커다란 영향이 있었지만, 사실 DSM-5는 미국의 노골적인 패권주의입니다. 이걸로 일본의 임상 현장이 혼란을 겪었느냐. 그렇지는 않습니다. 지금은 시대가 바뀌었어요. 미국에서 일어난 현상 중 하나로 파악해두면 되겠죠.

물론 조기 발견·조기 개입 등의 예방 의료, 1차 의료*에도 중점을 두고 있기에 일본에서도 이를 정신과 의사가 책임져야 하는가, 일반 내과 의사가 책임져야 하는가에 대해서 조만간 논의가 이루어질 겁니다."

여전히 증쇄가 찍히는 나카이 히사오의 『정신과 치료 비망록』 서두에는 댐의 수명에 관한 이야기가 있다. 산이 많고 국토가 좁은 일본의 지리적 특성을 활용하기 위하여 전국적으로 건설된 댐은 자원이 부족한 나라를 윤택하게 했다. 댐이 있는 풍경은 국민의 자부심이 되기도 했다. 그러나 세월이 지남에 따라 급류에 섞인 토사가 댐 바닥으로 서서히 가라앉으면서, 일본은 토사로 인한 재해를 피할 수 없게 되었다.

나카이는 정신과 병원이 댐과 닮았다고 썼다. 상류에서 환자

---

* 한 개인이나 한 가족의 최초 진료를 담당하는 의료를 말하며, 일반적으로는 만성 질환자의 지속적인 건강 관리를 수행하는 주치의의 의료를 의미한다.

가 흘러내려와 일정 기간 병원에 체류하다가 사회 복귀라는 이름으로 퇴원한다. 병원은 병상이 가득 찰 때까지는 환자를 선택하지 않는다. 댐이 매몰될지 그렇지 않을지는 현장에서 일하는 의사의 인원수에 좌우된다. 우선은 질보다 양이라고 해야 할 만큼 의사 수가 부족한데 이는 자살자 수에서도 드러난다.

나카이가 생각하는 이상적인 정신과 의사 수는 병상 7개당 1명이다. 『정신과 치료 비망록』이 집필된 1982년의 정신과 의사 수는 50개 병상당 1명이었다. 현재 내과, 외과 등을 보유한 100병상 이상의 종합병원·대학병원 정신과는 16개 병상당 1명, 그 외에는 48개당 1명이다. 의사 수는 1998년부터 10년간 2배 늘었고 개인 의원의 숫자도 증가하고 있지만, 환자 수의 증가에는 도저히 미치지 못한다. 간호사 수도 마찬가지다. 인력 부족 때문에 "약으로 환자분들을 진정시키지 않으면 대응할 수 없다"(『아사히신문』 2013년 8월 20일)며 세 종류 이상의 약을 투여할 때도 있다. 약물치료가 큰 진전을 보였다고는 하지만, 부작용이 우려되는 상황에서는 환자와 의사 사이에 신뢰관계가 구축될 리 없다.

이러한 상황에서 조기 퇴원을 독려하여 통원 치료를 계속 받게 하거나, 팀으로 재택 의료를 지원하는 것은 환자를 위한 일인 동시에 댐을 매몰시키지 않으려는 해결책임이 분명하다.

젊은 정신과 의사와 임상심리사 중에는, 정신과 의사들의 의사라 불리는 나카이 히사오의 이름을 모르는 이들도 있다. 이것이 나카이가 연구한 조현병의 관해과정이 현장에서 굳이 언급될 필요가 없는 상식으로 자리 잡은 결과라면 문제없다. 하지만 비용 대 효과는 어떤지, 근거 기반 치료인지 등 설명 책임을 요구받는 분주한 임상 현장에서, 입을 꾹 다문 채 몇 개월씩 환자 곁에 앉아 있는 슈빙의 태도는 애석하게도 이미 과거의 것이 되었다.

구로키는 한 학회에 참가했을 때 도쿄의 베테랑 정신과 의사로부터 이런 말을 들었다고 한다.

"구로키 군, 도쿄에서는 오늘 온 환자가 2주 후에 다시 올 거라고 절대 생각하지 않는다네. 그래서 일기일회一期一會*라고 생각해. 병원은 많으니까."

---

* 평생 단 한 번뿐인 만남. 사람과 만나는 기회를 소중히 여긴다는 의미다.

　　2011년 3월 16일, 나는 다시 고베에 있는 나카이 히사오의 자택을 찾았다. 이날은 내가 카운슬러 역할을 맡아 나카이에게 미술치료를 하기로 했다. 나는 카운슬러도 아니지만, 직접 카운슬러 입장이 되면 무엇이 보일지 궁금했다. 나카이가 그런 나를 위하여 클라이언트 역할을 맡아주기로 했다.

　　"점점 남하하고 있군요."

　　현관 앞에서 나카이가 말했다.

　　지진 이야기다. 5일 전 동일본 대지진에 이어 전날 시즈오카에서도 진도 6 이상의 큰 지진이 발생했다. TV와 라디오는 지진 뉴스로 장식되었고 전국적으로 긴장감이 퍼져 있었다. 이곳 고베에서도 한신·아와지 대지진 당시 나카이 밑에서 일하던 의사들이 효고현 마음돌봄 팀의 중심 멤버로 도호쿠에 파견되었다. 파견 소식이 전해진 지 얼마 지나지 않았을 때였다.

"뭔가 나오겠네요."

"예, 그러겠지요."

지금부터 그릴 그림에 지진의 영향이 나타나지 않겠느냐는 말이었다.

"사인펜은 가져왔어요?"

"네, 가지고 왔습니다. 굵은 것과 얇은 것이 있으니 편하신 쪽을 선택해주세요. 저는 카운슬러가 아니니까 힘드시면 말씀해주시고요."

"아니, 안 힘들어요."

준비해온 도화지와 크레파스를 식탁 위에 놓는다. 지난번처럼 정면이 아니라, 70도 정도 사선으로 마주 앉는다.

"조현병 환자와 그렇지 않은 사람이 모래놀이치료를 할 때와 풍경구성법을 할 때, 어느 쪽이 빨리 끝날 것 같아요?"

"일반인이 빠른가요?"

"가와이 하야오 선생의 책에는 모래놀이치료는 조현병 환자가 15분, 일반인이 25분 정도 한다고 나와 있어요. 그림도 환자 쪽이 더 빠르고요. 획을 그을 때 망설임이 없으니까."

"환자분들은 단숨에 피규어를 놓나요?"

"중간에 어느 쪽으로 갈까, 이쪽으로 갈까 하는 망설임이 나타나면 꽤 좋아진 거지요."

"그렇군요."

"환자분들에게는 어때요, 지난번보다는 그리기 쉬웠어요? 하고 물으면 돼요. 스스로 평가할 때 임파워링empowering이 되거든요."

"스스로 평가한다는 의미인가요?"

"예, 이쪽에서 판단을 전하는 게 아니라요. 옆에서 지켜보노라면 참여적 관찰이라는 게 이런 거구나 할 때가 있어요."

"아……."

나는 스케치북을 펼친 면을 반으로 접은 뒤 A4 용지 크기로 자른다. 카운슬러가 되었다고 상상하며 호흡을 가다듬는다.

"그러면 지난번 제게 해주셨던 것처럼 분할화부터 시작하겠습니다. 우선 테두리를 그려볼게요."

나는 그렇게 말하고 사인펜으로 도화지에 테두리를 그린다.

"이 테두리도 재미있는 게, 사람에 따라서 중앙에 작은 테두리를 그리는 사람도 있고 원래부터 그려져 있는 것처럼 정확하게 선을 그리는 사람도 있어요."

"그렇군요."

나는 이전 치료에서 나카이가 그랬듯이, 액자 모양으로 테두리를 그리면 되겠지 생각하며 종이의 가장자리에서 1센티미터 정도 되는 부분에 선을 그었다. 이 테두리 하나로 카운슬러의 성격이 드러난다는 말은 벌써 커뮤니케이션이 시작되었다는 뜻이리라. 나카이는 클라이언트인 동시에 해설자이기도 하다.

"그럼 마음 가는 대로 분할해보세요."

"그쪽으로 할까……"

나카이는 조금 망설이다가 얇은 사인펜을 든다. 테두리와 평행인 선과 수직인 선이 여러 개 그어지고 다양한 크기의 정사각형과 직사각형이 만들어진다. 마지막으로 한 곳에만 지지대 같은 사선이 하나 그려진다.

"되셨나요?"

"예."

"그럼 원하는 대로 색을 칠해보시겠어요?"

"네."

크레파스가 종횡으로 달리며 빨강, 분홍, 초록, 노랑, 주황, 하늘색 등 갖가지 색이 나타난다. 검정과 보라처럼 짙은 색은 없다. 파울 클레의 모자이크 같은 그림이다[그림8].

"다 하셨어요?"

"됐습니다."

"어때요. 어떤 느낌이 드세요?"

나는 내 느낌을 말하지 않고 나카이 본인의 느낌을 물어본다.

평가는 스스로 하는 것이 낫다는 조언이 있었기 때문이다.

"선이 사선으로 그어진 건 뇌경색 후유증이 있어서…… 엽서 쓸 때도 글씨가 이렇게 써집니다."

"아, 조금 삐뚤어지나요?"

"수평이 안 맞는달까……. 볼 때는 수평의 위치를 알겠는데, 물건을 정리하다보면 이렇게 되지요."

언뜻 봐서는 거의 느끼지 못할 정도지만, 수평선이 살짝 삐뚤어졌고 수직선도 한쪽으로 살짝 기울어진 것 같다. 하지만 내가 보기에는 전체적인 균형이 잡혀 있다. 나카이는 헨리 엘렌베르거 원작의 『색색깔의 모자いろいろずきん』(1999)라는 그림책을 낸 적도 있고, 지인의 저서에 삽화를 그리는 등 그림 작업도 한다. 그러니 나카이의 눈에는 아주 약간의 왜곡도 신경 쓰일지 모른다.

"일반적으로 말하자면 색에는 그러데이션이라 불리는 유사색과 서로 대조적인 보색이 있지요. 회복되면서 대체로 보색에서 유사색으로 변해가고요."

"건강을 회복할수록 비슷한 색상을 사용하게 된다는 말씀인가요?"

"비슷한 색은 마음을 진정시키잖아요. 그러려면 섬세한 차이를 구현해야 하니까, 유사색으로 칠해보려고 이 색을 썼어요."

"아, 그렇군요. 빨간색 옆에 핑크와 오렌지, 살구색부터 노란색, 하늘색으로 변하는 곳도 그러데이션이군요."

"이건 뭐랄까, 중간 정도 돼요. 보통은 환자들이 그린 그림이 더 아름다워요. 유사색을 써서 그린 그림을 보면 아름답지요."

"그렇다는 건, 상태가 별로 좋지 않은 초반에는 검정이나 빨강 같은 진한 색이 사용된다는 말씀인가요?"

"맞아요. 검정과 빨강은 자살의 신호라고 보는 의사들이 있었을 정도예요. 나치의 깃발 색이 그렇잖아요. 흑색과 적색이니까."

"아, 그렇네요. 그럼 마지막에 사선으로 그리셨잖아요. 처음에는 아무것도 없었는데 이건 그럼……."

"가로세로를 정리하는 건 이번 지진의 영향일지도 모르겠네요. 사선을 하나 그어놓자는 마음에서."

"지지대 같은 걸까요?"

"글쎄요, 그럴지도 모르겠고."

"이건 선이 끊겨 있네요."

나는 나카이가 그은 선의 끝부분이 테두리에 닿지 않은 이유를 물어본다. 테두리와 선 사이에 틈새가 있으면 그림이 전체적으로 가볍게 떠 있는 인상을 주기 때문이다.

"이건 개성이겠지요. 가장자리부터 가장자리까지 꽉 채워 그리는 사람이 있고, 그렇지 않은 사람도 있습니다."

"예술적이네요."

"아니, 이건 자신감을 불어넣는 거랄까……. 가장자리 끝까지 빽빽한 격자무늬일 때, 환자는 움직이지 않는 상태예요. 격자무

늬일 때는 멀리서 지켜보는 듯해야 좋고, 너무 움직이게 하려 하지 않는 편이 좋습니다. 반대로 그림이 영국 국기처럼 나올 때는 움직이는 상태이지요. 그럴 땐 치료에 힘을 쏟아야 하고요."

하얀 바탕에 붉은 십자가가 그려진 잉글랜드 국기를 조합한 영국 국기, 유니언 잭은 붉은 사선이 십자가에 완전히 겹치지 않고 틈이 조금 떠 있다. 움직임이 느껴지는 모양이다.

"그림 방향은 어떻게 하시겠어요? 이 방향이 위쪽인가."

"이쪽인 것 같아요."

그림의 좌우에 날짜와 나카이의 서명을 넣는다. 그림의 위아래가 결정된다.

"환자들이 색칠한 거에 비하면 거칠어요."

"아, 그런가요."

나에게는 색칠이 거친 듯한 느낌은 전혀 없었지만 필압筆壓이 약하기 때문인지 도화지의 요철이 부분부분 도드라져 있기는 했다. 그런 면에서 균일하지 않다고 할 수도 있을 것 같다.

"환자들이 더 꼼꼼하게 칠한다는 말씀인가요?"

"환자들이 더 균일하게 칠해요. 그걸 두고 능력이 뛰어난 거라고 말할 수 있는지는 모르겠지만요."

시작한 지 20분 정도 지났다. 나카이가 한창 분할화를 그리는 동안 내 안에서는 어떤 변화가 일어나고 있었다. 시작 전에는 뭔가 당치도 않은 짓을 하는 건 아닐까 하는 두려움, 그리고 자격증도 아무것도 없으니 괜한 실수를 하면 안 된다는 긴장감으로 온몸이 굳어 있었다.

그런데 도화지를 앞에 둔 순간, 방금까지와는 확연히 다른 온화한 감정이 슬며시 올라오기 시작했다. 도화지에 딸려 나왔다고 해야 할까. 앞으로 전개될 미지의 세계를 끝까지 함께 지켜보겠다는 마음. 어쩌면 내가 여기에 있어도 괜찮은 사람일지 모른다는 느낌이었다.

새로운 A4 용지를 나카이 앞에 내밀었다. 내가 클라이언트였을 때와 같은 순서로, 다음은 바움테스트다.

"테두리는 어떻게 할까요? 있는 편이 나을까요?"

"으음, 있는 게 낫겠네요."

"알겠습니다. 그럼."

방금과 마찬가지로 A4 용지 가장자리에 테두리를 그린다.

"그럼 나무를 한 그루 그려주시겠어요?"

"하, 이거 어려운데……."

나카이는 조금 망설이더니 얇은 사인펜을 쥐고 수관樹冠부터 그리기 시작한다. 필치는 가볍고 부드럽다. 위에서부터 아래로 내려오며 그린다. 수관은 하나가 아니다. 지면과 수평으로 네 개가 그려졌고, 수관과 수관 사이의 가지는 보이지 않는다. 나는 바움테스트 교과서에 실린, 수관을 여러 개 그리는 것은 그림에 재능이 있는 사람에게 흔하다는 구절을 문득 떠올린다. 지상에서 뿌리는 보이지 않는다. 다만 땅속으로 들어간 부분은 조금 두껍고, 땅속줄기는 간신히 안정된 듯 보였다.

"이 나무에 색을 칠해주시겠어요?"

"네."

나카이는 우선 연두색 크레파스를 쥐고 제일 위에 있는 수관부터 칠해나간다. 수관들은 제각기 다른 크기와 색감을 지녔다. 아래로 내려갈수록 색이 진해지는 듯하지만 자세히 보면 그렇지만도 않다. 지면과 가장 가까운 수관에는 짙은 녹색과 풀색이 입혀져 있었다. 일률적으로 빈틈없이 칠하는 대신 그러데이션을 이루어 칠한 것이 아름답다. 지면은 옅은 노랑이고 군데군데 풀이 자라고 있다.

의외였던 것은 나무를 다 칠한 다음, 하늘색 크레파스로 연하게 풍경을 칠한 점이었다[그림 9]. 나무의 가장자리를 하늘색으로 메우듯이 칠한 게 아니라, 여백을 조금 남겨둬서 떠 있는 듯 보인다. 근경이 갑자기 원경이 되었다고 할까. 눈앞에 서 있는 것 같던 나무가 갑자기 대평원에 놓인 듯한 이미지로 변했다. 나를 믿고 도화지에 모든 것을 맡기는 것 같았다. 나카이의 마음은 사실 헤아릴 수 없을 만큼 먼 곳에 있었다. 그런 거리감이 느껴져서 나 자신도 원경으로 물러난 기분이 되었다.

"나무를 그린 건 태어나서 처음이에요."

"그러셨어요?"

"나는 검사를 받지 않으니까요."

"그렇겠네요."

"처음엔 자꾸 꽃을 그려야만 할 것 같았어요. 내 나이가 되면 그렇게 되지요."

"왜 나이가 들면 꽃을 그리게 되나요?"

"왠지는 모르지만 큰 것은 그릴 수가 없어요. 노인 중에 커다란 소나무를 그린 사람이 있었는데, 생명력이 넘치더군요. 속으로 나는 생명력이 약하구나 생각했지요."

"그럼 처음에 이 수관을 그리셨을 때, 머릿속에서는 정말로 꽃을 떠올리고 계셨던 거네요."

"맞아요."

"어떤 꽃이었을까요?"

"얇은 꽃이요. 꽃잎이 얇은 꽃."

"아……."

듣고 보니 가장 높은 수관은 부드러운 꽃다발처럼 보인다.

나카이는 자신의 그림을 읽어나간다.

"수관이 이렇게 나뉘어 있잖아요."

"네, 그렇네요."

나는 처음부터 수관이 여러 개, 심지어 지면과 수평으로 나뉘어 그려진 점을 궁금해하고 있었다.

"각각 다르게 생겼지요. 이건 의지를 표현한다고 해요. 나는 여러 일을 해왔으니 하나하나가 시대를 상징하는 걸 수도 있어요. 여기에서는 가지를 그리는 걸 잊어버렸고, 위쪽은 구름으로 변하고 있네요. 이걸 보면 나도 '많이 남지는 않았다'라고 스스로 생각하지요……. 이런 나무는 본 적이 없어요."

"선생님은 다른 분들의 그림을 많이 봐왔는데도 이런 건 처음 보신다는 건가요?"

"그래요."

"나무 뒷배경을 하늘색으로 칠하셨네요. 이 부분은 어떠세요?"

배경을 그린 이유를 말해도 괜찮다. 칠해본 느낌을 말해도 좋다. 나는 질문을 하면서 어떠세요, 라는 말은 어떤 답도 내놓을 수 있는, 초점이 정해지지 않은 물음이라는 사실을 깨닫는다.

"배경을 칠하는 사람은 드물지요. 살짝 보강하고 싶었달까……."

"아……."

나카이는 올해 77세. 십수 년 전에 뇌경색, 수년 전에 전립선암을 앓았다. 그 때문에 몸 상태가 그다지 좋지 않다는 사실은 들었다. 줄기를 그리는 것을 잊고, 지표면에는 뿌리도 그리지 않았다. 나는 호응할 말을 찾지 못한다. 뭐라고 말해도 피상적일 것 같아 침묵한다. 여기까지 약 30분이 지났다.

다음으로 넘어간다.

"자유연상화를 그려봐도 될까요?"

"예."

"테두리는 어떻게 할까요?"

"있는 거랑 없는 거, 둘 다요."

"그럼 처음에는 테두리가 있는 걸로 가볼까요."

나카이가 보는 앞에서 테두리를 그려 도화지를 건넨다.

나카이의 사인펜은 도화지 왼쪽 끝에서 시작한다. 원을 그리는 듯하다가 가파른 산을 그리듯 크게 커브를 돈다. 중간에 커브는 직선으로 변하고, 들쑥날쑥하다가 시작점으로 돌아와 다시 한번 크게 커브를 그리고 끝났다. 여기까지 십수 초.

내가 나카이에게 소감을 묻는다.

"이게 뭘로 보이세요?"

"두건을 쓴 사람인가? 손가락으로 뭔가 가리키고 있어요."

"그럼 이 부근이 얼굴인가요?"

산처럼 생긴 부분을 가리키며 물어본다.

"이 부분이요."

"아아."

"이상한 게 나왔네……. 원자로와 관계가 있으려나."

"아하……."

색칠이 들어가자 방호복으로 몸을 감싸서 원전 사고 처리반인가 싶은, 인간인 듯한, 눈이 큰 괴물 같은 생명체가 확실히 보인다. 등에는 커다란 포대 자루 같은 걸 짊어지고 무언가를 가리키고 있다. 오른손에는 붉은 혀를 내민 뱀이 올라타 있다[그림10].

"이상한 게 나와버렸네."

"이 오른손가락은 뭘 가리키고 있나요."

"자, 뱀과 안경과 산소탱크와 손가락인가."

"이 하늘색 타원 모양은 안경이군요. 방호복을 입은 사람은 안경을 통해서 앞을 보고 있네요. 등에 짊어진 건 산소탱크일까요."

"그러게요. 여기 안경이라고 해야 할지, 하늘색 유리 같은 부분에서 뱀이 나와 있네요. 허허. 이거, 이거……."

거실의 TV가 후쿠시마 제1원자력발전소 사고를 보도하고 있었다. 나카이는 뉴스를 보며 "정부와 도쿄전력이 싸우고 있군요"라고 중얼거렸다. 나는 바로 TV를 껐다. 그러나 지금 이 나라에서 어찌할 도리가 없는 사태가 진행되고 있다는 현실이, 이런 시간을 보내는 와중에도 머릿속에서 지워지지 않은 채 남아 있었다. "뭔가 나오겠네요"라던 처음의 예측대로였으리라. 테두리 없는 도화지에 그린 자유연상화에도 물이 한쪽 면으로 살랑살랑 번져나가는 형태가 그려졌다. 지진과는 관계없을 수 없는 그림이었다[그림11].

"테두리가 없으면 현실적인 그림이 되네요. 아마 이건 홍수일 거예요. 쓰나미일까……. 그래도 너무 심한 쓰나미는 그리고 싶지 않아서. 이건 약한 쓰나미예요. 쓰나미를 그리려고 했던 건 아니고요. 다만 뭔가 가로로 된 선이 머릿속에 자꾸 떠올라서요."

"아……."

"옛날에 기하학적인 선과 그렇지 않은 자유로운 선의 차이가 뭘까, 하고 비교하려던 적이 있는데 의미가 없어서 그만뒀지요."

"그러셨군요."

여기까지 45분 정도가 지났다. 조금 휴식을 취하는 편이 좋겠다. 여기 그려진 것이 방호복을 입은 생명체와 쓰나미라면, 이는 이미지라기보다는 현실의 투영에 가깝다. 16년 전 나카이는 고베에서 진도 7의 지진을 경험하고 재해 지원 현장의 최전선에 있었다. 그의 과거를 생각하면 오늘은 지진 재난 상황에 관하여 지나치게 깊이 파고들지 않는 편이 낫지 않을까, 하는 불안이 지나갔다. 나도 며칠 전 도쿄에서 진도 5의 지진을 겪고, 오늘은 철도의 혼란을 피하여 비행기를 타고 왔다. 그러니 나 자신의 긴장과 흥분도 겹쳐 있을 것이다. 일단 등줄기를 펴고 심호흡을 하는 것이 좋겠다고 생각했다.

"조금 쉴까요?"

"그래도 좋겠네요."

차를 마시고 간식을 먹으며 5분 정도 휴식했다.

다음은 드디어 풍경구성법이다. 도화지는 지금까지의 두 배인 A3 크기다. 나카이는 이 기법으로 여러 번 그려본 적이 있는 모양이다.

"지금부터 말씀드리는 걸 하나씩 순서대로 그려서 풍경을 만들어주시겠어요? 테두리는 어떻게 할까요?"

"그려주세요."

나는 그럼, 하고는 테두리 선을 얇은 사인펜으로 긋는다.

"제일 먼저 강을 그려주세요."

"이거는, 옛날부터 왠지 이렇게 되더군요."

나카이는 그렇게 말하고 도화지 중앙에 강을 그린다. 앞쪽은 조금 넓게, 도화지 윗부분으로 향할수록 반대쪽이 뾰족해진다. 앞쪽이 하류라는 뜻이리라. 강은 완만한 곡선을 그리고 있다. 내가 그렸던 강도 나카이의 것과 똑같이 앞쪽 강줄기가 굵었지만, 흐름은 직선적이었다. 구불구불 굽이치는 것만으로도 전혀 다른 인상을 주고 있어 놀라웠다.

"되셨나요?"

"예."

"그럼 다음은 산을 그려주시겠어요?"

"네."

야트막한 언덕처럼 낮은 산이 다섯, 여섯, 도화지 위쪽에 그려진다. 강은 그 산의 골짜기에서 흘러나오고 있다. 이어서 논, 길, 다리, 집이 망설임 없이 부드럽게 그려진다. 자신이 개발한 방법으로 과거 몇 번이나 그려본 적이 있다고 하니 당연한 일이지만,

나카이는 확실히 익숙하게 그리고 있다.

작은 집이 오른편 안쪽에 한 채, 왼편에 한 채 있다.

"어딘가에 또 한 채 정도 있으면 좋겠는데."

나카이는 그렇게 말하더니 왼편 강가에 집을 한 채 더 그려 넣는다. 집은 모두 논 가운데 있다. 농가인 듯하다.

"됐나요?"

"음."

"네. 그럼 나무를 심어주세요."

"네."

앞쪽 집 옆에 한 그루, 왼쪽 집 뒤편에 한 그루. 상록수로 짐작되는 나무를 심었다. 그가 다 그릴 때까지 기다렸다가 다음으로 넘어간다.

"이제 사람을 그려주세요."

나카이는 앞쪽에 있는 집 앞에 사람을 한 명 그렸다. 사람은 작고, 눈코입도 없다. 앞을 보는지 뒤를 보는지도 알 수 없다. 집의 주인일까.

"이건 열일곱 살. 원래 남자아이라고 해야겠지요."

"아하……."

사춘기가 지나고 어른이 되기 직전이라는 뜻일까. 나카이 자신일까 아닐까. 여러 생각이 뇌리를 스친다.

"그럼 다음은 꽃을 그려주시겠어요?"

"예."

강가에 작은 꽃이 툭 하고 피어난다. 야생화는 아니고 사람이 심은 꽃 같다. 작지만 그림의 균형을 고려하면 알맞은 크기다.

그 후로 나카이는 논 가운데에 소를 네 마리, 개인 듯한 동물도 한 마리, 강 속에는 돌을 여러 개 그렸다.

"그리지 못한 게 혹시 있으면 그려주세요."

"으음."

그 순간 뜻밖의 일이 일어났다. 나카이는 위쪽에 그린 산 뒤로, 산과 산의 중턱을 연결하는 선을 좌우로 그었다. 수평선이었다. 내가 강의 하류라고 생각했던 쪽은 사실 상류였다. 강물은 앞에서 뒤쪽의 산 방향으로 흐르고 있었던 것이다. 나는 당연히 나카이와 공유한다고 믿었던 이미지의 방향이 완전히 달랐다는 점에 충격을 받았다. 물은 점점 멀어지고 있다. 산 뒤편의 풍경은 여기서는 보이지 않는다. 풍경에 색을 입힌 순간 원경으로 멀어진, 바움테스트와 똑같은 전개였다.

나카이가 내 동요를 눈치챘는지는 모른다. 그는 나를 신경 쓰지 않고 그림을 계속 덧그렸다. 하늘에는 구름과 태양, 헬리콥터가 한 대, 강물에는 작은 보트가 두 척. 신사를 둘러싼 숲인지 오른편 도로가 시작되는 곳에 작은 숲이 그려졌다.

나는 느낌을 말하지 않고 작게 심호흡을 하며 계속 진행한다.

"그러면 색을 칠해주시겠어요?"

"네."

왼편의 논이 갈색으로 칠해진다. 가을걷이를 마쳤기 때문일까. 왼편부터 오른편으로 그러데이션이 되어 있고 오른편에는 푸릇푸릇한 벼가 힘차게 잘 자라고 있다.

"이 크레파스는 남색이 없네."

"그렇네요."

일본제이지만 중국 공장에서 만들어진 제품이라는 사실이 마음에 걸렸던 것 같다. 지난번 대화에서 크레파스가 화제에 올랐을 때는 그렇게 중요한 일이라고 생각하지 않았다. 순수 일본산 화구畫具를 찾아서 사와야 했는지도 모르겠다. 나의 둔감함을 한심하게 여기는 마음이 고개를 든다.

"일본인의 기본색 중 하나에 남색이 있지요."

나카이는 그렇게 말하며 바다를 남색 대신 프러시안블루로 칠한다. 강은 하늘색, 나무는 짙은 녹색, 지붕은 검정과 빨강, 창고로 보이는 건물은 보라색이다. 나카이는 주저 없이 칠해나간다. 집의 벽, 꽃, 동물, 사람에는 색이 없다. 그의 그림은 나처럼 앞쪽으로 턱턱 압박해오는 풍경이 아닌, 저 너머로 열린 풍경이라는 인상이다[그림 12]. 여기까지 한 시간 십수 분이 지나고 있었다.

"이 정도면 됐으려나."

"그런가요."

"노인의 그림이네."

"아름다운 풍경이네요. 계절은 언제쯤인가요?"

"그러게. 초봄이려나요."

"지금쯤이네요."

"그렇네요. 느낌상 그보단 조금 전인 것 같기도."

"앞쪽이 아니라 저 너머에 바다가 있네요."

"언제부터인가 이래요."

"아하, 그렇군요. 언제부터인가요?"

"글쎄요, 마흔 정도부터였나……."

"그때부터는 계속 산 너머에 바다가 보이는 거로군요."

"그런 셈이지요. 그려넣고 싶어져요. 강은 바다 쪽으로 흐르고 있는데……. 왠지는 모르겠고."

강이 산 뒤편의 바다로 흘러가고 있다는 것은 산 너머에도 어떤 풍경이 펼쳐져 있다는 것이다. 그러나 역시 이쪽에서는 그 풍경이 보이지 않는다.

"내가 두 가지 일, 의학과 문학을 하고 있어서인지도 몰라. 그게 상징하는 두 세계일 수도 있어요. 아니면 의식과 무의식이라고 하는 사람도 있을 수 있고."

"아아……."

나카이는 작가로서 여러 권의 수필집을 펴냈고 프랑스의 시인 폴 발레리와 그리스 시인 카바피스를 번역했다. 프랑스어 번역은 고등학교 시절에 시작했으니 의사 경력보다 길다. 예전에

문학 작업을 하던 이야기를 꺼내자 나카이는 이렇게 말했다.

"병질病疾안 부수┌"만 쓰는 일에 질린 거겠지요. 산이나 바다, 꽃 같은 글자를 쓰고 싶었던 게 아닐까."

"처음에는 강이 앞쪽으로 흐르는 줄 알았는데, 반대 방향으로 흐르고 있네요."

"이건 드문 경우일 거예요."

"앞쪽의 땅이 높다는 거겠네요."

"네. 앞이 보이지 않아요. 살아 있지 않을 수도 있고. 덤불 속이니까요."

"아하……."

"(강 왼편에 갈색으로 칠한 논을 가리키며) 이 부근은 수확이 끝났어요. 왼쪽이 과거라고 하면요. 집도 바로 앞에 있는 게 지금 집이고, 왼쪽 붉은 지붕은 과거의 집. 배 타고 오갈 수 있으니까."

"만약 선생님이 이 안에 계신다면, 어디에 있을까요?"

"아마 여기겠지요."

나카이는 검은 지붕 집 앞에 채색되지 않은, 얼굴도 잘 보이지 않는 사람을 먼저 가리킨다. 이어서 헬리콥터를 가리키며 "이 근처에서 내려다보고 있을 수도 있겠다……"라고 중얼거린다.

"헬리콥터에 타고 계시는군요. 헬리콥터는 항상 그려지나요?"

"그려본 적 없어요. 아마 최근에 헬리콥터에서 찍은 영상을 자주 봐서 그런가봅니다."

"아, 그렇겠어요."

"산은 그런 거고요."

"네."

"옛날하고 비교하면 꽤 완만해진 거예요."

"예전에는 더 험했나요?"

"높았지요. 이렇게 텅 빈 논도 그려본 적이 없고. 수확이 끝난 거네요."

"아…… 동물은 어떤가요?"

"이건 반려견."

강가에 있는, 개처럼 생긴 동물이다.

"이쪽은 목장인데, 아마 소 같은 게 아닐까요. 키워주길 바라는 건지는 모르겠지만 나는 이미 너무 지쳐서."

"꽃은, 이건 튤립인가요?"

"맞아요. 아, 색칠하는 걸 잊어버렸네요. 지금은 꽃이 있는 삶이 아니니까."

무슨 말씀이세요, 계속 정정하게 계셔주세요. 그렇게 말로만 응원하는 것도 부적절하리라. 나이 듦을 의식한 나카이의 감상이 이어졌다. 나는 뭐라고 답해야 할지, 세련된 말이 떠오르지 않아서 적당히 반응하고는 입을 다물 수밖에 없었다.

"방금 두 가지 세계, 라고 말씀하셨지요. 문학과 의학일 수도 있고, 의식과 무의식일 수도 있다고."

"앞쪽이 의식, 바다가 무의식. 하지만 꼭 그렇다고는 할 수 없어요. 어느 하나가 정답이라는 건 아닙니다."

"그렇군요."

"왠지 모르지만 나는 항상 길이 똑바로 나 있어요."

"가로로 일직선, 세로는 강을 따라 난 길이네요."

"나는 여러 일을 해온 것 같지만 한 가지 일을 해왔는지도 몰라."

"그렇군요."

잠시 여담이 끼어든다.

"사실은 지난번 뉴질랜드 사람인 지인에게 풍경구성법을 시켜본 적이 있어요."

"오호."

"그런데 강은 일직선으로 쭉 옆으로 흐르고, 산은 저 너머였어요. 산으로 올라가는 길이 강과 수직으로 나 있었어요. 그 사람 고향에는 논이 없어서 논 대신 목장을 그렸는데, 양을 많이 그리더군요. 집 앞에는 남녀가 있는데 그게 남편과 자기라고. 사이좋은 부부라서요, 말하면서 웃더라고요. 목장이 있는 마을에서 자랐고 지금은 등산을 너무 좋아해서 주말마다 산이란 산은 다 다니는 사람이었어요. 그대로 나왔네, 하고 둘이서 엄청 감탄했어요."

"민족적인 차이는 있지. 티베트 사람의 그림을 본 적이 있어요. 티베트는 저 너머에 높은 산이 있고 앞쪽에는 목장이 있는데 그 사이는 안개예요. 안개 때문에 아무것도 안 보이지요. 멀리 있거나 가까이 있는 것밖에 없어."

"중경이 없다는 말씀이에요?"

"맞아요. 실제로 없답니다. 그러니 둘을 연결하는 게 굉장히 어렵겠지. 고도로 발달한 철학이 있고, 오체투지로 산을 숭배하는 땅이니까. 어느 산악인은 처음엔 티베트 마을의 풍경을 그리다가 점점 자기 고향 풍경을 그리게 됐대요."

"풍경구성법에는 모래놀이치료와 똑같이 사람을 동심으로 돌아가게 만드는 요소가 있는 걸까요?"

"글쎄요. 현재 상황이 나타나는 때도 있고, 평생을 내다보는 게 나타날 수도 있고. 내가 그린 이 그림은 지금 상황을 반영하고 있는 것 같아."

"지진의 영향이 있었나요? 헬리콥터 정도려나요."

"거의 없지 않았을까. 내가 그려온 강은 항상 이랬고, 길도 항상 이랬어요. 기본적인 디자인이랄까, 내 구조는 변함이 없어요."

"한 사람이 그린 그림이라도 변하는 경우와 변하지 않는 경우가 있다."

"변할 때도 있고 안 변할 때도 있고."

"네."

"나도 산이 있고 골짜기가 있는 그림을 그렸으니까요. 일상적인 마음 풍경과는 다르겠지."

"저, 이번 취재를 시작했을 때부터 궁금했던 게 있는데……."

"말씀하세요."

"그림이나 모래놀이가 '치료적'이라고 하는 건, 이야기가 만들어지기 때문일까요?"

"이야기를 짓는 건 아주 중요하지만, 나는 그 외에도 잊기 쉬운 게 있다고 생각해요. 얘기가 갑자기 딴 길로 새는 것 같지만, 판결문 말이에요. 친한 변호사 말을 들어보니 그게 판사가 이야기를 지어내는 거나 마찬가지라서, 피고인이 납득하고 형을 받는 판결문이 나오기란 거의 불가능하다고 하더군요."

"그렇군요."

"이야기를 짓는다는 건 1차원의 언어 배열로 2차원 이상의 융단을 짜는 능력이거든. 억지스러운 요소가 발생할 때도 있지요. 언어가 되지 못하는 부분을 언어의 수준까지 무리하게 끌어올리는 일이니까."

"네."

"언어는 인과관계에서 쉽게 빠져나가지 못해요. 인과관계를 만들어버리는 건 픽션이고, 픽션이 치료를 왜곡시키며, 정체시키고, 고착시킨다고 생각하는 것도 당연하다고 봐요. 가와이 하야오 선생과 대화를 나누다가 좋은 치료적 대화의 전제가 탈인과적 사고라고 말씀드렸더니 크게 동의해주셨던 기억이 나네요. 인과론을 표면에 드러내지 말라는 겁니다."

"예."

"모래놀이도 그래요, 그걸 전부 이야기로 연결하지 않는 게 중요하겠지요. 가와이 선생은 자주 흠 하고 감탄하기만 하면 된다고 말씀하시거나, 본인은 아무것도 하지 않으려고 노력한다고 말씀하셨지요. 그런 점을 염두에 두고 계셨던 겁니다."

"클라이언트는 테라피스트에게 계속 상담을 받으면서 어떤 정리된 이야기를 만들어가지만, 그게 반드시 진짜 이야기라고는 할 수 없고, 진짜 이야기일 필요가 없다는 말씀이군요."

"그래요. 진짜 이야기는 없는 건지도 몰라요."

"어땠어요, 검사자 역할을 해보니."

나카이의 말에 정신이 돌아온다.

"그러게요. 중간에 헷갈리기도 했지만요, 같은 풍경을 보고 여러 가지를 느끼는 동안 마음이 점점 더 편안해졌습니다."

"그랬나요. 그림을 그리고 있으면 소셜 포에트리라고, 이 새는 날개를 데우고 있네요 같은 은유가 나타나지요."

"네."

"일반적인 대화에서 은유는 없잖아요."

"네, 맞아요."

"그림은 언어를 돕는 부목 같은 것."

"네."

나카이는 천천히 소파 쪽으로 이동하더니 몸을 소파에 편안하게 파묻고서 크게 하품을 했다.

"하아암…… 산은 낮아졌네."

"그렇군요."

창가에서 햇볕을 쬐던 고양이 푸가 야옹 하고 운다.

"그림을 그리면 졸려요, 하암……."

나카이는 이미 잠든 숨소리를 내고 있었다.

방에는 자연광만 존재했다. 평소 취재 때와는 완전히 다른, 안온한 공기가 감돌았다.

나는 나카이가 그린 다섯 장의 그림을 천천히 다시 보았다. 그의 말처럼 이 그림에 노화를 맞이한 나카이의 내면으로부터 드러난 요소가 있는지, 나는 아직 잘 모른다. 그러나 그림을 매개로 함께한 시간은 나의 돌출적 욕망을 가지런히 정리하고 미숙함을 거두어준 듯했다. 취재자일 때처럼 대화의 방향성을 의식할 필요가 없었다. 상대가 어느 방향으로 갈지 예측할 필요도 없었다. 그저 대화의 흐름에 몸을 맡길 뿐이었다.

과거 경험해본 적 없는 진한 시간이었다. 이것이 인과에서 해방된 대화의 힘인 걸까. 우리가 하루하루 지내는 일상 속에서 잠시라도 이런 시간이 있다면 따뜻하고 편안하게 살아갈 수 있지 않을까, 생각했다.

제7장

앓지 못하는 병

모래놀이치료 이외의 성가신 일을 만들고 싶지 않다는 가와이 하야오의 지론으로, 1987년 일본모래놀이치료학회가 설립되기 전까지 그와 관련된 학회는 존재하지 않았다.* 그 대신 전국 각지의 여러 곳에, 가와이도 파악하지 못할 만큼 많은 수의 자유 연구회가 생겨났다. 그중에서도 가와이와 교류를 유지해온 시민 연구회가 있었다. 효고현 아카시明石시의 아카시 모래놀이치료

---

* 한국 모래놀이치료의 시초는 1975년 숙명여자대학교 놀이치료실 내에 모래상자를 마련하여 아동의 문제를 상담하는 치료 도구로 사용한 것으로 알려져 있다. 그 후 1990년대 초반부터 주장일, 김보애, 황영희 등이 본격적으로 연구 · 보급하기 시작해 2000년 전후로 모래놀이 관련 학회들의 전신인 여러 연구회가 발족된다. 현재 국내의 모래놀이치료 관련 학회로는 한국모래놀이치료학회, 한국모래상자치료학회, 한국임상모래놀이치료학회, 한국발달지원학회 등이 있다.

연구회다.

나는 가와이 하야오라는 거목을 잃은 그들의 동향이 궁금해 창립 멤버 중 한 사람인 무라야마 미노루村山實를 만났다.

무라야마는 아카시와 이웃한 히메지姬路시의 히메지가톨릭교회 자비에르관 상담실에서 카운슬러로 근무하는 임상심리사다. 그가 겐메이여학원 사회과 교사였던 시절, 한 학생이 학교에 다닐 수 없게 되었으니 상담을 해달라는 학생회장의 부탁으로 가까운 교회의 방 하나를 빌려 그 학생과 부모를 상담한 일이 이 길로 들어선 계기였다. 1963년의 일이다.

상담을 시작했지만, 처음에는 무엇을 어떻게 하면 좋을지 아무것도 알 수 없었다. 히메지시 학생지도협의회에 나가 카운슬링 분야에서 대유행하던 칼 로저스 전집 1권을 받아와 읽어봤지만 종잡을 수가 없었다. 로저스가 개발한, 엔카운터 그룹이라는 집단정신치료 워크숍에도 소개를 받아 나갔으나 역시 무엇을 하는 곳인지 감이 오지 않았다.

시행착오를 거치며 학생들의 상담에 응한 지 4년이 지난 1967년 12월, 학생지도협의회 주최로 '카운슬링과 놀이치료'라는 강연회가 열렸다. 강연자는 교토대학의 니시무라 스에오였다. 당일 강연장 담당자로 참가한 무라야마는 초반에는 꾸벅꾸벅 졸면서 강연을 듣다가 마지막쯤 모래놀이 이야기가 시작되자 눈을 번쩍 떴다. 강연이 끝난 후, 그는 니시무라에게 차를 대접

하며 모래놀이치료에 관하여 재차 질문했다. 그러자 니시무라는 이듬해 초 기획 중인 세미나 멤버로서 무라야마의 이름을 올려 주겠다고 말했다.

해가 바뀐 지 얼마 지나지 않은 1월 5일의 일이었다. 무라야마는 덴리대학에서 개최된 모래놀이치료 세미나에 참가했다. 이날 세미나에서는 참가자 여섯 명당 지도자 한 사람을 배정해 실습했다. 그후 가와이의 '이미지와 상징'이라는 강연이 열렸다.

가와이는 강연을 마치고 말했다.

"여러분, 수고 많으셨습니다. 사다리 안 타실래요?"

그렇게 제안하자 젊은 여성 참가자가 "사다리가 뭔가요?" 하고 물었다.

가와이는 질문에는 답하지 않고 가방에서 종이 한 장을 꺼내더니 인원수대로 선을 그었다. "아, 사다리 타기구나" 하는 목소리가 들려왔다. 참가자들로부터 돈을 걷어서 먹을 것과 음료를 사러 갈 사람을 정하는 제비뽑기였다. 밤에 료칸 연회실에서 친목회가 예정되어 있었다.

사다리 타기 결과 가와이가 장보기를, 무라야마는 음식 챙기는 담당을 맡았다. 무라야마는 죄송한 마음이 들어 가와이와 함께 장을 보러 가기로 했다.

가는 길에 무라야마는 "강연, 하나도 이해를 못 했습니다"라고 솔직하게 털어놓았다.

가와이는 정말로 어처구니없다는 듯한 얼굴을 한 채, "지금 뭐라는 건가"라며 웃었다.

"다시 여쭙고 싶은데요."

"보자, 3월에 세미나가 또 있는데 올 텐가?"

그 대화 이후 무라야마는 가와이를 쫓아다니듯 덴리대학에서 연 2회 열리는 세미나에 참가하게 되었다.

무라야마가 모래놀이치료에 관심을 가진 이유는 두 가지였다. 하나는 자신이 취미로 유화를 그리고 있었기에 모래놀이가 한 폭의 그림처럼 눈에 들어왔고, 그래서 모래놀이로 감정을 표현한다는 의미를 짐작할 수 있었기 때문이다. 또 하나는 가와이의 꾸밈없는 성격 때문이었다. 무라야마가 물으면 물을수록 가와이는 이야기를 더 들려주었다. 칼 로저스의 카운슬링 기법이 보급되던 시기였지만, 로저스든 융이든 자신을 형성하는 수단은 어떤 것이든 좋다, 자유로워야 한다, 무라야마는 그렇게 말하는 가와이의 포용력에 매료되었다. 이분을 따라다니며 공부하자. 무라야마는 마음속으로 그렇게 결심했다.

1972년 가을, 히메지상공회의소에서 '학생 지도와 카운슬링' 이라는 제목으로 가와이의 강연회가 열렸을 때의 일화다. 학생 지도협의회로부터 가와이와 모래놀이치료 세미나 멤버를 강사로 모시고 중급 강좌를 개최하고 싶다는 요청이 들어와서 아카시 모래놀이치료연구회가 창립되었다. 이듬해 제1회 연수회는 1

월 13일 현립 아카시미나미 고등학교 동창회관에서 열렸다. 모두 25명의 참가자가 모였다. 구면인 사람도 있고 초면인 사람도 있었다. 모인 이들은 인사도 자기소개도 생략하고, 저마다 원하는 대로 모래상자를 꾸미기 시작했다.

가와이는 제2회부터 매회 아카시미나미 고등학교로 왔다. 날짜와 시간은 가와이의 사정에 따라 결정되었다. 보통 첫날인 토요일 오후 2시경부터 각자 모래상자를 꾸몄다. 오후 3시가 넘으면 가와이가 학교로 찾아오고, 6시까지 다 같이 가와이의 해설을 듣는다. 저녁을 먹고 8시부터 11시까지는 각자가 꾸민 모래상자의 슬라이드를 영사하며 사례 연구를 한다. 가와이가 졸기 시작하면 폐회한다. 참가자들은 학교에서 뒤섞여 잤다. 가와이 또한 호텔로 가지 않고 경비실에서 잠을 청했다. 이튿날인 일요일은 아침 식사를 마치고 오전 9시부터 가와이의 강연을 들었다. 그러고 나서 오전 11시에 종료되는 1박 2일 일정이었다.

주최자도 없고 대표자도 없다. 회계 보고도 없고 회칙도 없다. 자기소개도 없고 개·폐회 인사도 없다. 모래놀이치료를 공부하고 싶은 이들이 어쩌다보니 자유롭게 모인 것이다. 그 중심에는 언제나 가와이가 있었다.

"공부가 즐겁다고 느낀 건 가와이 하야오 선생님을 만나고부터입니다."

무라야마가 말했다.

교회 구석의 작은 상담실에는 손때 묻은 모래상자와 관광 기념품 피규어 등 하나하나 정성스레 수집한 듯한 특별한 피규어들이 진열된 수납장이 있었다. 무라야마는 36년간 겐메이여학원에서 사회과 교사로 근무했다. 정년이 3년 남았을 때 등교거부 학생들을 위한 기숙 고등학교인 이쿠노학원의 교장으로 취임했다. 지금은 그곳도 퇴임했고 어느덧 80대 중반을 맞이했다.

무라야마는 전쟁 중 공업고등학교를 졸업해서, 19세에 지원한 오사카 비행사단 사령부의 작전실에서 근무했다. 기상연대라고 하여, 비행기에서 날씨를 관측하고 일기도를 작성해 출격 일시를 정하는 임무였다. 1945년 6월에는 오키나와 전투에 참전할 예정이었으나 야오 비행장 대기 중에 그러먼 전투기의 습격을 받고 부대가 전멸했다. 그대로 전쟁터로 향하는 일 없이 종전을 맞았다.

"전쟁 때 배운 '야마토다마시이大和魂*'라는 건, 죽으라고 하면 죽는 정신입니다. 명령 하나에 죽어가는 군인을 한두 명 본 게 아니에요. 특공대원 중에는 전날 술 마시고 난동을 부려서 진정제 맞고 출격하는 사람이 있는가 하면, 침착하게 비행에 나가는

---

* 일본 민족 고유의 정신을 뜻하는 말로, 메이지 시대에는 군국주의적 색채가 덧씌워져 전쟁 수행을 독려하기 위해 쓰였다.

사람도 있었지요. 대학까지 진학해서 교양이 몸에 밴 사람이 있고, 소년병도 있었고요. 그들을 보면서 신에게도 계급이 있을까, 같은 인간인데도 이 차이는 뭘까, 뭐가 다른 걸까 하는 고뇌가 많았어요. 그래서 만약 명줄이 길다면 꼭 대학에 가겠다고 다짐했지요."

그는 전쟁이 끝나자마자 오사카 역 앞의 법률사무소에서 일하면서, 리쓰메이칸대학에서 법학을 공부했다. 교육자의 길을 택한 계기는 겐메이여학원 교장 하타 이쓰지畑逸治의 권유였다.

"학생상담을 시작한 1963~1964년이 내가 정신적으로 다시 태어난 해일지도 모르겠어요. '야마토다마시이'는 알아도, 마음의 문제는 몰랐지요. 마음의 문제에 대해 알게 된 건 가와이 하야오 선생님을 만나고부터예요. 그전까지는 나를 음습하고 어두운 사람이라고 생각했거든. 직접 모래상자를 꾸미고 그걸 가와이 선생님에게 보여드리면서 눈앞이 환해지는 걸 알 수 있었어요. 모래놀이를 하고 있을 때, 가와이 선생님의 눈은 성모마리아나 관세음보살처럼 자애로웠어요. 영혼이나 마음은 그렇게 얄팍한 것이 아니다, 스스로 자신의 마음을 탐구할 수 있다, 라면서 인간의 마음이 얼마나 넓은지를 가르쳐주셨지요. 내 모래상자 사진만 합쳐도 200장은 넘지 않을까."

가와이는 무라야마가 꾸민 모래상자나 무라야마가 담당하는 클라이언트의 모래상자 사진을 자신의 저서에서 종종 소개했

다. 무라야마의 모래상자 중 하나는 다니카와 슌타로谷川俊太郎*와 가와이 하야오의 공저, 『영혼에 메스는 필요없다魂にメスはいらない ユング心理學講座』(1993)에 실려 있다. 상자 왼편 위에 관세음보살이 놓여 있고 중앙에서 오른쪽 위편에 걸쳐 촛불이 나란히 두 개, 그 사이를 거북이가 천천히 기어가고 있다. 오른편 위 구석에 오층탑, 오른편 아래 구석에는 집이 나무 네 그루에 둘러싸여 있었다.

가와이는 거북이의 걸음은 자아의 걸음이고 자신의 삶을 천천히 걸어가겠다는 이미지라고 말한다. 관세음보살처럼 거대한 존재가 들어가면 대개 틀을 무너뜨리기 마련이지만, 거북이를 놓음으로써 살릴 수 있었다고, 첫 회기부터 이런 모래상자를 만들기는 쉬운 게 아니라고 다니카와에게 말하고 있다.

> **가와이**　사실 이런 걸 만들고 나서 이런저런 이야기를 나누면 재미있긴 합니다만, 굉장히 어렵습니다. 지나치게 파고들어서 이것저것 물으면 그게 마치 조언처럼 작동해요. 그러면 그 사람이 다음 모래상자를 꾸밀 때, 제 의도가 너무 많이 들어가는 바람에 못 쓰게 되지요. 그래서 원칙상 우리는 되도록 개입하지 않습니다. 그 사람이 한 회기로 끝나면

---

* 일본의 대표적 시인. 1952년 첫 시집 『이십억 광년의 고독』으로 데뷔했다.

모를까, 치료적으로 상담을 지속해야 한다고 판단되면 거의 아무 말도 하지 않지요.

학생들에게 자주 말하곤 합니다만, 우리에게 가장 중요한 건 감탄하는 재능입니다. "아하"라든가 "우와"라든가, 아무튼 감탄하는 겁니다. 그러면 피규어를 놓고 싶은 마음이 생기니까요. 그리고 "이건 뭐예요?"라든가 "여기가 비어 있네요"라고 하는 게 가장 어설픈 방법이에요.

다니카와 시에도 이런 비평가가 있다면 좋겠네요. 뭘 쓰든 "와" 하고 말해주면 쓰는 사람도 조금은 의욕이 생기죠.

가와이 아무튼 그림-B(무라야마의 모래상자)에 저는 진심으로 감명받았습니다. 이런 건 쉽게 나올 수 있는 게 아니라고 봅니다.

"그 모래상자를 꾸밀 때 느낌이 좋았어요. 모래상자는요, 자신이 만족하는 게 중요하거든요."

어제 일처럼 무라야마는 말했다.

무라야마는 정신과 의사 소개로 중학교 3학년 소년을 카운슬링한 적이 있다.

"정신과 질환이 나으면 오세요."

처음 만난 날, 카운슬링은 시기상조일 수 있겠다고 생각해 그렇게 말하자, 소년은 도전적으로 답했다.

"의사는 증상과 함께하는 사람이잖아요. 그러니 선생님은 인간과 함께해주셔야죠."

무라야마는 그 한마디에 마음이 움직여 소년을 맡기로 했다.

첫 회기에 소년이 꾸민 모래상자에서 강은 두 갈래로 갈라지고 가운데 있는 땅에는 피규어 한 개가 우뚝 놓였다. 40분 동안 그것뿐이었다. 강은 점점 사람으로부터 멀어져가는 듯했다. 모래놀이치료를 잘 아는 의사에게 사진을 보여주니 이인증이네요, 라고 말했다. 이인증이란 현실감을 잃고 자신의 존재감을 느끼지 못하거나 마치 타인이 보듯 바깥에 있는 관찰자처럼 자신을 보는 것으로, 해리성 장애의 증상이기도 하다. 이인증은 자신을 괴롭히는 것들로부터 도망치고자 할 때 나타나는 것으로 알려져 있다.

두 번째 회기의 모래상자에서 소년은 티슈로 종이 끈을 꼬기 시작했다. 무라야마도 무엇을 만드는 것일까 궁금해하며 도와주었다. 소년은 갑자기 어른 피규어의 목에 종이 끈을 감고 나무 피규어의 잎을 떼어내 벌거숭이로 만들더니, 나뭇가지에 어른을 동여맸다.

당신, 이래도 나와 함께할 거야? 소년이 그렇게 압박하는 것만 같아서 무라야마의 온몸은 긴장으로 굳어졌다.

"이건 뭐야, 자살하려고 목을 맨 거니?"

"네. 어젯밤 창고 2층에서 목을 맸거든요. 근데 밧줄이 썩어 있어서 쿵 하고 떨어졌어요. 부모님이 달려오더니 못난 놈 하고는 아래층으로 내려가시더라고요."

"부모님이 가버리셨구나. 이제 독립할 때네."

"그때 좋아, 너랑 함께 가겠다고 결심했지. 언어가 아니라도 모래상자 덕분에 자살까지 표현할 수 있었잖아요. 엄청난 일이라고 생각했어요. 그 후로는 전쟁 장면도 있었고, 무너진 다리를 고친다든가 논밭처럼 생산적인 이미지가 등장하기도 했고. 고등학교에 진학한 뒤로는 용돈을 벌겠다며 취직한다더군요. 별로 책임질 일 없이 월급 잘 주는 곳이 좋다면서 동물원에서 먹이를 주거나 캠프장을 관리하는 곳에 원서를 내긴 하는데, 면접에서 자꾸 떨어지는 거지. 그래도 알아서 직업을 찾더니 얼마 뒤에는 기사 자격을 취득했어요. 그사이에 여자친구가 생기면서 카운슬링과는 멀어졌고요."

무라야마는 요즘 믿을 만한 카운슬러에게 자신이 담당해온 클라이언트를 소개해주며 차차 은퇴를 준비하고 있다. 아카시 모래놀이치료연구회는 가와이가 별세한 이듬해인 2008년 5월 23일에 해산했다. 아카시 미나미 고등학교에서 개최한 '닫는 모임'에서 멤버들은 저마다 추억을 이야기했다.

"가와이 선생님의 의도는 모래놀이를 제대로 몸에 익힌 실천가를 양성하는 거였다고 봐요. 도쿄에도 모래놀이치료를 하는 사람들이 있지만, 상징해석을 하는 경우가 많아요. 가와이 선생님은 해석이란 건 없다고 말씀하고 싶으셨겠지. 그때의 감정이라고 해야 하나, 이미지를 테라피스트와 클라이언트가 공유할 수 있으면 된다고요. 그걸로 힘이 생겨나는 거라고. 선생님마다 자세가 다를 수 있지만, 가와이 선생님이 말씀하고 싶으셨던 건 '자유'였어요."

무라야마가 가와이와 마지막으로 만난 곳은 히로시마에서 열린 일본모래놀이치료학회 강연장이었다. 그는 가와이에게 자신의 사례를 보여주고 기념사진을 찍었다. 당시 가와이는 문화청 장관으로 아주 바쁜 일정 중에 학회에 참석했다.

"선생님이 돌아가시고 나니 지금은 학회에 나갈 마음이 안 나. 기세가 확 꺾여버렸지. 가와이 선생님의 말씀을 듣고 힘을 냈던 것 같아."

가와이 하야오의 별세 후 모래놀이치료는 어떻게 될 것인가.

"모래놀이의 장점은 카운슬링을 말로써 할 수 없는 사람과 이야기를 공유한다는 점이에요. 등교거부를 하는 아이들에게도 흔한 예인데 말이 거의 나오지 않는 아이가 있어요. 약을 먹지 않는 아이도 있고. 어른 중에도 과장으로 승진하자마자 회사에 나갈 수 없게 되고, 아무 말도 하지 못하게 된 사람이 있지. 그런데 모래상자 안에서라면 자살도 가능해요. 다시 태어날 수도 있고. 재생을 달성하는 거지. 그 세월만큼 카운슬러가 함께 가야 하니까 어렵긴 하지만…….

가와이 선생님을 잃고서 지금은 다들 한풀 꺾여 있지만, 일시적인 현상일 거예요. 옛날과 지금은 정신질환도 달라요. 옛날에는 가난해서 생존에 필사적이었지. 그래서 병에 걸렸고. 지금은 잘살게 돼서 병으로 도망쳐 들어와요. 하지만 조건만 갖춰지면 스스로 재생할 수 있어요."

옛날과 지금의 정신질환은 다르다. 지금 사람들이 병으로 도망치고 있는 것이 사실인지는 차치하고라도, 무라야마의 의견에는 저절로 고개가 끄덕여졌다.

사회 환경, 경제 상황, 가족 형태가 크게 변화하고 있다. 그러므로 인간관계와 정신세계의 양상도 달라지는 게 당연한 일이리라. 인터넷의 보급으로 커뮤니케이션의 형태가 크게 변화하면서, 바로 옆에 있는 사람과도 정보 공간이 다른 일 역시 당연하다. 새로운 심리치료법이 그런 환경과 시대에 발맞춰 요구되는 것 또한 매우 자연스러운 일이다. 모래놀이치료학회는 2000명 이상의 회원 수를 자랑하지만, 가와이 하야오의 별세와 동시에 왕년의 영향력을 잃어가고 있다. 이를 부인할 수는 없었다.

나는 모래놀이치료의 동향과 새로운 움직임을 알기 위하여 한 대학 상담실을 찾았다.

고난대학의 카운슬링 센터는 한신·아와지 대지진 2년 후인 1997년 4월, 한신고베선 오카모토 역에서 10분 정도 비탈길을 오르면 나타나는 언덕 위에 신설되었다. 학생상담실과 일반 외래 상담실로 사용 중이던 민가 전체가 붕괴돼서, 민간 기부와 정부 복구 자금을 지원받아 재건한 시설이다.

정사각형 모양으로 세운 건물에는 중정과 연못이 있고 얕은 물 속에 커다란 오브제가 있었다. 2층에서 내려다보면 "마침 물 속에 물이 있는 듯이"라는 구절이 점자로 쓰여 있다고 한다. 프랑스 작가 조르주 바타유가 쓴 『종교이론』의 한 구절이다.

"아무도 읽을 줄 몰라서 평은 별로지만요."

다카이시 도모코高石恭子는 그렇게 말하며 겸연쩍은 듯 웃음 지었다.

다카이시는 교토대학 교육학부 시절 가와이에게 슈퍼비전을 받고 임상심리사 자격을 취득했다. 가와이의 추천으로 고난대학에 취직한 이래, 20년이 넘도록 학생상담실의 전임 카운슬러로 근무하고 있다. 카운슬링 센터가 신설된 해에는 다카이시의 옆방에 고베대학을 퇴임한 나카이 히사오가 교수직으로 자리를 잡았다. 다카이시는 가와이 하야오와 나카이 히사오 곁에서 동시대를 살며 가르침을 받은, 드문 경험을 했다.

나는 다카이시에게 꼭 묻고 싶은 것이 있었다. 지금도 모래놀이치료와 미술치료를 하는지, 요즘 상담실에서는 어떤 내용의 상담이 이루어지는지에 대한 것이었다.

"모래상자는 있지만, 이 센터로 바뀐 다음부터는 사용 빈도가 줄었습니다. 클라이언트 한 사람당 50분에서 1시간씩 들이는 환경을 만들기가 쉽지 않네요."

"여기서는 어떤 심리치료를 하고 있습니까."

"저는 가와이 선생님을 통해 융 심리학을 배웠는데요, 실제 임상에서는 융 얘기만 할 수는 없고요. 케이스워크도 하고, 인지행동치료도 하고, 다양하게 통합적으로 접근합니다. 아무리 노력해도 하루에 예닐곱 명밖에 보지 못하는 상황이라서, 카운슬러 스스로 여유가 없어지고 있어요."

학생상담실에서 담당하는 상담 건수는 중복 인원 포함 연간 총 1800건. 그중 모래놀이상담 사례는 20~30건이며 한 사람이 여러 회기에 걸쳐서 모래상자를 꾸미기도 하지만, 대부분은 한 회기로 끝난다. 상담 내용은 친구가 없어요, 취직이 안 돼요와 같은 고민부터 정신질환과 함께 살아가는 방법까지 다양하다. 카운슬러는 학생이 퇴실하면 이를 기록하고, 정리를 마치고서 바로 다음 학생을 받는다. 이 순서의 반복이다. 일기일회는 학생 상담 현장에서도 다를 바 없었다.

"모래놀이치료를 하기가 힘들어졌어요. 미술치료도 마찬가지고요. 모래상자나 그림처럼 이미지의 세계에서 놀 수 있는 능력이 저하되고 있기 때문일까요. 이미지로 표현하는 힘은 인간에게 본래 갖춰진 건데, 상상력이 부족해진 탓인지 이미지가 막연하고 정확하지 않습니다. 내면을 표현하는 힘이 확실히 떨어지는 것 같아요. 스트레스를 받으면 긴장이 높아지고 힘든 건 이해가 됩니다. 하지만 무엇과 무엇이 부딪치는지, 무엇 때문에 갈등하는지 모르는 겁니다. 주체적으로 앓지를 못하는 거죠."

"무엇 때문에 고뇌하는지 모른다면, 학생들은 여기서 무엇을 호소합니까."

"최근에 많은 사례는 막막하다는 표현입니다. 분노인지 슬픔인지 질투인지, 감정이 분화되어 있지 않습니다. '짜증나'도 없어요."

"'짜증나'도 없다고요?"

"짜증이 난다는 건 신경질이나 분노의 대상이 있다는 뜻입니다. 그런데 최근에는 대상이 명확하지 않고 흐리멍덩하며, 멍하고, 그리고 이게 일정한 선을 넘어 심해지면 손목을 긋는다든가, 약물 의존이나, 때리고 걷어차는 폭발로 이어지는 행동화·신체화로 갑니다. 하지만 왜 손목을 긋고 싶어지는지, 그 직전의 감정을 모릅니다. 떠올리지 못하는 거죠. 1, 2년 정도 카운슬링을 했으니 그 감정을 이제는 어느 정도 알 것으로 생각했던 클라이언트도 그걸 모르고 있었다는 사실을 알았습니다. 그 정도로 긴 기간 카운슬링을 해도 모르더군요. 고민하려면 언어와 이미지가 필요한데, 그게 없는 거죠. 신체와 미분화되었다고 할까, ○○신경증이라고 이름 붙일 수 있는 사례는 극소수입니다."

"예전에는 그렇지 않았나요?"

"네. 우리가 상담실에서 근무하기 시작한 1980년대에는 클라이언트도 아직 주체성이 있었습니다. 자신이 가진 문제를 말과 이미지로 전달할 수 있었죠. 그런데 지금은 언어화하지 못할 뿐만 아니라 이미지로도 표현하지 못합니다. 모래상자를 꾸미고 싶다, 그림을 그리고 싶다, 꿈에 대해 말하고 싶다는 학생도 줄었고요. 카운슬러 쪽에도 모래놀이치료를 권유하는 융통성이 없어요."

가와이는 과거 모래놀이치료가 어떤 클라이언트에게 실효성을 갖는가라는 질문에 대하여, "모래상자라는 표현을 통해 내면적 표현이 가능한 이상 누구에게나 의미가 있다"(『토포스의 지』)고 말했다. 이제 그 전제가 무너지고 있다는 뜻일까.

다카이시가 대학생들의 특징을 연구한 「현대 대학생의 마음 성장과 고등교육에 요구되는 향후 학생 지원」(2009)이라는 제목의 논문이 있다. 논문에 따르면, 2000년 이후 학생상담 현장에서 만나는 대학생들에게서 변화의 조짐이 나타나기 시작했다.

변화는 크게 세 가지다.

첫 번째는 앞서 다카이시가 언급했듯이 "앓지 못하는" 대학생의 증가다. 그들은 문제 해결 방법 및 정답을 성급하게 요구하는 학생들과 막연히 힘들다고 호소하며 무엇이 문제인지 자각하지 못하는 학생들로 양극화되고 있다. 특히 후자는 내면을 언어화할 힘이 충분히 갖춰지지 않아서 대학생활에 적응하지 못하고 대인관계에서도 갈등을 빚다가 돌연 자해, 과식과 구토, 과호흡, 과민성 장염, 스토킹, 은둔 등 행동화·신체화에 이른다. 손목을 긋더라도 왜 그었는지, 어떤 기분 상태에서 그었는지, 그으면 무엇을 얻거나 잃을 수 있는지를 물어도 답하지 못한다. 정신을 차려보니 긋고 있었고, 거기에는 어떠한 반성이나 후회도 없다. "왜 이러는지 모르겠지만 불안하고 무기력해서 긋게 돼요." 카운슬러 앞에서 그렇게 말하면서 망연히 눈물을 흘린다.

20년 전에는 그렇지 않았다. 상담을 받으러 온 학생은 전형적으로 "청년기의 정체성 모색에 관한 고민이나 그에 따른 다양한 증상(대인공포, 강박, 이인 등)을 호소하며, 카운슬러가 공감하는 태도로 경청하면 말하는 과정에서 스스로 답을 도출하여 해결해나가는" 모습을 보였다. 2000년대에는 그러한 사례가 매년 줄어들고, 정신의학적 진단에 들어맞는 심신 증상을 가진 학생도 줄어들었다. 그렇다고 상담자 수가 줄어든 것은 아니고 오히려 증가하고 있다. 이유는 모르지만 힘드니까 상담실을 찾는다.

두 번째 변화는 '둥지를 떠나지 못한다'는 점이다.

정신증처럼 특별한 배경을 가지지 않았는데도 은둔하며 지내는 학생은 고난대학 등록자의 0.75퍼센트 정도다. 1만 명 규모의 대학이라면 수십 명에서 수백 명에 가까운 학생이 등교거부·은 둔형 외톨이 상태라 해도 이상하지 않다는 것이다. 요즘 들어 늘어나는 유형은 취직 내정도 되었고 학점까지 모두 취득했음에도 사회로 나가야 한다는 불안감 때문에 우울 상태나 공황 상태에 빠지는, 흔히 '내정우울'이라 불리는 학생들이다. 이런 경우 학생의 부모들이 상담을 요청하는 일이 늘어 상담실 총 이용 건수 중 약 10퍼센트를 차지한다. '부모에게서 독립하지 못하는 자녀, 자식에게서 분리되지 못하는 부모'라는 현상은 전인적全人的 발달이 목표였던 20년 전의 학생상담 방식으로는 대응할 수 없다.

세 번째 변화는 '특별 지원'이 필요한 학생의 증가다. 특별 지원이 필요한 학생이란, 발달장애와 그러한 경향을 가진 학생들을 뜻한다. 2005년 발달장애인지원법이 시행되어 고등교육에서도 발달장애인에 대한 특별한 교육상의 배려가 의무화되면서, 지금까지는 '특이한 학생' '곤란한 학생'으로 여겨지던 이들이 '지원이 필요한 학생'으로 재인식되었다. 학업에 지장이 없더라도 대인 커뮤니케이션에 어려움을 겪는 학생은 때로 문제에 휘말리거나 직접 문제를 일으키기 쉽다. 따라서 대학에서는 이 학생들이 취직하고 졸업해 사회인이 되기까지 종합적·지속적으로 지원해나가야 할 필요성이 생겨났다.

2010년을 전후로 대학 상담실에는 인지행동치료법이 보급되는 추세다. 인지행동치료법이란 외부에서 일어나는 사건을 받아들이는 법을 익히고, 사고의 습관 또는 사고의 왜곡을 자각한 뒤 그로 인해 발생하는 행동을 훈련으로 수정해나가는 심리치료법이다. 우울증과 공황장애 외에도 분노와 불안을 통제하는 데 적용할 수 있다. 인지행동치료의 특징은 현재의 감정에 초점을 맞추는 것이다. 어떤 계기 때문에 일어나는, 자동 사고라 불리는 반응, 예컨대 '나는 안 돼' '선생님은 나를 멍청하다고 생각하는 게 틀림없어'와 같은 생각이 들 때, 그것이 진짜인지 아닌지 의식하는 연습을 통해 왜곡된 사고를 수정해나간다.

실제로 인지행동치료의 효과를 입증하는 논문도 여러 편 있다. 2010년 진료보수 개정으로 보험진료가 적용됨에 따라 시중 의원에서도 이 치료를 받을 수 있다. 지금은 일선 학생상담실로도 보급되는 중이다. 지금 이 순간을 알아차리는 것을 중요하게 여기고 저절로 따라붙는 생각과 감정에 사로잡히지 않는, '마음챙김mindfulness' 개념을 핵심으로 삼는 제3세대 인지행동치료도 개발되었다. 이는 기존 심리치료법으로는 손쓰지 못했던 성격장애(대인관계와 세상을 인식하는 방법, 충동 제어 능력이 한쪽으로 치우쳐 있어 일상생활에 지장을 초래하는 장애)로도 적용 범위가 넓어지고 있다.

주체성이 희박하고 "왜 그런지 모르겠지만 불안하고 무기력해서 긋게 돼요"라며 자해를 반복하는 젊은이에게 칼 로저스처럼 "긋고 있군요"라고 공감한다거나 "왜 긋는가 생각해보세요" 하며 원인을 찾아가자고 밀어붙이는 것을 카운슬링이라 할 수는 없을 것이다. 그런 점에서 제3세대 인지행동치료는 나는 안 돼, 나는 사랑받지 못해, 라는 생각이 들었을 때 '정말 그런가'라는 물음을 스스로 던져서 특정 경향으로 흐르기 쉬운 사고 습관과 왜곡을 깨닫게 한다. 스스로 치유하는 법을 가르쳐주는 것이다.

그 밖에도 고난대학은 한신·아와지 대지진 복구과정에서 원예치료가 가능한 옥외 공간을 마련하고 도예, 다도, 요리 등을 체험할 수 있는 설비를 도입하며 내면을 언어로 표현하지 못하는 학생들을 지원하고 있다. 카운슬러와 함께, 언어가 아닌 오감을 자극하는 체험 프로그램으로 지금까지 어느 정도 효과를 거두어왔다고.

"그래도 저는 학생들에게 되도록 그림이나 모래상자를 써서 이미지로 표현하도록 하고 있습니다."

다카이시는 말한다.

"침묵하는 시간이 길어 인지행동치료에 비하면 먼 길을 돌아가는 건지도 모르지만, 그래도 막막한 상태로 나아갈 수밖에 없거든요. 그러려면 우선 카운슬링이 존립할 토양을 가꿔야 합니다. 사람과 함께하는 게 두려운 일이 아니라는 걸 알 수 있도록요."

"오늘날의 의료 현장에서는 그렇게 먼 길을 돌아갈 수는 없겠지요."

"정신과 의사와 임상심리사는 다르다고 생각해요. 의사는 인간의 생명을 더 오래 유지하는 걸 목표로 합니다. 임상심리사는 그 사람이 얼마나 자신만의 삶을 살고 있는가, 철저히 그 문제와 함께하는 게 목표고요."

"DSM에 근거한 표준화와 환자의 조기 퇴원을 장려하는 흐름 속에서, 의료 현장의 의사가 환자 한 명 한 명에게 충분한 시간을 쓰는 일은 어려워지고 있습니다. 하지만 카운슬러라면 천천히 시간을 들여 함께 길을 찾을 수 있다는 말씀인가요?"

"네. 가와이 하야오 선생님의 친구인 제임스 힐먼이 쓴 『자살과 영혼Suicide and the Soul』(1985)이라는 책을 보면 정신과 의사와 임상심리사는 뿌리은유,* 즉 직업별 목표와 중요하다고 생각하는 세계가 다르다고 적혀 있습니다. 그런 의미에서 나카이 히사오 선생님은 우리와 아주 가까운 곳에 계신다고 생각될 때가 있죠."

"나카이 선생이 진료에 임하는 태도는 간호 분야의 현대적 정신과도 연결된다고 들었습니다. 가와이 선생이 살아 계셨다면 어떻게 생각하셨을까요. 지금의 학생들에게 어떻게 다가가야 한

---

* 뿌리은유root metaphor는 한 개인이 현실을 해석하고 세계를 인식하는 데 기초가 되는 하나의 이미지, 내러티브, 또는 사실 등을 말한다. 미국의 철학자 스티븐 페퍼가 『세계 가설World Hypotheses: A Study in Evidence』(1942)에서 처음 제시한 개념이다.

다고 생각하십니까."

"지금 같은 상황에서도 똑같은 방법으로 하셨을 겁니다."

"모래놀이치료는 모든 카운슬러가 할 수 있는 건 아니지요. 매뉴얼화되어 있지 않은 것은 부정적 유산이라고 지적하는 목소리도 들립니다만."

"꿈 분석도 그렇지만, 교과서로 상징해석을 배워 어느 정도까지 알 수 있다 쳐도 그걸 활용하는 일은 굉장히 어렵습니다. 결국 카운슬러 자신이 현장에서 체험을 거듭하면서 자기 것으로 만들어갈 수밖에 없죠. 매뉴얼을 만들고 자격증 제도를 만들어 트레이닝을 시켜도 체득할 수 없는 것이 있습니다."

"모래놀이치료는 앞으로도 계속하실 생각인가요."

"모래놀이치료가 필요한 클라이언트가 있으니, 가늘고 길게 계속하지 않을까 싶어요. 여러 심리치료가 존재하는 가운데 인간에게 필요한 방법으로서 남게 될 거라고 봅니다."

가와이가 모래놀이치료를 매뉴얼화하지 않은 이유는 다음 발언에서도 추측할 수 있다. 대담자는 논픽션 작가인 이다 마키코 井田眞木子다. 현대의 죽음을 주제로 한 인터뷰에 가와이가 답한 대목이다.

융이든 프로이트든, 그들은 철저히 자신의 마음을 탐구하여 이론을 만들었습니다. 하지만 그 이론은 뉴턴의 운동법칙과는 다릅니다. 뉴턴이 만든 운동법칙은 어떤 사물에도 적용할 수 있습니다. 그러나 융이 만든 법칙은 그런 식으로 적용하면 안 됩니다. 적용 불가능한 것이에요. 물론 아무 도움이 안 되느냐 하면 그렇지는 않습니다. 당신이 자신의 내면을 들여다보기 시작했을 때 융의 이론은 굉장히 **유용할** 때가 있습니다. 그러나 그것은 '당신에게' 그렇다는 겁니다. 모든 사람에게 그런 건 아니에요.

저는 당신에게 융의 이론을 **적용**한다거나 프로이트의 이론을 **적용**하는 건 틀렸다고 생각합니다.

하지만 그렇게 하는 사이콜로지스트psychologist가 너무 많습니다. 그래서 다들 폐를 끼치지요.

──『행복한 죽음을 위하여幸せな死のために』(1997)

다카이시의 "인간에게 필요한 방법으로서 남게 될 것"이라는 말은 가와이의 말과 호응하는 듯하다. 가와이는 모래놀이치료를 매뉴얼화하거나 치료자들이 상징해석을 전면으로 가지고 나오면 저마다 다른 내면에 같은 틀을 씌울 테고, 이는 본말전도라고 말한다. 그렇다 해도 "굉장히 유용할 때가 있"으므로 "필요한 방법으로 남게 된다"는 게 아닐까. 모래놀이치료가 앞으로도 존속될 것이라고 보는가, 라는 질문 자체가 난센스인지도 모른다.

그런데 내면을 언어화하지 못하고, 이미지의 세계에서 노는 능력이 저하되고 있다는 말은 어떤 의미일까. 나는 다카이시의 말이 궁금했다. 그 후의 취재에서도 비슷한 이야기를 종종 들었기 때문이다. 임상심리학자들 사이에서는 이런 현상이 이번 세기 들어 나타났다는 것이 공통적인 인식인 듯했다.

언어화를 어려워하는 것. 일본인은 본래 그랬다. 과거 가와이 하야오가 말했다. 일본인은 정신과 사물의 구별이 모호하여 특별히 마음을 끄집어내지 않았다. 그렇기에 모래놀이와 그림에 자신을 의탁하여 자기만의 이야기를 만들어낼 수 있었다. 카운슬링이 도입된 지 얼마 지나지 않았던 시기에 일본인이 모래놀이에 끌렸던 것도, 모래놀이치료가 일본인의 문화와 정신적 풍토의 연장선상에 있다고 이해되었기 때문이다. 그게 일본인이 심리치료와 마주하는 방식이었다.

그런데 최근 들어 일본인의 내면 풍경이 변했다고 한다. 자신이 무엇을 생각하고 있는지 잘 모른다. 무엇을 느끼고 있는지도 잘 모른다. 그저 괴롭고, 힘들고, 죽고 싶다. 한 카운슬러는 고민 또는 갈등을 계기 삼아 내면 깊은 곳까지 들어가는 카운슬링이 어려워졌다고 했다. 한 정신과 의사는 확실한 자아를 전제로 한 기존의 심리치료 시스템은 이제 실현할 수 없게 되었다고 했다.

21세기 들어 급속하게 진행된 IT화, 성장사회에서 성숙사회로의 전환, 저출생과 가족 형태의 다양화 등 이런저런 사회적 요인을 열거할 수는 있다. 임상심리사는 사회의 변화와 세태에 민감해야 하고, 이러한 현상이 증상에 미치는 영향에 집중할 필요도 있다. 이 부분에 주목하여 클라이언트와 어떻게 함께 가야 할지 대책을 내놓을 수도 있다. 그러나 현실의 카운슬러는 자기 앞에 차례차례 등장하는 클라이언트와 만나 그들의 고통을 완화할 수 있도록 도와야 한다. 각자 다른 클라이언트들에게 똑같은 심리치료법을 적용하려는 자세는 결코 통할 수 없다.

요즘의 카운슬러들은 어떤 클라이언트를 만날까. 두 가지 사례를 들어보자. 취재 중 들은 두 사례에는 모두 심각한 문제가 있었다. 클라이언트는 자신에게 무슨 일이 있었는지 겨우 설명이 가능해도 자신이 어떻게 상처받았고 무엇에 분노하며 슬퍼하는지, 내면을 잘 설명하지는 못한다.

F라는 이십대 초반의 여성이 있다. F는 애인의 거듭된 폭력으로 인해 우울 증상이 시작되었다. 먹고 토하고를 반복하다가, 애인이 바람을 피우자 보란 듯이 즉석만남 사이트로 매춘을 시작했다. 우울감이 낫지 않아 정신과 의원을 찾아가 진료를 받았으나, 병원에서는 3분 진료를 하고 우울증 약을 처방해주는 게 전부였다. F는 이곳저곳의 의원을 전전했다. 약을 한꺼번에 털어넣거나 손목을 그어 자해하는 행동을 멈출 수 없었다. F는 도심의 한 정신과로 찾아갔다.

F는 상담실에 들어오자마자 선 채로 울기 시작했다. "죽고 싶어요." 그녀는 무슨 일이 있었는지, 왜 죽고 싶은지 설명하지 못했다. 그저 죽고 싶다며 울기만 할 뿐이었다.

카운슬러는 우선 그녀가 심호흡하도록 유도하며 진정시켰다. 사정을 캐묻지 않고, "만약 당신의 친한 친구였다면 뭐라고 말해주겠어요?"라고 질문함으로써 자기 안으로만 향하던 의식이 일단 밖으로 향하도록 유도했다.

카운슬러는 이어서 그녀의 유소년 시절 이야기를 들었다. 장녀인 F는 무슨 일이 있어도 참느라 부모님께 응석을 부린 적이 없고, 아버지의 폭력에 고통스러워했다는 것을 띄엄띄엄 털어놓았다.

두 번째 상담에서 F는 아주 온순해진 듯했지만, 갑자기 "왜 살아야 하는지 모르겠어요"라고 호소하거나 "밖에서 만나실래요?"라고 요구했다. 카운슬러가 그건 안 된다고 부드럽게 거절하자 "문자도 안 될까요, 그것도 안 되면 그냥 여기서 안아주시면 안돼요?" 하고 채근했다.

카운슬러는 정해진 시간 안에 상담을 마쳐야 하며, 밖에서는 클라이언트를 만나서 안 된다는 규정이 있다. 신체 접촉도 마찬가지다. 갑자기 상대가 끌어안는 것을 피하지 못할 수는 있어도, 절대 넘어서는 안 될 선이 존재한다. 클라이언트의 부탁을 한 번이라도 들어주면 테라피스트와 클라이언트라는 관계에서 일탈

할 수 있다. 그러면 클라이언트의 요구는 점점 늘어나고, 증상이 악화되기도 한다. 카운슬러는 F가 지닌 우울의 배경에 성격장애가 있다고 진단하고서, 병과 장애에 관한 지식을 전달하며 그로 인한 문제와 대처법을 함께 고민하는 심리 교육이 필요하다고 생각했다.

카운슬러는 어디까지나 '치료를 위한 시간인 카운슬링'의 시스템을 F에게 설명하면서 이렇게 말했다.

"이야기를 들어보니 당신은 어린 시절부터 계속 누군가 사랑을 채워주기를 원했던 것 같아요. 그러니 그런 감정이 지금 이 장소에서 드러나는 건 이상한 일이 아니에요. 하지만 그렇다면, 결국 손쉽게 해결할 수 있는 즉석만남 사이트와 다를 게 없지 않나요."

"그럼 이 외로움을 어떻게 해야 하죠"라고 F는 되물었다.

"그걸 고민하는 게 이 상담이에요. 방법은 반드시 찾아질 테니까 함께 고민해봅시다."

카운슬러는 그 후 F의 외로움이 어디에서 오는지, 손목을 긋거나 과식과 구토를 반복하는 이유는 무엇인지 생각해보도록 했다. 그리고 애인에 대한 보여주기식 행동이나, 유소년기부터 가족들에게 사랑받지 못한 과거가 어떤 자극을 받아 행동화되는지, F가 그 과정을 자각할 수 있도록 차근차근 설명하려 노력했다.

나는 어차피 이런 인간이라는 생각, 자신을 용서할 수 없어

손목을 긋는 악순환을 스스로 확인하게 하면서 자해나 매춘 등의 행동을 통제할 수 있도록 만드는 것이다.

카운슬러는 낫고 싶다는 F의 마음을 지지했고, 때로 격려했다. F의 자해와 매춘은 서서히 진정되었다. 이후 상담은 가족 문제에 초점을 맞추게 되었다고 한다.

또 한 사례는 불면과 과호흡에 괴로워하다가 정신과를 찾은 여성 S다. S는 서른 살의 싱글맘이다. 그녀는 고등학교를 중퇴하고 패밀리 레스토랑에서 일하다가 상사와의 갈등으로 퇴사했다. 화를 내거나 우는 등 감정이 불안정해져서, 그대로 있다가는 아이를 학대할까봐 정신과를 찾았다.

S는 어린 시절 교통사고를 당한 적이 있다. 위장병 때문에도 입원하곤 했다. 그러나 어머니는 천식이 있는 형제를 돌보느라 그쪽에 늘 붙어 있어서, S 자신은 방치된 채 자랐다. 고등학교는 원조교제로 퇴학을 당했다.

S는 이런 경험을 여러 가지로 설명했지만 그 일 때문에 어떤 기분이 들었는지, 어떻게 슬펐는지, 얼마나 힘들었는지 등 내면의 이야기는 털어놓지 못했다. 시간은 따로따로 흩어져 정리되지 않았고, 말은 주절주절 끊이지 않았다.

카운슬러는 발달장애와 유소년기의 육아 포기로 인한 PTSD(외상 후 스트레스 장애)를 의심하며 S의 이야기에 계속 귀를 기울였다. 카운슬러는 혼란스러운 말부터 하나하나 천천히 정리해나갔다. 어머니에게 충분히 사랑받지 못한 유소년기에 대해 공감을 표하고, "그 정도 일이 있었으니 지금 힘든 건 당연합니다"라는 말로 S를 수용했다. 어린 시절의 S에게 말을 걸듯이 "그때도 이런 말을 하고 싶었을 텐데"라고도 했다.

S는 카운슬러에게서 이상적인 어머니의 모습을 본 것인지, "내 기분을 어떻게 해야 하는지 몰랐어요"라며 눈물을 뚝뚝 흘렸다. 카운슬러는 S의 불안정한 자아를 지지하며 "조금씩 해봅시다"라는 위로를 남기며 그날의 상담을 마쳤다. 그 후로도 S는 자주 상담을 취소하지만, 그러면서도 틈틈이 카운슬링을 받고 있다.

F와 S의 공통점은 자아가 불안정해 내면을 성찰할 힘이 약하다는 것이다. 이런 경우, 카운슬러가 클라이언트의 말을 경청해주는 것만으로는 아무것도 바뀌지 않는다. 말로 할 수 없다고 그림을 그리거나 모래놀이치료를 한다 해도, 내면 깊은 곳과는 접촉할 가능성은 적다. F의 카운슬러는 인지행동치료, S의 카운슬러는 트라우마 치료가 전문이다. 그러나 임상 현장은 한 가지 심리치료 기법으로 해결할 수 있을 만큼 단순하지 않다. 클라이언트에게 맞추어 세세한 부분을 조절하며 진행하는 수밖에 없다. 카운슬러에게도 때에 따라 치료법을 바꾸는 유연성이 요구된다.

카운슬링은 최근 클라이언트에게 일어나는 변화에 어떻게 발맞춰나가야 할까. 향후 카운슬링, 그리고 모래놀이치료와 미술치료는 어느 방향으로 나아가게 될 것인가.

가와이 도시오를 만나서 이에 관한 이야기를 들었다. 가와이는 1980~1983년 교토대 대학원 재학 중에, 1995년부터 현재에 이르기까지는 교원으로서 각종 콘퍼런스에서 활동했다. 근래에는 편저 『발달장애의 심리치료적 접근發達障害への心理療法的アプローチ』(2010)에서 클라이언트의 심리적 문제와 증상에 분명한 변화가 나타나고 있다는 사실을 지적하고 있다.

이 책에서 밝히는 지난 30여 년간의 명백한 변화 중 하나가 대인공포를 호소하는 클라이언트의 감소다.

대인공포로 찾아오는 클라이언트가 공포를 느끼는 대상은 부모나 친구처럼 친밀한 관계도, 완전히 모르는 타인도 아니다. 이웃 아주머니나 같은 반 친구 등 동료관계에 있는 사람들이다. 즉 대인공포는 자신이 평소 생활하는 공동체 안에서 일어난다. 클라이언트는 그들이 자신을 험담할까봐 무섭다거나, 자신이 관찰당하는 것 같아 두렵다는 등의 증상을 호소한다. 이 공포는 현실이 아니며 자의식이 상상으로 만들어낸 것이다. 이러한 대인공포가 극감한 이유는 무엇일까. 갑자기 자의식이 확립되었기 때문은 아닐 테다. 오늘날 공동체의 기능이 희미해진다는 사실을 한 가지 요인으로 고려할 수 있을 듯하다.

한편 대인공포 대신 늘어나는 것이 바로 히키코모리(은둔형 외톨이)다. 2007년, 가와이 하야오는 병으로 쓰러지기 직전 한 잡지와의 인터뷰에서 이미 다음과 같이 지적했다.

> 대인공포증은 지금은 거의 사라졌어요. 아주 드뭅니다. 내가 임상을 시작했을 때는 대인공포증이 아주 많았어요. 지금은 그게 없어요. 대인공포가 되지 않고, 그냥 틀어박히는 거지. 사람들 앞에 나가야 해, 근데 못 나가겠어. 그런 갈등이 있으니 대인공포가 되는 거잖아요? 지금은 갈등 없이 확 틀어박혀버리는 거야. 적면공포*도 많이 줄고 있어요. 적면공포라고 하면, 보통 적극적으로 나와보거나 그냥 틀어박히거나 둘 중 하나잖아요. 그 사이에 서서 일본 특유의 인간관계라는, 가장 힘든 족쇄에 묶인 채 부들부들 떠는 게 적면공포였거든요. 지금은 그게 사라지는 대신에 어쩔 바를 몰라서 히키코모리가 되거나 심각한 범죄를 확 저질러버립니다.
> ─『논좌論座』 2008년 1월 호

운둔하거나 중범죄를 저지르거나. 이는 양극단인 듯 보이지만 실은 종이 한 장 차이라는 사실을 수많은 흉악 범죄가 증명하

---

* 사람들 앞에서 얼굴이 붉어지는 것을 두려워하는 사회공포증 중 하나.

고 있다.

가와이 하야오가 인식한 또 한 가지 변화는 1970년대부터 1980년대에 걸쳐 대유행한 '경계선 사례'의 감소다.

경계선 사례란 성격장애 유형 중 하나로, 원래는 신경증과 정신증의 경계 영역에 있다는 의미로 '경계선 성격장애BPD'라는 이름이 붙여졌다. 이들은 부모와 자녀의 관계, 연인관계, 치료자와의 관계 등 일대일 관계를 고집하고 이에 집착하는 경향이 있다. 상대를 칭찬하고 이상화하다가도 끌어내리거나 고집스럽게 자기주장을 하고 상대를 배려하지 않는 등의 특징이 있다. 테라피스트에게 업무 외 시간에 만나자고 요구하거나 회사 조직에서 인간관계의 트러블을 일으키는 경우도 자주 볼 수 있다. 그들이 일대일 관계에 집착하는 이유는 스스로 지지하는 자신과의 관계가 약화되어 있기 때문이다.

1970년대 이후 경계선 성격장애에 관한 논문이 폭발적으로 증가했다. 여기에는 일본이 본격적인 정보소비사회로 돌입하면서 자아가 신체 바깥으로 비대화한 시대적 상황과 관련 있다는 설과, 정보소비사회에 진입했음에도 "역사상 반복되어온 구조화와 반구조화가 각축"(『경계선 사례境界例』, 2008)을 벌인 결과라는 설이 있다. 이렇듯 인과관계는 확실치 않지만, 임상심리학자가 거품경제 형성과정에서 경계선 환자들과 접할 기회가 늘었다고 실감했던 것만은 확실하다.

그러나 1990년대에 들어서는 경계선 성격장애 클라이언트도 서서히 감소하고 그 대신 해리성 장애가 증가한다. 해리성 장애라고 하면 대니얼 키스의 책, 『빌리 밀리건: 스물네 개의 인격을 가진 사나이The Minds of Billy Milligan』(1995)로 알려진 다중인격 환자(해리성 정체감 장애)가 떠오르지만, 여기서 말하는 해리성 장애란 그 정도로 심한 증례가 아니라 현실감을 상실하거나 기억이 일시적으로 완전히 사라져서 일상생활에 다양한 지장을 초래하는 장애다. 가장 전형적으로 볼 수 있는 클라이언트는 주로 섭식장애를 겪는 이들이다. 이들은 자해, 도둑질을 하거나 과식 후 구토를 하고 이튿날에는 이를 기억하지 못한다. 이러한 증례는 1990년대 이후에 급격하게 증가했다. 이들이 기억을 못 하는 이유는 떠올리고 싶지 않은 트라우마가 있기 때문이다. 이는 반대로 말하면 트라우마라는 매개를 거치지 않으면 현실과 접점을 찾지 못한다는 점을 시사한다.

그러나 해리성 장애의 유행은 이윽고 지나갔다. 특별히 전형적인 다중인격 클라이언트는 자주 보이지 않게 되었다.

그 대신, 금세기 들어 눈에 띄기 시작한 유형이 바로 발달장애다.

2002년에 문부과학성이 전국 370곳의 초·중·고등학생 4만 1579명을 대상으로 실행한 조사에 따르면, 특정한 발달장애가 있을 것으로 예상되는 비율이 6.3퍼센트로 나타났다. 그로부터

10년 후인 2012년에 전국 1164개교(이와테, 미야기, 후쿠시마는 제외) 5만3882명을 대상으로 실행한 조사에서는 6.5퍼센트 안팎이었는데, 이는 한 반당 두세 명꼴이다. 일견 너무 많아 보이지만, 학생상담에 종사하거나 학교에서 근무하는 스쿨 카운슬러가 느끼기에는 결코 과장된 숫자가 아니라고 한다.

발달장애에는 수업 시간처럼 앉아 있어야 할 때 자리를 이탈하는 '과잉행동'과 '주의력 결핍', 속뜻이 있거나 비아냥거리는 말을 들어도 문자 그대로 받아들이는 등의 '대인관계와 강박 증상' 같은 특징이 있다.

가와이 하야오는 이를 '주체의 부재'로 인한 장애라고 보았다. 주체가 부재하므로 타자가 인식되지 않고 언어가 발생하지도 않는다. 주체가 없으므로, 사람과의 관계를 기다리지 못하고 고립되어 있다. 반대로 상대와 상황에 맞추고 만다. 가와이 도시오는 학생들을 지도하고 클라이언트를 치료하면서 지금이 부친 가와이 하야오의 시대와는 확연히 다르다는 점을 실감한다고 말한다.

"요즘 같은 세상에는 클라이언트나 테라피스트나, 기존 심리치료와 맞지 않는 사람이 늘고 있습니다. 실습으로 역할극을 해도 상대가 말하는 걸 기다리지 못해요. 고이도록 두지를 못하는 거죠. 그런 학생이 많아졌어요."

"임상심리사를 목표로 하는 대학생들도 그렇습니까?"

"네. 지금은 모든 게 표면상에 존재하는 세계죠. 그냥 트위터에 올려버리면 다들 알게 되잖아요. 심지어 RT(리트윗)라는 형태로 타인의 말이 인용되어 퍼져나가니까 어디서부터 어디까지가 내 말인지의 구별도 없고요. 비밀도 없고 안팎의 구별도 없는 세상이니 내가 가진 걸 잘 다루지 못하게 된 거죠. 심리치료라는 건 주체성이 있고 자신의 내면을 마주할 수 있는 사람을 전제로 하기 때문에, 안팎의 구별이 없으면 상담하러 와도 자신을 돌아보는 게 굉장히 어렵습니다."

"모래놀이치료도 그래서 어려워진 걸까요. 그런 현상이 모래놀이치료와 미술치료를 원하지 않는 클라이언트가 늘어나는 것과 관계있습니까?"

"관계있을 것 같아요. 그럼 모래놀이치료에 의미가 없느냐. 그건 아니고요. 반대로 좋은 점도 있습니다. 모래상자를 일종의 게임 공간이라고 받아들이는 거죠. 50분 동안 뭐든 얘기해도 좋다고 하면 발달장애인들은 이야기가 여기저기로 튀느라 정리가 안 돼요. 그렇지만 모래상자를 꾸밉시다, 라든가 그림을 그립시다, 하고 틀을 설정해주면 역할극처럼 그 안에 들어올 수 있거든요. 어른이나 아이나 상상력이 부족해서 꿈도 별로 꾸지 않는 사람이 많으니까, 모래상자로 나타나는 게 자기 안에서 샘솟는 것들은 아니에요. 그래서 정통 모래놀이치료법에서의 모래상자 사용법과는 다르지만, 일단 '여기에 들어와 있으라'는 의미로 좁은 곳에 가둬놓으면 흥미로운 전개가 나타나곤 하죠."

"발달장애 아이들의 모래상자를 본 적이 있습니다. 한 소년은 같은 자동차 행렬만 계속 만들었어요. 모래 위에 자신의 성씨에 있는 한자 한 글자를 쓰는 아이도 있었고요."

"그런 클라이언트는 자주 있어요. 내면을 표현하는 모래상자가 아니라는 거죠."

"지금까지 취재한 여러 카운슬러분이 요즘의 클라이언트는 이미지로 놀지 못하고 내면을 언어화하지 못하게 되었다고 말씀하셨습니다. 반대로 말은 아주 잘하지만 내용이 없는, 언어 과다인 사람이 늘어난다는 이야기도 들었고요.

"표층적이라는 뜻이겠죠. 그래서 말을 잘하는 클라이언트는 상태가 좋아지면 과묵해집니다. 침묵이 나타나죠. 매번 규칙적으로 찾아와서 밝은 모습으로 와다다 말하고 진단을 기다려요. 그런 사람들이 상담을 취소합니다. 그럼 저는 틈이 생기고 있구나, 라고 생각하고요."

"틈이 생긴다고요? 취소란 건 카운슬러에 대한 저항이나 반발, 일반적으로는 부정적인 의미가 있다고 생각하는데요. 그렇지는 않습니까?"

"맞습니다. 하지만 긍정적인 의미도 있어요. 와다다다 말할 때 자신을 드러내는 것 같아도 그건 자기가 아니에요. 쉬거나 침묵하는 쪽에 자기 자신이 있어요. 계속 덧칠만 하던 곳에 틈이 생긴다는 건 아주 좋은 일이에요."

"테라피스트의 작업이란 주체가 설 자리를 마련하고, 말하기를 위한 침묵을 준비하는 것."

가와이 도시오는 저서 『융학파 심리치료ユング派心理療法』(2013)에 이런 문장을 썼다. 그러나 인지행동치료가 활성화되고, 한 사람의 클라이언트에게 충분한 시간을 들일 수 없는 시대에 '주체가 설 자리'를 마련하는 것이 과연 얼마만큼 가능할 것인가.

"주체라고 하면 '내가 말이야' 같은 의미로 받아들여지겠지만, 더 넓게 파악해도 되지 않을까요. 저는 갑상선 질환을 보는 병원에서도 일하고 있는데, 갑상선 질환 환자분들은 주체가 사라져서 스스로 이 치료법을 선택하겠다는 결정을 잘 내리지 못하세요. 그럴 때 가족이 도와주느라 노력하는 모습을 보면 꼭 '내가 말이야!'라고 하지 않아도 괜찮지 않나 생각합니다.

모래놀이치료법도 그래요. 확실히 현재 발달장애인의 모래놀이치료는 가와이 하야오 시대의 상상력 풍부한 모래놀이와는 다를 수 있지만, 모래상자로 무언가 시도할 수 있다는 의미에서는 그것도 일종의 주체라고 봅니다. 따라서 주체라는 개념을 넓게 받아들여도 좋지 않을까 하는 거예요."

"주체라는 개념을 더 넓게 파악한다"는 것은 어떤 의미인가.

가와이 도시오가 던진 말의 의미를 조금 더 고민해보자. 가와

이는 발달장애가 과거에도 존재했으나, '서비스 산업의 다양화'
나 '정보화 사회에서의 커뮤니케이션 형태의 변화' 등이 나타난
3차 산업 시대가 되면서 발달장애인들이 부적응자로 변별되어
가시화된다고 설명한다.

역사적인 발명이나 발견을 한 인물이 발달장애인이 아니었을
까 하는 추측도 종종 보인다. 그러한 천재가 아니더라도 옛 장인
들처럼, 타인과의 소통에는 취약해도 자기 일에 몰두하며 충실
히 살아온 사람도 적지 않다. 특정한 것에 대한 고집과 수집벽이
있다 해도 그것은 그들의 개성으로 여겨졌다. 가족관계에서도
각자의 역할 분담이 명확했던 시대에는 그 역할만 철저히 수행
하면 되었으므로, 유별나게 주체성을 발휘할 필요성이나 필연성
도 없었다.

그러나 근대 이후 '주체의 확립'이 요청되자 그에 응답하지
못하는 사람들이 나타나기 시작한다. 2차 산업화가 시대에 적응
하지 못하는 사람들을 조현병으로 선별하고, 3차 산업화가 발달
장애를 탄생시킨 것이다. 다시 말해 "과거에는 사물만 상대하면
되었던 이들이 직업에서 타인을 상대하게 되면서 무너져갔다".
(『발달장애의 심리치료적 접근』) 이것이 최근 발달장애 증가의 배
경이지 않을까 하는 것이 가와이의 진단이다.

경계선과 해리성 장애 클라이언트 중에는 실제로 발달장애가
아니지만 정신과 의사와 카운슬러에게 오진을 받은 사람이 있을

가능성이 있다. 원활한 커뮤니케이션이 어려운 발달장애인이 의사 또는 카운슬러와의 관계가 어긋나 경계선 성격장애로 오진될 수도 있다. 주체성이 없기에 의사와 카운슬러에게 맞추기 쉬운 발달장애인이 기대에 부응하고자 다른 인격을 만들어내면 해리성 장애로 진단받을 수도 있다.

이렇듯 '주체성이 있고 자기 내면을 마주할 수 있는 사람'을 전제로 삼아온 기존의 심리치료가, 경계선 이후의 클라이언트에게 통하기 어려워진 것은 불가피한 사실로 보인다. 다르게 말하면, 이는 프로이트의 정신분석 등 서양에서 온 심리치료가 주체를 인격의 중심에 고정된 무언가라고 결론 짓기 때문일 수도 있다.

한 가지 짚이는 대목이 있었다. 기무라 하루코가 담당한 발달장애 소년 Y의 경우다. 나는 Y가 같은 배치의 모래상자를 90회나 만들었다고 썼다. 그러나 엄밀히 말하면 그렇지 않다. Y는 똑같이 자동차를 놓았지만, 매번 복사한 듯이 똑같았던 건 아니다. 때로는 경찰관도 놓고 때로는 젖소도 놓았다. 그전까지 아무것도 말하지 않다가, 어느 날 갑자기 기무라에게 "이름이 뭐야?"라고 물으며 관심을 표현했다.

자기 내면을 바라보고 언어화할 수 있는, 주체성이 명확한 클라이언트와 비교하면 아주 작은 변화다. 순간적이고, 다음 회기에서는 원래대로 돌아갈지도 모른다. 실제로 Y도 그랬다. 변화가 보이는가 하면 다시 원상 복귀. 슬쩍 나타났다가 사라져버린다.

그래서 기무라는 그 과정이 일희일비의 연속이었다고 회상했다. 그러나 이처럼 고정되지 않고 유동적인 무언가가, 기무라와의 접점 위에 일어선 Y의 주체가 아니면 무엇이겠는가.

즉, 주체란 인격의 중심에 고정된 무언가로 존재하는 게 아니라 주위로부터 다가오는 것, 또는 카운슬러와의 접점 위에서 드러나는 것일 수 있다. 주체라는 개념을 더 넓게 파악한다는 말은 이런 뜻이 아닐까. 만약 그렇다면 모래놀이치료와 미술치료가 현대의 클라이언트를 도울 가능성이 아직 남아 있을지도 모른다.

가와이 도시오는 내면을 표현하지 못하기에 모래놀이치료를 적용하기 어렵다고 인식되어온 클라이언트에게 완전히 새로운 차원으로 접근하고자 했다.

1965년에 모래놀이치료를 갓 도입한 가와이 하야오가 학회도 만들지 않고 사례 수집에 여념 없었던 것처럼, 가와이 도시오 역시 '발달장애에 심리치료는 효과적이지 않다'는 고정관념에 물음표를 던지고 동료 임상심리사들과 함께 사례를 축적하고 있다. 이들 중에는 연극치료를 하는 임상심리사도 있다. 풍경구성법과 모래놀이치료를 활용하는 이들도 있다. 지금도 기존 틀을 부술 방법을 탐색하면서 시행착오가 이어지고 있다.

가와이는 말한다.

"일본에서 심리치료가 시작된 후의 이야기인데, 지금까지의 흐름을 보면 대체로 10년 주기로 심리 증상이 변화하고 있어요."

"네, 책에도 그렇게 쓰셔서 깜짝 놀랐습니다. 최근에는 경계선 성격장애 클라이언트가 줄었다는 구절이 있었는데, 제 주변에는 아직 꽤 있거든요."

"하하. 멸종위기종이에요. 지금은 많이 줄었어요."

"시대가 투영된다는 말씀이신가요."

"그건 모르겠지만, 경계선 성격장애 환자는 무언가에 매달릴 수 있었던 마지막 사람들일지도 모릅니다. 사실 발달장애도 슬슬 낡은 것이 되어가고 있지 않나 생각 중입니다. 생물학적인 배경이 엄연히 존재하기 때문에 늘어나는 추세에는 당분간 변함이 없겠지만요."

"발달장애 대신 무엇이 유행하기 시작할까요. 이미 그 조짐이 있습니까."

"아니, 그건 아직 몰라요. 대개 시간이 지나고 알게 되죠. 그걸 한발 앞서 알아차리는 게 우리 테라피스트들의 일이라고도 할 수 있겠지만요."

제8장

회복의 슬픔

―――

2013년 6월 15일부터 16일, 교토대학 100주년 시계탑 기념관에서 일본융심리학회가 열렸다. '가와이 하야오 선생 7주기 추모학술대회'라고 이름 붙여진 둘째 날의 본대회에서는 가와이에게 직접 지도를 받은 가와도 마도카川戶圓를 비롯한 세 명의 임상심리사가 토론했다. 가와이가 직접 담당했던 사례를 읽고 토론하는 심포지엄이었다.

이날 다룬 주제는 '꿈 분석을 통한 학교공포증 고등학생의 치료 사례'(『신판 심리치료논고新版心理療法論考』, 2013)에 실린, 등교거부 상태에 있는 18세 1학년 남자 고등학생 A의 사례였다.

가와이 하야오는 이름이 알려진 뒤로 직접 담당하는 사례를 발표하지 않았다. 그 이유로는 가와이의 사례가 되고 싶어하는 클라이언트들이 등장하며 순수한 형태로 소개하기가 어려워진 점, 발표할 수 없을 만큼 위중한 클라이언트를 맡고 있었던 점 등이 있다. 그만큼 일반적으로 읽을 수 있는 가와이 하야오의 사례는 한정되어 있다. A는 그러한 소수 사례 중 하나다.

A는 학교가 싫지 않았다. 자신도 학교에 가고 싶었지만, 도저히 갈 수 없었다. 억지로 등교하면 두통과 구토 등 신체 증상이 나타나 학교에 있을 수 없었다.

"저도 왜 그런지 정말 모르겠어요."

첫 회기에 혼자 찾아온 A는 그렇게 말하며 가와이를 바라보았다.

가와이는 A에게 말해주었다.

"문제가 깊어서 의식하는 것만으로는 잘 모를 수 있으니까, 무의식에 물어보자. 자고 있을 때 꾸는 꿈을 같이 공부해본다든가 하는 치료법이 가능할지 말이야."

그러자 A는 "꿈은 별로 안 꾸지만 한번 해볼게요"라고 말하고는, 그날 아침 꾼 꿈을 시작으로 10회기 동안 90개의 꿈을 이야기해주었다.

학교에 갔더니 친구들이 친절하게 대해준 꿈. 유폐된 동급생의 아버지를 구출하러 가는 꿈. 집 근처 식당에서 식사하는데 야구부 선배가 들어와 "왜 학교 안 가느냐"고 물어서 기분이 나빴던 꿈. 사기꾼 패거리의 악당에게서 도망치다가 몸을 숨긴 집에서 그 동료의 여자가 목숨을 구해주는 등 극적인 꿈도 있었다.

다음은 가와이가 이후의 저서에서 종종 언급한, 10회기 상담에서 A가 말해준 열여덟 번째 꿈이다. 신기하게도 A가 1월 1일 밤에 꾼, 그해의 첫 꿈이었다.

> 엄마와 여행을 가려고 버스에 탔다. 강아지도 같이 가려고 버스에 데리고 탔는데 개는 안 된다고 해서 버스에서 내리게 했다. 강아지를 할아버지에게 맡기고 출발했다. 그게 강아지와의 마지막일 것만 같은 예감이 들었다.

A는 개 한 마리를 예뻐하며 키우고 있었는데, 이전 상담에서 그 개가 자동차에 치여 죽었다고 털어놓은 적이 있었다. 가와이는 이 꿈을 듣고 다음과 같이 썼다.

> 꿈 18에서는 개를 데리고 가지 않겠다고 결심한 부분이 중요하다. 학교공포증인 아이가 동물을 예뻐하는 것은 우리가 자주 경험하는 경우다. 그들의 어머니는 일반적으로 냉정한 사람이 많기 때문에, (이 사례도 그랬지만) 일종의 대상 기제로서 의미가 있을 것이다. 그러나 여기서 내담자는 그런 모

성에 대한 연결을 이제 끊어내겠다고 결심하고 있다. (…)
이때 내담자는 3학기부터 등교하고자 결심하는데, 이 꿈은
이런 결심에 동반되는 슬픔의 감정(모성과의 분리에 동반되는
슬픔)을 잘 보여주고 있다. 둘이서 그런 점에서 관해서도 대
화를 나눌 수 있었다. 치료되기 위해서는 거의 예외 없이 슬
픔을 맛보아야 하는 듯하다.
　　—『신판 심리치료논고』

　아이가 자립하려면 부모로부터 분리되어야 한다. 등교를 거
부하는 아이는, 특정할 수는 없지만 어머니와의 관계에 일부 원
인이 있다고 보는 경우가 많다. 어머니로부터의 자립은 어머니
와의 관계가 사라지는 것이 아니다. 어머니와의 대결을 통해 관
계를 형성하는 것, 즉 '자립한 인간으로서 인간 대 인간의 관
계'(『아이들의 우주』)를 갖는 것이다.

　이 꿈에서 A는 어머니와 여행하는 길에서 개를 놓고 갔다고
했다. 이전까지 함께였던 어머니와 개가 분리된다. 이는 앞으로
새롭게 만들어가야 할 어머니와, 지금까지는 필요했으나 '과거
로 남겨두어야 할' 어머니를 나타내고 있다. 가와이는 A가 앞으
로 새로운 어머니를 만들어가기 위해서라도 개는 버스에서 내려
야만 했을 것이라고 해석했다.

개는 어머니 대신 아이에게 따뜻한 흙내음이 나는 사랑을 주었지만, 다른 한편으로는 먼 길을 떠나기에 앞서 아이의 분신으로서 그가 극복해야 하는 일면을 짊어진 채 죽은 것이다. 인격의 변화에는 언제나 '죽음과 재생'이라는 주제가 따라오기 마련인데, 이 죽음의 일부분을 개가 대신해주었다고도 말할 수 있다.

— 『아이들의 우주』

A는 이 꿈을 이야기하고 다음 주부터 다시 등교를 시작했다.

가와이 하야오를 대신하여 단상에서 사례를 낭독한 가와도 마도카는 가와이의 해석 끝자락에 있는 '둘이서 슬픔의 감정에 대해서도 이야기를 나눴다'라는 구절을 언급하며, 가와이가 살아 있다면 두 사람이 도대체 어떤 이야기를 나눴는지 묻고 싶다고 말했다.

치료되기 위해서는 슬픔을 맛보아야 한다는 것은 무슨 뜻일까. 두 사람은 과연 무엇을 이야기했을까. 이 사례가 수록된 가와이 하야오의 논고를 편집한 사람은 가와이 도시오다. 나는 다른 날을 잡아 가와이 도시오를 다시 만났다.

"두 사람이 대화를 나누긴 했겠지만, 그 이야기를 자세히 했는지는 알 수가 없죠."

가와이 도시오는 그렇게 말하며 소설 한 편을 예로 들었다. 아쿠타가와 류노스케의 「코」라는 작품이다.

젠치 나이구禪智內供라는 승려는 턱 아래까지 늘어질 정도로 크고 긴 코를 가지고 있었다. 그는 긴 코 때문에 사람들에게 놀림을 당해 자존심에 상처를 입었다. 그는 어느 날 제자가 아는 의사로부터 코를 짧게 줄일 수 있는 방법을 배워왔기에 시험 삼아 따라했다가, 코를 짧게 만드는 데 성공한다. 승려는 이제 아무도 자신의 코를 놀리지 않을 것이라고 안심한다. 하지만 코가 짧아진 후로 더욱 비웃음을 사자 코를 줄인 걸 크게 후회한다. 어느 밤 코가 가려워 잠을 설치고 아침이 왔을 때 코는 원래대로 길어져 있었다. 그는 이제 아무도 비웃는 사람이 없을 거라며 안도했다.

"인간이 회복할 때의 슬픔이라는 건 승려의 긴 코가 짧아졌을 때의, 뭐라 말할 수 없는 슬픈 마음과 비슷하지 않을까요. 지금까지 못 타던 대중교통을 이용할 수 있다든가 하는 것도 마찬가지예요. 좋은 일이긴 하지만 중요한 걸 잃어버린 것만 같고…….

사람이 변했다는 건 죽을 각오를 했다는 겁니다. 때로는 분노가 치솟기도 하죠. 그 자식 때문에 변했다면서 치료자를 죽이러 간 사람도 있으니까요."

"죽이러 갔다고요?"

"미국에서는 실제로 있었던 일이에요. 즉 아무리 왜곡되어 있었다 해도, 이상했다고 해도, 그런 상태가 된 데에는 필연성이 있어요. 등교를 거부했던 아이가 학교에 갈 수 있게 된 일만 해도 그래요. 잘됐다고 순수하게 기뻐할 수 있을 만큼 단순한 일이 아닌 거죠. 그 부분을 테라피스트가 잘 알지 못한 채로 '아, 다행이다'라며 마음 놓고 있을 때, 클라이언트가 자살하는 일이 일어나기도 합니다."

"카운슬링은 증상을 없애고 싶다, 좋아지고 싶다, 변하고 싶다는 생각으로 오는 것 아닌가요?"

"인간의 마음에는 반드시 두 가지 측면이 있기 때문입니다. 표면의 움직임만 파악하고 잘됐다고 말하곤 하지만, 그와 똑같은 강도로 정반대의 감정도 가지는 거죠."

"그럼 테라피스트는 어떻게 하면 좋을까요."

"나았다고 기뻐하면 안 된다는 거겠죠. 반드시 또 다른 측면이 있다는 것을 알고 있어야 합니다. 그 측면은 언제 어디서 나올지 모르는 거예요. 클라이언트는 너무 기뻐하는데 테라피스트는 슬퍼하는 경우, 왜 그럴까 생각해보면 테라피스트가 이 아이에게 단순히 매달리고 있기 때문이 아닌가 할 때도 있어요. 클라이언트에게 슬픈 감정이 있는데도 겉으로는 기쁜 감정만 드러나서 슬픈 때도 있거든요. 복잡한 지점이에요. 그래서 전체를 파악해야 하고요."

"A 소년의 슬픔은 어머니로부터 자립하면서 그 관계가 변화한 것에 대한 슬픔만은 아니라는 말씀이시군요."

"더 깊은 무언가가 있다고 생각해요. 또 한 가지, 이건 동양적 관점일 수도 있지만, 인간의 심연에는 존재의 슬픔이라는 것도 있지 않나 하는 겁니다. 부친도 만년에 말씀하셨지만……"

가와이는 그렇게 말하며 가와이 하야오의 『융 심리학과 불교 ユング心理學と佛敎』(2010) 중 한 대목을 들려주었다. 30세 여성이 꾸민 모래상자에 대한 대목이기도 하다.

그 모래상자 안에는 또 하나의 작은 모래상자가 들어 있었다. 작은 모래상자 안에는 남자, 여자, 아이, 집과 나무, 고양이 등 일상적인 풍경이 펼쳐졌다. 작은 모래상자 뒤편에 있는 산은 안개에 둘러싸인 듯했고, 산에 뚫린 구멍에서 뱀이 얼굴을 내밀고 있었다. 가와이 하야오가 여성에게 산에서 흘러내리는 유리구슬에 대하여 질문하자, "눈물"이라는 대답이 돌아왔다. 작은 모래상자 아래로 강이 흐르고, 투명한 물고기가 한 방향을 향해 헤엄치고 있었다. 여성은 자신이 왜 이런 모래상자를 꾸몄는지에 대해 대부분 설명하기 어렵다고 말했다.

가와이 하야오가 이 모래상자를 보고 사무치도록 느낀 점은 다음과 같았다.

인간관계를 갖는 수준이 개인적인 것에서 머무르지 않고 비개인적인 수준까지 넓어지면 그 기저에 흐르는 감정은, 감정이란 말로도 부족하지만, '슬픔'이라고 하는 게 적절하다고 느껴집니다. 일본어 고어로는 '슬프다'에 '가엾다'라는 의미가 있으니 그러한 감정도 섞여 있다고 봐야겠습니다.

기무라 하루코의 클라이언트였던 이토 에쓰코가 「모래놀이치료 일기」에 쓴 일화를 떠올려본다. 마음을 닫은 채 투명한 껍데기 안에 가만히 있었다면 편안했을지도 모른다. 그러나 이토는 자신을 실험 재료로 삼겠다고 결심하고 카운슬링을 시작했다. '나만 왜'라는 괴로움과 타자에 대한 질투의 감정을 직시하고, 대학과 교회에서 타인과 소통함으로써 투명한 껍데기에서 탈출했다. 모래상자에서 꼬마 에쓰코는 사라지고 어른 에쓰코만 남아 '생명의 나무'가 놓였을 무렵, 이토는 학교에서 합숙으로 마련된 그룹 카운슬링 자리에서 눈물을 흘리며 외친다.

"나는 뭐 좋아서 눈이 먼 줄 아느냐고!"

그 순간, 주체적으로 행동하도록 끊임없이 자신을 격려하며 일으켜 세워온, 보이지 않는 자신을 받아들이려고 갈등하던 이토의 마음이 자연스레 새어나왔으리라.

산 정상의 커다란 나무를 목표로 걷다가 이제야 정상을 정복할 수 있게 되었는데도 또다시 새롭게 출발해야만 하는 순간, 불안이라고도 기쁨이라고도 할 수 없는 감정이 복받쳐올라 자신도 모르게 내뱉은 외침은 아니었을까.

무라야마 미노루가 담당한 소년도 마찬가지였다.

인형 목에 종이 끈을 감아 자살하는 모습을 만들고 보여준 것은 무라야마에 대한 도발인 동시에 부모에게서 떨어진다는 것에 대한 불안과 괴로움, 그리고 어딘가로 후련하게 트인 감정 없이, 마구 뒤섞여 복잡한 마음의 표현이었을지도 모른다.

조현병 환자에게도 회복에 동반되는 슬픔이 있다는 사실을, 나카이 히사오의 글을 읽고서 알게 되었다. 나카이는 임계기에서 회복기에 이르는 상태를 "우화羽化*할 때의 곤충과 같은 앳됨과 애처로움" 또는 "파도의 밀물과 썰물 같은 초조와 여유"라고 표현하며 다음과 같이 쓰고 있다.

> 병과 헤어지면서 일말의 서운함을 느끼더라도 그것은 이상한 일이 아니다. 이상한 일이 아닐뿐더러, 환각 증상의 소실은 재발의 불안을 낳으므로 오히려 이 부분을 살펴야 할 것이다. (…)
>
> 이 시기가 올 것 같다는 느낌이 들면, 일단 "만약에 환청이든 뭐든 사라지면 서운하지 않겠니?" 하고 집요하게 물어보고 재차 확인한다. 환자가 "괜찮아요"라고 해도, "정말이야? 서운할 텐데" "사라져도 정말 괜찮다는 거지?" "정

* 번데기가 날개 달린 성충이 되는 것.

말로 진짜로 괜찮다는 거지?" 말하며 더 집요하게 군다. 그래서 이 대목을 보고 연극 같다고들 말하는 것이리라. 환자가 강하게 "괜찮아요" 단정하면, 마지막에 가서야 "그렇다고 하니까, 잘하면 사라질 수도 있겠다"라고 말한다. 그러면서도 "버림받은 환청이 외롭다면서 너를 다시 부르러 올지도 몰라"라고 말해둔다. 환각 망상이 꿈에 나타나지 않는 것이 이상해서 "꿈에 나오면 바로 알려줘"라고 다짐을 받아둔다. 환자가 환각 망상이 꿈에 나왔다고 말하면 "낮에는 어땠어?" 하고 묻는데, 그때 환자는 무엇보다 그것들의 힘이 너무 약해져 있다는 데에 스스로 놀라며 납득한다. (…)

회복기에는 파도의 밀물과 썰물처럼 '초조'와 '여유'가 오간다는 것도 예고해둔다. 환자가 양쪽을 의식적으로 표현할 수 있게 되면, "지금 초조한 건 몇 퍼센트? 여유는?"이라고 묻는다. "머릿속에 순간적으로 떠오른 숫자를 말해보라"고도 한다. 흑백 논리에서 상대화로 향하는 움직임의 일환이다.

—『조현병의 유위전환統合失調症の有爲轉換』(2013)

증상이 나아지면 의사와 카운슬러는 클라이언트로부터 멀어진다. 상담 횟수가 줄고 의사와 카운슬러의 의식에 차지하는 클라이언트의 비중도 점점 감소한다. 물론 그 배경에는 클라이언트가 회복을 향하는 중이라는 안도감이 있다.

한편 클라이언트의 마음에서 커지는 것은 고독감이다. 주변 사람들의 동정도 줄고, 자신의 책임감은 늘어난다. 증상이 사라진 다음에 찾아오는 것이 행복이라는 보장은 없다. 불안이 고개를 든다. 퇴원이 임박하거나 퇴원한 후, 클라이언트의 자살 위험이 높아진다는 조사 결과도 그 때문인 걸까.

"클라이언트들에게서 늘 많이 배웠다." 가와이 하야오는 『융 심리학과 불교』에서 이렇게 쓰고 있다.

한 여성이 있었다.

가와이가 아무리 분석을 계속해도 증상이 잘 호전되지 않는 어려운 사례였다. 어느 날 마음먹고 모래놀이치료를 권했다. 여성은 예상외로 치료에 열중했다. 가와이는 그때 아무 말도 하지 않았지만 다행이다, 이걸로 고칠 수 있겠어, 예감했다.

그런데 다음 회기에서 다시 모래놀이치료를 권하자, 여성은 거절하며 이렇게 말했다.

"지난번 모래놀이치료를 할 때, 선생님은 이걸로 고칠 수 있겠다고 생각하셨겠죠."

가와이는 여성의 날카로운 감수성에 감탄하며, 그 말을 수긍할 수밖에 없었다.

"그렇게까지 낫게 해주지 않으셔도 돼요. 저는 여기에 나으려고 오는 게 아니에요."

그럼 무엇 때문에 오는 것인가. 가와이가 그렇게 묻자 여성은 정확하게 대답했다.

"여기에 오는 이유는, 여기에 오기 위해서 오는 겁니다."

병이 낫는 것을 거부하는 여성 앞에서 가와이는 깨달았다. 심리치료로 누군가를 '고치는' 일 따위는 불가능하다고.

> 저는 이런 관점도 좋아합니다. 즉 클라이언트가 증상으로 힘들어할 때 그것을 해소하는 것에도 의미가 있고, 해소하지 않는 것에도 의미가 있다는 관점 말입니다. 그리고 그중 어느 쪽을 선택하는지는, 아마도 클라이언트의 개성화* 과정에 따른 것이라고 봅니다. 저는 심리치료 현장에서 극도로 신중해질 수밖에 없습니다. 클라이언트 최초의 의식적 토로는 증상을 빨리 없애고 싶다는 뜻이고 그 점도 결코 잊어서는 안 되겠지만, 제가 보고 있는 것은 클라이언트의 존재 전체이기 때문입니다. 그러므로 어떻게 나아갈지는 굉장

---

* 개성화Individuation 또는 자기실현이란 융의 분석심리학적 개념으로 인간이 자기의 전체 인격을 실현하는 것을 말한다. 융은 의식의 중심으로서의 자아가 무의식적인 것을 하나씩 깨달아나가는 의식화 과정을 통해, 자기를 실현하는 일이 인간 내부에서 우러나오는 필연적 요구라고 보았다. 융에 따르면 인간은 누구나 자기실현을 할 가능성을 태어날 때부터 가지고 있다. 그러나 인간이 무의식을 남김없이 의식화하는 것은 불가능하며, 따라서 자기실현이란 완전성을 가리키는 말이 아니라 원만성을 추구하는 것이라고 여겼다.

히 신중하게, 그리고 유연한 태도를 가져가야만 알 수 있으리라 생각합니다. 자신의 의식을 표층에서 심층까지, 가능한 한 가동可動의 상태에 두고자 하는 노력을 통해야만 제가 클라이언트와 함께 갈 방향이 보이기 시작하는 거지요. (…) 물론 클라이언트의 증상이 사라지거나 문제가 해소되었을 때 기쁘긴 하지만, 저는 이제 증상이 근본적으로는 해소되어도 좋고, 해소되지 않아도 좋다는 태도를 견지할 수 있게 되었습니다.

회복에 이르는 길이란 어떤 길인가. 단순히 증상만 없앤다고 되는 것이 아니다. 그렇다고 지금 있는 그대로 좋다는 것도 아니다. 클라이언트와 테라피스트는 함께 같은 시간을 지나면서 더듬더듬 빛을 찾는다. 마음 깊은 곳에 숨어버려 자신조차 알아차리지 못한 고뇌, 비애에 슬며시 손을 내민다. 혼자서는 두려운 깊고 어두운 동굴이라도, 둘이라면 걸을 수 있다. 동행이인同行二人*이라는 말이 떠올랐다.

무라야마 미노루는 『가와이 하야오 저작집河合隼雄著作集』 월보에 짧은 문장을 남겼다.

---

* 일본 진언종의 개조開祖 고보대사弘法大師의 발자취를 따라 시코쿠의 사찰 여든여덟 곳을 걷는 순례길에서, 순례자들이 항상 고보대사가 함께한다고 여기고 삿갓 등에 새기던 말.

"테라피스트와 클라이언트가 함께 내려가는 깊은 세계가 있다. 그러나 그 세계는 '위험으로 가득하고 고난을 동반하기'(『무의식의 구조無意識の構造』, 1977) 때문에 치료자가 이 세계에 함께 들어갔다가 데리고 나올 힘이 없다면 모래놀이치료는 실시하기 어렵다." 무라야마는 가와이 하야오의 가르침을 떠올리며 그렇게 회상했다.

자신의 작품세계를 비슷한 표현으로 언급한 소설가가 있다. 무라카미 하루키다. 2013년 5월 6일, 무라카미는 가와이 하야오 이야기상·학예상 창설 기념으로 열린 강연회에서 생전 가와이 하야오와의 교류와 그에 얽힌 추억을 돌아보고, 가와이와 자신을 연결해준 것이 무엇이었는지에 대하여 이렇게 말했다.

우리는 무엇을 공유하고 있었을까요? 한마디로 말하자면, 이야기라는 개념이었다고 생각합니다. 이야기란 다름 아닌 인간의 영혼 깊숙한 곳에 있는 것입니다. 인간의 영혼 깊숙한 곳에 있어야 할 것입니다. 영혼 가장 깊숙한 곳에 있기에, 이야기는 인간과 인간을 근원에서 연결할 수 있습니다. 저는 소설을 쓰기 위해서 일상적으로 그 깊은 곳에 내려갑니다. 가와이 선생님은 임상가로서 내담자와 마주함으로써 역시 일상적으로 그곳에 내려갑니다. 가와이 선생님과 저는 아마도 이를 '임상적으로' 이해하고 있지 않았나 합니다. 말로는 굳이 꺼내지 않더라도, 개들끼리 냄새로 서로를 알게 되는 것처럼 말입니다. 물론 이건 저만의 착각일 수도 있습니다. 그러나 그와 가까운 어떤 공감이 분명히 있었다고, 저는 지금도 느끼고 있습니다.

—『생각하는 사람考える人』2013년 여름호

테라피스트가 클라이언트와 함께 내려가는 깊은 세계란 무엇인가. 나는 가와이 도시오에게 거듭 질문했다.

"그게 어떤 건지는 답하기가 쉽지 않습니다. 말로 해버리면 더는 깊은 곳이 아니게 되어버리니까요…….

다만 그것이 아닌 방향에서 설명할 수는 있습니다. 어떤 것이 깊은 곳이 아닌지 생각해보는 거죠. 예를 들면 클라이언트가 어머니가 몇 살일 때 자기를 낳았다고 말했을 때, '그게 어디였습니까' 묻는다면 이야기는 얕은 곳에서 그칩니다. 아버지가 교통사고로 돌아가셨다고 말했을 때 '어떤 상황이었습니까'라고 물으면 말하기는 편하겠지요. 그러나 깊은 곳은 확실히 그런 구체적인 상황이나 장면이 아니죠.

우리 테라피스트들은 그걸 배워나가는 겁니다. 되도록 먼저 이야기를 꺼내서는 안 된다든가, 외적인 상황에 관한 이야기가 되어서는 안 된다든가, 일상적인 대화와는 다르다든가, 보통의 인간관계와는 다르다든가 하는 식으로요.

그렇다면 깊은 곳이란 어떤 곳인가. 파고 들어간다면, 글쎄요……. 모든 종교가 다 그렇겠지만, 종교는 은거하거나 침묵하거나 하는 여러 방법을 갖고 있죠. 여기에는 표면과 단절한다는 의미가 있어요. 언어를 가지고서 심리치료를 철저하게 해보자고 했을 때, 저절로 떠오르는 연상이나 언어는 바로 그 깊은 곳에서 나옵니다."

"카운슬링을 하는 테라피스트는 클라이언트와 깊은 곳으로 내려가는 순간을 알 수 있습니까?"

"그건 천차만별이에요. 계단을 서서히 내려가는 사람이 있는가 하면, 갑자기 구멍으로 떨어지는 사람도 있거든요. 가능하면 계단으로 내려가는 편이 좋지만 내려와주지 않는 사람은 구멍에서 기다리고 있을 수밖에 없고, 때로는 그 안에 떨어뜨려야 할 때도 있죠. 그 부분은 전혀 알 수가 없습니다. 그렇게 쉽게 내려갈 수 있는 게 아니라서요.

하지만 깊은 곳은 절박해야만 내려갑니다. 우리는 절박한 사람들과 만나기 때문에 내려갈 수 있고, 또 심리치료의 특성상 어느 정도는 절박하게 만들어야 하는 사정도 있거든요."

가와이 하야오는 『일본인과 아이덴티티』에서 "새로운 삶의 방식을 찾아내기 위해서는 낡은 것을 부수어야 할 때가 많다. 이런 일을 테라피스트가 의도적으로 행할 때, 클라이언트가 테라피스트를 행복의 파괴자로 느끼는 경우마저 있을 것"이라고 썼다. 구멍으로 떨어뜨린다는 말의 의미는 바로 이런 것이리라.

깊은 곳으로 내려간 다음, 또는 떨어뜨린 다음 테라피스트는 어떻게 해야 할까. 무라야마는 오랜 세월 등교거부 학생들을 위한 학교에서 교장으로 근무했다. 그는 치료자에 의하여 깊은 곳에 그대로 방치된 아이들이 존재한다고 했다. 주변 사람들 눈에는 회복된 듯해도, 사실은 매우 위태로운 낭떠러지 위에 서 있는 것처럼 보였다고도.

가와이 하야오는 1982년에 발표한 「정신치료의 깊이」라는 논문에서 심층적인 심리치료의 어려움을 자신의 언어로 설명했다. 가와이는 심층 심리치료는 위험을 내포하고 있으므로 클라이언트에 따라서는 상담을 받지 않겠다는 판단도 있을 수 있다고 썼다.

> 임상심리학자가 '깊은' 심리치료를 하는 것은 매우 큰 위험을 동반하는 일이라고 말해야 할 것이다. 잘하면 깊은 종교 체험으로도 연결되는 영역이지만 정신 증상과 신체 증상, 또는 이른바 액팅 아웃*이라 부르는 수많은 행동으로 가득 찬 세계이기 때문이다. 이 영역에서는 증상이 다양한 양상으로 변화한다기보다, 그 사람의 존재가 깊은 차원에서 바

---

* 액팅 아웃acting out은 스스로 인식하거나 인식하지 못한 상태에서 말이 아닌 행동으로 갈등을 표현하는 행위를 뜻한다.

꿰기 위해서는 신체적으로도 정신적으로도 상당한 재조합이 필요하다고 하는 편이 맞다. 신체 증상과 망상, 환각 사이에 전환이 일어날 때도 있을 것이다. 따라서 임상심리학자는 그런 어려운 사례는 수락하지 않거나, 또는 수락한다고 해도 반드시 의사와 협진해야 한다. 의사와의 협진은 이상 언급한 내용을 서로 잘 이해하여 진행하거나, 또는 의사가 의학적 측면에만 힘을 쏟고 임상심리사는 정신적 측면에 주력하는 형태로 명확한 역할 분담이 이루어져야 한다. 애매모호한 협력이 가장 좋지 않은 것으로 보인다.

—『신판 심리치료 논고』

새로운 삶의 방식을 도출하는 것은 얼마나 괴로운 일인가. 그러한 이들과 함께 뛴다는 것은 얼마나 가혹한 일인가. "'깊은' 과정은 문자 그대로 죽기 살기로 덤비지 않으면 불가능"(같은 책)하기 때문에 의사나 카운슬러는 클라이언트와 관련하여 발생하는 모든 일을 받아들일 각오가 되어 있어야 할 것이다.

한 사람 몫을 하는 카운슬러가 되려면 25년이 걸린다는 베테랑 임상심리사의 말을 들은 적이 있다. 정신이 아득해질 만큼 긴 수련 기간도, 상담 회기당 1만 엔이라는 비용도, 한 사람 한 사람의 인생을 짊어지는 책임감의 무게를 생각하면 결코 길지도 또 비싸지도 않다고 느껴졌다.

그런데 무라야마가 목격했듯이, 깊은 세계로 여행을 떠났다가 테라피스트가 클라이언트를 데리고 돌아오지 못하는 경우는 어떻게 해야 할까. 테라피스트와 클라이언트가 깊은 차원에 묶인 채로 함께 쓰러져버릴 위험은 없는가.

"클라이언트에 따라 다르지만, 기본적으로 인간은 쉽게 떠오릅니다. 무리해서 끌어올리겠다고 생각할 필요가 없어요. 다만 떠오르지 않았을 때 어떻게 해야 할지는 고민해야겠죠. 떠오르지 않는 사람을 무리해서 끌어올리는 편이 나을 때도 있고, 떠오르게 만들려고 한 일이 부작용을 일으키기도 해요. 잠수병에 걸리기도 하고요. 지금 가라앉은 상태를 견뎌야만 할 때도 있어요. 끌어올려야 한다고 생각했대도, 그건 착각일 뿐이고 테라피스트는 그냥 돌아오고 싶을지도 몰라요. 굉장히 어려운 일이에요. 그래서 테라피스트는 자기 자신에 대해 알아야 한다고 하죠. 그런데 자기를 안다는 것도……."

가와이는 그렇게 말하고 잠시 침묵했다.

"이 세계를 취재하려면 당신도 자신에 대해 알아야겠네요."

취재를 시작했을 무렵 기무라 하루코에게 들은 말이다. 그동안 나는 틈날 때마다 그 말에 대해 생각해왔다. 가와이에게 그 이야기를 하자, 기무라가 전하고자 했던 것은 이런 뜻일 거라고 했다.

"나는 이런 식으로 보고 마는구나 하는 편견, 상대에게 이런 말을 듣고 싶다는 자기만의 이야기를 자각하라는 뜻이 아니었을까요."

의외였다. 조금 더 개인적인, 생애나 삶의 방식에 관한 것으로 생각했기 때문이다.

"특히 저널리스트들이 특히 빠지기 쉽겠죠. 내가 어떤 경험을 해왔다, 나는 어떤 생각을 가졌다 하는 것들은 매우 강력하니까요."

"그건 테라피스트도 마찬가지 아닐까요. 클라이언트와 마주할 때, 테라피스트가 순백의 상태로 있는 것이 가능합니까."

"네, 맞습니다. 사례연구회를 치러보면 잘 알 수 있지요. 사례에 의견을 낼 때도 그래요. 사례 자체가 어떻다고 하는 것보다는, 의견을 내는 그 사람이 더 잘 보입니다. 삼인삼색三人三色, 다 잘 보여요."

"무섭군요."

"클라이언트는 테라피스트에게 맞추는 부분이 상당히 있거든요. 테라피스트의 이론이나 흥미에 클라이언트도 맞춰주려고 하죠. 어느 테라피스트에게 가보면, 클라이언트들이 모두 비슷해진 경우도 있어요."

"클라이언트가 테라피스트를 배려하는 건가요?"

"배려한다기보다는 두 사람이 하는 일은 그렇게 되기 마련인 것 같아요."

나는 가와이 하야오에게 꿈 분석을 받았던 카운슬러의 이야기를 떠올렸다. 그 사람은 가와이와 너무 가까워진 나머지, 어디부터 어디까지가 가와이고 또 어디부터 어디까지가 자신인지 알 수 없게 될 정도로 동일화되어버렸다. 행복한 시간이기도 했다.

그러나 가와이에게는 제자가 많았다. 카운슬러는 주변의 시샘을 받고 욕도 먹었다. 부쩍 야윈 모습으로 교토를 떠난 그 사람에게 어느 날 가와이가 선언했다.

"나는 앞으로 자네에게 신경 못 써주네."

처음 꿈 분석을 받은 날로부터 5년, 카운슬러는 몸 절반이 찢어지는 듯한 심정으로 가와이와 결별한 후 자신만의 길을 걷게 되었다. 그는 지금 어느 지방 도시에서 상담실을 운영하고 있다. 그는 나에게 말했다.

"가와이 선생님이 저를 키워주신 겁니다. 저만의 길을 걷도록 말이에요."

나는 그 말을 염두에 두고 가와이 도시오에게 재차 질문했다.

"클라이언트가 테라피스트에게 동일화하면, 클라이언트의 마음이 편안할 수도 있을 것 같은데요. 클라이언트는 그 관계에서 벗어나 자신만의 길을 걸을 수 있는 건가요?"

"이상적으로는 클라이언트가 원래 갖고 있던 세계를 변화시켜나가는 겁니다."

"클라이언트가 스스로의 힘으로 변화해나갈 수 있으려면 자기 자신을 알아야 하고, 테라피스트 또한 자신을 알아야 한다는 말씀이시죠?"

"그렇습니다. 그런데 어려운 문제예요. 인간은 자신에 대해 그렇게 쉽게 알지 못하거든요. 자기 자신에 대해서는 정말로 알 수가 없어요."

자신에 대해서는 정말로 알 수 없다. 그렇다. 나에 대해선 정말 알 수 없다.

애초에 나는 왜 전문 기관을 다니면서까지 이 세계를 알고 싶어 했는가. 나의 내면에는 어떤 동기와 충동이 있었는가.

기밀 유지 규정으로 보호받는 상담의 세계에서 일어나는 일을 알고 싶었다. 인간은 왜 병드는가가 아니라 왜 회복하는가를 알고 싶었다. 회복을 향하는 여정을 알고 인간이 지닌 잠재력의 위대함을 전하고 싶었다. 모래놀이와 풍경구성법이라는 창문을 통하여 심리치료의 역사를 되짚어보고 싶었다. 테라피스트와 클라이언트가 같은 시간을 보낸 결과로 나타나는 풍경을 보고 싶었다. 소망은 아주 많았다.

그러나 내가 취재로 만나는 사람들은 상담자이고 정신과 의사다. 마음에 커다란 상처를 안고 자력으로 죽을힘을 다해 일어신 사람들이다. 말하자면 마음의 전문가들이다. 아무리 객관적인 자세를 유지하고 있어도 내 마음의 허약함과 주저함을 꿰뚫어보는 건 아닐까, 나의 구상을 간파하고 있는 건 아닐까. 그런 불안이 여러 번 머릿속을 스쳤다. 나 자신이 시험대에 올랐다. 나는 나를 미로 속에 던졌는지도 모른다.

　개인적인 이야기를 쓰는 것을 양해해주길 바란다.
　나는 꽤 오래전부터 내가 무언가 정신적인 병을 가졌음을 자각하고 있었다. 때로 풍경이 정지되어 보였다. 수마睡魔가 덮쳤다. 심각할 때는 텔레비전 개그 프로그램을 보면서도 웃지 못했고, 밤낮으로 읽던 신문을 읽지 못하기도 했다. 전국지 5종과 스포츠 신문을 구독하느라, 읽지 않은 신문이 눈 깜짝할 사이에 쌓여갔다. 뒤통수에 저울추라도 달려 있나 싶을 만큼 머리가 무거웠고, 자극에 순간적으로 반응하지 못했다. 매사 판단력이 둔감해졌고, 생각이 정리되지 않았다. 이유도 없이 눈물이 흘렀다. 이대로는 죽는 수밖에 없겠다 싶어 목을 매려 한 적도 있다.
　이 분야를 취재하는 동안 전문 기관에서도 공부했으니, 이러한 증상이 무엇 때문인지는 어느 정도 알고 있었다. 그러나 나 자신에게 그 진단이 내려지는 것은 회피해왔다. 지금까지도 그래왔으니까, 어떻게든 넘어왔으니까 하며 내 나름대로 마음을 조절하려고 했다.

그러나 취재를 90퍼센트 정도 마친 2012년 여름 무렵부터 몸 여기저기에 다시 이상이 나타나기 시작했다. 부인과 관련 질환에 원인 불명의 발진, 두통, 위 통증, 관절통 등으로 고통스러웠다.

모든 신체적 질환의 치료를 마치고 최종적으로 정신과에서 진료를 받은 것은 2013년 들어서다. 아는 정신과 의사와 카운슬러가 몇 명이나 있었지만, 취재와 사적인 일은 분리해야 했다. 아무 소개도 없이 동네의 작은 의원을 찾았다. 결정적 계기는 병원 관련 인터넷 커뮤니티에 쓰인 어느 환자의 평가였다.

"얘기를 잘 들어준다."

그 한마디였다. 본인의 연구 데이터를 취합하기 위하여 여러 종류의 심리검사를 시키는 의사는 아닌 듯했다. 약을 무턱대고 처방하는 의사도 아닌 듯했다. 경력은 홈페이지에 기재되어 있었지만, 자신이 사사한 스승이나 학파를 드러내놓고 선전하고 있지 않다는 점도 좋았다.

도시의 정신과 의원은 한번 만나면 끝이라고 하지만 속는 셈 치고 가보자. 그렇게 마음먹고 하루의 진료가 끝나는 시각에 전화로 예약을 잡았다. 지금 생각하니 전화기 너머의 남성은 의사 본인이었다.

"네, 그럼 내일 들르세요."

친절하고 차분한 말투였다. 수화기를 내려놓은 순간, 안도감에 울음이 터졌다.

제2형 양극성 장애. 내게 내려진 진단이다. 간단한 검사를 포함한 문진표와 몇 번의 진찰을 거친 진단이었다. DSM의 우울증 체크리스트로 확인해보면 바로 우울증이 나왔을 테지만, 그런 진단이 나오지 않은 것은 의사가 지금까지의 내 상황을 섬세하게 청취하고 친족의 병력과도 대조해보았기 때문이리라.

건강했던 사람이 특정한 원인을 계기로 무기력해지는 우울증과는 달리, 양극성 장애는 원인의 유무와 관계없이 조증과 울증이 반복되는 정신질환이다. 과거 조울증이라고 불렸는데, 잘 알려진 유형은 격한 조증 삽화가 반복해서 찾아오는 제1형 양극성 장애이고, 제2형은 1형 정도로 현저한 조증이 아닌 경조증 삽화가 되풀이된다. 경조증은 타인에게는 성격으로 비치는 경우가 많아 본인도 병이라는 인식을 하기 어렵다. 따라서 정신과를 찾는 시기는 본인이 고통을 느끼는 울증 삽화일 때이므로, 우울증으로 오진되곤 한다.

오진이 무서운 이유는 처방되는 항우울제에 따라 갑자기 조증 삽화가 찾아오거나 정서적으로 불안정해져서 자살 위험성이 높아질 수 있기 때문이다. 내 주치의가 진단에 신중했던 것은 이 때문이다. 처음 일주일간은 위장약으로도 처방하는 다소 오래된 유형의 항우울제로 상태를 확인하고자 했다. 그러자 말이 많아지고 활동적이며 식욕도 왕성해지는 경조증 삽화가 나타나 항우울제를 바로 중단했다. 그 후 제2형 양극성 장애의 표준 치료인 기분조절제가 미량 처방되어 현재에 이르렀다.

그동안 의사는 병과 약에 관하여 성실하게 설명해주었고 나의 질문에도 잘 대답해주었다. 기분이 안정되자 봄 무렵에는 체중과 함께 집중력이 회복되어 남은 취재와 집필을 재개했다. 무작정 진료를 받으러 찾아간 정신과 의원에서 신뢰할 수 있는 의사를 만난 일은 행운일 것이다.

「믿을 수 있는 의사 만나기까지 5년 걸려」라는 제목의 기사가 있다(『요미우리신문』 2013년 4월 18일). 특정 비영리활동법인·지역 정신보건복지기구가 2012년 12월부터 2013년 1월에 걸쳐 조현병과 우울증을 앓고 있는 남녀 135명을 대상으로 진행한 조사 결과에 따르면, 주치의를 바꾼 경험이 있는 환자는 90퍼센트였고, 그 이유의 50퍼센트는 "치료 방침을 납득할 수 없었기 때문"이었다. 결국 '믿을 수 있는 의사'를 만난 사람은 91명이었는데 그래도 "설명이 불충분"했다. 현재의 의사를 만나기까지 5년 이상을 허비했다는 것이다.

내가 처음 심료내과의 진료를 받은 지 20년 정도 되었을까. 이상 증상을 자각하고 10여 년이 지난 시점이었음을 고려하면 이 조사 결과는 충분히 이해된다. 길고 지난한 여정이었다. 그러나 이렇게 취재 도중에 내 병명을 알게 되리라고는 예상하지 못했다.

아니, 아니다. 나도 알고 싶었다. 마음에 대해 취재를 함으로써 내 마음을 알고 싶었다. 나는 자신에 대해서 알고 있다고 믿어버림으로써 스스로를 직시하는 일을 피해왔다. 다른 사람에게 말해봐야 어차피 몰라줄 것이라고 단정지으면서 타인에게 마음의 문을 열지 못하는 삶을 살아왔다. 나카이 히사오는 나에게 그 말을 전하고자 한 것이다.

"당신이 자신의 내면을 들여다보기 시작했을 때, 융의 이론은 굉장히 유용할 수 있습니다. 그러나 그것은 당신에게 그렇다는 겁니다. 모든 사람에게 그런 건 아니에요."

가와이 하야오는 이렇게 말했다.

나에게는 지금이어야만 했다. 지금 이 세계를 취재해야만 했다. 계속 살아가려면.

이 나라에서는 매일같이 정신질환이 기사화된다.

2008년부터 2011년까지의 추계(『아사히신문』 2013년 8월 22일)에 따르면, 대기업 사원 약 1600만 명이 가입한 건강보험조합은 정신질환에 따른 통원과 입원 건수가 2011년 4991건으로, 과거 3년간 20퍼센트가 늘었다고 발표했다. 2008년에는 1000명당 누적 건수가 235건이었으나 2011년에는 280건으로 19퍼센트 증가했다.*

내용을 보면 우울증 등 기분장애가 54퍼센트로 가장 많았고, 공황장애 등의 신경증성 장애를 포함하면 80퍼센트를 넘었다.

연령대별로는 30대, 40대가 각각 30퍼센트 이상을 차지하여 직업활동이 왕성한 시기의 인구가 위기에 처해 있음을 알 수 있다.

중소기업 사원 약 2000만 명이 가입한 '협회건보(전국건강보험협회)' 가입자 1000명당 진찰 건수도 2009년에 비하여 9퍼센트 증가했다. 정신장애 산재 인정도 2010년 이후 연간 300건을 넘어서고 있다. 물밑에서는 아무에게도 털어놓지 못한 채 일을 그만두지 못하는 사람도 있을 테니, 실제 숫자는 더 많을 것이다.

교육 현장에서도 심각한 상황이 이어지고 있다. 문부과학성이 2012년 12월 24일에 발표한 자료에 따르면 우울증 등 정신질환으로 2011년에 휴직한 교원은 5274명이다. 2년 연속 감소하고 있으나 2002년과 비교하면 약 2배 증가한 수치로 2008년부터 매년 5000명 안팎의 높은 수준으로 추이하고 있다.

한편 그들을 담당하는 테라피스트의 현황은 어떤가.

---

* 보건복지부가 5년에 한 번 실시하는 정신질환 실태조사에 따르면, "주요 17개 정신질환 평생 유병률(평생 한 번 이상 정신질환에 걸린 적이 있는 사람의 비율)은 25.4퍼센트로 나타났다. 또 일년유병률은 11.9퍼센트로 지난 1년간 정신건강문제를 경험한 사람은 470만 명으로 추산됐다. 전체적으로 정신질환 유병률은 전반적으로 감소 추세를 보였다. 처음 조사를 진행한 2001년과 표본을 동일하게 하기 위해 조사대상을 18~64세로 한정해 보면 2001년 29.9퍼센트였던 평생유병률은 지난해 26.6퍼센트로 떨어졌다. 2011년(27.4퍼센트)에 비해서도 0.8퍼센트 하락했다. 질환별로 봐도 우울증, 조현병, 알코올 사용장애, 니코틴 사용장애 등이 모두 감소했다. 그러나 불안장애만은 예외였다. 18~64세 평생유병률은 2001년 8.8퍼센트에서 시작해 2006년 6.9퍼센트로 줄어들었지만 2011년(8.7퍼센트) 반등했고, 지난해에는 9.5퍼센트로 더 늘어났다." (『경향신문』 2017년 4월 12일)

후생노동성의 2010년 의사·치과의사·약사 조사에 따르면 전국의 정신과 의사 수는 1만4000명.* 임상심리사는 자격시험 합격자를 매년 2500명에서 3000명 가까이 배출하는데, 일본임상심리사회의 조사에 따르면 2013년 4월 1일 기준으로 유자격자 수는 2만4980명이다.** 인원이 많을수록 클라이언트의 회복이 보장되는 것은 아니지만, 꾸준히 늘어나는 진료자의 수를 고려할 때 그에 걸맞은 수의 의사와 상담자가 존재한다고 말하기는 힘들다.

동일본대지진 이후 지역 보건 현황을 취재하기 위하여 미야기현과 후쿠시마현의 연안지역을 돌아다니며 뼈저리게 느낀 것은 정신과 의사와 임상심리사가 한 명도 없는 마을이 결코 드물지 않다는 사실이었다. 수요는 있어도 공급이 쫓아오지 못한다. 재해 후 케어를 위하여 다른 현에서 현지 병원과 마음돌봄센터로 부임한 의사와 임상심리사도 여러 명 있다.

도호쿠 지역만의 문제는 아니다. 인구 10만 명당 정신과 의사

---

* 보건복지부의 국민보건의료실태통계에 따르면 2015년 우리나라 정신건강의학과 전문의 수는 총 3144명이고 인구 100만 명당 정신과 의사 수는 61명이다.

** 2021년 7월 기준으로 한국임상심리학회는 한국심리학회가 공인하는 임상심리전문가 유자격자 수를 약 1700여 명, 보건복지부가 공인하는 정신건강 임상심리사(1급 및 2급) 유자격자 수를 약 2700명으로 기재하고 있다.

아주 조용한 치료

수는 전국 평균 약 10명. 도도부현都道府縣*별로는 오키나와현이 약 18명인 데 비하여 도쿄는 약 14명으로 전국 13위. 가장 적은 곳이 사이타마현으로 8명이 채 되지 않는다.

도도부현별 인구 10만 명당 환자 수와 비교해보면, 이들의 인원수가 충분하지 않다는 사실이 드러난다. 후생노동성이 실시한 2011년도 환자조사(지진재해의 영향으로 이시노마키 의료권·게센누마 의료권·후쿠시마현은 제외)에 따르면 우울증과 양극성 장애 등의 기분장애로 진료를 받은 전국 평균 환자 수는 인구 10만 명당 750명. 후쿠오카현이 약 1400명으로 가장 많고 오카야마, 구마모토, 미야자키, 돗토리가 뒤를 잇는다. 모두 1200명 이상이다. 후쿠오카현의 10만 명당 의사 수는 15명이므로 단순 계산을 해봐도 의사 1명당 환자 수는 93명 이상. 다른 4개 현도 74명에서 100명으로 너무 많다.

한편 후생노동성의 2009년 지역보건의료 기초 통계에 따르면 인구 10만 명당 임상심리사 수는 전국 평균 약 17명. 도도부현별로 비교하면 도쿄가 32.36명인 데 비하여 지바와 사이타마가 약 15명, 이와테와 아키타, 미야자키 등은 10명 이하다. 임상심리사의 클라이언트가 모두 의료 기관에서 진료받는 환자라고 볼 수는 없으므로, 실제 숫자는 몰라도 충분하다고는 말할 수 없다.

* 일본의 광역자치단체.

이 책의 취재에 착수하기 전에는 의사와 카운슬러가 도대체 무엇을 하고 있나 하는 생각도 했다. 그러나 현실은 아주 냉엄했다. 특히 임상심리사에 대한 낮은 대우를 고려하면, 그들의 개인적인 노력을 기대하기에는 현실이 한계에 이르렀다고 본다. 종합병원의 정신과와 의원에서 진료를 받는 데 저항감이 줄어 환자 수가 늘고 있는 상황에서는 모래놀이치료처럼 한 사람당 적어도 40~50분은 걸리는 심리치료가 매우 어려울 수밖에 없다.

나카이 히사오가 고베대학에 있던 1980~1990년대에 그가 진료한 외래환자 수는 매일 약 20명이었다. 현재 고베대학에서는 의사 한 사람이 많으면 하루 60명을 진료한다. 나카이가 병동에 재직하던 시절 구비한 모래놀이치료 도구가 있긴 하지만, 지금은 거의 사용하지 않는다. 고베대학뿐 아니라 대부분의 대학병원에서는 일상적인 풍경이다.

도시에 있는 정신과 의원의 환자 수는 더 많다. 도쿄에만 해당되는 이야기가 아니다. 지방 도시 정신과 의원의 형편이 궁금해 교토 오피스 가의 중심지, 오이케御池에 있는 정신과 의원을 찾은 적이 있다. 원장이 진료하는 환자 수는 많을 때는 오전 중에만 40~50명, 오후에도 40~50명, 하루에 약 100명이나 된다. 위치상 직장인과 공무원이 많지만, 최근에는 대학생 환자가 늘었다.

초진은 30분 정도 본다. 약 복용 후 안정되어 컨디션에 변화가 없다면, 다음 진료 시간은 5분 이내다. 약물치료가 90퍼센트 이상이다. 자살사고가 있는 듯 보이는 환자나 1시간 안에 무슨 일이 있을지 모르는 환자는 신경 쓰지만, 그렇지 않으면 컨베이어 벨트처럼 지나가버리는 것이 현실이다.

의사는 비상근을 포함하면 3명, 임상심리사가 2~3명. 임상심리사는 주로 심리검사를 담당하고, 필요한 환자에 한하여 개별실에서 상담한다. 이 의원은 환자가 언제든 찾아올 수 있는 곳으로 남는 편이 낫다고 판단하여 예약제를 운영하지 않는다. 그 때문에 대기 시간이 4~5시간 걸릴 때도 있다. 원장은 "교토 시내가 대기실이라고 생각하고 있어요"라고 말했다.

3분 진료, 라는 말도 있듯이 이는 드문 일이 아니다. 나는 현재 주치의와 만나기 전 도쿄 도내에서 두 명의 정신과 의사에게서 진료를 받은 적이 있다. 두 사람은 내 증상 호소에 차분히 귀를 기울여주지 않고 내 얼굴을 흘끗 보고는 모니터로 시선을 옮겨 간단한 질문을 두세 개 던졌다. 가족 구성원에 대해서도 묻지 않았고, 무슨 일을 하는지도 묻지 않았다. 잠을 못 자면 수면유도제, 과호흡이면 신경안정제. 증상에 따른 약이 그때마다 처방될 뿐이었다. 상태가 나빠진 이유를 묻는 일은 없었다. 이유를 묻지 않는 것이 정신과 진료의 표준임을 알게 된 건 이 취재를 시작하고부터다.

진료실에서는 모니터와 넓은 테이블이 의사와 환자를 분리하고 있다. 애초에 환자의 이야기를 듣고자 하는 구조가 아니다. 더 직접 바라보면서 이야기를 들어주길 바랐는데, 인생의 기로가 될 수도 있다는 각오로 온 건데. 축 처진 어깨로 진료실을 나오니 대기실에 줄지어 기다리는 환자들이 보였고 아, 이것도 어쩔 수 없는 일이겠구나, 라며 마음을 다잡았다. '이렇게 많은 사람이 괴로워하고 있는데 나 혼자만 징징댈 수는 없다'는 소심한 마음으로 병원에 다니기를 단념한 적도 있었다. 약을 처방받으면 그걸로 오케이. 의사도 환자도 다시 볼 일은 없을 관계라고, 처음부터 선을 긋고 있었다. 나도 언제부턴가 그런 간편한 환자 중 한 명이 되어 있었는지도 모르겠다.

3분 진료를 완전히 부정하는 것은 아니다. 클라이언트에 따라서는 장시간 상담 때문에 오히려 어떤 약을 처방해야 할지 혼란스러워지는 때도 있다. 더 이야기를 들어주길 바라는 마음에 테라피스트를 찾아가지만 내면 깊숙이 들어오는 상담자에게 거부감을 느껴 중단하는 사람도 있으리라. 테라피스트의 열의가 오히려 클라이언트의 증상을 악화시킬 가능성도 있다는 것은 앞서 살펴본 바 있다. 병도 사람마다 다르다.

그러나 확실히 말할 수 있는 것은 클라이언트를 버티게 해주는 힘은 테라피스트의 존재 그 자체이며, 테라피스트 역시 클라이언트의 삶에 자신을 겹쳐보며 매일 끝없이 변화하고 있다는 사실이다. 테라피스트가 클라이언트에게 건네는 말은 테라피스트 자신에게 되돌아온다. 클라이언트가 필요로 할 때 유용한 진료가 이루어지고 있는가. 테라피스트가 온 힘을 쏟고 있는가. 답은 클라이언트의 얼굴에 쓰여 있다. 그것은 여지없는 진실이다.

나카이 히사오는 불면으로 고통받는 외래환자를 배웅할 때 이런 말을 건넸다고 한다.

"오늘 밤에 잠 못 자면 내일 또 들러요. 잘 잤으면 오랜만에 잔 게 아까우니까 모레 와도 되고요."

오늘도 변함없이 누군가가 대기실에 앉아 있다. 머리를 숙인 채 가만히 숨 쉬고 있다. 문 너머에 있는 사람과 치료계약을 맺을 수 있을 것인가, 아니면 단 한 번의 인연으로 끝날 것인가. 크나큰 삶의 기로에 서 있다. 부디 그들의 내일이 오늘보다 조금이라도 나아지기를 기도하지 않을 수 없다.

맺음말

　침묵은 불편하다. 눈을 깜빡이는 횟수가 늘고 입 안이 마른다. 그러는 동안 등이 딱딱하게 굳고 뒤통수가 무거워진다. 더는 안 되겠다, 못 참겠어. 그렇게 생각한 순간 말이 튀어나온다.

　"저……."

　의미 없는, 그저 음성일 뿐이다. 그러나 그런 의미 없는 음성이 상대가 앞으로 털어놓을 수도 있었던 말을 막는다. 분노였을 수도 있다. 슬픔이었을 수도 있다. 당혹감, 갈등, 아니면 다음 말을 찾고 있었을 수도 있다. 침묵의 의미는 여러 가지일 텐데, 아니 의미 없는 침묵도 존재할 수 있는데, "저……"라는, 아무래도 상관없는 나의 음성이 무신경하게도 침묵에 담긴 모든 것을 동강 내고 만다. 저, 라고 말하지 않고 그저 침묵하고 있는 것이 얼마나 어려운 일인지 생각한다.

질문을 거듭하는 것을 인터뷰라고 할 수는 없다는 사실을 가르쳐준 건 지금까지 내 인터뷰에 답해준 이들이다. 사랑하는 사람을 재해와 사고로 잃은 사람, 부모의 불화와 배신에 괴로워하는 아이, 몇십 년 전의 전쟁에서 적을 총으로 쏜 기억에 고통스러워하는 노인…….

사연을 들으며 뭐라고 답해야 할지 알 수 없었던 적이 많다. 섣부른 반응이 그 시간을 망쳐버릴까봐 두려워 말을 삼켰다. 그러다 결국 참지 못하고 나도 모르게 입에서 튀어나온 말이 "저……"였다.

조금만 더 기다렸더라면 그 사람은 무언가 귀한 말을 했을지도 모르는데. "저……" 하고 끼어들지 않았더라면, 상상도 못 한 중요한 이야기를 들을 수 있었을지도 모르는데. 메모를 다시 읽으면서, 녹음한 테이프를 다시 들으면서 매번 그런 식으로 후회했다.

물론 쉬지 않고 질문을 던져야 하는 취재도 있다. 다만 사람의 마음을 흙발로 밟고 들어가는 작업이니만큼 침묵과 틈, 맞장구, 끄덕임이라는, 본질과는 언뜻 무관하다고 생각할 수 있는 것들에도 섬세해지고 싶다. 적어도 그것이 상대를 존중하고 있다는 증거가 된다면.

카운슬러와 정신과 의사에게는 침묵과 마주해야만 하는 장면이 있다. 침묵을 견딜 수 없다면 실격이라고도 할 수 있는 직업이다. 나는 그들이 어떻게 일하는지 알지 못했다. 알지 못했기에 오해했고 편견을 갖고 있었다. 그러나 그들의 일을 취재하며 언어로 표현하지 못하는 세계의 아득함, 언어로 의미를 고정하지 않는 것의 의미를 다시 생각하게 되었다.

"언어로 인과관계를 연결하고 이야기를 만들면서 인간은 안주한다. 그러나 인간을 휘두르고 꼼짝 못 하게 만드는 것 역시 언어이고 이야기다."

취재 중 나카이 히사오가 한 말이 머릿속을 떠나지 않았다. 논픽션을 쓴다고 말하면서도 내 구상과 이야기를 벗어난 부분을 잘라내는 행위를 의도적으로, 또는 무의식적으로 하고 있음을 자각하던 까닭이기도 하다. 이 책의 중간중간 나카이와의 미술치료 축어록을 배치한 것은 평소라면 삭제해버렸을 틈과 침묵, 그리고 은유로 대화하는 공간의 분위기를 느낄 수 있도록 하기 위해서다.

모래놀이치료와 풍경구성법은 수많은 심리치료법 중 하나에 불과하다. 인지행동치료가 발전한 지금, 시간도 수고도 드는 고릿적 마법을 가져온다는 것에 어떤 의미가 있는가 하는 목소리도 들려올 법하다.

그러나 이 치료법이 일본에서 독자적으로 발전하여 셀 수 없을 만큼 많은 클라이언트를 치유하고, 그들의 인지세계에 대한 이해를 넓혔으며, 심리치료의 역사를 다시 쓴 것만은 확실하다. 나는 그 주역인 테라피스트들을 마음에 새기기 위해 이 책을 썼다.

내 병에 대해 쓰기로 결심한 것은 나 자신을 드러내지 않고서는 타인의 사적인 삶을 들여다볼 수 없다고 생각했기 때문이다. 또한 심리치료의 발전을 위해 축어록을 공개하고 자신을 드러낸 많은 클라이언트와 테라피스트에게 존경을 표하고 싶었다.

진단 결과를 듣고 난 지금은 병을 이해하는 동시에 증상과 함께 잘 살아가기 위하여 일상을 정비하고 있다. 양극성 장애의 명의이기도 한 간다바시의 "기분파처럼 살면 기분이 안정된다"는 가르침을 따라, 되는대로 사는 즐거움을 느끼고 있다. 나는 가만히 있다가도 엄청난 에너지를 쏟아붓느라, 한 가지 일에 집중하다 보면 때로 주변을 보지 않는 경향이 있다. 지금은 그러한 반응을 가능한 선에서 조절하려고 노력 중이다.

그런 연유로 나는 이 원고를 집필하면서도 어느 날 갑자기 로드레이서*를 타고 사도가시마**를 150킬로미터로 달리다가 갑자기 흥미를 잃고, 어느 날 갑자기 뜨개를 시작해 직접 만든 머플러와 소품을 가족과 친구들에게 하나둘 선물하다가 갑자기 흥미

---

* 가볍고 날렵한 디자인으로 도로에서 빠른 속도를 내도록 제작한 로드바이크의 일종.

** 니가타현 서쪽에 있는 섬.

를 잃고, 어느 날 갑자기 마구 기타를 치다가 갑자기 흥미를 잃었다. 그렇게 작은 성취감에서 작은 쾌락을 얻는 경조증 삽화를 되풀이하며 간신히 이 책을 완성했다.

집필에는 나카이 히사오, 야마나카 야스히로, 가와이 도시오 선생을 비롯한 많은 의사와 카운슬러, 대학원생으로부터 큰 도움을 받았다. 하마가키 세이지浜垣誠司, 다카에스 요시히데, 구로키 도시히데, 사이고 게이코西郷景子, 마에하라 히로코前原寛子 선생은 바쁜 근무 시간을 쪼개어 전후 일본의 정신의학계와 심리학계 동향을 자문해주었다. 이토 에쓰코 선생은 자신의 경험이 누군가에게 도움이 된다면 좋겠다며 '모래놀이 일기'를 제공해주었다.

이 책에 이름이 등장하지 않은 분들 중에도 취재에 협조해주신 분이 많다. 한 분이라도 없었다면 이 책은 결코 완성되지 못했을 것이다. 모든 분을 호명할 수는 없지만, 마음 깊이 감사드린다.

기무라 하루코 선생은 "당신에 대해서도 더 파내려가야 한다고 생각해요. 그 얘기는 다시 '때'가 오면 나눠봅시다"라고 말씀하셨으나, 취재 후 얼마 지나지 않아 힘든 투병생활에 들어가셨다. 그대로 '때'를 맞이하지 못한 채 오사카의 병원으로 병문안을 갔던 것이 마지막 만남이었다. 책의 완성을 보지 못하고 세상을 떠나신 것이 몹시 한스럽다. 모든 가르침에 감사하며 삼가 고인의 명복을 빈다.

끝으로 이 세상을 살아가는 한, 우리는 마음의 부조화와 무관할 수 없다. 의료적 지원뿐 아니라 사회적 지원의 내실화가 긴급히 요구되는 상황임은 틀림없다. 그러나 이상적인 동행자와 인연을 맺었다 해도, 결국에는 나의 힘으로 일어설 수밖에 없는 것역시 사실이다.

옛 시절 벨기에에서 태어난 메이 사튼이라는 미국 시인이 있다. 파트너를 잃고, 작품은 혹평받고, 유방암에 걸리고, 우울증에고통받는 하루하루를 보내던 사튼은 친구와 독자들의 편지를 의지처 삼아 마침내 있는 그대로의 자신으로 돌아올 수 있었다. 그회복까지의 나날을 기록한 일기에 이러한 구절이 있다.

"다정함은, 그것이 주어진다면 우리에게는 아마도 기쁨이겠지만, 고통의 근원을 엄격한 태도로 성찰했을 때야 비로소 손에넣을 수 있는 것이기도 하다."

카운슬링이 전후 일본에 도입된 지 머지않아 65년이 된다.* 카운슬링의 역사는 '마음의 소리에 귀를 기울인다는 것은 무엇인가'라는 근본적인 질문을 가슴에 품은 카운슬러들이 어둠 속

* 2013년 기준.

을 더듬으며 걸어온 역사다. 그들이 타자의 고통에 대한 책임감으로 자신을 바로 세우는 훈련을 거듭해온 시간이기도 하다.

'마음의 병'이란 어둠 속 계단에서 우왕좌왕한 끝에 가까스로 찾아낸 층계참 같은 것인지도 모른다. 층계참에 주저앉은 클라이언트 곁에는 테라피스트가 있다. 테라피스트는 침묵에 귀를 기울이며 클라이언트에게서 다시 언어가 태어나기를 하염없이 기다린다. 클라이언트가 일어서는 순간, 그들도 함께 일어선다.

아주 조용한 치료

일본인을
카운슬링하라

이 부록은 원서의 제3장에 있던 내용입니다. 일본의 특수한 상황이 수록되어 있어 한국 독자분들께는 충분히 실감이 들지 않을 듯하다는 이유로, 출판사의 요청에 따라 본문에서 빼내 뒷부분으로 옮겨졌습니다. 다만, 저자인 저로서는 본 내용이 일본에 카운슬링이 도입되는 과정과, 일본 특유의 예술 요법의 발전을 이해하기 위해서 중요한 부분이라고 생각됩니다. 꼭 읽어주셨으면 합니다.

- 사이쇼 하즈키

힘든 사람의 이야기를 곁에서 가만히 들어준다. 기운이 없는 사람과 함께 슬퍼한다. 길을 잃고 앞으로 나아가지 못하는 사람의 말에 귀 기울인다. 사람과 사람의 이러한 관계는 인간의 역사와 함께했다. 종교가 그렇다. 종교는 어둠 속에 있는 이들의 고통에 다가가 절망의 심연에서 구원하기 위하여 탄생했다. 카운슬링이라는 단어를 쓰지 않더라도 '카운슬링적'인 것은 인간이 이 세상에 존재하는 한, 계속 존재할 것이다.

그렇다면 힘든 이들의 이야기에 귀 기울이고, 전문적인 지식과 기술로써 당사자를 돕는 오늘날의 '카운슬링'은 언제 어떻게 시작된 것일까.

여러 참고문헌을 종합해보면 19세기 말 유럽에서 탄생한 카운슬링이 20세기 들어 미국에 유입되어 독자적으로 발전했고 그 중 일부가 일본에 전해졌다는 것이 정설인 듯하다.

물론 최초로 유럽에서 태동한 개념은 카운슬링이 아닌 '정신분석'이라 불렸다. 정신분석의 창시자는 신경의학자였던 지그문트 프로이트로, 그는 주로 노이로제 증상을 호소하는 환자들을 진료했다. 노이로제란 훗날 신경증으로 불리는데, 사람이 무서워 만나지 못하는 대인공포와 공황장애를 비롯하여 몇 번이고 손을 씻지 않으면 참을 수 없다든가 집 문단속을 잘했는지 반복해서 확인하지 않으면 안 되는 강박장애, 불안이 너무 커서 심장박동이 지나치게 빨라지는 불안신경증 등이 여기에 포함된다. 정신증이 조현증처럼 뇌의 기질적인 질환인 데 비해, 신경증은 병인이 기질적이지 않으며 비교적 경도인 정신질환이다. 즉 프로이트가 치료 대상으로 삼은 것은 많은 사람이 크든 작든 경험하고 있는 증상이다. 그는 증상의 원인은 아마도 외부에서 관찰 가능한 표면이 아니라 본인도 알아차리지 못하는 깊은 곳, 즉 무의식에 있을 것이므로 깊은 고통을 찾아 언어화할 수 있다면 치료가 가능하리라고 생각했다. 이게 바로 정신분석이다.

그러나 아무리 분석해도 치료할 수 없는 사례가 나타나기 시작했다. 마음의 근원에 숨겨져 있던 고뇌가 무엇인지 알아도 증상은 쉽게 호전되지 않았다. 분석에 집착한 나머지 옴짝달싹 못하게 되어버린 사람도 있었다.

여기서 새로운 개념이 나타난다. 분석으로 치료된 환자는 분석 자체를 통하여 나은 게 아니라, 그 사람의 이야기를 일관되게 들어주었기 때문에 나았으리라는 주장이 제기되기 시작했다. 상대의 이야기를 성실하게 듣는 행위가 가져다주는 힘을 깨달은 것이다. 이 아이디어는 훗날 카운슬링이라 불리게 된다.

구체적인 역사를 더듬어보자.

카운슬링이 오늘날과 같은 의미로 처음 쓰이기 시작한 것은 20세기 초 미국에서다. 당시 미국 사회는 급속한 공업화로 인해 도시 인구가 급증하여 실업과 빈곤, 슬럼화 등의 사회 문제가 발생하고 있었다. 카운슬링은 이러한 분위기 속에서 거의 같은 시기에 전개된 직업지도운동, 교육측정운동, 정신위생운동의 세 분야 사회운동에 기원한다.

먼저 직업지도운동은 1908년, 공립 고등학교 교사였던 프랭크 파슨스가 젊은이들이 적성에 맞는 곳에서 일할 수 있도록 지원할 목적에 보스턴에 직업상담실을 개설한 일을 계기로 시작했다. 그는 젊은이들이 전직轉職을 반복하는 것은 기능技能과 특성을 고려하지 않은 임시적인 직업 찾기가 원인이라고 지적하고 저서 『직업의 선택Choosing a Vocation』(1909)에서 '카운슬러'라는 단어를 사용하며 과학적인 직업 선택과 상담원의 필요성을 역설했다.

이는 현재의 직업지도가 계승하는 지점으로, 요즘 같으면 파슨스는 '취업활동의 아버지'라고 불릴 법하다. 인간은 누구나 고유한 능력과 특성이 있으며 그것이 직업의 요구와 일치하면 할수록 일에 대한 만족도가 높아진다. 따라서 자신의 특성과 기능, 그리고 일이 요구하는 적성, 보수, 장래성 등을 이해해야 하며 카운슬러에게는 양쪽을 통합하여 매칭하는 자로서의 역할이 요구된다.

교육측정운동은 미국 컬럼비아대학의 심리학자 에드워드 손다이크가 교육심리학에 통계법의 개념을 도입한 『정신과 사회의 측정 이론 입문Introduction to the Theory of Mental and Social Measurements』(1904)을 펴내며 학습능력의 객관적 평가에 이론적 근거를 부여한 작업을 효시로 삼는다.

교육측정운동의 움직임은 프랑스의 심리학자 알프레드 비네 등이 정신발달지체 아동을 특정하는 도구로 개발한 비네 지능검사를 스탠퍼드대학의 루이스 터먼이 미국의 어린이에게도 적용할 수 있도록 표준화하면서 본격화됐다. 이 테스트는 교육지도에 유용한 평가법으로서 먼저 학교와 군대에 보급되었고, 개인의 적성과 능력을 측정 가능한 영역으로 보는 파슨스의 직업지도 운동과 더불어서 급속한 발전을 구가한다.

참고로 비네 지능검사는 심리학자 헨리 고다드가 영어로 번역하여 미국에 최초로 소개한 것으로, 고다드는 비슷한 시기 정신박약(현재의 지적장애)의 유전과 범죄와의 관련성을 시사한 저서

『캘리캐크가家: 정신지체의 유전에 관한 연구The Kallikak Family: A Study in the Heredity of Feeble-Mindedness』(1912)를 펴내어 전 세계적인 화제를 불러일으키면서 훗날 우생학 연구의 불씨를 제공했다.

정신위생운동은 기업가를 꿈꾸며 뉴욕의 보험회사에서 일하던 직장인, 클리퍼드 비어스가 중증 우울증으로 정신과에 입원했을 당시 간호사에게 폭행을 당하는 등 비인간적인 대우를 받은 일을 계기로 전개되기 시작했다.

비어스는 1908년, 총 3년에 걸친 자신의 가혹한 입원 체험을 그린 『스스로 발견한 정신A Mind That Found Itself』을 출판하여 정신과 병원 환경의 개선을 호소했다. 그는 당시 정신의학계에서 큰 영향력을 떨치던 정신과 의사 아돌프 마이어와 손잡고, 심리학계의 권위자 윌리엄 제임스의 도움 아래 같은 해에 코네티컷주 정신위생협회를 설립하기도 했다.

비어스의 정신위생운동의 일환으로서 제2차 세계대전 직후 설립한 세계정신위생연맹의 기본 이념은 정신장애 치료를 개선하고 예방할 것, 정신장애를 가진 이들에 대한 차별과 편견과 오해를 불식시킬 것, 그리고 정신장애를 가진 이들에게 적절한 의료와 카운슬링을 제공할 것 등의 내용을 담고 있다. 정신위생, 즉 '멘털 헬스Mental Health'라는 말은 이때 마이어가 붙인 명칭이다.

이리하여 직업지도, 교육측정, 정신위생이라는 세 분야에서 일어난 사회운동이 미국 각지로 번지면서 직업상담소, 교육·의료 현장에서 내담자와 환자에 대응할 카운슬러의 필요성이 커져 갔다. 한마디로 카운슬러란 미국의 산업 구조와 생활 환경의 급속한 변화가 요청한 직업이었다. 다만 직업지도 분야에서든, 교육측정이든 정신위생이든, 모두 전문성이 높은 사안을 상담하고 조언하는 역할, 굳이 말하자면 주로 지도적인 역할에 치중했던 듯하다.

일본에서 카운슬링과 카운슬러라는 말이 쓰이기 시작한 시기는 제2차 세계대전 이후이지만, 상담원이 내담자에게 지도·조언을 하거나 인간의 능력을 측정하는 활동은 1910년대 중반에 이미 일본 국내에 도입 및 활용되고 있었다. 미국과 거의 시차가 없는 이유는 혼란 속에서 유학을 다녀와 이를 일본에 들여온 젊은 심리학자들이 있었기 때문이다.

그중 대표적인 인물이 구보 요시히데久保良英다. 도쿄제국대학에서 심리학을 수학한 구보는 도쿄시 교육과에 장학관으로 근무하고 있을 무렵 "학동學童의 심리 연구가 긴급히 이루어져야 한다는 것을 통절히 절감하여"(『구보 요시히데 수필집久保良英隨筆集·滴』, 1975) 1913년 미국 매사추세츠주 우스터의 클라크대학에 유학했다.

구보가 어떤 학문을 어떤 환경에서 배웠는지는 그가 귀국하자마자 프로이트의 정신분석을 일본어로 번역한 『정신분석법』 (1917)의 서문으로 미루어 짐작할 수 있다. 구보는 미국심리학회의 초대 회장을 맡은 심리학자 그랜빌 스탠리 홀을 사사했는데, 매주 두 번씩 스탠리 홀의 강의를 듣는 동안 당시에도 정신의학계에서 화제의 인물이었던 프로이트, 그리고 프로이트를 사사했으나 그와 결별한 알프레트 아들러의 이름이 등장하지 않은 날은 없었다고 증언한다.

책의 서두에는 스탠리 홀 외에도 1909년 클라크대학 20주년 기념 축제에 초청된 프로이트와 그 일파였던 융 등 정신분석가 네 명의 사진이 수록되어 있다. 미국 정신의학계는 당시 전미를 순회하며 강연 여행을 다닌 프로이트와 그 일행에게 엄청난 영향을 받았고, 이후로 정신분석 열풍이 일어나게 된다.

프로이트가 『꿈의 해석』을 독일어로 펴낸 해가 1900년, 『정신분석입문』을 펴낸 해가 1917년이었으니, 구보는 정신분석의 요람기의 가운데서 느낀 숨결을 포착하여 그 정수를 한 걸음 빨리 일본인에게 전달하고자 했을 것이다.

그러나 프로이트에게 직접 정신분석을 배운 일본인이 등장하려면 고사와 헤이사쿠 등이 빈 정신분석연구소에 유학한 1932년까지 기다려야만 했다. 구보가 미국에서 들여온 개념 중 일본인에게 실제로 큰 영향을 미친 것은 오히려 정신분석보다는 아동심리학이었다.

구보는 귀국 이듬해인 1917년, 아동문학자 이와야 사자나미巖谷小波의 소개로 도쿄 메구로目黑 곤노스케자카權之助坂에 있는 아동교양연구소에 지능 부문 주임으로 초빙되어 직업 선택 상담원으로 일하는 한편, 일요일마다 강연을 열었다. 아동심리와 직업 선택을 연결하기란 일견 쉽지 않아 보이지만, 이러한 활동에는 제1차 세계대전 직후 경제 불황으로 노동자의 생활이 피폐해진 가운데 가계를 책임지는 소년들이 증가했다는 사회적 배경이 영향을 미치고 있다.

구보는 특히 프랑스에서 미국에 도입된 후로 크게 유행하던 비네 지능검사의 표준화에 힘을 쏟았다. 구보가 간행한 『아동연구소 기요児童研究所紀要』(1918)를 보면, 비네 지능검사에서 쓰이는 미국의 사례와 문화와 풍습을 일본인에게 적용하려면 어떻게 개정하는 게 좋을지 고심한 흔적을 찾을 수 있다. 비네 지능검사는 그 후 스즈키 하루타로鈴木治太郎와 다나카 간이치田中寛一 등 심리학자들의 손으로 개정되어 학업부진 아동을 특정하는 특별학급 제도 개설 등에 활용되기 시작한다.

구보의 강연을 정리한 책, 『아동의 심리児童の心理』(1923)는 아동의 능력이 부모와 선조들로부터 유전되었는가 하는 논의를 포함하여 성별과 민족에 따른 차이점을 최초로 언급하고 있어서, 당시 일본 심리학자들이 아동의 어떤 부분에 관심을 두었는지를 알 수 있다. 일본에서의 교육상담이 미국과 마찬가지로 직업 선택과 연계되어 있다는 점과 아동심리학이 청소년의 유전과 지능, 적성을 측정하기 위한 검사 방법 개발에 관심이 많았다는 점

은 전후 미국에서 새롭게 도입된 '카운슬링'과의 차이를 이해하는 데 있어 유의해야 할 사항이다.

*

JR 조반선 오미카 역 근처의 드넓은 부지에 서 있는 이바라키기독교학원茨城キリスト教學園을 찾았다. 어린이집부터 대학원까지 거느리고 있는 이곳은 때마침 축제가 한창이다. 초록의 숲에 안긴 캠퍼스가 아름답다. 건축가 시라이 세이치白井晟一가 유럽의 수도원에서 영감을 받아 설계했다는 채플관인 키라라 관은 건축가와 건축 전공 학생들의 견학이 끊이지 않을 만큼 관능적인 곡선 기둥이 특별한 색채를 내뿜고 있다. 상점과 야외 공연으로 붐비는 중심가를 통과하여 높은 지대에 서 있는 학원기념관으로 향한다.

소나무 숲으로 둘러싸인 학원기념관 현관에서는 재단자료센터장인 오카다 다카코岡田貴子가 기다리고 있다. 기념관은 2008년 재단 창립 60주년 기념으로 지어진 건물이다. 건립된 지 얼마 지나지 않았는데도 계단과 손잡이에 세월의 흔적이 보인다. 내가 의아하게 여기고 있으니, 오카다가 현관과 계단과 스테인드글라스는 예전 건물에서 사용되었던 것을 재사용했다고 알려준다.

"도움이 될는지 모르겠지만."

오카다는 그렇게 말하며 나를 2층으로 안내한다. 2층의 자료센터에는 학교의 역사를 돌아보는 전시회가 개최되고 있다.

"이곳은 전쟁 전부터 일본에서 선교활동을 하던 개신교 교회파 선교사들이 자신들이 사랑하는 일본이 전쟁으로 폐허가 되어가는 것을 보고서 어떻게든 일본을 구제하고자 설립한 학교입니다. 교회파는 화려함을 싫어하는 종파라서 남녀동석은 물론이고 오르간도 없습니다. 저도 여기 졸업생이지만, 엄격한 학교였습니다."

내가 질문하지 않아도 오카다는 알아서 재단의 퇴직자와 그 유족 등 관계자들에게서 수집한 낡은 사진과 편지를 하나하나 살피며 성실하게 설명한다. 선교사들이 미국 정부와 교섭하여 건강에 좋은 음식과 약을 들여온 것, 기독교계 페퍼다인대학에서 거액의 기부금을 조성한 것, 대학 설립에 오미카 주민들이 참여했고 부지로는 이 지역에서 공장을 운영하는 히타치日立製作所의 토지 일부를 저렴한 가격에 양도받을 수 있었던 것, 자료는 미군으로부터 기증받았다는 것 등등.

현재 이곳에 미국인 선교사는 한 명도 없다. 일본이 고도성장을 이룩한 1970년대에 미국의 지원 재단이 지원을 계속하는 일에 대한 의문을 제기했고, 선교사들은 예산이 감축된 지 얼마 지나지 않아 귀국했다.

인물 사진 한 장에 발걸음이 멈춘다. 초대 학장인 로건 J. 폭스. 카운슬링의 대명사라 불린 칼 로저스의 카운슬링 이론을 일본에 소개하고 일본 최초의 카운슬링 연구소를 설립한 인물이다.

로건 J. 폭스는 부친 해리 R. 폭스가 1919년 아내 폴린과 함께 일본에 들어와 선교활동을 하던 시절, 도쿄 쓰키지築地의 성 루카 국제병원에서 태어났다. 1922년 10월, 간토대지진으로 병동이 무너지기 전 해의 일이다.

오카다는 말한다.

"부친 해리는 후쿠시마현 이와키타나쿠라磐城棚倉와 이바라키현 히타치오타常陸太田에서 살면서 선교활동을 하다가 요통이 악화되어 1935년에 가족분들을 데리고 귀국하게 됩니다."

"그렇다는 건 로건 폭스가 열두 살 때까지 일본에 있었다는 말이군요."

"네, 맞습니다. 그래서 폭스 선생님은 아주 아름다운 일본어를 쓰셨지요."

만주사변 발발 후 전시체제에 돌입한 일본에서는 기독교가 적국의 종교로 취급받았다. 선교사들은 줄지어 귀국하지만, 이바라키현 나카군 나가사와무라長澤村에서 선교활동을 하던 O. D. 빅슬러와 해리 폭스는 전쟁이 끝나면 반드시 일본으로 돌아올 것을 맹세하며 잊지 않고 연락을 주고받았다.

"해리 폭스는 히로시마 원폭조사단과 민정조사단의 일원으로 전쟁 직후 다시 일본으로 건너왔습니다. 1945년 9월부터 이듬해

1월까지 약 5개월에 걸친 여정에서 완전히 변해버린 일본을 돌아보고는 바로 히타치오타로 돌아오게 되죠."

GHQ 최고사령관 더글러스 맥아더는 국가 신토神道를 해체하는 대신, 신앙의 자유를 인정하고 일본인에 대한 기독교 선교활동을 추진하고자 2000명 이상의 선교사를 소집했다. 다이쇼 시대*부터 일본에서 활동하여 일본에 관한 지식도 지인도 많던 해리 폭스와 빅슬러는 일본인에게 필요한 것을 파악하는 선발대 임무를 부여받는다.

그 여행에서 해리 폭스는 제2의 고향 히타치오타의 교회를 찾은 일본인들과 다시 만난다. 폭스가 일본에 무엇이 필요한지 묻자, 주민들은 다시는 전쟁이라는 과오를 반복하지 않게 기독교의 사랑을 바탕으로 학교를 짓는 일이라고 답했다. 그들의 의지에 감명받은 폭스는 귀국 후 교회에 호소하여 원조 물자와 기부금 모금에 분주한 나날을 보내고서 다시 일본으로 돌아왔다.

학교 설립을 희망하는 목소리는 히타치 다가多賀 공장과 다가 공업전문학교의 신도들 사이에서도 들려왔다. 그에 따라 현재의 이바라키기독교학원 설립으로도 이어진 '시온학원 종합대학 사업계획'이 발표된다. 이사장직에는 대표 선교사로 일본을 다

---

* 다이쇼大正 일왕의 통치 시대로 1912년 7월 30일부터 1926년 12월 25일까지를 말한다.

시 찾은 빅슬러가, 총장에는 미국 모금활동의 주역인 에드윈 맥밀런이 각각 취임한다. 빅슬러는 이때 맥밀런으로부터 송금받은 6000달러로 히타치의 토지를 구입했다. 당시 신문 기사에 따르면, 허버트 후버 전 대통령 겸 식량위기위원회 위원장과 클린턴 앤더슨 당시 농무부 장관에게 건의하여 미소 된장의 재료인 탈지대두를 매달 4000톤씩 공급하겠다는 약속을 받아냈다고 한다 (『마이니치신문』 1947년 5월 17일).

한편, 로건 폭스는 그사이 페퍼다인대학에서 종교학과 심리학을 공부한 뒤 시카고대학 대학원에서 심리학 석사학위를 취득한다. 그는 시온학원 고등부 개교 2주 전인 1948년 4월 5일에 다시 일본을 찾는다.

1949년 4월, 폭스는 시온학원 이바라키기독교단기대학 개교와 동시에 약관 스물여섯의 나이로 초대 총장에 취임한다. 그는 재단의 기본 이념을 '노 룰No rule'로 정했다. '노 룰'은 누군가의 지도를 받지 않고 스스로 배운다는 뜻. 경영 관리, 교육 방침을 불문하고 어떤 규칙도 정하지 않고 모두 개개인에게 맡겼다. 졸업생의 회고문에 따르면 시험은 답안을 제출하는 시간만 정해져 있을 뿐, 나머지 사항은 모두 자유였다고 한다. 교실, 도서관, 어디에서나 답안을 작성할 수 있었다. 가까이에 있는 참고서나 수업 노트를 보는 것도 괜찮았다. 그러나 학생들은 참고서에 의존하지 않고 자신의 힘으로 문제를 풀었다고 한다. 자유로우면 자유로울수록 개인의 책임과 생각이 요구되기 마련이다.

사실 '노 룰'은 폭스가 시카고대학 시절 칼 로저스로부터 배운 가르침의 핵심이었다.

전시장에는 두 사람의 사진이 걸려 있다. 1961년 여름, 로저스 초청 강연회에서 폭스가 일본인 청중을 앞에 두고 통역하는 모습이다.

현재 로건 폭스는 로스앤젤레스에 살고 있으며, 여전히 건재하다. 2012년, 내가 당시 90세인 로건 폭스에게 칼 로저스를 일본에 소개하는 과정을 가르쳐달라는 편지를 보내자 흔쾌히 응하는 답장을 보내왔다. 정확을 기하기 위하여 편지는 영어로 오갔다.

"전쟁 후인 1948년 일본을 다시 찾으셨는데, 어떤 상황에서였습니까?"

"스무 살에 귀국하기 전, 일본 친구들에게 '아이 셸 리턴', 꼭 돌아오겠다고 말했습니다. 맥아더라도 된 듯 말입니다. 내 마음은 일본에 있었고, 전시에 미국에서 공부하는 동안에도 일본을 위해 할 수 있는 일이 없을지 고민했습니다. 전후 오미카에 기독교 학교가 설립된다고 하기에 거기서 내가 기여할 일이 있을 것 같아 일본으로 돌아가고자 결심했습니다."

"학생들에게는 어떤 수업을 하셨습니까?"

"대학에서는 성서와 심리학을 가르쳤습니다."

"칼 로저스를 일본에 소개했을 때의 정황을 알려주실 수 있을까요."

"굳이 말하자면 내가 총장이었으니 그는 조교라고 해야 할까요. 나에게는 강사 역할을 해준 일본인이 있었습니다. 죄송하게도 성만 기억나는데 사이토라는 분이었어요. 사이토 씨를 통해서 도쿄교육대학(현 쓰쿠바대학) 심리학과에서 미국의 심리학에 관한 강의를 해달라는 의뢰가 들어온 겁니다. 1949년 가을의 일입니다. 이날 강연에서 칼 로저스의 비지시적·내담자 중심 치료*에 대해 이야기했습니다. 로저스를 소개한 건 그때가 처음이었지요."

"활동의 중심인 이바라키기독교학원에서는 그런 강의가 없었습니까?"

"네. 강연이 끝났을 때 강의실에서 머물며 내 강의를 듣던 도쿄교육대 조교가 다가왔습니다. 도모타 후지오라는 사람이었어요. 정말 흥미롭게 들었다, 더 공부해보고 싶다고 하기에 친목 모임에서 얘기를 나누었지요.

그 사람이 너무 열심이길래 더 깊은 얘기를 나누려면 로저스가 자신의 심리치료법에 대해 쓴 첫 책 『칼 로저스의 카운

---

* 칼 로저스의 내담자 중심 치료는 이후 인간 중심 이론의 기초가 되었다.

슬링의 이론과 실제』를 읽으면 좋을 듯해서 빌려주기로 약
속했습니다. 도모타는 바로 오미카에 책을 빌리러 왔더군
요. 그때 내게 자신이 편집하고 있던 아동심리학 잡지에 기
고해달라는 의뢰를 했던 걸로 기억합니다."

일본에 칼 로저스의 카운슬링 이론이 들어온 과정은 도모타
후지오 등 당사자들의 수기와 증언, 시나가와구 교육상담센터
이즈미노 준코泉野淳子 등의 조사와 논문 덕에 어느 정도 밝혀져
있다. 이를 종합해보면 로저스의 카운슬링 이론은 로건 폭스 외
에도 거의 같은 시기에 여러 경로를 거쳐 소개되었는데, 크게 나
누자면 GHQ의 주도로 도입된 두 경로와 개인 주도로 도입된
한 가지 경로까지 합하여 총 네 가지 경로가 있다.

우선 GHQ 주도로 도입된 첫 번째 경로는 도호쿠대학의 심
리학자 마사키 마사시正木正가 1948년 가을 IFEL(교육지도자 강
습)의 교육사절단 강사로 일본을 방문한 컬럼비아대학의 아동심
리학자 아서 T. 저실드에게서 받은 교육을 바탕으로 한다.

IFEL은 전후 GHQ의 하위 조직인 CIE와 문부과학성의 공동
주관으로 개설된, 교육 관련 전문가를 양성하는 목적의 강습회
를 가리킨다. 강습회의 강사는 미국에서 초청된 학자와 일본의
대학교수들이 맡았다. 교육 대상은 1948년 7월 시행한 교육위원
회법에 의거하여 전국에 설치된 교육위원회 교육장과 초·중학

교 지도주사 등 교육계의 리더들이었다. 1948년 10월부터 1952년 3월까지 약 5년간 9300명 이상이 참가하여 연수를 받았다. 이는 일본의 교육 관계자가 워크숍과 패널 토론 등 그룹 워크를 통하여 미국의 민주주의를 접한 최초의 기회였을 것이다.

진로지도와 직업지도를 위한 가이던스 강의와 교육심리학 강의가 IFEL 프로그램으로 개설되어 있었기에, 여기서 미국의 교육학과 심리학을 배운 이들은 일본 전역으로 돌아간 뒤 각자의 개성을 존중한 민주 교육과 직업 지도를 하게 되었다.

마사키는 IFEL에 앞서 CIE의 지도 감독 하에 열린 '교원 양성을 위한 연구집회(1947년 7~8월)'의 멤버로, IFEL 제3기와 제4기 운영위원과 강사를 맡았다. 이 연구집회는 본래 교육학 교원 재교육을 목적으로 한 연구회였다. 이때 칼 로저스를 주목했는지 여부는 확인하지 못했다. 도모타 후지오의 수기에 따르면, 마사키가 제1기와 제2기 강사를 맡은 저실드에게 로저스의 카운슬링 이론을 배우고서 커다란 관심을 가진 것은 확실한 듯하다. 마사키는 강의 자료로 출판된 저실드의 저서, 『아동의 발달과 커리큘럼Child Development And The Curriculum』(1946)의 공역자이기도 하고 강연회에서는 미국인 강사와 일본인 강사들의 개인적 교류가 다수 이루어졌으므로, 그 과정에서 선구자였던 로저스와 만났으리라 추측할 수 있다.

그 후 1952년 4월, 교토대학 교육학부로 이동한 마사키는 교토시 교육연구소(훗날 교토시 카운슬링 센터, 현 어린이 상담센터 '파트너')에서 교육상담을 시작했을 때 처음으로 로저스의 이론을 실천해본다. 그런 의미에서 교토는 칼 로저스의 카운슬링 이론이 퍼져나간 거점 중 한 곳이라고 볼 수 있다.

두 번째 GHQ 주도 경로는 미국 정부가 점령지 원조를 목적으로 지급하는 가리오아GARIOA 자금을 지원받아, 미국에 유학한 학생을 거친 것이다.

이 경로를 대표하는 최초의 인물은 아키타사범학교(현 아키타대학 교육학부)에서 미주리대학으로 유학한 이토 히로시로, 훗날 『로저스 전집ロージァズ全集』의 편자가 되는 인물이다. 이토는 1949년 여름부터 1년간 가리오아 원조금 유학생 1기로 도미하여 미주리대학에서 '카운슬링과 가이던스'를 전공했다. 이토가 펴낸 『카운슬링カウンセリング』(1959)에 따르면 당시 카운슬링의 거점은 미네소타대학이었고 이 대학의 카운슬링 센터는 전미 학생상담소의 모델(미네소타 모델)이 될 정도였다고 한다.

전미 학생상담소의 설립 이념이자 일본에도 영향을 미친 개념은 바로 동대학 E. G. 윌리엄슨이 제창한 '임상적 카운슬링'이다. 임상적 카운슬링이란 의사의 진단과 치료과정을 모델로 삼은 합리적인 치료법으로, 직업지도와 진로지도에는 적합하나 그 무렵부터 청소년의 개성과 적응 과제에는 충분한 해결책을 제시할 수 없다고 지적받았다는 연구 결과가 밝혀지고 있었다.

따라서 인간의 정동과 비합리성을 심층적으로 다루는 심리치료 기법의 필요성을 요구하는 가운데 등장한 인물이 바로 칼 로저스였던 셈이다.

로저스는 시카고대 카운슬링 센터를 중심으로 조언도 지시도 하지 않는 '비지시적 카운슬링'을 실시하며, 1942년 저서 『칼 로저스의 카운슬링의 이론과 실제』에 최초로 클라이언트와의 대화를 기록한 축어록을 게재함으로써 심리학 분야에 큰 반향을 불러일으켰다. 이토 히로시는 그러한 일이 벌어지는 시기의 미국에서 공부했는데, 강의를 통하여 그 책을 읽고 1949년 말에는 시카고대학에서 로저스를 직접 만나기도 했다.

한편, 로저스의 카운슬링을 도입한 개인 중 첫 번째 인물은 정신과 의사 이무라 쓰네로다. 이무라는 국립도쿄제1병원 정신과 부장으로 재직 중일 때 최신 연구논문을 아카이빙하는 히비야의 CIE 도서관에 다니며 집중적으로 논문 자료를 읽고, 1951년 『진단과 치료』라는 잡지에서 처음으로 로저스를 언급한다.

이무라는 잡지에 게재한 논문의 서두에서 "임상은 질환을 상대로 하는 것이 아니라 질환을 가진 인간을 상대로 한다는 말이 있는데, 심리치료가 바로 '인간'을 상대로 하는 치료법이다"라고 쓰면서 의사나 조언자가 클라이언트를 지도하는 '지시적 방법'과 대조적으로 조언도 지시도 하지 않는 로저스의 '비지시적 방법'을 호의적으로 다루고 있다.

이듬해 그는 이제 막 설립된 국립정신위생연구소의 심리학 부장으로 취임하여 환자와의 상담 내용을 녹음한 테이프를 공개하는 등 구체적인 사례를 발표하기도 했다. "클라이언트가 어떤 생각, 감정, 태도를 드러내든 분별없는 공감을 보여주어야 한다"(『이무라 쓰네오 · 인간과 학문井村恒朗·人と學問』, 1983)라는 구절은 로저스의 말이 어떤 의미를 갖는지 모색하는 모습이었다고, 같은 시기 후생노동성 기관으로 취임한 심리학자 사지 모리오는 증언한다.

로저스의 학설이 도입된 또 하나의 개인 주도 경로 중 마지막으로, 이바라키기독교학원의 초대 학장인 로건 폭스가 있다. 이 경로는 앞서 언급한 세 경로와는 달리 직접적인 방법으로 후계자를 양성하면서 일본 카운슬링 업계에 큰 영향을 미쳤다. 로건 폭스는 전후 일본에서 한 시기를 풍미하게 될 카운슬러, 칼 로저스를 위하여 미리 길을 닦아둔 셈이다.

로건 폭스에게 질문을 이어간다.

"칼 로저스와 처음 만난 건 언제쯤이었습니까. 시카고대학 시절이었나요?"

"맞습니다. 1946년 시카고대 대학원에 들어갔을 땐 로저스를 몰랐다가, 그의 강연을 듣자마자 포로가 되어버렸습니다. 클라이언트에게는 자신의 힘으로 문제를 해결할 힘이 있으니, 테라피스트는 지시도 조언도 할 필요 없이 클라이언트가 최대한의 힘을 발휘할 수 있는 따뜻한 환경을 만들어야 한다고 했습니다.

그건 마치 교회의 가르침 같았습니다. 인간을 있는 그대로 수용하는 건 사랑의 기본입니다. 나는 어릴 때부터 인간을 사랑하는 일이 얼마나 중요한지 배웠고, 내가 일본에 할 수 있는 일이 무엇일지 언제나 생각해왔기 때문에, 이거다, 칼 로저스를 일본에 소개하자, 다시 일본에 가자, 하고 결심했습니다."

"그 계획을 로저스와 상의하셨습니까. 로저스의 반응은 어땠나요?"

"내 의견에 대해선 흥미로워했지만, 자신의 이론이 일본에 받아들여질지는 모르겠다고 말했습니다."

"점령기 일본에는 당신 외에도 칼 로저스를 소개한 여러 경로가 있습니다. 추측하건대 '천황의 인간 선언'* 이후 카운슬링을 일본인의 마음의 의지처로서, 또는 정신적인 이탈 증상에서 회복을 촉진하는 수단으로서 도입한 측면이 있지

---

* 일본이 태평양전쟁에서 항복한 이듬해인 1946년 1월 1일 일왕 히로히토ﾋﾛﾋﾄ가 발표한 조칙으로, '천황은 신이 아닌 인간이다'라는 내용을 담고 있다. 이로써 군국주의의 기반이던 신정국가로서의 일본은 공식적으로 해체되었다.

않을까 합니다. 로저스의 카운슬링도 그중 하나가 아니었을까요. 이건 어디까지나 제 가설이지만 고견을 듣고 싶습니다."

"나 역시 추측할 뿐이지만, 아마도 당신의 가설이 맞지 않을까 합니다. 다만 GHQ가 당신의 말처럼 생각했는가에 대해서는, 안타깝지만 내게 충분한 정보가 없습니다."

"GHO가 일본인에게 로저스의 카운슬링을 소개하라고 지시한 적은 없었습니까?"

"그런 일은 전혀 없었습니다. 어디까지나 내 개인적인 생각이었지요. 하지만 GHQ가 로이드 박사와 로빈슨 박사를 초청해서 가이던스의 기초 체계를 교육하는 워크숍을 개최하도록 지시한 사실은 알고 있습니다."

중요한 정보다. 로이드 박사란 브리검영대학의 웨슬리 P. 로이드를 말하는데, 1951년 미국교육심의회에 설치된 '미국의 SPS와 카운슬링을 일본의 대학에 소개하기 위한 위원회(위원장 E. G. 윌리엄슨)' 단장으로 일본을 방문하여 이듬해까지 도쿄대학, 교토대학, 규슈대학에 모여든 전국 대학의 총장과 학장을 대상으로 연수회를 개최한 인물이다. 로빈슨 박사라 불린 오하이오주립대학의 프랜시스 P. 로빈슨 역시 위원회 멤버 중 한 사람이며, 그는 4년 후 마찬가지로 일본에 건너왔다.

SPS는 'Student Personnel Service'의 약자로, 학생후생지원이라고 하여 대학 구성원인 학생을 보조하고 지도한다는 의미가 있다. 입학 오리엔테이션부터 취업 상담, 경제적 지원 등 다양한 지도 노하우를 바탕으로 한 카운슬링은 오늘날에는 각 대학 학생상담소의 업무이지만, 본래 전쟁 직후인 GHQ 점령기에 미국에서 전략적으로 도입된 것이었다. 이 역시 추측이지만 도입 당시 레드 퍼지Red Purge, 즉 공산주의자 추방의 광풍이 부는 가운데 대학생들의 좌경화를 막고 그들을 통제하는 것도 후생 지원의 목적 중 하나였음을 어렵지 않게 상상할 수 있다.

워크숍에서는 역할극을 배우는 강의도 있었다. 이바라키기독교학원 야마다 고이치山田耕一의 조사에 따르면 이 강의의 핵심은 위원장인 윌리엄슨이 제창한 미네소타 모델이었다. 이 모델은 지도와 조언이 중심인 지시적 기법이다. 일본의 각 대학에 카운슬링을 소개한 위원회의 대표자가 '임상적 카운슬링'을 고안한 윌리엄슨이었으니 당연한 일이었으리라. 이윽고 1953년 1월부터 도쿄대학를 필두로 각 대학에 학생상담소가 설치되면서 일본에서도 카운슬링이 시작되었다.

이상의 흐름을 보면 GHQ 주도나 개인 주도를 막론하고, 이 시기에 미국에서 단속적斷續的으로 들어온 카운슬링이 일본의 교육자에게 영향을 미쳐 민주주의를 뿌리내리게 만든 원동력이 되었음은 분명해 보인다.

그런데 로건 폭스를 찾아온 도모타 후지오는 어떤 인물이었을까. 그는 당시 왜 그렇게 로저스에게 감명받았을까. 아무리 훌륭한 기법도 그 가치를 이해하고 전파하는 인물이 없다면 보급되기 어렵다.

수기에 따르면 당시 도모타는 도쿄교육대학 교육상담부에 설치된 일반인 대상 상담실에서 교육상담원으로 일하면서 업무와 심리학에 매일같이 실망감을 느끼고 있었다. 조금 길지만, 당시 교육상담 장면을 인용하고자 한다. 제1차 세계대전 발발 전 구보 히데요시가 도입한, 지능검사와 성격검사를 활용한 교육측정이 이미 교육상담 현장에 보급되었다는 사실이 드러난다.

> 교육상담을 하면, 우선 어머니나 교사가 아이를 데려옵니다. 옛날이니 한 주에 두세 명 정도밖에 안 됩니다.
> 저는 우선 상담 온 아이의 지능검사를 합니다. 성격검사도 하죠. 그리고 그다음 주까지 깔끔하게 정리한 결과를 바탕으로, 어머니나 선생님과 이야기를 합니다. 예를 들어 엄마가 왔을 때 검사 결과를 보면서 "댁의 자녀는 이러해서 이러하기 때문에, 이런 아이는 이렇게 대하고 이런 식으로 지도하십시오" 하고 한 명씩 교육합니다. 그때 엄마들은 대체로 감탄하며 돌아갑니다만, 한번은 "심리학자는 점쟁이인가요?"라는 질문을 받은 적도 있습니다. 하지만 처음엔 대개

감탄하며 돌아갑니다.

그러다 다음 주에 오시면 "사실은 지난번에 선생님께서 그렇게 말씀하시길래, 아이에게 그렇게 접근했더니 아이가 이렇게 하기 시작했어요"라고 말을 시작합니다. 그래서 제가 "어머니, 그럴 때 아이는 이런 거예요. 그럴 때는 이런 식으로 관점을 바꿔야 합니다" 말하면 "아, 그렇게 말씀하시니 그런 것 같네요. 저는 아직 멀었나봐요. 생각이 부족했습니다" 하고 돌아가죠.

그다음 주가 오면 이제 문제가 생깁니다. "선생님, 처음에는 이렇게 말씀하셨고 다음 주엔 이렇게 말씀하셔서 이번엔 이렇게 해봤는데 더는 손쓸 수가 없어요" "아뇨, 그럴 때는 이렇게 해야 합니다"라며 승강이를 하다가 결국엔 "선생님은 책상 앞에 앉아서 그렇게 말씀하시면 그만이시겠지만 우리 집에 오셔서 종일 애랑 씨름해보세요" 하십니다. 겉으로야 좋은 말을 하지만 실제로는 싸우고 헤어진 것처럼 돌아갑니다. 제 밑에 조수가 두 명 있었는데, 셋이서 "아이가 그렇게 되는 것도, 저런 엄마라면 무리는 아니네"라면서 한탄하고 마치는 게 고작이었습니다.

—『도모타 후지오 연구友田不二男研究』(2009)

도모타가 과거 교육상담을 해온 선구자들의 문헌을 조사하여 다다른 결론은 다음과 같은 것이었다.

"교육상담이라는 건 어디까지나 상담이다. 담당자는 과학
적인 근거를 바탕으로 실수 없이 지시와 조언을 해주면 된
다. 그 지시와 조언에 오류가 있는지 없는지는 담당자의 책
임이지만, 그 지시를 충실히 이행할지 말지는 듣는 사람의
책임이지 담당자의 책임이 아니다." 그 문장 하나에 지금까
지 뒤져본 문헌의 결론이 전부 연결되었습니다. 그걸 보자
마자 나는 '이제 끝이야!' 하고 결심했어요. 그리고 결단코
심리학은 하지 않겠다고 마음먹었습니다.

— 위의 책

심리학에는 가망이 없다고 체념하고 퇴사를 결심했을 무렵,
도모타는 로건 폭스의 강연을 듣게 되었다. 그는 로건 폭스가 말
하는 '카운슬링'이 자신들이 하는 교육상담, 직업상담, 아동상담
과 크게 다르지 않다고 느끼며 '한 마디도 놓치지 않겠다' '조금
이라도 틈이 있으면 파고들어주겠다'(『일본의 클라이언트 중심 치
료법 연구我が國のクライエント中心療法の研究』, 1968)라는 마음으로 강
연을 들었다. 강연이 끝난 후 도모타와 로건 폭스와 대화를 나누
었다는 사실은 폭스의 증언과 맞아떨어진다.

도모타는 오미카에서 돌아오는 차 안에서 조금 전 빌려온 『칼

로저스의 카운슬링의 이론과 실제』를 몰입하며 읽었다. 이 책은 기존의 심리학 책과 전혀 다르다, 이 책에는 진짜 이야기가 쓰여 있다, 이 책은 인간이 살아가는 그대로를 비추고 있다, 그런 생각이 머릿속에 휘몰아치며 흥분이 고조되었다.

그는 일주일간 책을 완독한 뒤, 심리학에서 발을 빼는 일은 언제라도 할 수 있으니 로저스의 이론을 학교 현장에서 확인해보리라 마음먹고서 시험 삼아 카운슬링을 시작했다. 일본인 카운슬러 제1호가 탄생한 순간이자, 도모타와 로건 폭스의 만남을 통하여 일본 카운슬링의 역사가 시작된 순간이다.

물론 당시 카운슬러라는 말은 일부 전문가 사이에서 '직업지도를 담당하는 교직원'이라는 의미로 쓰였고 심리치료와 연결해서 사용하지는 않았다. 그래서 1951년 도모타가 번역한 『칼 로저스의 카운슬링의 이론과 실제』도 일본에서는 『임상심리학』이라는 제목으로 간행될 수밖에 없었다.

그러나 도모타의 카운슬링에 대한 열의는 어설픈 것이 아니었다. 그는 1955년에는 일본 전국에 카운슬링을 보급하는 민간단체 도쿄 카운슬링 센터(훗날 재단법인 일본 카운슬링 센터)를 설립하고 카운슬링 연구와 카운슬러 양성에 힘을 쏟았다.

도모타에 이어 로건 폭스를 찾아온 사람은 장래 이바라키기독교학원 카운슬링 연구소의 초대 소장이 될 엔도 쓰토무遠藤勉였다. 엔도는 이바라키현 중앙아동연구소에서 상담원으로 근무

하며, 전쟁으로 부모를 잃은 아이들과 절도를 일삼는 소년들의 심리검사와 가정방문상담을 하고 있었다. 그는 자신의 일이 소년들에게 도움을 준다고 실감하지 못하는 중이었다. 바로 그 시기에 로저스의 논문과 만났다. 그의 수기에는 "목마른 자가 우물을 발견했을 때와 같은 마음으로 그의 논문을 숙독했다. 그리고 도모타, 폭스 두 선생님 댁을 뻔질나게 드나들었다"고 적혀 있다 (『로저스 전집 18권ロージァズ全集 18卷』, 1968).

도모타와 엔도는 모두 전쟁 전까지 학교 교사였다가 전후부터 교육상담자, 심리검사자로 직업을 바꿨다는 공통점이 있다. 그들이 로저스의 카운슬링에 매력을 느낀 요인은 '현장에서의 답답함'에서 기인한 것이 컸는데, 두 사람의 수기를 읽다보면 그 답답함이 전쟁 체험과 관련이 있다고밖에 생각할 수 없다.

도모타는 전쟁 중 간부 후보생으로서 야전포병학교의 훈련을 받고, 히로시마에 포병부대 장교로 파견되었다. 그는 근무 태도가 좋지 않아 규슈로 이동 명령이 떨어진 덕에 피폭을 피했고 종전을 맞이했다. 이 경험이 도모타를 염세적인 사고에 빠져들게 했는지, 종전 후 학교로 돌아간 그는 이내 교사세계에 환멸을 느껴 학교를 그만두었고 이후 도쿄교육대학에서 교육상담에 종사하게 되었다.

한편, 엔도는 남아시아 전선에 참전하여 종전과 동시에 남南보루네오의 수용소에서 약 10개월간 수용된 적이 있다. 이후에도 그는 교단으로 돌아가겠다는 결심을 하지 못하고 하루하루 육체노동을 하며 생계를 이어가다가, 1947년 아동복지법 통과와 함께 각 지자체에 아동상담소가 설치되는 것을 보고 여생을 청소년 복지에 몸을 던지고자 결심한다. 그리고 로저스의 논문을 발견한다.

전쟁 전에는 교사로서 아이들에게 군국주의 정신을 가르쳤고 군대에서는 엄격한 명령과 규율 아래 이유 없이 구타를 당하는 등 부조리한 나날을 보낼 수밖에 없었던 두 사람이, 인간을 있는 그대로 수용하라고 역설하는 로저스의 정신에 눈을 뜬 것은 매우 자연스러운 일이었다.

나는 로건 폭스에게 질문을 계속했다.

"연구에 매진하던 도모타, 엔도와 함께 무슨 일을 하셨습니까."

"그들이 발표할 자리를 마련해주려고 워크숍(카운슬링 연구 토론회)을 개최했습니다. 1955년 오미카에서 처음으로 여름 워크숍을 열었지요. 40명 정도가 모였고 도모타와 엔도가 총무 역할을 맡아주었습니다. 일본 전국에서 사람들이 왔습니다. 도쿄대학, 교토대학, 홋카이도대학……. 모두 젊은 학자였습니다. 산업계에서도 왔어요. 연배가 있는 교수들은 우리를 무시하는 부정적인 시선을 보냈지만 말입니다. 워크숍은 그 후로 10년 정도 이어졌는데, 마지막으로 열린 건 1964년입니다."

"워크숍에 참가한 분에게 들었는데, '오미카 순례'라는 말까지 생겨났다더군요. 1961년에는 칼 로저스가 직접 일본에 와서 강연도 했고요. 이바라키기독교학원의 전시회에서 당신이 로저스의 통역을 하는 사진을 봤습니다."

"내가 1960년에 일시 귀국했을 때, 위스콘신대학으로 옮긴 지 얼마 되지 않던 로저스를 찾아갔습니다. 로저스가 자신이 할 수 있는 일이 없느냐고 묻기에 나는 일본에는 당신이 필요합니다. 내년 여름을 일본에서 보내면 어떻겠습니까, 하고 제안했지요. 로저스는 잠시 생각하더니 그 제안을 승낙했고 약속한 대로 1961년 여름에 일본으로 건너왔습니다. 일본에서는 이바라키기독교학원 동료들이 6주 동안 다섯 번의 워크숍을 기획해주었습니다. 교토대학, 법무성, 도쿄의 기업, 오미카, 그리고 고베의 기업에서요."

일본은 1956년 여름 발표한 경제백서에서 "더는 전후戰後가 아니다"라고 선언하며, 고도경제성장의 길을 걷기 시작했다. 임금이 상승하고 생활 수준이 향상된 이면에서 사무 속도가 빨라지고 생산을 자동화하면서 정신적으로 고뇌하는 직장인들이 눈에 띄게 늘어났다. 1959년 1월 27일, 『조간 요미우리신문』에는 '직장 카운슬러, 일하는 사람들의 고민을 들어주는 상담 역할'이라는 제목의 기사가 실렸다. 그 기사에는 어학시험에 통과하여 국제전화 교환수가 되었으나 반복되는 단순 작업에 자신감을 잃고 노이로제에 걸린 여성의 에피소드에 이어, 로저스의 학설로 짐작되는 비지시적(논디렉티브) 카운슬링 기법이 해결책으로 소개되어 있다.

> 그럼 이런 고민을 예방하려면 어떻게 해야 할까요. 우선 이야기할 사람을 찾아야 합니다. 푸념을 털어놓을 상대를 찾는 것이 노이로제의 가장 좋은 예방책입니다. 최근 대기업이 하나둘 카운슬러 제도를 도입하고 있는데, 이런 정신적인 상담에서는 대개 비지시적, 즉 고민이 있는 사람이 말하게끔 하고 설교 같은 것은 일절 하지 않는 방법을 쓰고 있습니다. 당사자는 말하는 동안 자연스럽게 스스로 해결 방향을 발견해나가고, 나아가 자기 스스로 극복했다는 자신감을 얻습니다.

참고로 가재도구부터 산업폐기물, 핵폐기물까지 각양각색의 물건을 닥치는 대로 구멍에 버리는 인간 군상을 그린 호시 신이

치星新一의 쇼트-쇼트 소설,*『어이 어서 나오라구ぉーいでてこーい』
가 발표된 시기가 1958년이다. 일본이 전후 복구기를 벗어나 눈
부신 경제발전을 이룩하느라 힘쓰는 동안, 종전 직후 정신적 이
탈 상황과는 다른 새로운 문제가 일본인의 마음을 갉아먹고 있
었다. 카운슬러라는 어구가 신문 기사의 타이틀을 장식한 사실
은 당시 마침내 카운슬링이 인지되기 시작한 증거라 해도 무방
할 것이다.

그러한 가운데 1961년 여름 로저스의 방일訪日은 카운슬링이
전국에 전파되는 큰 계기를 제공했다. 이전까지 제삼자를 거치거
나는 책을 통해서만 배울 수 있었던 내용을 창시자에게서 직접 배
울 수 있게 되었으니, 관심이 높았던 것도 무리는 아니었다.

도쿄와 고베의 기업에서 워크숍을 주최한 이들은 대기업 중
견 관리자들이 가입한 일본산업훈련협회의 멤버들이었다. 일본
산업훈련협회는 기업 내 교육을 위한 연구 서비스 기관으로 당
시 통상산업성과 노동성, 일본경영자단체연맹(현 경제단체연합회)
이 중심이 되어 1955년 설립한 사단법인이다. 일본 기업의 민주화
와 근대화를 추진하기 위하여 GHQ가 도입한 관리자 양성 프로
그램 MTP와, 공장과 점포의 일선 감독자 훈련 프로그램 TWI 등
을 기업이나 관공서 구분 없이 교육·운영하는 기관이기도 하다.

---

* 단편소설보다 짧은 분량의 초단편 소설. 호시 신이치의 주특기로 평가받고 있다.

도쿄의 워크숍 장소는 프린스 호텔이었다. 참가자들은 자신의 이름과 회사명이 적힌 명패가 놓인 자리에 앉았다. 모두 대기업에서 참가한 중견 관리직이었다. 그 자리에 있던 폭스는 그들이 너무 당당한 나머지, 마치 '당신들이 우리를 도와줄 건 없을 듯하지만 일단 얘기나 해보시오'라고 말하는 듯했다고 기억했다.

로저스는 자신이 카운슬러로서 산업계의 문제를 다뤄본 경험이 거의 없기에 도움이 될지 잘 모르겠다면서도, "기업에 있어 가장 중요한 자원은 사람이고, 회사가 인간관계의 모든 문제를 연구하는 건 의미 깊은 일이다"라고 말하는 등 시종일관 신중한 태도로 지시와 명령이 없는 카운슬링에 대하여 설명했다. 상하관계가 엄격하며 지시와 명령은 업무를 진행하려면 꼭 필요하다고 여기는 일본의 기업 풍토에서 보면, 로저스의 방법은 참신했으며 무엇보다 자유로웠다. 강의가 끝나고 로저스와 참가자들 사이에 열띤 토론이 벌어졌다.

법무성에서 열린 워크숍은 검찰, 보호감찰관, 범죄학자들이 대상이었다. 그들은 상대방을 무조건 수용하는 로저스의 기법을, 용의자와 범죄자가 있는 현장에서는 응용할 수 없음을 피부로 느끼고 있었다. 로저스는 그들의 회의적인 시각에 이해를 표명하면서도 "인간에 대한 존경을 유지하며 법적인 임무를 수행할 때 그 타협점을 발견하는 것은 어려운 일이지만 그럴수록 하나의 길을 계속해서 추구해나가야 할 것"이라고 역설했다.

오미카 지역에서 개최된 워크숍에서는 카운슬링을 배우는 사람들과 각 기관에서 교육상담을 실천하는 사람들이 대거 몰려들었다. 평소에는 세 그룹으로 나누어 수련을 진행하던 120여 명이 모두 로저스를 기다리고 있었던 만큼 대혼란이 벌어졌다. 결국 고베의 로코산 호텔에서 워크숍을 치렀는데, 폭스는 로코산의 아름다운 풍경과 호텔 측의 정성 어린 대접 덕분에 되찾은 안정감이 없었다면 로저스도 스태프들도 피로에 지쳐 일정을 소화할 수 없었을 것이라고 회상했다.

로저스는 이 기간 폭스와 도모타 등의 열의에 이끌려, 지방순회에 나선 배우처럼 각지를 돌았고 예정에 없던 강연도 수락했다. 고베의 워크숍이 끝난 다음에는 마쓰시타 전기*의 요청으로 공장에서 즉석 강연회를 열기도 했다. 이 강연 투어를 계기로 칼 로저스의 이름은 '비지시적 치료법'이라는 기법과 함께 교육상담 종사자 및 산업계에 깊이 침투하기 시작했다. 카운슬링은 곧 칼 로저스였다.

"워크숍에 참가한 사람들은 로저스의 '수용'이라는 개념이 선禪의 정수와 매우 닮아 있다는 말을 자주 했습니다. 확실히 로저스는 선에 큰 관심을 가진 터라, 교토에서는 선사와

* 현재의 파나소닉.

의 만남을 기획하기도 했어요. 이 만남에서 우리가 기대한 대화는 이루어지지 않았지만 로저스는 그 시간을 내내 긍정적으로 즐겼던 것 같습니다."

"일본인에게는 당신이 필요하다는 말로 로저스에게 일본을 방문해달라며 요청하셨다고 들었습니다. 마치 로저스를 정복하려는 듯 열정적으로 귀 기울이는 일본인들을 보고 어떤 느낌을 받으셨습니까?"

"일본에서뿐만 아니라 일련의 워크숍을 하면서 느낀 점은, 일본분들 역시 자신이 수용되고 누구에게도 비난받지 않는 환경 속에 있다면 자신이 안은 문제를 스스로 해결할 잠재력이 있으며 그 힘에 대한 확실한 갈망 또한 있다는 사실이었습니다."

『카운슬링』의 저자 이토 히로시가 1963년에 쓴 책에 따르면 당시 카운슬링 제도를 도입한 기업은 일본 전국에서 120곳 이상이었으며 학교는 약 300곳이었다. 그 밖에 관공서와 병원, 사회복지시설 등이 차례로 카운슬링을 도입했다.

「고민 상담을 전문 상담원에게, 카운슬링의 조용한 열풍」(『요미우리신문』 1963년 5월 2일)이라는 제목의 기사가 있다. 이 기사는 로저스의 기법에 기반한 좋은 경청법을 소개하여 "여기에는 설득도 훈계도, 조언이나 충고도 토론도 없습니다"라면서, 이 점을 거듭 강조하고 있다.

이 무렵 카운슬링을 도입한 대표적인 기업은 도쿄전력, 도쿄가스, 마쓰시타전기, 도요레이온, 데이진, JFE 스틸, 미쓰비시상사, 닛산자동차 등이다. 전문 상담사를 둘 수 없는 중소기업에서는 관리직이 아닌 "직장 내부 인력을 카운슬러로 배치하는" 등 유연한 태도 덕분에 제도가 눈에 띄게 정착되는 추세를 보였다고 한다(「직장 불만 날려버려… 기업 카운슬링도 한창」, 『요미우리신문』 1965년 2월 21일).

오미카에서 열린 워크숍 참가자 중에는 심리학자 무라세 다카오村瀨孝雄도 있었다. 훗날 칼 로저스의 제자 유진 젠들린이 개발한 '포커싱'이라는 기법을 일본에 소개하는 인물이다. 그는 당시 아직 30대 초반으로 지바에 있는 국립정신위생연구소 고노다이 병원에서 상근 심리직으로 근무하고 있었다.

무라세의 아내이기도 한 무라세 가요코는 미국 유학 중이던 1962년, 로저스의 강연을 실제로 들은 적이 있다.

"남편은 원래 이과이고 건축을 전공했는데, 몸이 별로 튼튼한 편은 아니어서 병상에서 자주 책을 읽었습니다. 그러던 중 인간의 마음이 중요하다는 사실을 깨닫고 심리학에 관심을 두게 됐다고 합니다. 차분하지만 자기 생각을 굽히지 않는 사람이라서, 도쿄대학에 있을 때는 조수 신분으로 학교에 상담실을 열기도 했습니다. 돈이 없으니까 여자친구에게 치료에서 쓰는 인형을 만들어달라고 부탁하고, 그 인형을 어린이 클라이언트의 놀이치료에서 사용했다고 해요.

그러다가 이런 대학 상담실에 올 수 있는 사람들도 사실은 운이 좋은 편이고 임상은 더 힘든 상황에 있는 사람들을 위해 있어야 한다고 생각해서 도쿄대학 조수직을 그만두었습니다. 그리고 아마도 일본에서는 처음으로 고노다이 병원의 심리직으로 근무하기 시작했습니다. 심리직은 드문 시절이었으니, 의사도 아니면서 병원에서 대체 뭘 한다는 거지, 하는 사람들의 시선을 많이 받았던 것 같습니다. 그러던 중 오미카에 다니게 된 거죠. 임상적 카운슬링으로 알려진 윌리엄슨이 도쿄대학에서 강의했을 때에도 뭔가 다르긴 하다고 생각했지만, 로저스를 들으면서는 완전히 다른 세계가 열린 느낌을 받았다고 했어요.

로저스가 말하는 건 심리학이라기보다 메타심리학metapsychology*인데, 인간과 관련된 일을 하고 있다면 누구나 지침으로 삼아두면 좋을 내용이지, 결코 쓸데없는 게 아니었습니다. 전쟁이 끝나면서 세상의 기본 가치가 흔들리고, 가족 제도가 해체되고, 민주주의 사회에서 누구나 자유로운 언동이 가능해진 때, 앞으로의 사회는 어떠해야 하고 가정은 어떻게 될 것인가 불안해할 때, 로

---

* 심리학의 연구 대상인 의식 현상을 초월하여 무의식의 특성을 연구하는 학문. 초超심리학이라고도 한다.

저스의 이론이 들어맞았던 겁니다. 사람을 귀하게 여기고 배려하며 다가간다는 게 이런 거였구나 생각될 만큼 아주 알기 쉽고 구체적으로 쓰여 있었으니까요."

로저스의 업적 중 가장 주목할 만한 것은 그의 저서 『칼 로저스의 카운슬링의 이론과 실제』로, 이 책에서 그는 의사와 카운슬러, 환자와 내담자를 구별하지 않고 '테라피스트' '클라이언트'라고 부르고 있다(『칼 로저스 입문: 내가 '나 자신'이 된다는 것カール・ロジャーズ入門: 自分が"自分"になるということ』, 1997). '클라이언트'라는 명칭은 특히 획기적이었다. 로저스를 만나기 전의 도모타 후지오가 어머니들과의 상담에서 그랬던 것처럼, 직업상담, 교육상담 차원에서 진행되는 카운슬링은 고민에 대해 지시나 조언을 하는 것이 중심이었고, 그런 방법으로는 문제를 스스로 해결하는 힘을 빼앗는 결과를 초래할 우려가 있었다. 로저스는 인간은 자신의 문제를 스스로 해결할 힘을 본래 가지고 있기에 내담자가 주체가 되어야 한다고 생각했다. 이에 따라 그는 자발적으로 상담을 의뢰한 내담자라는 의미로서 '클라이언트'라는 말을 사용했다.

또한 같은 저서에서 로저스는 세계 최초로 카운슬링의 구조와 방법을 기술했다. 책에는 축어록도 게재되어 있어, 카운슬링의 내용은 물론 상담을 통하여 클라이언트가 어떻게 변화해가는

지 구체적인 대화를 따라가며 이해할 수 있다.

이 축어록은 '하버드 브라이언의 사례'로, 로저스가 신경증을 앓는 30세 전후의 클라이언트 '브라이언'과 총 8회에 걸쳐 상담을 진행한 사례였다. 카운슬러가 비밀 유지 의무 아래 이루어진 카운슬링의 내용을 일방적으로 발표한 게 아니라 오픈릴 테이프로 녹음한 대화를 그대로 공개하고 있다. 어떤 대화가 오갔는지, 첫 상담의 일부를 옮겨본다.

로저스　으음…… 조금 더 구체적으로 말씀해주실 수 있나요? 무엇이, 어떻게, 그만 죽어버리는 편이 낫겠다고 생각할 만큼 당신을 몰아붙였는지.

브라이언　글쎄요. 그 감각을 정확히 말로 할 수 있을지는 모르겠지만요. 굉장히 강렬한 고통을 동반하는 중압감이었는데…… 마치 도끼가 복부 전체를 누르는 것 같달까, 내리치는 듯한 느낌이었어요. 어디쯤에서 오는 건지 대충은 알겠는데 그 중압감이 너무 심해서 저를 압박해오는 느낌. 그게 제 활동의 핵심을 이루는 에너지의 근원이 있는 부근까지 내려가니까 아무리 노력해도 모든 방향에서 방해를 받아요.

로저스　아무리 노력해도 엄두가 안 나는 상황인 거군요.

브라이언　네, 맞아요. 심지어 그게 몸으로도 나타나요. 이 기분 나쁜 느낌이 찾아오면 등을 둥글게 말고서, 배가 아플

때처럼 걸어요. 실제로 자주 복통이 있는데 정신적으로도 그런 느낌이 들어요.

로저스　으음, 그러면 뭐라고 해야 하나, '절반 정도의 인간'밖에 안 되겠네요. 절반 정도의 힘밖에 내지 못하게 되어버리니까.

브라이언　맞아요. 정말 문자 그대로 제 안에 도끼를 안고 있는 느낌이에요.

—『칼 로저스의 카운슬링의 이론과 실제』

　물론 축어록 공개는 클라이언트의 동의를 얻어 진행된 것이지만, 클라이언트가 카운슬러를 신뢰하고 자신의 사례가 타인에게 도움이 되기를 바라는 마음 역시 공개에 영향을 미쳤을 터다. 축어록 공개는 카운슬러 자신의 상담 방식도 만천하에 드러내게 하는 일이므로, 로저스는 자기 자신이 엄격한 시련을 겪게 만든 셈이다.

　인용한 부분만 읽어도 로저스가 상대에게 깊은 공감을 표하고 있으며, 사실보다 감정 위주로 응답하고 있음을 알 수 있다. 1951년 도모타 후지오가 번역한 『임상심리학』에는 책이 지나치게 두꺼워진다는 이유로 '하버드 브라이언의 사례'는 전문이 생략되어 있다. 따라서 열의 넘치는 전문가들은 1967년의 완역판이 나올 때까지 원어로 축어록을 읽을 수밖에 없었다.

미국 유학에서 돌아온 뒤 일본에 카운슬링을 도입한 이토 히로시의 회고록에 따르면, 그는 처음 읽은 '하버드 브라이언의 사례'가 어려워서 거의 이해하지 못했고, 로저스가 일본을 방문했을 때 찾아간 교토대학 강의에서야 처음으로 이해했다고 고백하고 있다. 이토조차 그랬으니, 로저스를 책으로만 접한 일본인 대부분이 그 이론을 제대로 이해했을 리 만무했다.

심리학자 우지하라 히로시氏原寬는 1960년대 초반 일본의 카운슬링 업계가 로저스를 어떻게 받아들이고 있었는지에 대해서 다음과 같이 회상하고 있다. 가와이 하야오가 스위스 유학에서 귀국한 무렵 일본의 상황을 아는 데도 매우 흥미로운 기록이다.

선생님이 취리히에서 귀국하셨을 때는 쇼와 40년(1965)이었다. 그 무렵 일본에서는 로저스의 이론과 기법이 큰 열풍을 불러일으켰고(당시 우리는 그렇다고 생각했다) 로저스의 3원칙만 몸에 익히면 누구라도 카운슬러가 될 수 있지 않겠느냐는 분위기가 있었다. 주로 교육계·산업계 사람들이 실천을 담당했고, 몇 군데 대학에서 임상심리학 강의 비슷한 것이 열리기도 했지만, 임상 경험이 있는 선생님들은 거의 계시지 않았다. 그래서 우리가 실제로 이를 적용해보다가 막혔을 때 선생님들께 지도를 청해도 더 공감해주라거나 수용이 부족하다거나 하는, 로저스의 책에 쓰여 있는 말이 그대로 돌아올 뿐인지라 어쩌할 바를 모르는 일이 잦았다.

— 「추도 가와이 하야오 선생을 기리다」(2007)

당시 교토대 대학원을 갓 수료한 니시무라 스에오도 그때 일을 기억한다.

"로저스는 연구 목적으로 카운슬러의 바람직한 말을 몇 종류로 구분하고 있는데, 이게 실제로 사람을 앞에 두고 하면 마음처럼 잘되지 않습니다. 카운슬러가 지켜야 할 3원칙이라는 게 있어서 일단 공감적 이해, 그다음 조건 없고 긍정적인 배려와 수용, 셋째는 카운슬러의 자기 일치와 성실함이라고 하는데요, 다 잘 모르겠더군요.

그래서 다들 로건 폭스를 만나려고 오미카에 모였던 겁니다. 그는 머리가 아닌 가슴으로 아는 사람이었으니까요. 이바라키 독교학원에는 관찰실과 상담실을 나눠놓은 카운슬링실이 있어서, 엔도 쓰토무 선생의 카운슬링을 참관한 적도 있습니다. 아이가 말하는 동안 엔도 선생이 이런 건가, 그런 건가, 그래그래, 답하면서 듣습니다. 아이는 말을 점점 더 많이 하고요. 어, 아이의 감정과는 살짝 다르지 않나, 하는 생각도 했지만 말입니다."

카운슬러의 3원칙을 알기 쉽게 정리하자면, 카운슬러는 스스로 속이지 않고 성실함을 유지하는 동시에 클라이언트에게 깊이 공감하면서 있는 그대로를 수용한다, 정도가 될 것이다. 결코 어려운 내용도 아니고 카운슬링, 의료 현장의 기본 자세처럼 느껴지긴 했으나 구체적으로 감이 오지는 않았다.

일본에 도입된 로저스의 기법은 정확하게는 '비지시적·내담자 중심 치료법'이라 불리는데, 대부분 그 본질을 이해하지 못한 채 지시하지 않는다는 측면에만 주목했다. 클라이언트의 말에 담긴 속마음을 발견하여 확인시켜주는 '감정 반사' 기법도, 했던 말을 그대로 반복해주면 된다는 오해를 받아 로저스의 기법은 클라이언트의 말을 앵무새처럼 되돌려주는 것이라는 잘못된 관념이 확산되었다.

예를 들면 "선생님, 저 ○○ 때문에 힘들어요" "○○ 때문에 힘들군요" "머리도 아프고 기분도 안 좋아요" "머리도 아프고 기분도 좋지 않아서 그렇군요⋯⋯"라는 식이었다.

국립정신위생연구소 시절 로저스의 카운슬링을 알게 되고 오미카에 다니면서 그의 이론을 보급하는 데에 힘쓴 사지 모리오는 이렇게 비판한다.

로저스 사상의 핵심인 치료 이론과 성격론이 충분히 이해되지 않은 채 그저 성선설로 대표되는 따뜻한 분위기나 기분 좋은 온화함 같은 친화성을 중시하는 일본적 대인관계의 풍토가, 일본인이 막연히 바람직하다고 생각하는 로저스 이론의 특정한 요소와 맞물리면서 왠지 모르게 친근한 개념으로 받아들여진 것 같다. 로저스가 주장하는 임상과학의 이론성과 합리성을 배운 이들은 몇 번의 일본 방문과 미국 유학 시그와 접촉한 소수에 불과했고, 그런 점에서 일본화된 '모호한 이론'이 널리 확대되었다고 해도 좋을 것이다. 로저스 전집의 번역 · 간행에 관해서도 그 내용이 얼마나 이해된 채로 읽혔는지, 필자는 매우 의심스럽다.

— 『카운슬러의 '마음'カウンセラーの<こころ>』(1996)

일본을 방문할 무렵의 로저스는 미국에서 불우한 시간을 보내고 있었다. 그는 당시 시카고대학에서 위스콘신대학으로 옮기면서 조현병 환자에 관한 대규모 연구를 실시했으나 충분한 성과가 나오지 않아 괴로워했고, 학교 내 인간관계 문제로도 고민이 많았다.

무라세 가요코는 수기 『부드러운 마음, 고요한 생각柔らかなこころ, 静かな思い』(2000)에서, 1962년 UC 버클리 유학 중에 로저스의 교내 강연 소식을 들었을 때의 일을 언급한다. 그가 대학원 동료와 지도 교수에게 일본에서 로저스가 매우 인기 있고 존경받는 인물이라는 이야기를 열성적으로 했더니 "이 나라에서 그는 소수파다, 하지만 어떤 식으로 말하고 또 어떤 인물인지 관심은 있으니 들으러 가보겠다"라는, 냉소적인 반응이 돌아왔다고 회상한다.

무라세가 강연장에 도착했을 때, 예정된 대강의실이 순식간에 만원이 되는 바람에 1000명 정도 넉넉히 수용 가능한 트루먼 홀로 장소가 변경되었다. 그래도 미처 강연장에 들어가지 못한 사람이 있을 만큼 로저스의 강연은 큰 반응을 불러일으켰다. 결국 캠퍼스에서 도보 5분 거리의 교회로 강연장을 다시 옮겼고 무라세는 그곳에서 로저스의 강연을 들었다. 그때 청중 사이에서는 '무슨 말을 하고 얼마나 설득력 있는지 어디 한번 들어보자'라며 빈정거리는 분위기가 팽배해 있었다고 한다.

그날 로저스는 자신의 생애, 학창 시절과 임상 치료의 과제, 현재의 비지시적·내담자 중심 치료가 탄생하기까지의 배경을 설명했다. 로저스가 일부 일본 학자에게 "논데레('논디렉티브non-directive'의 약자)"라고 야유당하고, 그가 말하는 '수용'과 '공감' 같은 말이 교조주의적으로 쓰이고 있던 상황과는 달리, 로저스의 강연에서는 "로저스라는 사람의 사색과 경험에서 그 학설이 필연적으로 나타났고" "말의 이면에서 인간 존재에 대한 경외심과 진실에 정직하게 직면하는 태도가 전해지"는 듯했다.

무라세는 당시를 떠올리며 이렇게 말한다.

"로저스가 등장했을 때까지는 보이지 않는 냉소적이고 뾰족한 무언가가 그곳을 점거한 듯한 분위기였습니다. 그런데 그분이 자신의 경험을 바탕으로 조용히 말하는 동안, 청중은 점점 최면술에 걸린 듯 빠져들었고 마지막에는 박수 소리가 그치지 않왔어요. 놀라운 순간이었죠.

말하는 내용 자체는 단순한데 모두 그렇구나, 하고 깊이 공감하는 중이라는 걸 느꼈어요. 그가 지금까지 터득해온 정신분석 기법의 안티테제로서 비지시적·내담자 중심의 치료를 주장하고 있고, 수많은 실천 속에서 이를 거듭 확인해왔다는 것, 그리고 무엇이 본질인지도 알게 되었고요.

그런데도 일본인들은 산고産苦에 비견될 만한 고통과 본질에 대한 이해 없이, 로저스를 자신들의 입맛에 맞게 해석하면서 로저스가 순진하다, 따뜻하다고 착각합니다. 그러니 싸구려 종교처럼 돼버리죠. 실제로 로저스의 강연을 들었을 때 이건 뭔가 다르다, 감정적이긴 하지만 아주 객체적이고 지적이다, 모순된 것들이 미묘한 균형으로 통합되어 있다고 느꼈어요. 그래서 이 사람은 이런 식으로 사람을 끌어들이는 매력이 있구나, 하고 생각했죠."

한편 가와이 하야오는 로저스의 유행을 어떻게 받아들이고 있었을까. 로저스가 도입되었을 무렵, 가와이는 로르샤흐 검사 연구에 매진하고 있었다. 1958년에는 교토시 카운슬링 센터의 촉탁상담원으로 근무하기 시작했으나 이듬해부터 다시 미국 UC 버클리 대학원에, 1962년부터는 스위스 융 연구소에 유학 중이었기 때문에, 그는 로저스 이론이 일본에서 활약하는 모습을 직접 보지 못했다.

그러나 스위스에서 귀국할 즈음 교육분석을 받고 있던 칼 알프레트 마이어에게 "일본의 로저스학파와는 어떻게 해나가야 하는가"를 상의한 적은 있다. 마이어는 "아무것도 반응할 필요 없다. 그들에게는 사이콜로지컬psychological한 내용이 없다"고 대답했다고 한다. 클라이언트의 심층심리를 연구하는 정신분석과 모래놀이치료에 비하면, 로저스의 기법에는 말이 오가는 대화만 있을 뿐이라는 의미였다.

그럼에도 가와이는 로저스를 부정하지 않으면서, 그 의의에 대하여 다음과 같이 쓰고 있다.

이론을 몰라도 '카운슬러의 태도만 좋다면 카운슬링이 성공적일 수 있다'라는 사실을 아주 확실히 증명한 사람이 로저스라고 생각합니다. 그래서 클라이언트가 오면 그가 하는 말을 듣고, 그의 문제가 어머니에 대한 콤플렉스인지 아니면 형제간의 갈등인지를 생각하기보다, 제1장에서 말했듯이 그저 상대의 말에 계속해서 귀 기울여 듣는 태도를 보이면 클라이언트가 자신의 힘으로 치유된다는 것입니다.
로저스의 이론이 일본에 들어온 데에는 매우 큰 의미가 있습니다. 우선 일본에서는 카운슬링이 그렇게 발전하지 않았습니다. 공부한 적도 없는데 현실에서 카운슬링을 해야만 하는 상황이었기에 문제가 많았지요. 그런 경우 로저스의 이론에 입각하여 실천한다면, 공부를 많이 하지 않은 사람이라도 잘 진행되는 경우가 많습니다. 그래서 많은 사람이 도움을 받았지요. 저 역시 그중 한 명입니다.

또 한 가지 큰 의미는, 일본의 교육자나 종교인들처럼 대단한 사람들은 설교하는 걸 아주 좋아하는데(외국인은 설교하는 걸 이 정도로 좋아하지 않습니다만) 로저스의 이론이 일본 교육자들의 설교하는 버릇에 정면으로 맞서 그것을 부수는 역할을 했다는 점입니다. 여기에는 아주 큰 의미가 있다고 봅니다. 지금까지 학생들에게 설교하느라 애써온 교사가 로저스의 책을 읽고 놀라거나 감동한 일이 많을 것입니다. 그런 의미에서 로저스는 카운슬링이 일본에 확산되는 데 굉장히 큰 역할을 했다고 생각합니다.

—『카운슬링의 실제 문제カウンセリングの實際問題』(1970)

가와이는 자서전 『미래에의 기억未来への記憶』(2001)에서도 로저스의 업적을 크게 두 가지로 해설한다. 첫째는 카운슬러의 반응과 대답에 따라 클라이언트의 이야기가 좌우된다는 점을 역설한 것이다. 둘째는 정신분석 이론을 다루지 않고도 카운슬링이 가능하다는 사실을 축어록을 기초 삼아 명쾌하게 보여준 것이다.

상담을 받으러 온 사람이 "저는 아버지를 증오하고 있습니다"

라고 말했을 때 카운슬러가 정신분석 이론을 꺼내며 "그 증오는 오이디푸스 콤플렉스입니다"라고 판단해버리면 대화가 끊기지만 "아버지를 증오하고 있군요. 힘드시겠네요"라고 반응하면 대화는 이어진다. 클라이언트가 누구에게도 지시받거나 비판받지 않는, 수용되는 환경에서 자신의 마음을 자유롭게 말할 수 있다면 자신의 감정과 사실을 서서히 구분할 수 있게 되고 스스로에 대한 통찰이 깊어지며 행동 또한 의미 있는 것으로 변화해간다. 이는 카운슬러의 기본적인 자세일 것이다. 프로이트학파의 '정신분석가는 의사'여야 한다는 조건 때문에 당시 의사와 임상심리가 사이에서 지위 격차가 발생하기도 했는데, 로저스의 방법론은 이에 대한 문제 제기이기도 했다.

그러나 덮어놓고 공감하며 수용하는 것만으로는 아무리 치료해도 낫지 않는 사례가 존재한다. 만약 클라이언트가 부모를 죽이고 싶다고 말한다면 그것을 있는 그대로 수용할 수 있을 것인가. 망상에 괴로워한다면 망상을 그대로 받아들일 것인가. 삶에 절망하여 자살하고 싶다고 한다면 어떻게 할 것인가. 침묵한 채로 입을 열지 않는다면 어떻게 할 것인가. 클라이언트의 적응력과 회복력을 치료의 근간에 두고, 클라이언트를 수용하는 환경을 마련하는 것은 카운슬링의 기본이지만 그것만으로 충분히 대처할 수 없는 사례가 있음은 확실해 보인다.

참고 · 인용문헌

축어록

中井久夫『災害が本当に襲った時 阪神淡路大震災50日間の記録』(みすず書房, 2011)

中井久夫『最終講義 分裂病私見』(みすず書房, 1998)

山中康弘編『中井久夫著作集 別券1 H · NAKAI風景構成法』(岩崎學術出版社, 1984)

中井久夫『中井久夫著作集1巻 神經医學の經驗 分裂病』(岩崎學術出版社, 1984)

H. ロ__ルシャッハ『神經診斷學』(東京ロ__ルシャッハ研究會訳, 1969)

村上宣實『「心理テスト」はウソでした°』(日經BP社, 2005)

中井久夫『氣候 · 記憶 · 外傷』(みすず書房, 2004)

中井久夫『日本の醫者』(日本評論社, 2010)

高橋雅春, 高橋依子『樹木畫テスト』(北大路書房, 2010)

岩城宏之『棒ふり旅がらす』(朝日新聞社, 1984)

エランベルジェHenri Ellenberger 中井久夫 文, 繪『いろいろずきんLes petits chaperons de toutes les couleurs』(みすず書房, 1999)

제1장

「特集 箱庭療法の可能性」『臨床心理學』Vol.7 No,6 42号(2007. 11)

「特集 河合隼雄その存在と足跡」『臨床心理學』Vol.8 No.1 43号(2008.1)

木村晴子「自閉傾向児の箱庭表現」『箱庭療法 基礎的研究と實踐』(創元社, 1985)

木村晴子監修「箱庭療法の實踐 第1巻, 第2巻」DVD教材 (クリエイションアカデミ__, 2007)

河合隼雄, 南伸坊『心理療法個人授業』(朝潮文庫, 2004)

河合隼雄編『箱庭療法入門』(誠信書房, 1969)

「カウンセリングセンタ__研究紀要1」京都市教育委員會カウンセリングセンタ__(1965)

「カウンセリングセンタ_研究紀要1」京都市教育委員會カウンセリングセンタ_(1966)

後藤浩子「音楽療法の草分け山松質文が殘したもの」『大阪音楽大學研究紀要』第46号
　　　(2007)

山根はるみ『やさしく分かるユング心理學』(日本實業出版社, 1999)

岡田康修編「現代のエスプリ別册　箱庭療法シリ_ズⅡ　箱庭療法の本質と周辺」(至文
　　　堂, 2002)

織田尚生, 大住誠『現代箱庭療法』(誠信書房, 2008)

河合隼雄, 中村雄一郎『トポスの知　箱庭療法の世界』明石箱庭療法研究會協力(TBSブ
　　　リタニカ, 1993)

河合隼雄, 山中庸裕編『箱庭療法研究Ⅰ』(誠信書房, 1982)

河合隼雄『カウンセリングの實際問題』(誠信書房, 1970)

第2장

大塚義孝「こころの科學增刊　臨床心理士入門」(日本評論社, 1992)

「基調演説　臨床心理士への社會的要請をめぐって」『河合隼雄先生を偲ぶ』(河合隼雄先
　　　生を偲ぶ會實行委員會, 2007)

第3장

木村晴子「中途失明女性の箱庭制作」『臨床心理學』Vol.7 No.6　42号　特集　箱庭療法
　　　の可能性(2007.11)

河合隼雄『ユング心理學入門』(培風館, 1967)

伊東悦子『いのちの木　ささえあって育ついのちの木』(1993) 외 수기

Elisabeth Kubler Ross, *On Death and Dying*, 『죽음과 죽어감』, 이진 옮김(청미, 2018)

第4장

山中庸裕『こころと精神のはざまで』(金剛出版, 2005)

山中庸裕『少年期の心』(中公新書, 1978)

山中庸裕『臨床心理學のコア』(京都大學學術出版會, 2006)

山中庸裕「芸術療法における箱庭療法と風景構成法」『imago』1991年3月号(青土社)

谷川俊太郎, 鷲田清一, 河合俊雄編『臨床家　河合隼雄』(岩波書店, 2009)

河合隼雄編『箱庭療法入門』(誠信書房, 1969)

河合隼雄『日本人とアイデンティティ　心理療法家の着想』(講談社＋α文庫, 1995)

實川幹朗『思想史のなかの臨床心理學 心を囲い込む現代』(講談社新書メチエ, 2004)

小倉清「遊戲療法」『児童精神医學とその接近領域』7巻3号(日本児童精神医學會, 1966)

Dora M. kalff, *Sandspiel*, 『도라 칼프의 모래놀이: 융심리학적 치유법』, 이보섭 옮김(학지
사, 2012)

河合隼雄, 中沢新一, 教が好き, 『불교가 좋다』, 김옥희 옮김(동아시아, 2008)

제5장

河合隼雄『心理療法対話』(岩波書店, 2008)

内村裕之『わが歩みし精神医學の道』(みすず書房, 1968)

河合隼雄「箱庭療法」『藝術療法1969』1巻(藝術療法研究會, 1970)

サンケイ新聞社會部東大取材班『ドキュメント東大精神病棟』(光風社書店, 1978)

富田三樹生『東大病院精神科の30年』(青弓社, 2000)

德田良仁, 大森健一, 飯森眞喜雄, 山中庸裕監修『藝術療法 1理論編』(岩崎學術出版社,
1998)

德田良仁, 大森健一, 飯森眞喜雄, 山中庸裕監修『藝術療法 2實踐編』(岩崎學術出版社,
1998)

大森健一, 高江洲義英, 德田良仁編『藝術療法講座3 藝術療法の諸技法とその適応決
定』(星和書店, 1981)

中井久夫「分裂病の精神療法」土居武郎 외『異常心理學講座9 治療學』(みすず書房,
1989)

中井久夫「枠付け法覺え書」『藝術療法1974』5巻(日本藝術療法學會, 1975)

中井久夫「精神分裂病者の精神療法における描畫の使用」『藝術療法1970』2巻(日本藝術
療法學會, 1971)

中井久夫「描畫をとおしてみた精神障害者 とくに精神分裂病者における心理的空間
の構造』『藝術療法』3巻(日本藝術療法學會, 1971)

中井久夫「精神分裂病者の寛解過程における非言語的接近法の適応決定」『藝術療法』4
巻(日本藝術療法學會, 1972)

皆藤章『現代のエスプリ 風景構成法の臨床』至文堂制作(ぎょうせい, 2009)

山中庸裕編『中井久夫著作集別巻1 H・NAKAI風景構成法』(岩崎學術出版社, 1984)

中井久夫『中井久夫著作集1巻 精神医學の經驗 分裂病』(岩崎學術出版社, 1984)

『こころの臨床 特集・寛解過程論(中井久夫)を読み解く』23巻2号, No.97(星和書店,
2004)

土居武郎編『分裂病の精神病理1』(東大出版會, 1972)

宮本忠雄編『分裂病の精神病理2』(東大出版會, 1974)

土居武郎編『分裂病の精神病理16』(東大出版會, 1987)

「日本藝術療法學會の25年をふりかえって」『日本藝術療法學會誌』Vol.25 No.1(日本藝術療法學會, 1994)

山中庸裕「藝術療法における箱庭療法と風景構成法の關連」『imago』1991年3月号(青土社)

中井久夫『アリアドネからの糸』(みすず書房, 1997)

中井久夫『家族の深淵』(みすず書房, 1995)

楡林達夫, 小林仁示編『日本の医師　医療と国民生活』(三一書房, 1963)

中井久夫, 最相葉月「働き盛りの"心の病"を診る」『Voice』2007年11月号(PHP研究所)

中井久夫『サリヴァン, アメリカの精神科医』(みすず書房, 2012)

H. S. サリヴァンHarry Stack Sullivan『現代精神医學の概念』(みすず書房, 1986)

H. S. サリヴァンHarry Stack Sullivan『精神医學的面接』(みすず書房, 1986)

懸田克躬『井村恒朗・人と學問』(みすず書房, 1983)

大熊一夫『ルポ・精神病棟』(朝日文庫, 1981)

제6장

神田橋條治, 荒木富士夫「"自閉"の利用　精神分裂病者への助力の試み」『精神神經學雜誌』78巻第1号(日本精神神經會, 1976)

神庭重信, 松下正明責任編集『専門医のための精神科臨床リュミエ_ル30　精神医學の思想』(山中書店, 2012)

松尾正『沈黙と自閉』(海鳴社, 1987)

中井久夫『災害がほんとうに襲った時　阪神淡路大震災50日間の記録』(みすず書房, 2011)

中井久夫『最終講義　分裂病私見』(みすず書房, 1998)

冨高辰一郎『なぜうつ病の人が増えたのか』(幻冬舎ルネッサンス新書, 2010)

伊藤順一郎『精神科病院を出て, 町へ　ACTがつくる地域精神医療』(岩波書店, 2012)

中井久夫『精神科治療の覺書』(日本評論社, 1982)

「飢餓陣營　特集・精神科医　中井久夫の仕事」(編集工房樹が陣営, 2008)

G. シュヴィングGertrud Schwing『精神病者の魂への道A way to the soul of the mentally ill International』(みすず書房, 1966)

デヴィッド. J. クッファ―Kupfer David J. (Edt), マイケル. B. ファ―スト First Michael B. (Edt), ダレル. A. レジエ Regier Darrel A. (Edt)『DSM-V 研究行動計畫』(みすず書房, 2008)

제7장

河合隼雄, 谷川俊太郎『魂にメスはいらない　ユング心理學講座』(講談社＋α文庫, 1993)
高石恭子編『育てることの困難』(人文書院, 2007)
高石恭子「現代學生のこころの育ちと高等教育に求められるこれからの學生支援」『京都大學高等教育研究』第15号(2009)
高石恭子, 岩田淳子編著『學生相談と発達障害』(學苑社, 2012)
河合隼雄編著『ユング派心理療法』(ミネルヴァ書房, 2013)
河合隼雄編『発達障害への心理療法的アプロ―チ』(創元社, 2010)
「河合隼雄ラストインタビュ―(上)」『論座』2008年1月号(朝日新聞社)
河合隼雄, 成田善弘編『境界例』(日本評論社, 1998)
柴山雅俊『解離性障害 "うしろに誰かいる"の精神病理』(ちくま新書, 2007)
井田真木子「四人の科學者が語る"死"の変遷」『幸せな死のために　文藝春秋臨時増刊号』(文芸春秋, 1997)

제8장

河合隼雄, 中村雄二郎, 明石箱庭療法研究會協力『トポスの知　箱庭療法の世界』(TBSブリタニカ, 1993)
河合隼雄, 河合俊雄編『新版　心理療法論考』(創元社, 2013)
河合隼雄, 河合俊雄編『ユング心理學と仏教』(岩波現代文庫, 2010)
村山實「明石箱庭療法研究會のはじまりとその後」『河合隼雄著作集第7券　月報7』(岩波書店, 1995)
河合隼雄『無意識の構造』(中公新書, 1977)
河合隼雄『日本人とアイデンティティ　心理療法家の着想』(講談社＋α文庫, 1995)
中井久夫『統合失調症の有為転換』(みすず書房, 2013)
『ゲ―トキ―パ―養成研修用テキスト　第2版』(内閣府自殺対策推進室, 2012)
「魂のいちばん深いところ」村上春樹『考える人』2013年夏号(新潮社)
河合隼雄, 子供の宇宙,『아이들의 우주』(학지사, 1997)

맺음말

口述, 神田橋條治, 編集, 波多腰正隆「神田橋語録」(波多腰クリニック, ホームページ)

M. サートンMay Sarton『回復まで』(みすず書房, 2002)

부록

河合隼雄『河合隼雄をカウンセリング入門』(創元社, 1998)

村上周「職業指導論」『日本労働研究雑誌』54巻4号(2012)

谷茂岡万知子「學校教育における進路指導の歴史的展開」『東京大學大學院教育學研究科紀要』第38巻(1998)

『カウンセリング・幻想と現實　上巻　理論と社會』日本社會臨床學會編(現代書館, 2000)

石川依紀・高橋智「大阪市視學・鈴木治太郎と知能測定法標準化の實踐」『東京學藝大學紀要・総合教育科學系』59巻(2008)

「児童研究所紀要」第1, 第2巻(児童研究所, 1918)

久保良英『精神分析法』(心理學研究會出版部, 1917)

久保良英述『児童の心理』(児童保護研究會, 1923)

久保しげ編『久保良英随筆集・滴』(非賣品, 1975)

大瀬戸美紀「日本における優生學の導入過程に關する研究 久保良英の實踐にともなうゴッダード理論の導入過程を中心に」『東北生活文化大學・東北生活文化大學短期大學部紀要』39巻(2008)

茨城キリスト教學園60周年誌図録編纂委員會編『茨城キリスト教學園60周年誌図録』(學校法人　茨城キリスト教學園, 2010)

佐藤達哉編著『心理學史の新しいかたち』(誠信書房, 2005)

泉野淳子, 品川区教育相談センター「日本におけるC.R.ロジャーズの導入とその広がり方」(日本心理學會第68回ワークショップ, 2004)

仙崎武「わが国の進路指導及び相談研究へのD.E.スーパーの貢献」『文教大學付属教育研究所紀要』第10号(2001)

山崎奈々繪「教員養成における一般教養の位置づけIFEL研究集録の検討から」『Proceedings』第8号(お茶の水女子大學, 2009)

齋藤暢一郎「家族心理學研究社の第一人者にインタビュー　岡堂哲雄」(家族心理.com)

高橋寛人編『占領期教育指導者講習(IFEL)　基本資料集成　第1巻~第3巻』(すずさわ書店, 1999)

伊東博『カウンセリング 第4版』(誠信書房, 1995)

伊東博「ロジァ―ズからニュ―・カウンセリングへ」氏原寛・村山正治編『ロジァ―ズ再考』(培風館, 2000)

田畑治「日本におけるロジァ―ズの展開」氏原寛, 村山正治編『ロジァ―ズ再考』(培風館, 2000)

宮本陸治「IFELにおける職業指導」『職業指導』新年号1952年第25巻第1号(日本職業指導協會)

「日教組第1回全國教育研究大會における"カウンセラ―"についての決議狀況」『職業指導』新年号1952年第25巻第1号(日本職業指導協會)

船岡三朗「産業カウンセリング論(その1)」『社會問題研究』1964年14巻1号

山田耕一「茨城キリスト教學園人物誌 わが国におけるカウンセリング導入の黎明期 第2代総長ロ―ガンJ.ファクスが果たした役割」『茨城キリスト教學園四郎センタ―年報第5号』(學校法人茨城キリスト教學園 2013.3.19)

正木正『教育的人間』(同學社, 1953)

正木正『思無邪 正木正追悼録』(正木正選集刊行委員會, 1960)

『正木正選集3 教育的叡智』(正木正選集刊行委員會, 1967)

懸田克躬『井村恒朗・人と學問』(みすず書房, 1983)

井村恒朗「精神医學の前提」『診斷と治療』前半, 39巻, 9号, 後半同一10号(1951)

高野明, 大森拓哉「国立総合大學における學生相談の展開と課題 東京大學における學生相談50年」『大學と學生』2004年第2号, 通巻476号(独立行政法人日本學生支援機構)

友田不二男, 堀淑昭, 伊東博, 佐治守夫編『ロ―ジァズ全集 18巻 我が国のクライエント中心療法の研究』(岩崎學術出版社, 1968)

日本カウンセリング, センタ―編『友田不二男研究』(日本カウンセリング, センタ―, 2009)

氏原寛「追悼 河合隼雄先生を偲ぶ」『こころの科學』136巻, 2007年11月号(日本評論社)

河合隼雄『カウンセリングの實際問題』(誠信書房, 1970)

河合隼雄『未来への記憶』上, 下(岩波新書, 2001)

村瀬嘉代子, 中井久夫, 畵『柔らかなこころ, 静かな思い』(創元社, 2000)

諸富洋彦『カ―ル・ロジァ―ズ入門 自分が"自分"になるということ』(コスモス, ライブラリ―發賣, 星雲社, 1997)

カ―ル・ロジァ―ズ, 末武康弘, 諸富洋彦, 保坂亨訳『カウンセリングと心理療法 實践のための新しい概念 ロジャ―ズ主要著作集1』(岩崎學術出版社, 2005)

友田不二男編, 児玉亨子訳『ロ―ジァズ全集9巻 カウンセリングの技術 ハ―バ―ド

ブライアンの例を中心として』(岩崎學術出版社, 1967)

佐治守夫『カウンセリング入門』(国土新書, 1966)

佐治守夫『カウンセラ_の〈こころ〉』(みすず書房, 1996)

Carl Rogers, *Counseling and Psychotherapy: Newer Concepts in Practice*, 『칼 로저스의 카운 슬링의 이론과 실제』, 오제은 옮김(학지사, 1998)

Parsons Frank, *Choosing a Vocation*(Houghton Mifflin Company, 1909)

Logan J. Fox, *Psychology as Philosophy, Science and Art*(Goodyear Publishing Company, 1972)

Guidance & Counseling, *GHQ/SCAP Records*(Civil Affairs Section, 1949.3)

University Guidance Project - Counseling and Guidance Institute, *GHQ/SCAP Records*(Civil Information and Education, 1951.7/1951.8)

아주 조용한 치료
테라피스트, 침묵으로 치료하다

초판인쇄 2022년 7월 22일
초판발행 2022년 8월 1일

지은이   사이쇼 하즈키
옮긴이   전화윤
펴낸이   강성민
편집장   이은혜
기획   전화윤
편집   함윤이
제작   강신은 김동욱 임현식
마케팅   정민호 이숙재 김도윤 한민아 정진아 우상욱 정유선
브랜딩   함유지 함근아 김희숙 안나연 박민재 박진희 정승민

펴낸곳   (주)글항아리 | 출판등록 2009년 1월 19일 제406-2009-000002호

주소   10881 경기도 파주시 회동길 210
전자우편 bookpot@hanmail.net
전화번호 031-955-2696(마케팅) 031-955-1903(편집부)
팩스   031-955-2557

ISBN   979-11-6909-006-3 03180

www.geulhangari.com